Midgley/Hutchins
**Der Milliardär aus dem Nichts
– Roman Abramowitsch**

DOMINIC MIDGLEY und
CHRIS HUTCHINS

Der Milliardär aus dem Nichts – Roman Abramowitsch

Aus dem Englischen von Bernd Rullkötter

MURMANN

Die Deutsche Bibliothek – CIP-Einheitsaufnahme
Ein Titelsatz für diese Publikation ist bei
der Deutschen Bibliothek erhältlich.
ISBN 3-938017-30-9

Das Werk einschließlich aller seiner Teile
ist urheberrechtlich geschützt.
Jede Verwertung ist ohne Zustimmung des Verlages unzulässig.
Dies gilt insbesondere für Vervielfältigungen, Übersetzungen,
Mikroverfilmungen und die Einspeicherung und Verarbeitung
in elektronischen Systemen.

1. Auflage August 2005

Die englische Originalausgabe erschien unter dem Titel
»Abramovich. The billionaire from nowhere«
bei HarperCollins Publishers, London.
© Dominic Midgley und Chris Hutchins 2004
Fotos S. 124, 209: © Yuri Feklistov, www.feklistov.com

Copyright für die deutsche Ausgabe © 2005 by Murmann Verlag GmbH, Hamburg

Lektorat: Anita Krätzer, München
Mitarbeit: Matthias Michel, Wiesbaden
Umschlaggestaltung: Rothfos & Gabler, Hamburg
Herstellung und Gestaltung: Eberhard Delius, Berlin
Satz: Offizin Götz Gorissen, Berlin
Gesetzt aus der Minion und Univers Condensed
Druck und Bindung: Freiburger Graphische Betriebe, Freiburg
Printed in Germany

Besuchen Sie uns im Internet: www.murmann-verlag.de
Mehr Informationen zum Buch: www.roman-abramowitsch.de

Inhalt

Vorwort von Horst Kläuser 7
Einleitung 15

1 Zur Größe bestimmt 27
2 Werdegang 38
3 Das große Los 52
4 Eine Waise schließt sich »der Familie« an 62
5 Stürmische Expansion 75
6 Spiel mit der Politik 100
7 Ein vereistes Königreich 125
8 Ein Volk für sich 138
9 Ausverkauf 148
10 Mister Chelski 159
11 Geld für die Roten 177
12 Das Dream-Team 181
13 Dolce Vita 197
14 Eine Audienz beim Grauen Kardinal 216
15 Gesellschaftsleben 222
16 Juksi 233
17 Der Preis des Reichtums 248
18 Ein leerer Trophäenschrank 259

Ausblick 272
Nachwort 279
Bibliographie 297
Danksagung 299
Namenregister 303
Sachregister 312

Aktuelles Vorwort zur deutschen Erstausgabe
Abramowitsch, die Sphinx vom Polarkreis

Moskau im Sommer 2005. Irgendwo in dieser Stadt, von der jeder etwas anderes weiß oder denkt, mag ein unauffälliger Mann sitzen und darüber nachdenken, wie schnell er zum nächsten Flughafen gelangen kann, um das Land zu verlassen. Vielleicht auch nicht. Vielleicht ist dieser Mann auch gar nicht in der Stadt, sonnt sich an Deck einer seiner Mega-Jachten, knattert mit dem Heli vom Chelsea Stadion zu einem englischen Dorfgasthof. Er könnte aber auch mit Steuerberatern und Anwälten über Zahlenkolonnen hocken, um Unternehmensverkäufe und Akquisitionen zu planen. Wir wissen es nicht. Wir sollen es nicht wissen.

Es gehört zum Wesen von Roman Abramowitsch, so gut wie unsichtbar zu wirken. Dabei erzählt die Geschichte des reichsten Russen so viel über sein Land, dass es aufgeschrieben werden muss. Abramowitschs Biografie ist der Spiegel einer turbulenten, zum Teil anarchisch anmutenden und manchmal unwahrscheinlichen Abfolge von Ereignissen, die durch das Ende des Kalten Krieges und den Zusammenbruch der Sowjetunion 1991 möglich wurden und in ihrer endgültigen Bedeutung längst noch nicht abschätzbar sind.

Staatsunternehmen wurden verscherbelt, betrügerische Auktionen machten aus namenlosen, kaltblütigen Spekulanten, die eben noch die Kasse der örtlichen Pioniere führten, Milliardäre. Was als Privatisierung der schwerfälligen und gigantischen sowjetischen Staatskonzerne im westlichen Sinne geplant war, entpuppte sich als größter ökonomischer Betrug an einem Volk und gipfelte in einer Raub-Kapitalisierung, deren endgültige Geschichte erst noch geschrieben werden muss. Nachfolgenden Generationen mag diese als erfunden erscheinen.

Historiker, Soziologen, Ökonomen und vielleicht auch Politiker liefern zurzeit allenfalls Momentaufnahmen aus einem Land, das das größte der Welt ist und zu den rätselhaftesten gehört. Es könnte der enormen Bodenschätze und der gebildeten Bevölkerung wegen eines der reichsten sein, doch obwohl Russland seit kurzem zum elitären Club der G-8 gehört, also den stärksten Wirtschaftsnationen der Welt, ist seine Volkswirtschaft nur etwas mehr als halb so groß wie die Spaniens. Und es sähe ganz düster aus, profitierte die Russische Föderation nicht so stark vom schier unstillbaren Durst der Welt nach Öl.

Öl. Damit fällt das Stichwort, dem Abramowitsch & Co. ihre sagenhaften Reichtümer verdanken. Der kleine, scheue Mann mit dem Drei-Tage-Bart ist da nicht anders als jener Michail Chodorkowski, den er auf Platz Eins der reichsten Männer Russlands ablöste.

Doch warum ist der erstgenannte Gouverneur einer russischen Teilrepublik, verkehrt mit der englischen High Society, und warum sitzt der andere im Gefängnis? Wie gelingt es dem einen, Millionen und Millionen für »Männerspielzeug« wie Schlösser, Schiffe und englische Fußballteams auszugeben und (noch) ungeschoren davonzukommen? Midgley und Hutchins fördern in ihrem Buch überraschende und ernüchternde Erkenntnisse zu Tage, die sie mühsam recherchierten, weil Abramowitsch von seiner Umgebung fast komplett abgeschirmt wird.

In selbst gewählter Isolation, beschützt von Bodyguards oder hinter meterhohen Mauern hat sich Roman Abramowitsch entschieden, kein »öffentlicher Mensch« sein zu wollen. Doch jemand, der auf eine Summe zwischen 13 und 15 Mrd. Dollar Privatvermögen geschätzt wird, kann diesem Etikett nicht davonlaufen. Er ist per Definition eine *public person*.

Ob es kosmetische Extravaganzen seiner Frau sind oder die Liebhaberei für Hobbys, die Normalsterbliche nur aus dem Fernsehen kennen: Jeder Schritt des Mannes, der vorgibt, so gern unerkannt leben zu wollen, wird von der entsprechenden Presse zum Ereignis stilisiert. Dabei ist spaßig, dass sich Motorbootzeitschriften mit dem reichen Schiffseigner genauso beschäftigen wie Fußballpostillen wie der *Kicker*, Fachblätter der Erdölbranche, Modemagazine wie die *Vogue* und sogar Reporterhefte, die einen leibhaftigen Gouverneur der Polarregion zwischen Tschuktschen und Rentieren porträtieren wollen.

Cool mögen sie reagieren, seine Pressesprecher, persönlichen Assistenten und (früheren) Geschäftspartner, aber verhindern können sie nicht, dass das Ziel der Neugier trotz fortschreitender Abschottung immer interessanter wird. Roman Abramowitsch wird als ruhiger, eher schüchterner Mann dargestellt, der am liebsten in Jeans herumläuft. Krawatten hasse er, wird wieder und wieder verbreitet, wohl um dem einfachen Volk zu bedeuten, dass er so ist wie sie: einfach, bescheiden, ein russischer Mensch eben.

Interviewwunsch um Interviewwunsch wird seit Jahren abgelehnt; mannigfache Gründe werden dafür genannt. Und dennoch wird intern genauestens registriert, was über den Milliardär geschrieben wird. Zu den Aktenordnern mit den »*Njet*«-Faxen gesellen sich mutmaßlich genauso viele Ablagen, die Magazinartikel, Spekulationen und Reportagen aufnehmen.

Sport mag er, wird versichert, selbst betrieben und natürlich den der Teams, die ihm nahestehen. Neben dem FC Chelsea ist dies auch der Moskauer Club ZSKA, der über drei Jahre lang mit 54 Mio. Dollar gesponsert wird – unerhört in einem Land, wo gemeinhin schon die Neonröhren in der Dusche des Stadions fehlen.

Doch all die angeblich persönlichen Häppchen, die uns fragenden Journalisten aus dem Privatleben des Roman Abramowitsch »verraten« werden, vernebeln mehr als dass sie offenbaren. Diese Informationen sind gesetzt, schlau und operativ. In Wirklichkeit sollen gezielte Indiskretionen über das Hauptproblem von Abramowitsch und seinen Oligarchen-Freunden hinwegtäuschen. Diese ultrareichen »*Businessmennij*« – die Russen benutzen sinnigerweise das englische Wort – haben längst jeden Kontakt mit dem Volk verloren, aus dem sie stammen. Sie sind von der Lebensrealität Russlands so weit entfernt wie George Bush von den Junkies in der New Yorker Bronx. Es soll nur noch der Eindruck vermittelt werden, sie seien Russen, wenn auch mit dem Zusatz »*Neue Russen*«.

Doch wer glaubt, dies sei ein neues Phänomen, irrt. Über die Jahrhunderte haben in der russischen Gesellschaft, in der zaristischen nicht anders als in der kommunistischen und in der heutigen neo-kapitalistischen, einige wenige Besitz und Macht unter sich aufgeteilt.

Heute heißen sie Abramowitsch, Deripaska, Potanin, Mordachov, Friedman oder Wexelberg, Damals trugen Grafen und Fürsten die heute noch nachklingenden Namen Jussupow, Rumjanzev, Mentschikow oder Scheremetjev. Sie rafften ähnliche Reichtümer zusammen wie ihre bürgerlichen Erben der Neuzeit. Doch das geht nur, weil sie sich mit der Macht arrangieren. Sollte an dieser Stelle jemand das Wort *Korruption* assoziieren, so kann der Autor das niemandem verdenken.

Die grandiosen Stadtpaläste der Adligen von St. Petersburg und Moskau wurden nach der Revolution der Zarenzeit von den Bolschewiken gestürmt und später dem »Plebs« als triste Massenwohnungen in *Kommunalka*-Stil überlassen. Sie verfielen.

Heute öffnen sich manche wieder, renoviert als Museen, manche von westlichen Banken und Versicherungen vor dem Ruin bewahrt, andere – der Kreis schließt sich – von den reichen Russen okkupiert. Und endlich offenbaren sie, welch unvorstellbarer Reichtum sich bei den Schranzen und Sykophanten ansammelte, während das Volk hungerte oder abgespeist wurde.

Zwei Beispiele. Grafen der Zarenzeit, die in Ungnade fielen, wurden zuvor nicht selten nach Sibirien verbannt, oft mit ihren Familien. Sie waren häufig mit enormen Lehen und Ländereien bedacht worden, als sie noch in der Gunst des Hofes standen. Meist weil sie als Offiziere für den Zaren wertvolle militärische Siege erkämpft hatten. Doch als sie plötzlich in ärmlichsten Verhältnissen unter Bauern und ihren eigenen Soldaten leben mussten, sprachen sie nicht einmal die Sprache ihrer Mit-Russen. Am Hofe und in der feinen Gesellschaft wurde damals französisch, in Katharinas Zeiten vielleicht noch deutsch parliert, doch nicht in der Bauernsprache russisch.

Die Günstlinge des kommunistischen Systems in der Sowjetunion kannten hingegen keine offiziellen Titel oder publizierte Privilegien. Wer allerdings im Polit-Büro Platz nehmen durfte, führte auch im Sozialismus ein Leben wie Grafen damals und Superreiche heute. Ihre Kaste hieß *Nomenklatura* und versprach ihren Mitgliedern bestes Essen, luxuriöse Weine, Westreisen, feudale Datschensiedlungen und Top-Wohnungen in der Moskauer Innenstadt.

Das war damals. Heute schicken die Oligarchen ihre Kinder wie selbstverständlich auf englische Luxusschulen. Ihre Familien können sich gar nicht vorstellen, dass man Kleidung und Schuhe auch aus russischer Produktion tragen könnte, nirgendwo verkauft sich Dolce & Gabbana so reißend wie in Moskau.

Abramowitsch und seine reichen Freunde könnten leicht in Erfahrung bringen, dass die alten Frauen an der U-Bahn, an denen ihre gepanzerte Auto-Kolonne mit den geschwärzten Scheiben vorüberrauscht, im Monat 50 bis 60 Euro Rente erhalten. Soviel geben die »neuen Russen« ohne mit der Wimper zu zucken für eine gute Vorspeise in den wie Pilze aus dem Boden schießenden Luxus-Restaurants der Hauptstadt aus. Und doch funktioniert das alles nur, weil sich die kapitalistischen Freuden nicht aus einer im Prinzip allen offen stehenden Marktwirtschaft entwickelt haben, sondern in geschlossenen Zirkeln mit wechselnder Abhängigkeit, mit Günstlingen wie ehedem und – da ist das Wort wieder – Korruption.

Wer mitspielt, und dafür liefern die Autoren manchen Beleg, kann groß rauskommen. Die Karten, die der Vollwaise Roman ausgeteilt bekam, enthielten zunächst keinen Trumpf-Stich. Praktische Intelligenz, Härte und Bauernschläue, gewiss gepaart mit einer Portion Rücksichtslosigkeit und einem feinen Riecher für nutzbare Situationen mussten zusammen kommen. So fiel er erst den Oligarchen der ersten Stunde auf, wie dem exilierten und heute übel mit ihm verfeindeten Beresowski und später Präsident Boris Jelzin.

Jedes Spiel indes hat Regeln und die hat Roman Abramowitsch nicht nur zu beachten gelernt, sondern auch zu seinen Gunsten zu nutzen. Ob er, wie viele sagen, in Wirklichkeit ein genialer, weil nicht auffallender Politiker ist, mögen andere beurteilen, Tatsache ist, in der Öffentlichkeit ist kein politisches Wort von ihm zu hören, das den Kreml erzürnen könnte.

Im Gegenteil. Wladimir Putin, der Präsident seit dem Jahr 2000, der das Ruder hart in der Hand hält, hat dafür gesorgt, dass die Überbleibsel und Akteure aus der Jelzin-Ära fast samt und sonders verschwunden sind. Überlebt haben Opportunisten und gewiefte Taktiker. Abramowitsch ist beides.

Im Jahr 2000 wurde er zum Gouverneur im Fernen Osten Russlands, Tschukotka, gewählt. Dort tat er für die armen Menschen, elf Zeitzonen östlich von Moskau, viel Gutes, wie das vorliegende Buch eindrücklich beschreibt. Doch vergaß Roman Abramowitsch zu keinem Zeitpunkt wie gewinnbringend die dortigen Steuerregeln für sein eigenes Unternehmensimperium auszunutzen waren. Als kurz nach den Anschuldigungen gegen den Jukos-Konzern Chodorkowskis im Sommer 2003 auch die Fiskalpolitik seiner Provinz und die Steuerehrlichkeit des Abramowitsch-Ölkonzerns Sibneft unter die Lupe genommen wurden, schien auch die Stunde des Roman Abramowitsch geschlagen. Der Report des mächtig erscheinenden, doch vom Kreml an die kurze Leine gelegten und deshalb weitgehend zahnlosen, russischen Kartellamts spricht von Veruntreuung und Steuerhinterziehung in Milliardenhöhe. Genau das hatte Chodorkowski das Genick gebrochen.

Doch nur Tage nachdem dieser Oligarchen-Kollege am 31. Mai 2005 vom Moskauer Meschanski-Gericht wegen Steuerhinterziehung zu neun Jahren Lagerhaft verurteilt wurde, hatte Roman Abramowitsch eine Privataudienz bei Wladimir Putin.

Beide, Abramowitsch und sein ebenfalls jüdischer Freund Chodorkowski, der eine im Kreml, der andere im Knast, dürften auf nicht sehr unterschiedliche Weise zu ihren jeweiligen Vermögen gelangt sein. Der Unterschied: der eine hielt sich an die Spielregeln, der andere nicht. Die wichtigste dieser, freilich ungeschriebenen Regeln lautet: Solange Ihr Euch nicht in meine Politik einmischt, frage ich nicht, wie Ihr an Euer Geld gekommen seid. Doch aus den Millionärsvergnügungen anderer Ultra-Reicher machte sich Chodorkowski nichts. Er liebte es, nach Amerika zu reisen, im Senat Kontakte zu knüpfen, die renommierte Library of Congress zu fördern und eine Stiftung zu gründen. Nach dem Vorbild der *Open Society* des ungarisch-amerikanischen Philanthropen und Finanziers George Soros rief Chodorkowski die Stiftung *Open Russia* ins Leben, zahlte großzügige Stipendien, ermöglichte eine Studentenstadt in der liberales Gedankengut und Selbstverwaltung gelebt wurden und machte auf der geschäftlichen Ebene sein Unternehmen international gesellschaftsfähig.

Längst hatte er verstanden, den amerikanischen Durst nach Öl auszunutzen, aber gegen die russische Bürokratie kam er nicht an. Und so wagte es Chodorkowski mit westlichen Investoren, genannt wurden 2003 Firmen wie Exxon Mobil oder Chevron Texaco, über Finanzbeteiligungen am rentabelsten und modernsten russischen Ölkonzern Jukos zu verhandeln, die den Amerikanern das Sagen gelassen hätten. Das war mindestens so unerträglich für den Kreml wie der Vorstoß, am Staatsmonopol des Pipelinekonzerns Transneft vorbei privatwirtschaftliche Rohrsysteme für das Schwarze Gold sowohl zum eisfreien Hafen von Murmansk als auch nach China bauen zu wollen.

Als dann auch noch kolportiert wurde, Chodorkowski habe durch »sponsern« von Abgeordneten der Staatsduma eine parlamentarische Mehrheit »zusammenkauft«, die jedes Steuergesetz gegen Ölkonzerne verhindern würde, schnappten die Handschellen im Oktober 2003 zu. Der Rest ist Geschichte. Chodorkowski wartet bei Drucklegung dieses Buches auf seine Berufungsverhandlung und eine neue Anklage, sein Partner Newslin ist nach Israel geflohen, die Hauptförderbetriebe von Jukos sind in einer Scheinauktion ans staatliche Ölunternehmen Rosneft gegangen, Jukos selbst so gut wie pleite. Selbst das verbliebene Aktienpaket, das Jukos 20 Prozent Anteil am früheren Traumpartner Sibneft gab, wurde Anfang Juli 2005 von den Behörden beschlagnahmt.

Und Sibneft, mit dem Chodorkowski einst durch Aktientausch den größten russischen Ölkonzern schmieden wollte, der Exxon, BP und Shell kaum nachgestanden hätte? Die Nr. 5 am russischen Markt macht scheinbar »slow motion«, ist nicht in den Schlagzeilen und der Herr über die Besitztümer, ein gewisser Roman Abramowitsch, wird kaum noch mit Öl, schon gar nicht mit dem Tagesgeschäft, in Verbindung gebracht. Sein Geld legt er im Ausland, sicher vor dem Zugriff russischer Behörden, an. Im Juli 2005 stand er kurz davor, die frühere ungarische Staatsfluglinie Malev zu übernehmen.

Bei Drucklegung war unsicher, ob sein Sibneft-Anteil an den größten Gasproduzenten der Welt Gasprom verkauft werden würde. Da seit Juni 2005 der Kreml mittels Kapital- und Personalverflechtung bei Gasprom das Sagen hat, würde das rentable Unternehmen Sibneft nicht nur gut ins Portfolio des Kreml passen, sondern auch die Politik Wladimir Putins manifestieren, der es augenscheinlich auf eine Re-Nationalisierung der Schlüsselindustrien abgesehen hat.

Roman Abramowitsch, der gerissene Fuchs, wird alles mit einem schweigsamen Lächeln in Unschuldsmiene kommentieren. Mehr und mehr der Unternehmensanteile, die ihn reich gemacht haben, hat er verkauft oder in Holdings nach ausländischem Recht geparkt. Er ist nicht zufällig auch einer der reichsten Menschen Englands.

Sollte, wonach es lange Zeit kaum aussah, auch die Klappe beim derzeit reichsten Mann Russlands fallen, startet vielleicht umgehend ein privater Boeing-Jet in Richtung Europa. An Bord die *Sphinx vom Polarkreis*: Roman Abramowitsch.

Horst Kläuser,
Korrespondent für den deutschen Hörfunk in Moskau

Einleitung

Zum ersten Mal hörte die russische Öffentlichkeit von Roman Abramowitsch, einem bis dahin schattenhaften Kreml-Insider, im Jahre 1998. Damals wurde er in dem beliebten, von dem Wirtschaftsjournalisten Jewgeni Kisseljow moderierten Nachrichtenmagazin *Itogi* als »Kassenwart« Präsident Jelzins bezeichnet. Zu diesem Zeitpunkt war Abramowitsch auf dem Papier bereits mehrfacher Milliardär, und als sich die Kunde von seinem gewaltigen Reichtum verbreitete, begannen die Medien, sich stärker für ihn zu interessieren. Es gab jedoch ein Problem: Wie konnte man Berichte über den Mann bebildern, der als »heimlicher Oligarch« bekannt wurde?

Noch 1999 besaßen die Medien kein einziges Foto von Abramowitsch. Da sie nicht länger vage Zeichnungen nach Art von Gerichtsskizzen benutzen wollte, beschloss eine Zeitung, das Problem mit Geld zu lösen: Sie bot eine Million Rubel (etwa 30 000 Dollar) für eine Aufnahme von dem medienscheuen Magnaten. Die Bargeldofferte führte zu dem gewünschten Ergebnis, und das verschwommene Bild von Abramowitsch, das man für die ausgelobte Summe erhielt, wurde monatelang von der russischen Presse verwendet.

Ungefähr um diese Zeit empfahl Abramowitschs PR-Berater, ein Engländer namens Gregory Barker (heute Parlamentsmitglied der Konservativen Partei), dem Magnaten, »einen schönen Satz Fotos« anfertigen zu lassen. Wenn er sich der Öffentlichkeit schon nicht mehr entziehen könne, sei es schließlich sinnvoll, ihr ein möglichst günstiges Bild von sich zu vermitteln.

Abramowitsch wandte sich an Juri Feklistow, einen Fotografen der russischen Wochenzeitschrift *Ogonjok*. Dieser war über seine Freundschaft mit Valentin (»Walja«) Jumaschew – dem Journalisten, der Boris Jelzin beim Verfassen seiner Memoiren als Ghostwriter unterstützt und später dessen Tochter Tatjana geheiratet hatte – bereits in Abramowitschs inneren Zirkel gelangt. Die Jumaschews spielten eine Schlüsselrolle bei der Anhäufung von Abramowitschs Vermögen und waren seit 1996 eng mit ihm befreundet. Walja und Juri kennen einander inzwischen seit mehr als 20 Jahren. Ursprünglich arbeiteten beide für die Zeitung *Komsomolskaja prawda*.

Feklistow, der heute dank seines alten Freundes als Abramowitschs Hoffotograf etabliert ist, nahm den Milliardär sowohl zu Hause als auch bei der Arbeit in Moskau auf. Außerdem begleitete er ihn in dessen Familienurlaub nach Skandinavien und Südfrankreich sowie auf Reisen in die Provinz Tschukotka, wo der Oligarch im Jahr 2000 zum Gouverneur gewählt wurde. Infolgedessen gibt es nun von Abramowitsch alle möglichen Fotos. Wenn Freizeitaufnahmen verlangt werden, kann man ihn beim Forellenfang in Norwegen, beim Jetskiing auf dem Mittelmeer, beim Sonnenbaden mit seiner Frau oder beim Spielen mit seinen Kindern bewundern. Wünscht man Abramowitsch als Oligarchen, so gibt es Aufnahmen, die ihn bei der Durchsicht von Geschäftsunterlagen vor seinem Bürokamin, beim Wahlkampf in Tschukotka, zusammen mit anderen Tycoons oder auf Spaziergängen mit dem Präsidenten zeigen.

Doch trotz seiner erhöhten öffentlichen Präsenz bleibt Abramowitsch hinter seiner Maske so wenig fassbar wie zuvor. Feklistow mag ihn vor attraktiven Kulissen präsentieren, und Nachrichtenfotografen mögen ihn bei öffentlichen Ereignissen aufnehmen, doch der Tycoon gewährt nach wie vor kaum je ein Interview. Ungeachtet seines Status als reichster Mann Großbritanniens sind seine Medienauftritte so selten, dass ein Fernsehinterview, welches er Steve Rosenberg von der BBC in Tschukotka gab, lange Zeit als Grundlage für sämtliche spätere Dokumentationen diente. Der britischen Presse gegenüber war er nicht großzügiger: In dem Jahr nach seiner Übernahme des Chelsea Football Club im Juli 2003 bedachte er die Zeitungen nur mit einem einzigen Interview.

Alle Presseanfragen werden an John A. Mann II. weitergeleitet. Offiziell ist er Investor-Relations-Manager bei Sibneft, dem Ölkonzern, der den Grundstein von Abramowitschs Vermögen bildet. Mann, ein liebenswürdiger Schwarzamerikaner – »In Moskau gibt es nicht viele von uns« –, war zuvor Vizepräsident von Burston Marsteller, einem internationalen Netzwerk für Unternehmens-PR. Bevor der Anfangdreißiger seine Stelle in Moskau antrat, arbeitete er in Almaty, der Hauptstadt von Kasachstan, woher seine Frau stammt. Aber er gehört nicht zum inneren Zirkel und bekommt Abramowitsch manchmal wochenlang nicht zu Gesicht. Deshalb kann er seinen Chef auch nicht zu nennenswerten Enthüllungen über sich selbst bewegen. Mann erzählte uns eine recht aufschlussreiche Anekdote über Abramowitschs Haltung gegenüber Versuchen, sein früheres Leben zu durchforschen. Als Mann dem Russen eine Liste mit Fragen übergab, warf dieser einen Blick auf das Blatt, lächelte, riss es in der Mitte durch und ließ es in den Papierkorb fallen. Man darf annehmen, dass jeder, der dieses Buch vor John Mann liest, mehr über seinen Arbeitgeber wissen wird als der Pressevertreter selbst.

■ ■ ■

Abramowitschs Äußeres wirkt nicht imposant. Er ist kaum größer als seine zweite Frau Irina, die mit einem Meter fünfundfünfzig gerade die Mindestanforderung von Aeroflot an Stewardessen erfüllte. Seine Abneigung, anderen in die Augen zu schauen, lässt ihn bescheiden oder sogar schüchtern wirken. Dieser Eindruck wird durch ein kunstvoll unrasiertes Gesicht verstärkt, durch das er sich von seinen Milliardärskollegen unterscheidet. Auch legt er keinen Wert auf elegante Kleidung, sondern bevorzugt einen teuer-zwanglosen Stil, etwa Designerjeans und Blazer oder gut geschnittene Anzüge mit offenem Hemd. Eine der wenigen Gelegenheiten, bei denen er eine Krawatte trug, war seine Vereidigung als Gouverneur von Tschukotka im Januar 2001.

Die »neuen Russen«, das heißt die Nutznießer des neuen Wirtschaftssystems, sind für ihre Geschmacklosigkeit und Verschwendungssucht berüchtigt, doch auch in dieser Hinsicht scheint Abramowitsch eine Ausnahme zu sein. Er hat Abermillionen für eine Flottille von Superjachten ausgegeben (zwei sind bereits gekauft, eine dritte ist im Bau) und lebt ziemlich aufwändig in Moskau, London und Südfrankreich, aber man hört keine Gerüchte darüber, dass er Champagner- oder Kokainnächte mit »Models« verbracht hätte. Abramowitschs einzige sinnliche Laster scheinen hin und wieder ein Glas Rotwein – niemals Wodka – sowie Tabak aus einer Meerschaumpfeife zu sein. Seine Frau sitzt bei den meisten Chelsea-Spielen an seiner Seite, und er wird regelmäßig mit dem einen oder anderen seiner fünf Kinder fotografiert. Eines seiner Lieblingsbilder zeigt ihn zusammen mit seinem ältesten Sohn Arkadi, dessen Einschulung auf die höhere Schule gerade gefeiert wird. Darauf hat Abramowitsch in der Einfahrt der MES (Moskauer Wirtschaftsschule) einen väterlichen Arm um die Schultern des Jungen gelegt, während er einen großen Rosenstrauß in der anderen Hand hält.

Irina scheint mit ihrer Rolle als Hausfrau zufrieden zu sein. Als die beiden einander kennen lernten, war sie 23 Jahre alt, sah jedoch eher wie eine 17-Jährige aus. »Sie war eine Schönheit«, meint Larissa Kurbatowa, eine ehemalige Stewardess-Kollegin von Aeroflot, »große blaue Augen, eine gerade Nase, volle Lippen.« Inzwischen 36 Jahre alt, hat Irina in 13 Ehejahren fünf Kinder geboren, und eine Freundin des Paares meint, das Ziel der beiden seien neun Sprösslinge. Das Hauptmotiv für Irinas Entscheidung, an der Moskauer Universität Kunstgeschichte zu studieren, war ihr Wunsch, zur Bildung ihrer Kinder beizutragen – nicht das Streben, etwas für ihre eigene Identität zu tun. »Auf ihren Auslandsreisen besuchen sie viele Galerien«, erklärt ein Freund, »und Irina wollte in der Lage sein, den Kindern die Details zu erklären.« Trotz seines Reichtums möchte Abramowitsch, dass die Kinder mehr mit ihrer Mutter zu tun haben als mit einer Armee von Aufpasserinnen, und sein Insistieren darauf, dass Irina ihre Mutterpflichten erfüllt, kann zuweilen männlich-chauvinistisch wirken. Einmal wollte Irina ihren Mann unbedingt zu einer ausverkauften Vorstellung der in Russland überaus populären Sängerin Cesaria Evora ins Moskauer Wassiljew-Theater begleiten. Ihre Freunde waren erstaunt, als sie dann doch zu Hause bei den Kindern blieb, obwohl einer der Organisatoren auf Abramowitschs Ersuchen hin 20 Karten für seine Ölgesellschaft Sibneft reserviert hatte. Irina, über die sogar gesagt wird, sie ziehe Spielzeughündchen Schmuckstücken vor, ist offenbar der Traum jedes Patriarchen.

Abramowitsch ist nicht nur ein vorbildlicher Familienvater, sondern er sorgt auch für seine Freunde. Marina Gontscharowa, die Frau, die für ihn zu arbeiten begann, als er in den späten achtziger Jahren an einem Moskauer Marktstand Puppen verkaufte, steht noch heute in seinen Diensten. Außerdem ist er ein Mann ohne große Allüren. Seine Angestellten dürfen das Fitnessstudio benutzen, das er in der Sibneft-Zentrale in Moskau hat einrichten lassen, und wenn kein formelles Mittagessen angesetzt ist, lädt er Mitarbeiter ein, mit ihm in seinem privaten Speisesaal zu essen. Diese demokratische Haltung zeigte sich auch, als er vier Gäste zu einem Chelsea-Spiel ins Stadion von Newcastle United mitnahm. Unter ihnen befanden sich Tatjana Djatschenko, die Tochter des früheren Präsidenten Boris Jelzin, vor nicht langer Zeit eine der mächtigsten Personen in Russland, sowie sein österreichischer Koch Christian, der für Abramowitsch die von ihm bevorzugte ungesäuerte Matze backt. »Er ist gegen Veränderungen«, verrät ein enger Mitarbeiter. »Am liebsten ist er mit Leuten zusammen, die er kennt. Deshalb bemüht er sich, sie an sich zu binden.«

Abramowitsch ist nicht belesen. Als ein Besucher im Arbeitszimmer in seiner Datscha außerhalb Moskaus einmal einen Band aus dem Regal nahm, musste er feststellen, dass es sich lediglich um eine Attrappe handelte. Die Bücher bestanden nur aus leeren Rücken, die der Innenarchitekt aufgestellt hatte, um Gelehrsamkeit vorzutäuschen. Abramowitsch beschäftigt sich in seiner Freizeit eher mit sportlichen Vergnügungen: mit Angeln, Fußball, Bowling oder russischem Billard. Als er sich während der Europameisterschaft 2004 das Spiel Russland gegen Spanien anschaute, trug er ein russisches Trikot und eine dazu passende Baseballmütze. Es fährt gern mit Motorrädern und Sportwagen, und seine Jachten könnten aus James-Bond-Filmen stammen. Die 115 Meter lange »Pelorus« verfügt beispielsweise über einen Hubschrauberlandeplatz, prächtige Salons, ein Breitwandkino und nicht weniger als vier Beiboote für die Beförderung der Passagiere vom Schiff zum Ufer. Einer seiner Angestellten meinte: »Er vertritt den Standpunkt, dass man schließlich nichts mit ins Grab nehmen kann.«

Insgesamt tritt Abramowitsch als scheuer, zurückhaltender Familienvater auf. Dem stehen die 11 Milliarden Euro gegenüber, die dieser Enddreißiger in weniger als 15 Jahren angesammelt hat. Der Zweck des vorliegenden Buches ist es, die Persönlichkeit sowie die Methoden und Ambitionen aufzuzeigen, die sich hinter dem sorgfältig kultivierten faden Äußeren verbergen. Wie eine erfahrene Moskau-Beobachterin bemerkte: »Diese Kerle ähneln alle Barrakudas.«

Tatsächlich merkten wir bald, dass Abramowitsch uns die Arbeit nicht leicht machen wollte. Alexej Wenediktow, der Chefredakteur des einflussreichen Moskauer Rundfunksenders Echo, unterhält sich regelmäßig mit dem Oligarchen. Bei einem dieser Gespräche, Anfang Dezember 2003, erwähnte Wenediktow, er wolle sich zwei Tage später mit uns in Moskau zum Essen treffen. Abramowitsch fragte: »Kannst du nicht absagen?« Zum Glück hatten wir Wenediktow eine Mahlzeit in seinem georgischen Lieblingsrestaurant versprochen, und die Verlockung von Stör mit Sahne und gemischtem Salat sowie natürlich die Chance, Unruhe zu stiften, bewogen ihn dazu, die Verabredung einzuhalten.

Abramowitsch war beunruhigt. Am Tag nach dem Essen rief er Wenediktow an, um sich nach dem Verlauf der Dinge zu erkundigen.

»Wonach haben sie dich gefragt?«, wollte er wissen.

»Nach allem«, sagte Wenediktow.

»Und was hast du ihnen erzählt?«

»Alles.«

Pause. Dann:

»Oh, ich freue mich darauf, das Buch zu lesen.«

Abramowitschs Verschwiegenheit hat vor allem zwei Gründe: Erstens liegt ihm an seinem Ruf. Heute ist er ein angesehener Mann in England, das viele seiner Landsleute seit langem als Hort von Geschmack und Kultur verehren. Zu seinen Kreisen gehören einige prominente Mitglieder der britischen Gesellschaft, und er ist mit dem Marquess of Reading, dem höchsten jüdischen Aristokraten Großbritanniens, sowie mit Lord Rothschild befreundet. Letzterer wiederum ist ein enger Freund des Prinzen von Wales. Wir konnten nicht feststellen, ob Abramowitsch Prinz Charles je begegnet ist. Aber wir wissen, dass der Russe dem Prinzen einmal einen Hubschrauber zur Verfügung stellte, um ihn die 160 Kilometer von seinem Landsitz Highgrove in Gloucestershire zu einem Poloturnier im Cowdray Park befördern zu lassen. Allerdings hatten sich nicht die Mitarbeiter von Prinz Charles' Büro, sondern die Organisatoren des Turniers im Namen des Prinzen mit dieser Bitte an Abramowitsch gewandt.

Außerhalb der Salons der High Society ist Abramowitsch sogar noch populärer und geachteter. Möglicherweise haben Chelsea-Fans seine Behandlung von Claudio Ranieri bedauert, dem Trainer, der entlassen wurde, um Platz für José Mourinho zu machen, nachdem dieser 2004 mit dem FC Porto das Finale der Champions League gewonnen hatte. Aber die meisten gaben Peter Kenyon, dem Geschäftsführer des Vereins, die Schuld an jenem PR-Debakel. Abramowitsch selbst erfreut sich weiterhin großer Beliebtheit, weil er Chelsea nicht nur zum aufsehenerregendsten Verein der letzten Saison – und wahrscheinlich vieler künftiger Spielzeiten – gemacht, sondern den Club auch in den Stand gesetzt hat, den ersten Sieg seit Jahren gegen Arsenal zu erringen. Weshalb soll man angesichts solcher Erfolge auf die schlechten alten Zeiten zurückschauen, in denen leichtgläubige Arbeiter um ihre Aktienansprüche gebracht, Milliarden mit abgekarteten Privatisierungen verdient, Aktienwerte auf zwielichtige Art verwässert wurden usw.?

Der zweite Grund für Abramowitschs Zurückhaltung lag in der Frage, wie man eine detaillierte Offenlegung seines Reichtums und der Methoden, mit denen er ihn erlangt hatte, in der Heimat aufnehmen würde. Der russische Wähler ist zutiefst enttäuscht über die Art und Weise, wie die Regierung das Familiensilber für einen Bruchteil seines realen Wertes verscherbelte. In einer Zeit, da Abramowitsch bereits ein Rückzugsgefecht gegen diejenigen führt, welche das Vermögen der Oligarchen stärker besteuern oder sogar beschlagnahmen wollen, möchte er auf keinen Fall größere Aufmerksamkeit auf sich lenken.

Niemand, der über einen derartigen Reichtum verfügt, kann es sich leisten, die Politik außer Acht zu lassen. Oligarchie bedeutet »Herrschaft der wenigen«, in diesem Fall der wenigen sehr Reichen. Wenn die Wählerschaft lautstark fordert, dass die Männer, die sich die Kommandohöhen der Wirtschaft zu einem Spottpreis gesichert haben, etwas zurückgeben, ist es gefährlich für einen Oligarchen, keinen direkten Draht zum Präsidenten zu haben. Eine der klügsten Bemerkungen über Abramowitsch stammt von einem besonders gut informierten, in Moskau ansässigen westlichen Geschäftsmann: »Wer Abramowitsch verstehen will, muss wissen, dass er kein Unternehmer, sondern ein verkappter Politiker ist.« Er wollte darauf hinaus, dass die Tagesgeschäfte von Abramowitschs Ölgesellschaften, seiner Fleischverarbeitungsfabrik, seinen Autounternehmen usw. vertrauenswürdigen Managern und Buchhaltern überlassen werden könnten, dass es jedoch Abramowitschs spezifisches Genie erfordere, die Behörden günstig zu stimmen.

Etliche kleinere Fische, die keine Beschützer im Kreml fanden, mussten erleben, dass die Privatisierungen, mit denen sie ihre Millionen gemacht hatten, für illegal erklärt und sie selbst eingesperrt wurden. Andere, wie Abramowitschs einstiger Partner Boris Beresowski oder der Medienoligarch Wladimir Gussinski, forderten Putin heraus und wurden ins Exil gezwungen. Der Reichste von allen, Michail Chodorkowski, versuchte, die politischen Prozesse für seine eigenen Zwecke zu nutzen, wurde prompt wegen Steuerhinterziehung verhaftet und ist, während die vorliegenden Zeilen geschrieben werden, immer noch im Gefängnis. Diese drei Männer und viele andere ließen ihr Urteil durch ihr Ego trüben, wohingegen Abramowitsch nie vergaß, dass der Präsident über die Gefängnisse gebietet. Statt sich auf einen Kampf mit Putin einzulassen, akzeptierte er die Realitäten und setzte seine mächtigste Waffe, seinen Charme, ein, um seine Position aufrechtzuerhalten.

Bezeichnenderweise wurde Beresowski zu dem Glauben verleitet, dass sich sein Geschäftspartner in der Schlacht mit Putin auf seiner Seite befand, während Abramowitsch in Wirklichkeit mit dem neuen Mann unter einer Decke steckte. In einem Londoner Zeitungsinterview sagte Beresowski: »Als Putin an die Macht kam, sprach ich mit Abramowitsch und schlug ihm vor, eine Opposition in Russland aufzubauen, weil Putin zu mächtig wurde; aber Abramowitsch hörte mir nicht zu.« Im Gegenteil: Zu dem Zeitpunkt, als Beresowski versuchte, Abramowitsch für seine Sache zu gewinnen, stand dieser Putin bereits so nahe, dass er, wie in diesem Buch zum ersten Mal enthüllt wird, im Kreml die Kandidaten für das erste Kabinett des damaligen Ministerpräsidenten befragte. Als wir dies während eines Interviews mit Beresowski in dessen Londoner Büro erwähnten, war dieser untypischerweise ein oder zwei Sekunden lang sprachlos, bevor er ausrief: »Das wusste ich nicht!« In jenem Moment begriff der Mann, der infolge seines machiavellistischen Rufes den Spitznamen »Grauer Kardinal« (oder »Graue Eminenz«) erhalten hatte, wie gründlich er von seinem jungen Protegé ausmanövriert worden war.

Abramowitsch wurde zu einem der Hauptdrahtzieher bei der Gründung der einzigen politischen Partei, die bereit war, Putin uneingeschränkt zu unterstützen, während er Ende 1999 in seinen ersten Präsidentschaftswahlkampf ging. Als Putin eine schattenhafte Gestalt benötigte, die seine Feinde hinter den Kulissen bekämpfte, konnte er sicher sein, dass er dafür in Abramowitsch einen bereitwilligen Partner gefunden hatte. Nicht etwa, dass bewaffnete Banden angeworben worden wären, um mögliche Gegner zur Unterwerfung zu zwingen – dazu ist Abramowitsch viel zu geschickt und subtil. Bei Provokationen bleibt er bekanntermaßen ruhig, selbst wenn er dadurch kurzfristig an Boden verliert. Dazu einer seiner engsten Vertrauten: »Er kann vielleicht zehn Schritte voraussehen, und wenn einige der ersten – oder sogar die ersten neun – nicht sonderlich überzeugen, hat er die seltene Fähigkeit zu erkennen, wie der zehnte Schritt aussehen muss, und ihn zu machen.«

Doch Abramowitsch hat Putin nicht nur in den Hinterzimmern der Politik unterstützt, sondern darüber hinaus zu einer radikalen Maßnahme gegriffen, indem er sich selbst an die politische Front begab. 1999 beschloss er, als Kandidat für die Duma, das russische Parlament, in dem fernen sibirischen Territorium Tschukotka anzutreten. Dieser Entschluss überraschte sogar seine engsten Mitarbeiter. Einer kommentierte: »Er schüttelt niemandem die Hand, küsst keine Babys und schaut den Leuten nicht in die Augen.« Stattdessen gab er eine Menge Geld aus, und seine Philanthropie hatte eine absehbare Wirkung auf die verarmte Bevölkerung. Alexander Nasarow, der amtierende Gouverneur von Tschukotka, wurde immer nervöser. Die Art, wie sich Abramowitsch wachsende Popularität sicherte, grenzte an Demagogie. Durch einen brutalen, gleichwohl unblutigen Putsch wurde Nasarow schließlich abgesetzt und Abramowitsch zum Gouverneur gewählt – mit 99 Prozent der Stimmen. Doch statt Nasarow an den Rand zu drängen, bot der neue Gouverneur ihm an, seinen Sitz in der Duma zu übernehmen. Nasarow hat ihn bis heute inne. Abramowitsch erhielt genau das, was er hatte haben wollen, und machte den gestürzten Rivalen gleichzeitig zu einem treuen Verbündeten.

Einleitung 23

■ ■ ■

Zunächst wollte Abramowitsch John Mann die offizielle Reaktion auf dieses Buch überlassen. Aber im Mai 2004 meldete sich Mann bei uns: Abramowitsch und seine Berater hätten sich mit der Sache »gründlich auseinander gesetzt« und seien zu dem Schluss gelangt, dass die Verfasser »zu viele negative Informationen« erhielten. Hatte Abramowitsch diesen Kurswechsel etwa deshalb vollzogen, weil ihm zunehmend bewusst wurde, dass sein Freund Wenediktow durchlässig war wie eine sibirische Pipeline? Lag es an einem zornigen Anruf aus dem Kreml, nachdem wir Putins Pressesprecher die Frage gefaxt hatten, ob es stimme, dass der Präsident gedroht habe, Sibneft zu »vernichten«, falls Beresowski die Ablösesumme, die Abramowitsch ihm im Jahre 2000 für die von ihm gehaltenen Unternehmensaktien angeboten hatte, nicht akzeptiere? Hatte Roddie Fleming, der milliardenschwere englische Banker, der sich kurzfristig zusammen mit Abramowitsch an einer sibirischen Goldmine beteiligt hatte, den Russen über einige recht gezielte Fragen unterrichtet, die ihm zu Abramowitschs Rolle bei jenem Geschäft gestellt worden waren? Oder lag es einfach daran, dass Abramowitsch fast täglich von Mitarbeitern angerufen worden war, an die wir uns gewandt hatten und die ihn fragen wollten, ob sie mit uns sprechen durften? Hatte er den Eindruck gewonnen, dass wir in Bereiche vordrangen, in denen einiges besser verborgen blieb?

Was auch immer der Grund gewesen sein mochte – Mann flog von Moskau nach London, um ein Treffen in den Büroräumen des FC Chelsea an der Stamford Bridge zu organisieren. Die Grundregel war einfach: Wir durften jede beliebige Frage stellen, aber den Repräsentanten, der sie beantwortete – einer von Abramowitschs höchsten Mitarbeitern –, nicht identifizieren. Nach einem kurzen Gespräch mit einem charmanten, aristokratisch wirkenden Anwalt, der vermutlich in erster Linie als Beobachter zugegen war, traf der Hauptakteur ein. Eine Stunde lang legten wir dem Mann, der Abramowitsch zur Zeit vieler der angesprochenen Ereignisse noch gar nicht gekannt hatte, die umstrittensten Punkte vor. Während man den Austausch als vollständig und freimütig bezeichnen konnte, war er letzten Endes unbefriedigend, was Abramowitsch wahrscheinlich beabsichtigt hatte. Seine Seite hatte etwas gewonnen, nämlich einen Überblick über die Hauptknüller des Buches, und wir hatten auch etwas erhalten, nämlich einen Einblick in seinen Werdegang. Da es sich für uns um ein Auswärtsspiel handelte, lässt es sich vielleicht als nicht torloses Unentschieden beschreiben.

Inzwischen hatten wir Personen im fernen Uchta in Nordrussland, wo Abramowitsch einen Teil seiner Kindheit verbracht hatte, sowie in Moskau, in Südfrankreich, in London und sogar in West Sussex interviewt. Kindheitsfreunde, Nachbarn, Lehrer, Mitarbeiter (heutige und frühere), Journalisten, Politiker, Chelsea-Fans, Fußballkommentatoren, Grundstücksmakler, Jachtexperten und viele andere hatten sich über seine Vergangenheit, seine Erziehung, seine Leistungen und Ambitionen geäußert. Dabei entstand das Porträt eines Mannes, der so viele Erscheinungsformen zu haben schien wie eine russische Schachtelpuppe mit ihren zahlreichen Figürchen. Für die Chelsea-Fans ist er ein großzügiger Wohltäter, für enttäuschte Kleinanleger in einer Reihe von Unternehmen ein brutaler Vernichter von Aktien. Dankbare Eskimos in Tschukotka verehren ihn als Messias, hartgesottene Buchhalter in Moskau brandmarken ihn als jemanden, der schamlos, wenn auch legal, Steuern umgeht. Untere Angestellte – von seinem Koch bis hin zu der Frau, die seit seinen Tagen als Marktstandbesitzer für ihn arbeitet – bewundern seine Loyalität und seinen Charme. Sibirische Ölarbeiter äußern sich bitter über ihre gekürzten Löhne und über die Art und Weise, wie sie bewogen wurden, ihre Anteile an seiner Ölgesellschaft zu verkaufen. Enge Mitarbeiter bezeugen seinen Unternehmungsgeist und sein Charisma, während ihn zynische westliche Banker als langweiligen Opportunisten abtun.

Wie erklären sich diese widersprüchlichen Auskünfte? Um diese Frage zu beantworten, müssen wir uns mit Abramowitschs Leben von seiner Geburt bis zum heutigen Tag befassen.

1 Zur Größe bestimmt

Irina Abramowitsch war hochschwanger, als sie mehr als 1100 Kilometer von ihrem Wohnsitz in Nordrussland zurücklegte, um ihre Mutter in Saratow am Ufer der Wolga zu besuchen. Saratow war ihre Heimatstadt, und Irina versuchte häufig, ihren Mann Arkadi zu überzeugen, dass sie dort glücklicher sein würden. Aber ihm gefiel das Leben in Syktywkar, der Hauptstadt der Komi-Region, trotz der bitterkalten Winter. Immerhin konnte Irina das Ende ihrer Schwangerschaft in einer etwas wärmeren Gegend abwarten und sich auf die Hilfe ihrer Mutter verlassen, wenn sie ihr erstes Kind zur Welt brachte.

Saratow hat im Laufe der Jahre so viele Schriftsteller, Denker, Sänger und Dirigenten produziert, dass die Russen sagen, alle in der Stadt Geborenen hätten das Licht der Welt unter einem Glücksstern erblickt. Irina entband dort am 24. Oktober 1966, doch schon bald sah es so aus, als wäre ihr Sohn Roman Arkadjewitsch Abramowitsch nicht unter einem Glücksstern, sondern unter einer düsteren Wolke geboren worden. Als Irina innerhalb eines Jahres zum zweiten Mal schwanger wurde, entschied sie sich für eine Hinterzimmerabtreibung, um in einer besonders schweren Zeit nicht noch einen Mund füttern zu müssen. Bei dem Eingriff zog sie sich eine Blutvergiftung zu und starb tragischerweise am Tag vor dem ersten Geburtstag ihres Sohnes. Sie war erst 28 Jahre alt.

Ihr Tod sei natürlich »ein schrecklicher Schock« für Arkadi gewesen, berichtet sein bester Freund Wjatscheslaw Schulgin. Beide sind Juden und haben einander in den frühen sechziger Jahren durch ihre Arbeit im Sownarchos (Volkswirtschaftsrat) von Syktywkar kennen gelernt. Vor Arkadis Eheschließung verbrachten die beiden ihre Freizeit zusammen mit einem Parteifreund namens Filtschik, stellten Frauen nach und träumten von dem Tag, an dem sie ihren Ehrgeiz umsetzen und nach Israel ausreisen würden. »Arkadi war ein gut aussehender Mann«, erinnert sich Schulgin, »und der Ungestümste und Geselligste von uns.«

Nach dem Tod seiner Frau versenkte sich Arkadi in seine Arbeit. Zwar war er ein hingebungsvoller Vater, doch seine Verpflichtungen zwangen ihn, den kleinen Roman, den alle Romka nannten, bei Tatjana, seiner Großmutter väterlicherseits, unterzubringen. Inzwischen war Arkadi Chef der Beschaffungsabteilung eines großen Bauunternehmens, doch er fühlte sich durch die Begrenzungen des Bürolebens frustriert, und man erinnert sich an ihn als einen tatkräftigen Mann, der sich in viele Geschäftsaspekte einmischte, auch wenn sie nichts mit seinem Aufgabenbereich zu tun hatten. Deshalb überraschte es niemanden, als er sich an einem Samstag im Mai 1969 bereit erklärte, ein Bauprojekt zu beaufsichtigen.

Schulgin erinnert sich noch genau an das, was an jenem Tag geschah: »Als man den Kran in Position brachte, brach der Träger ab und zerschmetterte Arkadi die Beine. Mein bester Freund starb ein paar Tage später. Die Ärzte meinten, es sei ein höchst ungewöhnlicher Fall gewesen. Knochenmarkpartikel hätten ihm die Arterien verstopft. Wir beerdigten Arkadi neben seiner Frau.«

Damit war der unglückliche Roman Abramowitsch mit zweieinhalb Jahren Waise. Ein osteuropäischer Romanautor schreibt, Waisen seien »zur Größe bestimmt«, weil sie ohne die hemmenden Erwartungen von Eltern aufwüchsen. Romans Verwandte konnten nur hoffen, dass diese Theorie zutraf. Jedenfalls blieb er nicht bei seiner Großmutter in Syktywkar und wurde auch nicht zu einem grimmigen Leben im staatlichen Waisenhaus verdammt, sondern von Arkadis Bruder Leib und dessen Frau Ludmilla, einer früheren Schönheitskönigin, adoptiert. Das Paar hatte bereits zwei Töchter, Natascha und Ida (13 und zehn Jahre älter als ihr Cousin), doch da weder Leib noch sein Bruder Abram einen Sohn besaßen, erhielt Roman als einziger männlicher Erbe der Familie einen gewissen Status. Leib und später Abram, der den Jungen unter seine Fittiche nahm, als dieser nach Moskau zog, legten eine wirklich rührende

Hingabe für Roman an den Tag und ermöglichten ihm eine Lebensweise, die Arkadi und Irina mit Neid erfüllt hätte.

Abramowitschs neues Zuhause war die Wohnung Nr. 4 in einem vierstöckigen Gebäude in der Oktjabrskaja-Straße 22 der Stadt Uchta, 1100 Kilometer nordöstlich von Moskau. Der Block war 1968 gebaut worden, und Leib und seine Familie waren im selben Jahr dort eingezogen. Schon vor der Ankunft des kleinen Neffen herrschten beengte Verhältnisse – die sowjetischen Vorschriften gestatteten nur neun Quadratmeter Wohnfläche pro Person –, doch er wurde wie ein verlorener Sohn behandelt. Leib und Ludmilla überließen ihm ihr kleines Schlafzimmer und übernachteten auf dem Sofa im Wohnraum.

Das Gebäude hat sich seit Abramowitschs damaligem Einzug kaum verändert. Eine nackte Betontreppe führt zu der Wohnung seiner Kindheit hinauf, und von der ersten Etage an hat jemand den Versuch gemacht, das Treppenhaus freundlicher zu gestalten, indem er eine mit aufgedruckten Kamelienblüten verzierte Borte an der Wand anbrachte. Doch leider hat man kaum Gelegenheit, sie zu bewundern, da die meisten Glühbirnen nicht funktionieren. Die Familie ist seit langem ausgezogen. Leib und Ludmilla siedelten in den achtziger Jahren in den Bezirk Kaluga bei Moskau um. Aber ihre Nachbarn eine Etage höher, Iwan und Ludmilla Lagoda, beide Wirtschaftsdozenten an der Staatlichen Technischen Universität von Uchta, leben immer noch in derselben Wohnung, in die sie vor 36 Jahren mit ihrem Sohn Sergej einzogen. Sie erinnern sich liebevoll an das Kind, das vor all den Jahren in der Etage unter ihnen erschien. Es habe eine Weile gedauert, bis sie erfahren hätten, dass Roman Leibs verwaister Neffe und nicht sein Sohn gewesen sei, obwohl das Kind bei seinem Auftauchen bereits vier Jahre alt war. »Wir standen ihnen nicht so nahe, dass wir uns erkundigt hätten«, erklärte Ludmilla. »Es war ihre Privatsache.«

Erst als Roman zwei Jahre später eingeschult wurde, hatten die beiden Familien häufiger miteinander Kontakt. Im Einklang mit der bürokratischen Uniformität der Sowjetunion hieß Abramowitschs erste Lehranstalt schlicht Schule Nr. 2. In den Beton über dem Haupteingang ist die Losung eingemeißelt: »Lernen, lernen und nochmals lernen« – Lenins Ermahnung an Mitglieder des Kommunistischen Jugendbundes, die ihn

1918 fragten, wie sie am besten zur Stärkung des kommunistischen Staates beitragen könnten. Ludmilla Lagoda erinnert sich:
Roman kam zu uns, um mit Sergej zu spielen, und Sergej und Dmitri aus der Wohnung Nr. 1 unten gingen zu Leib, um mit Roman zu spielen. Außerdem spielten sie zusammen Eishockey. Leib und Ludmilla waren ziemlich streng. Wenn Roman uns besuchte, rief Ludmilla immer eine halbe Stunde später an, um sich zu überzeugen, dass er sich gut benahm. Es war eine kultivierte Familie. Bei den Mahlzeiten legte Ludmilla stets eine Decke auf den Tisch und arrangierte die Bestecke, wie es sich gehört. Sie hatten gute Manieren. Ungewöhnlich an ihm war, dass er immer stehen blieb und uns grüßte, während andere Kinder einfach vorbeirannten.

Abramowitschs Kindheitsfreund Dmitri Sakowitsch war drei Jahre älter als er, und es ist aufschlussreich, dass keiner von beiden den Altersunterschied zu bemerken schien. Während Abramowitsch später Milliardär wurde, war das Schicksal dem Jungen, den er als Dima kannte, weniger gewogen. Heute wirkt Sakowitsch scheu und recht niedergeschlagen. Seine Laufbahn als Maurer und Maler ist offensichtlich ins Stocken geraten, weshalb seine jüdische Frau und er planen, ein von Deutschland gefördertes Projekt zu nutzen, das Juden die Auswanderung ins nördliche Westfalen ermöglicht. Seiner Erinnerung nach war Roman ein sehr wissbegieriger Junge, der pausenlos Fragen stellte. Als Sakowitsch zum Beispiel eine russische Spielzeugburg geschenkt wurde, zeigte Abramowitsch ein starkes Interesse daran, wie sie zusammenzusetzen war, und meisterte die Technik rasch. »Er hatte eine rasche Auffassungsgabe und versuchte, alles gut und schnell zu erledigen«, erzählt Sakowitsch. »Er schien viel von Effizienz zu halten. Man spürte die von ihm ausgehende Energie.« Ein Zeichen von Ungeduld? »Vielleicht.« Außerdem bemerkte er eine Eigenart seines Freundes, die Abramowitsch im späteren Leben nicht verlieren sollte und die häufig hervorgehoben wird: »Er war ein fröhlicher, geselliger Junge und lächelte unablässig. Das Beste an Romka war sein immer freundliches Gesicht, das er noch heute besitzt. Wenn er im Fernsehen erscheint, lächelt er unweigerlich.«

Abramowitsch wurden also bereits im frühen Alter Disziplin, gute

Manieren und Respekt vor den Älteren beigebracht. Aber um zu erklären, welche Kindheitseinflüsse es einer jüdischen Waise ermöglichten, der Vergangenheit zu entkommen und in einem weitgehend antisemitischen Land ein Vermögen zu machen, muss man den ungewöhnlichen Charakter der Stadt Uchta und die Lektionen von Onkel Leib berücksichtigen.

Dem Anschein nach ist Uchta eine typische, das heißt abschreckende nordrussische Stadt. Mit ihrer armseligen Architektur, ihren Birken und ihrer Schneedecke könnte sie eine von vielen Siedlungen sein, die Stalin bauen ließ, um die natürlichen Ressourcen der Umgebung zu nutzen. Im Winter liegt die Temperatur stets unter dem Gefrierpunkt, und die Einwohner sind an −25 Grad Celsius gewöhnt. Die unerbittliche Kälte und Düsterkeit untergraben die Moral der Menschen, und viele wenden sich scharfen Getränken zu, um sich aufzumuntern. Wer sich keinen Wodka leisten kann, greift oft zu einer Mischung aus Rasierwasser, das bekanntermaßen einen Alkoholgehalt von über 15 Prozent hat, und Bier. Dies ist anscheinend »ein sehr schmackhafter Cocktail«. Doch ein Aspekt von Uchta unterscheidet es von vielen anderen ähnlichen Vorposten: Es ging aus dem Gulag hervor.

Die Stadt, die 2003 ihren 60. Geburtstag feierte, wurde von politischen Häftlingen erbaut und bevölkert, die man im Rahmen von Stalins Säuberungen ins Exil geschickt hatte. Infolgedessen beherbergte sie eine kosmopolitische Mischung aus Dissidenten, von Balletttänzern und -tänzerinnen bis hin zu Physikern. Einmal konnte sie sich eines besonders guten Fußballteams rühmen, als Nikolai Starostin, einer der Stars von Spartak Moskau, der mit dem KGB zusammengestoßen war, das Training von Dynamo Uchta übernommen hatte. Bezeichnenderweise – von Abramowitschs Standpunkt aus – waren viele der Dissidenten Juden. Geeint durch ihren Opferstatus, hatten die Bewohner von Uchta weniger antisemitische Vorurteile als viele andere Gemeinden. Die Stadt galt als zivilisiert und aufgeklärt – ein Ort, an dem sich niemand darum scherte, welcher Volksgruppe man angehörte, und an dem die Menschen sich »sehr gleichberechtigt« fühlten. Während der junge Abramowitsch an der Schule Nr. 2 also als »jüdisch« registriert war und im Pass seiner Adoptiveltern »jüdisch« statt »russisch« stand, deutet alles darauf hin, dass er auf dem Spielplatz den Schikanen entging, die ihm in anderen Teilen des Landes hätten drohen können.

Durch Onkel Leib erhielt Roman auch einen Schnellkurs in Marktwirtschaft – und das zu einer Zeit, als Privatfirmen offiziell verboten waren. Damals leitete Leib die Beschaffungsabteilung von UchtaLes, dem staatlichen Holzunternehmen. Dazu Jewgeni Dewaltowski, Dekan der örtlichen Universität:

> Wenn sein Vater Leiter der Beschaffung der lokalen Holzgesellschaft war, so hätte er keine bessere Wirtschaftsschule durchlaufen können. Was man heute als Geschäft bezeichnet, wurde damals Spekulation genannt. In Sowjetzeiten hielt man es für Unrecht, etwas zu einem Preis einzukaufen und es zu einem anderen weiterzuverkaufen, aber genau das wurde getan. Der Zweck einer Beschaffungsabteilung bestand darin, sich Dinge billig zu besorgen und sie dann zu einem höheren Preis weiterzugeben. Dazu musste man begabt, geschickt und mutig sein. Nicht jeder hatte das Zeug zu dieser Arbeit. Leib hatte es offensichtlich. Sogar Parteifunktionäre wurden zu prominenten Geschäftsleuten, weil sie Zugang zu günstigeren Quellen hatten. Sie führten ein Doppelleben, indem sie einerseits die staatliche Ideologie vertraten und andererseits vom Schwarzmarkt profitierten.

Nach den Maßstäben von Uchta gehörte Leib also zum Kreis der VIPs: zu den Menschen, die sich das verschaffen konnten, was Ludmilla Lagoda »Köstlichkeiten« nennt, doch was die meisten im Westen als Güter des täglichen Bedarfs bezeichnet hätten. Während der Sowjet-Ära waren viele Grundprodukte – von Würsten bis hin zu Schuhen – überaus knapp. Als Folge herrschte ein Überschuss an Geld und ein Mangel an Waren. Darum waren viele bereit, sich eine staatlich subventionierte Eisenbahnkarte für die 2200 Kilometer lange Hin- und Rückfahrt nach Moskau zu kaufen, um sich dort mit relativ billigen Produkten, etwa mit Würsten, zu versorgen. Vor diesem Hintergrund entstand ein landesweit bekannter Witz:

Was ist lang, grün und riecht nach Wurst?
Ein Zug.

Leib hatte einen privilegierten Zugang sowohl zu Lebensmitteln als auch zu Kleidungsstücken, weil der Staat sie an seine Abteilung lieferte, damit diese sie an die Arbeiter verkaufte. So erhielt er beispielsweise offiziell zehn Schafspelze, die den Unterlagen zufolge vom Personal erworben wurden. In Wirklichkeit wurden sie jedoch mit einem erheblichen Aufschlag gegenüber dem staatlich festgesetzten Preis auf dem Schwarzmarkt verkauft. Jeder in Leibs Lage verfügte über einen hohen Status und erhebliche Macht.

Ludmilla Lagoda nennt Leib und andere in seiner Position »die Oligarchen jener Zeit«. Zum Glück für sie und ihren Mann war ihr einflussreicher Nachbar der Meinung, dass sie ebenfalls etwas anzubieten hätten. Natascha, eine von Leibs Töchtern, war eine Schülerin von Ludmilla, und er scheute sich nicht, sie um »ein gutes Wort« für Natascha zu bitten – was, wie er andeutete, Ludmilla zum Vorteil gereichen würde. Natascha war jedoch eine vortreffliche Schülerin, und Ludmilla brauchte ihre Zensuren nicht künstlich anzuheben. Trotzdem kam es zu einer Bezahlung. In jenen Tagen waren Autos so knapp, dass der Durchschnittsbürger nur nach extrem langen Wartezeiten eines erhielt. Leib nutzte seine Beziehungen, um den Antrag der Lagodas voranzutreiben, und schon bald waren sie die stolzen Eigentümer eines Lada.

Fast das Einzige, was Leib nicht besorgen konnte, war eine größere Wohnung für sich selbst und seine erweiterte Familie. Wohnraum war so knapp, dass die Vorschriften streng befolgt wurden. Und während es den Lagodas gelungen war, sich drei Zimmer zu verschaffen, indem sie fälschlicherweise in die Dokumente eintrugen, dass Ludmillas Vater bei ihnen untergebracht war, hatte Leib keine Chance, eine größere Wohnung zu ergattern. Doch in jeder anderen Hinsicht wuchs Roman mit allerlei Privilegien auf. Er besaß stets ein anständiges Paar Schuhe, und durch den Posten seines Onkels, der häufig russisches Holz gegen Konsumartikel aus Ländern wie Bulgarien oder Japan eintauschte, wurde er auch zu dem ersten Jungen der Gegend, der statt eines klobigen Tonbandgeräts einen westlichen Kassettenrecorder sein Eigen nannte. Der relative Wohlstand der Familie löste jedoch in einigen Kreisen Groll aus, und man brach mindestens zweimal in ihre Wohnung ein.

Nach vier Jahren bei Leib und Ludmilla wechselte Roman erneut sein

Zuhause. Diesmal zog er nach Moskau, wo er wieder mit seiner Großmutter Tatjana zusammenkam. »Roman verschwand 1974«, entsinnt sich Ludmilla Lagoda, »und Leib erklärte, er habe beschlossen, den Jungen nach Moskau zu schicken, weil es in der Hauptstadt bessere Möglichkeiten für eine geschäftliche Laufbahn gebe.« Leib war offenkundig ein Mann, der vorausdachte.

■ ■ ■

Abramowitsch zog zu seiner Großmutter in deren Einzimmerwohnung am Moskauer Zwetnoi-Boulevard, das heißt in ein recht angenehmes und zentrales Viertel. Anscheinend übernahm jetzt sein Onkel Abram die Rolle des Erziehers. Dieser kleine Mann mit lächelnden Augen und zurückweichendem Haar, das nun fast weiß ist, überwachte Romans Fortschritte in der Schule und gab ihm die emotionale Sicherheit, die es ihm ermöglichte voranzukommen.

Nadeschda Rostowa, seine Klassenlehrerin etwa von seinem elften Lebensjahr an, meint, dass Abram durch seine Aufmerksamkeit und Fürsorge viel zu Romans Entwicklung beigetragen habe. Der Junge sei immer gut gekleidet gewesen – ein gepflegtes, adrettes Kind. Ihrer Meinung nach war Abram viel liebevoller als die meisten Väter. Immer wenn Abramowitsch Prüfungen abgelegt hatte, eilte Abram zur Schule, um die Ergebnisse zu erfahren. »Roman hätte sich ohne so viel Liebe nie derartig entwickeln können«, ist Nadeschda Rostowa überzeugt. »Ich glaube, meine und Abrams Liebe haben ihn zu der hervorragenden Persönlichkeit gemacht, die er heute ist.«

Allerdings war der Anfang nicht leicht. Rostowa erinnert sich lebhaft an Abramowitschs ersten Tag in der Schule Nr. 232 in der Trubnaja-Straße, wo sie immer noch unterrichtet: »Als sein Onkel Abram ihn bei Schulbeginn hierher brachte, waren seine Arme beide eingegipst.« Roman war von einer Schaukel gestürzt und hatte sie sich gebrochen. »Er war ein sehr liebenswerter Junge, doch sein Missgeschick ließ mich noch mehr Zuneigung für ihn empfinden. Aufgrund seines Verhaltens mochten ihn alle gern. Seine Klassenkameraden hatten sehr herzliche Gefühle für ihn.«

Roman Abramowitsch als Schüler (Dritter von rechts, hintere Reihe) mit Klassenkameraden in der Schule Nr. 232 in Moskau.

Das mag ein wenig übertrieben klingen, aber man muss sich vor Augen halten, was Abramowitsch seitdem für seine Alma Mater getan hat. Viele russische Schulen sind baufällig und schlecht ausgestattet, doch den 600 Kindern in der Trubnaja-Straße scheint es an nichts zu fehlen. Die Direktorin Ludmilla Prossenkowa ist zu Recht stolz auf die glänzende neue Turnhalle mit dem makellos polierten Holzboden, den Sprossenleitern und dem Basketballplatz, ebenso wie auf den Computerraum mit 13 modernsten Rechnern, Fernseh-, Video- und Musikabspielgeräten sowie auf die Kantine, die mit den neuesten italienischen Designerküchengeräten ausgestattet werden soll. Fünf Räume und der nagelneue Anbau, den Onkel Abrams Baufirma auf Abramowitschs Kosten errichtete, sind mit kleinen Messingtafeln verziert, auf denen der großzügige Spender verewigt ist. Die Lehrer haben sogar eine Farbbroschüre hergestellt, um seine Leistungen zu feiern, und darin findet man auch den Text eines Fax, das dem Wohltäter geschickt wurde:

Zur Größe bestimmt

Lieber Roman Arkadjewitsch,
> die Schüler und Lehrer von Schule 232 danken Ihnen für Ihre außerordentliche Großzügigkeit. Ihre guten Werke werden uns stets in Erinnerung bleiben. Wenn wir die Turnhalle benutzen, denken wir an Sie. Wenn wir in der Kantine essen, denken wir an Sie. Wenn wir den Computerraum benutzen, denken wir an Sie …

Der Stil erinnert an den Personenkult unter Stalin. In den vierziger und den frühen fünfziger Jahren hieß es zum Beispiel in Zeitungsartikeln über den Bau eines neuen Stadions: »Die Sportler denken voller Dankbarkeit an den Genossen Stalin.« Stalin wurde zum besten Freund aller Bürger, von den Kindern bis hin zu den Grenzposten, erklärt. Ähnliches wird Abramowitsch an den Wänden von Schule Nr. 232 zuteil. Es gibt sogar Pläne, ein Schulmuseum zu schaffen, das den Errungenschaften hervorragender Absolventen gewidmet ist. Wahrscheinlich wird sich eine ganze Museumsabteilung nur mit Abramowitsch befassen.

Seine eigenen Reaktionen sind fast genauso überschwänglich. Am 13. Februar 2001 schickte er der Direktorin aus der fernen Republik Tschukotka, wo er mittlerweile Gouverneur war, ein Telegramm:

Liebe Ludmilla,
> der 50. Jahrestag Ihrer Schule bietet mir eine weitere Gelegenheit, meine große Dankbarkeit für die Erziehung und das Wissen, die wir erhalten haben, zum Ausdruck zu bringen. Wohin das Schicksal uns auch führen mag, wir dürfen nie vergessen, dass die Schule nicht nur ein Gebäude ist, sondern die Grundlage für die Zukunft; der Ort, an dem wir unsere frühesten Erfahrungen und Kenntnisse empfingen.
> Ihr dankbarer
> Roman Abramowitsch.

Die Liebesbeziehung zwischen Abramowitsch und der Schule Nr. 232 hebt sich scharf von dem Verhältnis zu seiner alten Schule in Uchta ab. Irina Aljoschina, die dortige stellvertretende Leiterin, sagt bitter: »Wir haben Roman Abramowitsch um Hilfe gebeten, aber er hat unser Ersuchen ignoriert. Er hat uns keinen einzigen Rubel geschickt.«

Abramowitsch war allem Anschein nach eher ein fleißiges als ein begabtes Kind. Er erhielt in der Schule keine Auszeichnungen, und Nadeschda Rostowa charakterisiert ihn als »Durchschnittsschüler«. Sogar seine beflissenste Anhängerin, die Direktorin, muss zugeben, dass er kein akademisches Genie war. Dafür gab es schon damals erste Hinweise auf seine praktische Intelligenz, die ihm helfen sollte, seine fachlich beschlageneren Altersgenossen auszustechen. Wenn er seine Hausaufgaben nicht gemacht hatte, zeigte er eine fast übernatürliche Fähigkeit, die Antworten auf Fragen der Lehrer zu erraten.

Neben dem Unterricht im Klassenzimmer unternahmen die Schüler regelmäßige Ausflüge in Städte wie Brest, St. Petersburg (damals Leningrad) und Pskow. Einige Beobachter erwähnen, welche Neugier und welchen unstillbaren Wissensdurst Roman auf diesen Reisen erkennen ließ.

Nach neun Jahren intensiver Arbeit, in denen er auch viele Freundschaften knüpfte, verließ Abramowitsch die Schule im Jahre 1983. Zumindest Rostowa war davon überzeugt, dass er es zu etwas bringen würde. »Ich kannte Roman besser als jeder andere«, behauptet sie, »und ich versichere Ihnen, dass er sich vom Tag seiner Ankunft hier in der 232 auf seine große Karriere vorbereitete. Seine erste Frau hat das in einem Interview bestätigt – wahrscheinlich waren das ihre einzigen wahren Worte.« Wie sich herausstellte, sollte es jedoch noch einige Jahre dauern, bis die »große Karriere« begann.

2 Werdegang

In dem Jahr, als Abramowitsch seine Schulausbildung abschloss, unterschied sich Russland sehr stark von dem Land, das wir heute kennen. 1983 war es noch Teil der Sowjetunion mit Juri Andropow an der Spitze, einem 68-jährigen früheren KGB-Vorsitzenden, der den Idealen des Kommunismus zu stark verhaftet war, um den Herausforderungen einer sich rasch wandelnden Welt gewachsen zu sein. Privates Unternehmertum war weiterhin illegal, und ein Universitätsabschluss bildete eine der wenigen Möglichkeiten, sich Zugang zu interessanten Positionen zu verschaffen. Der 17-jährige Abramowitsch wollte zwar unbedingt eine Universität besuchen, doch es gab ein scharfes Ausleseverfahren, und sein mittelmäßiges Schulzeugnis war ebenso wenig förderlich wie seine jüdische Identität.

Das russische Misstrauen gegenüber der jüdischen Minderheit, die ungefähr 2 Prozent der Bevölkerung ausmacht, reicht bis in die Zarenzeit und früher zurück, als die Vorherrschaft der russisch-orthodoxen Kirche außer Frage stand. Stalin verunglimpfte die Juden als »wurzellose Parasiten« und siedelte sie in der Autonomen Jüdischen Region Birobidschan an. Diese war 1934 gegründet worden, um den Juden eine Alternative zu Palästina zu bieten. Obwohl die Gegend recht unwirtlich war, fühlten sich viele Juden von der Möglichkeit angezogen, in einem Gebiet zu leben, wo sie ihre Kultur unbehindert pflegen konnten.

Als Abramowitsch sich nach einem Studienplatz umsah, galten die Juden noch immer als ideologisch und patriotisch unzuverlässig und waren von Lehranstalten wie dem Institut für Internationale Beziehungen oder der Fremdsprachenuniversität ausgeschlossen. Ideologisch neutrale Fachbereiche wie Medizin oder Naturwissenschaften standen ihnen jedoch offen, und diese Tatsache, seine Zeugnisse sowie ein Blick für die besten Chancen haben Abramowitsch vermutlich bewogen, sich für Hoch- und Tiefbau zu entscheiden.

An diesem Punkt wird es jedoch schwierig, seine Laufbahn zu verfolgen, denn Abramowitsch sowie seine Familie und seine Repräsentanten haben unterschiedliche Versionen der sich anschließenden Geschehnisse verbreitet. In einem kurzen Lebenslauf auf der Website der Regierung von Tschukotka heißt es, Abramowitsch habe kurz nach Beendigung der allgemein bildenden Mittelschule ein Studium am Industrie-Institut Uchta aufgenommen. Mitte der achtziger Jahre erzählte Onkel Leib seinen Nachbarn in Uchta, sein Neffe sei nach Moskau an das geachtete Gubkin-Institut für Erdöl und Gas übergewechselt.

Anscheinend erhielt Onkel Leib seine Information nicht von seinem Neffen, sondern von jemand anderem. Alle verfügbaren Unterlagen deuten auf folgenden Verlauf hin: Nachdem Abramowitsch keine Studienzulassung für das Gubkin-Institut erhalten hatte – ein Sprecher des Instituts unterstreicht, dass er »nie einen Fuß auf unseren Boden gesetzt hat« –, beschloss er anscheinend, nach Uchta zurückzukehren und das dortige Industrie-Institut zu besuchen. Diese Version wird durch die Aussagen seines Kindheitsfreundes Dmitri Sakowitsch gestützt, dem er in Uchta manchmal begegnete. Unbestritten ist, dass Abramowitsch sein Studium nach einem Jahr unterbrach: Im Alter von 18 Jahren wurde er nämlich einberufen.

Der Wehrdienst in der russischen Armee (der damaligen Roten Armee) ist so hart, wenn nicht gar traumatisch, dass er für eine Prüfung gehalten wird, die man möglichst vermeiden sollte. Wer angesehenere Bildungsstätten besuchte, etwa die Moskauer Universität, konnte seinen zweijährigen Dienst verschieben, doch das Studium am Institut von Uchta bot keine derartige Vorzugsbehandlung. Zahlreiche Söhne der Elite entgingen der Qual durch Bestechung des zuständigen Funktionärs, doch Abramowitschs Familie fehlten die dafür erforderlichen Mittel und Kontakte. Also wurde er Anfang 1985 nach Kirsach, einer Stadt etwa 80 Kilometer nordöstlich von Moskau, beordert, wo er in einer Artillerieeinheit diente.

Während das Leben bei seinen Onkeln Leib und Abram ihm Einblicke in die Geschäftswelt vermittelt hatte, wurde er durch seine Zeit als Soldat zum Mann. Die Schikanierung der unteren durch die höheren Ränge war in der Armee so verbreitet, dass man sogar eine spezielle Bezeichnung dafür hatte: *dedowschtschina*. Die Soldaten im zweiten und letzten Dienstjahr hießen *dedy* (»Großväter«) und die im ersten Jahr *salagi* (»junges Gemüse«). Die *dedy* machten es sich zur Aufgabe, die *salagi* genauso zu drangsalieren, wie man es im Vorjahr mit ihnen selbst getan hatte. Die Rekruten wurden, sobald sie im Lager eintrafen, über die Spielregeln informiert. Man durchsuchte sie und nahm ihnen sämtliches Geld ab. Ähnliches geschah, wenn sie Pakete aus der Heimat erhielten: Die Rekruten wurden gezwungen, die Sendungen vor aller Augen zu öffnen und den Inhalt mit den anderen zu teilen.

Im Laufe der Tage und Wochen wurde es Abramowitsch immer bewusster, dass er als einer der *salagi* die Aufgabe hatte, den *dedy* das Leben zu erleichtern. Wenn zum Beispiel ein Wehrpflichtiger im zweiten Jahr dazu abgeordnet wurde, zehn Stunden lang Wache vor einem Munitionsdepot oder vor der Regimentsfahne zu stehen, gab er den Befehl an einen Rekruten des ersten Jahres weiter. Bei den Mahlzeiten mussten die *salagi* häufig hungern, da die *dedy* die besten Stücke und die größten Portionen erhielten. Besonders unangenehm, erniedrigend und charakterbildend war es, die Latrinen zu säubern. Es handelte sich um kaum mehr als Löcher im Boden, die von Porzellan mit darin verkeilten Abtritten für die Füße umgeben waren. »Wir hatten keine Gummihandschuhe, nur unsere bloßen Hände, ein Stück Stoff und etwas Chlorpulver«, sagt Dmitri Sakowitsch. »Deshalb benutzten wir ein Messer, um die verkrusteten Scheißflecken abzukratzen.«

Derartige Unbilden wurden von systematischen Schikanen begleitet. Dabei kam es darauf an, als »zäher Bursche« aufzutreten. Jeder, der Schwäche zeigte, wurde gnadenlos aufs Korn genommen. Neben Demütigungen waren auch Prügel nicht ungewöhnlich, und diese wurden mit einiger Präzision verabreicht, damit keine verräterischen Blutergüsse zurückblieben. Die Tyrannen schlugen die Jüngeren nicht ins Gesicht, sondern konzentrierten sich lieber auf weniger auffällige Stellen wie die Nierengegend. Dazu Sakowitsch:

Der Wehrpflichtige Abramowitsch (links) mit Kameraden der Artillerieeinheit der Roten Armee.

Die Moskauer waren am verhasstesten, weil sie für Schwächlinge und Muttersöhnchen gehalten wurden. Die Leute aus dem Kaukasus wurden verabscheut, da sie häufig aus Gebirgsdörfern stammten und sehr unkultiviert waren. Auf Intellektuelle wurde herabgeblickt, denn in der Armee musste man ein Macho sein. Die anderen erwarteten, dass man dauernd fluche – was gebildeten Moskauern schwerfiel – sowie seine Muskeln spielen ließ und seinen Willen durchsetzte. Es hieß nicht: »Würdest du das bitte tun?«, sondern: »Tu das!« Es herrschte das Gesetz des Dschungels. Die Stärkeren hatten die Oberhand.

Die Unterbringung trug nicht dazu bei, die Moral zu heben. In manchen Einheiten wurden die Wehrpflichtigen in Schlafsäle mit bis zu 150 Etagenbetten gesteckt. Die Waschgelegenheiten waren oft primitiv – die Duschen bestanden aus einem Rohr mit Löchern, aus denen hin und wieder ein schwacher Wasserstrahl hervortröpfelte –, und der Gestank von Dreck und Schweiß war allgegenwärtig.

Edil Aitnasarow diente fast zwei Jahre lang zusammen mit Abramowitsch in Kirsach. Abramowitsch erhielt den Befehl, dem Neuankömmling die Kantine zu zeigen, als dieser erschöpft und hungrig um zwei Uhr morgens aus Moskau eintraf. Aitnasarow erinnert sich, dass »Romka« sehr gesellig und einfühlsam war und »nie mit Soldaten des zweiten Jahres oder mit Rekruten in Konflikt geriet, als er selbst das zweite Jahr erreicht hatte«. Die beiden schlossen Freundschaft, und ihre Beziehung intensivierte sich allmählich. Aitnasarow, der aus einem Dörfchen in Kirgistan stammt, sprach nur gebrochen Russisch, und Abramowitsch nahm sich die Zeit, ihm zu helfen und seine Kenntnisse zu verbessern.

Damals achtete er sehr auf seine Gesundheit, trieb Sport, trank und rauchte nicht. Ihm schien jede Minute seines Lebens kostbar zu sein. Es gelang ihm, eine Fußballmannschaft und eine Gruppe von Laienkünstlern zusammenzustellen. Er hatte wunderbare organisatorische Fähigkeiten und schaffte es sogar, Massenausflüge zum Pilzesuchen zu veranstalten. Als wir zum ersten Mal in den Wald gingen, um Pilze zu suchen, war ich verblüfft, weil ich nie zuvor so viele Pilze gesehen und sie noch nie gegessen hatte. Roman brachte einen Kessel aus der Küche in die Werkstatt und briet die Ausbeute fachmännisch. Am lustigsten war, dass wir weder Löffel noch Gabeln hatten, aber Roman wusste einen Ausweg, und wir aßen die Pilze schließlich mit Schraubenschlüsseln.

Edil Aitnasarow ist Abramowitsch seit dem 18. Oktober 1986 nicht mehr begegnet. Das war der Tag, an dem der Kompaniechef Aitnasarow beiseite nahm, um ihm mitzuteilen, dass er zwei Monate früher als geplant heimkehren werde. Nach kurzem Zögern nannte ihm der Offizier den Grund: Aitnasarows Mutter war gestorben. Dankbar erinnert er sich an Abramowitschs Reaktion: Dieser gab ihm nicht nur all sein eigenes Geld, sondern sammelte sogar noch einen weiteren Betrag bei den anderen Mitgliedern der Einheit.

Trotz seines Unternehmungsgeistes wurde Abramowitsch nicht zum Unteroffizier befördert, doch er schloss viele Freundschaften. Dmitri Sakowitsch meint, seine Fähigkeit, andere für sich zu gewinnen, habe ihm ermöglicht, die Qualen des Wehrdienstes zu verkraften. Abramowitschs Armeejahre könnten seinen Charakter entscheidend geprägt haben. Die

Abramowitsch Mitte der achtziger Jahre mit einer Freundin.

erduldete Mühsal härtete ihn nicht nur ab, sondern die damit verbundenen Erfahrungen müssen ihn auch in sozialer Hinsicht geläutert sowie selbständiger und unabhängiger gemacht haben. Laut Sakowitschs Bericht hatte das Trauma des Rekrutendaseins langfristige Folgen:

Nach meiner Entlassung aus der Armee hatte ich drei oder vier Jahre lang Albträume, wieder einberufen zu werden. Der dauernd wiederkehrende Traum spielte sich in einer Wehrerfassungsstelle ab. Ich wurde aufgefordert, mich zum Dienst zu melden, und versuchte zu erklären, dass man mich bereits zum zweiten Mal einzog. Aber mir wurde erwidert, man sei knapp an Personal und ich müsse noch einmal einrücken. In einem noch schlimmeren Albtraum wurde ich zum dritten Mal eingezogen, doch selbst das genügte noch nicht. Dann wachte ich erleichtert auf.

Immerhin können sich Abramowitsch und Sakowitsch mit dem Gedanken trösten, dass sie zu keiner besseren Zeit hätten eingezogen werden können. Sie hatten das Glück, die beiden größeren Konflikte zu verpassen, in die Russland im letzten Viertel des 20. Jahrhunderts verwickelt war: Afghanistan (die Entscheidung, die Sowjettruppen abzuziehen, fiel

1985) und Tschetschenien (der erste Tschetschenienkrieg begann im Dezember 1994).

Während Abramowitsch gedrillt wurde, hatte sich die politische Landschaft Russlands bis zur Unkenntlichkeit gewandelt. Andropow war verstorben und durch einen weiteren Dinosaurier, Konstantin Tschernenko, ersetzt worden. Zur Zeit von Abramowitschs Entlassung war auch Tschernenko im Amt gestorben, und nun hatte ein radikaler Reformer die Regierung übernommen: Michail Gorbatschow schickte sich an, Gesellschaft und Wirtschaft durch seine beiden kühnsten Initiativen, *glasnost* (»Offenheit«) und *perestroika* (»Umstrukturierung«), von Grund auf zu verändern. Das private Unternehmertum wurde legalisiert, und überall schossen kleine Geschäfte aus dem Boden. Viele Studenten brachen aus Angst, diese Chance zu verpassen, ihr Studium ab und versuchten mit allen Kräften, sich einen Platz in der schönen neuen Welt zu sichern. Einer, der scheiterte, war Sergej Lagoda, der Sohn von Abramowitschs Nachbarn in Uchta.

Seine spätere Kühnheit bedacht, mag es vielleicht überraschen, dass Abramowitsch, der offenkundig das Geschick hatte, sich auf dem Markt durchzusetzen, anfänglich der Versuchung widerstand, sein Studium abzubrechen und sich dem wilden Rennen nach dem Geld anzuschließen. Nach seiner Entlassung aus der Armee Ende 1986 sah man ihn in Studentendiskos im Institut von Uchta und in der modischen Bar Trojan, wo die Gruppe Stalker, heute eine der populärsten russischen Bands, ihre Karriere begann. Das Armeeleben hatte Abramowitsch nicht um seine Selbstdisziplin gebracht. »Er schien nicht übermäßig zu trinken«, erinnert sich Sakowitsch. »Es gab eine gewisse Grenze, die er nicht überschritt. Ich sah ihn nie in betrunkenem Zustand, und er wurde nie gewalttätig. Vermutlich hatte er Freundinnen, denn er war ein gut aussehender junger Mann.«

Bei seiner Rückkehr nach Uchta hatte Abramowitsch jedoch feststellen müssen, dass das Mädchen, mit dem er vor seinem Wehrdienst liiert gewesen war, einen anderen gefunden hatte. Sie hieß Viktoria (»Wika«) Saborowskaja und war eine Kommilitonin vom Institut gewesen. Aber bereits wenige Monate später, im Sommer 1987, lernte Abramowitsch das Mädchen kennen, das seine erste Frau werden sollte: Olga Lyssowa, eine attraktive Blondine aus Astrachan, die in Uchta Geologie studierte. Mit 23 Jahren war sie drei Jahre älter als Abramowitsch und hatte zudem eine kleine Tochter aus einer früheren Ehe. Das konnte Abramowitsch natürlich nicht wissen, als er sie auf einer Party an der anderen Seite der Bar entdeckte. Wie Olga später der Sonntagszeitung *News of the World* erzählte, war er zu schüchtern, um sie persönlich anzusprechen. Deshalb forderte er einen seiner Freunde auf, sie um einen Tanz zu bitten.

> Ich akzeptierte und war sofort beeindruckt. Roman sah gut aus, war groß und schlank, hatte durchdringende blaue Augen und war makellos gekleidet. Er trug immer einen Anzug, sogar zu Hause. Wir tanzten zu einem langsamen russischen Popsong. Er war ein wunderbarer Tänzer. Ich ließ mich einfach in seine Arme sinken, und er führte mich mit außerordentlicher Eleganz über den Tanzboden. Wir redeten unablässig miteinander. Er wirkte sehr ernst und erwachsen für sein Alter. Wir verließen die Bar gemeinsam, unterhielten uns die ganze Nacht hindurch und küssten einander. Ich teilte ihm mit, dass ich schon einmal verheiratet gewesen war und eine dreijährige Tochter namens Anastasia hatte. Er erwiderte, er liebe Kinder, und meine Tochter sei kein Problem für ihn. Wieder war ich von seiner Reife beeindruckt.

Kurz darauf lud Abramowitsch Olga zum ersten Mal in seine Wohnung nach Moskau ein, und dort machte er ihr acht Wochen später auf dem Balkon einen Heiratsantrag. Olga dachte zuerst, es sei ein Scherz, und antwortete, sie wolle sich die Sache überlegen. Doch schon damals war Abramowitsch unverkennbar jemand, der seinen Willen bekam. Zwei oder drei Tage später, als Olga nach Uchta zurückkehrte, folgte er ihr und bat ihre Mutter um Erlaubnis, sie zu heiraten. Olga erinnert sich:

> Er erschien wie gewöhnlich mit einem Anzug bekleidet und hatte einen riesigen Strauß Rosen und eine Flasche sowjetischen »Champagner« bei sich. Da er mir bewiesen hatte, dass er es ernst meinte, sagte ich »ja«. Ich begriff, dass er ein Mann war, der sich nicht von seinen Entscheidungen abbringen ließ. Dann fragte ich ihn, ob er wolle, dass ich nach der Trauung seinen Namen annahm, denn in Russland ist das nicht vorgeschrieben. Er umarmte mich liebevoll und flüsterte:

»Schatz, das ist ganz allein deine Sache.« Ich dachte nach, doch bevor ich antworten konnte, setzte er hinzu: »Wenn du meinen Namen nicht annimmst, werde ich dich natürlich nicht heiraten!« Also willigte ich ein. Das ist Roman: Unter seinem Samthandschuh verbirgt sich eine eiserne Faust.

Das Paar heiratete ohne großen Aufwand im Dezember 1987 im Dserschinski-Standesamt in Moskau. Nur 15 Familienangehörige und Freunde waren eingeladen worden. Danach zogen die beiden in die 18 Quadratmeter große Wohnung, die Abramowitsch von seiner Großmutter geerbt hatte. Mittlerweile war er des Lebens als Hoch- und Tiefbaustudent am Institut von Uchta überdrüssig geworden. Seit langem besserte er sein Einkommen auf, indem er in Moskau Luxuswaren einkaufte und mit ihnen nach Uchta flog, um sie dort mit Gewinn weiterzuverkaufen. Abramowitsch liebte den Nervenkitzel, wenn er das System überlistete, indem er sein Gepäck mit Zigaretten, Parfüm, Designerjeans und Pralinen vollpackte und seinen Freunden in Uchta all diese Waren anbot. Aber eigentlich sehnte er sich nach einem Leben in Moskau. Schließlich gelang es ihm, durch einen Wechsel zum Moskauer Straßenverkehrsinstitut in die Hauptstadt zurückzukehren. Sein neues Studienfach weist auf ein wachsendes Interesse an Autos hin, das sich bis heute erhalten hat. Bereits in seinen beiden Wehrdienstjahren hatte Abramowitsch – der laut Aitnasarow den Posten des Fahrdienstleiters innehatte – Kontakte zu den Mechanikern und Fahrern in seiner Einheit geknüpft und war häufig in der Werkstatt zu finden, wo er half, Autos zu reparieren. Heutzutage besitzt er eine eindrucksvolle Sammlung von teuren Hochleistungskarossen, darunter einen Bentley und einen Ferrari.

In Moskau wurde das Studium gegenüber der wichtigeren Kunst des Geldverdienens bald nebensächlich. Nachdem Gorbatschow das Verbot des Privatunternehmertums aufgehoben hatte, gründete Abramowitsch eine Firma namens Ujut (Komfort), die Puppen herstellte. Das Geschäft blühte, und bald nahm das Paar monatlich 3000 bis 4000 Rubel ein, damals ungefähr das Zwanzigfache des Lohnes, den Arbeiter in staatlichen Betrieben erhielten. Die beiden erwarben sogar einen Lada, den Abramowitsch jedoch kurz darauf zu Schrott fuhr, weil er »dauernd ins

Schleudern geriet und gegen Hindernisse prallte«, wie Olga berichtet. Aber durch die vielen Stunden der Abwesenheit, in denen sich Roman seinem neuen Geschäft widmete, wurde die Ehe so sehr belastet, dass sich das Paar nach zwei Jahren scheiden ließ. »Am Ende der Ehe schafften wir es kaum, pro Tag zwei Worte miteinander zu wechseln«, sagt Olga. »Er stand immer früh auf, fuhr sofort in die Firma und kam nicht vor Mitternacht zurück. Ich hielt ihn für arbeitssüchtig. Er schien sein Geschäft mehr zu lieben als mich und meine Tochter Anastasia.«

Obwohl die beiden geschieden wurden, als Olgas Tochter sechs Jahre alt war, erfuhr Anastasia erst mit 16 Jahren, dass Abramowitsch nicht ihr leiblicher Vater war. Jegliche Illusion, die sie hinsichtlich seiner verbliebenen väterlichen Gefühle für sie gehegt haben mochte, wurde drei Jahre später zerstört, als sie ihn in seiner Ölgesellschaft Sibneft anrufen wollte und seine Sekretärin ihr mitteilte, er sei zu beschäftigt, um sich mit ihr zu treffen oder mit ihr zu telefonieren.

Olga hat sich stets geweigert, mit ihrer Tochter über ihre Trennung von Abramowitsch zu sprechen, doch Anastasia glaubt, er sei die große Liebe ihrer Mutter gewesen. »Ich erinnere mich an einen heftigen Streit und daran, dass Roman hinausrannte. Ich dachte, er würde zurückkehren, aber das tat er nicht.« Olga hat inzwischen zum dritten Mal geheiratet. Ihr jetziger Ehemann ist Stefan Stefanowitsch, ein Pianist in der Backing-Group von Abraham Russo, einem russischen Popstar.

Verwandte führen das Ende der Ehe darauf zurück, dass Olga keine weiteren Kinder haben konnte. Sie behauptet zwar nicht, Abramowitsch sei ihr untreu gewesen, doch er wandte sich sehr rasch Irina Malandina zu, einer Stewardess bei Aeroflot. Im Kommunismus löste eine solche Stelle bei einer internationalen Fluggesellschaft nicht die verächtlichen Bemerkungen über »Saftschubsen« aus, die im Westen üblich sind. Es handelte sich um eine privilegierte Beschäftigung, denn Stewardessen, die auf internationalen Routen flogen, hatten Zugang zu seltenen westlichen Konsumartikeln. Malandina verdankte ihre Arbeit bei Aeroflot einer ihrer Tanten, die Flüge, welche häufig von hohen Regierungsfunktionären und Politikern gebucht wurden, betreute. Ihre Kontakte ermöglichten Irina, eine öde Lehrzeit auf Inlandsflügen zu umgehen. Vielmehr wies man ihr sofort einen internationalen Dienstplan zu.

Werdegang

Eine ihrer Kolleginnen, Larissa Kurbatowa, die in Terminal Zwei des Moskauer Flughafens Scheremetjewo arbeitete, erinnert sich gut an sie: »Als Irina ihre Arbeit bei Aeroflot begann, war sie noch ein schmächtiges Mädchen: jung, schlank, blass. Sie sah nicht aus wie eine 23-Jährige, sondern eher wie eine 17-Jährige.« Kurbatowa gibt zu, Malandina sei »eine Schönheit« gewesen, fährt jedoch gehässig fort: »Allerdings waren ihre Beine enttäuschend – etwas dicklich und kurz. Das Gleiche galt für ihre Finger.« Die beiden jungen Frauen wurden Freundinnen, und in einem ihrer Gespräche verriet Malandina, sie sei ohne ihren Vater aufgewachsen. Dann setzte sie hinzu: »Meine Kinder werden so etwas nie durchmachen. Ich werde alles tun, um dafür zu sorgen, dass sie in einer wohlhabenden Familie aufwachsen und Erfolg im Leben haben.« Kurbatowa fährt fort: »Also fragte ich sie: ›Was ist mit der Liebe?‹ Darauf hatte sie keine Antwort.«

Sich mit Angehörigen des Jetset zu liieren scheint bei russischen Stewardessen üblich gewesen zu sein. Zu diesem Zweck riet Kurbatowa ihrer neuen Freundin, sich in der Executive Lounge aufzuhalten, zu lächeln und Visitenkarten zu sammeln. Zunächst hatte Malandina keinen Erfolg – vielleicht war sie zu schüchtern. Doch sie lernte bald, selbstbewusster aufzutreten. Allerdings sollte Kurbatowas fürsorgliche Unterweisung dieser selbst zum Nachteil gereichen. Damals lebte sie von ihrem Mann getrennt und zog ihr einziges Kind allein auf. Aber es war ihr gelungen, einen geeigneten neuen Verehrer zu finden, nämlich Mischa Melnikow, einen der Personalausbilder. Er war der Sohn eines bekannten Piloten und damit »ein hervorragender Fang«. »Ich erzählte Ira von ihm«, entsinnt sich Kurbatowa. »Ich wäre nie auf die Idee gekommen, dass sie mich hintergehen würde.« Kurz darauf hörte Kurbatowa von einer anderen Kollegin, dass die unschuldige junge Malandina ihr den Liebhaber ausgespannt habe. »Sie hatte gesehen, wie sich Ira mehrere Tage hintereinander an der Bushaltestelle mit Mischa traf. Anfangs waren die beiden nicht miteinander bekannt. Deshalb hatte sich Ira durch die Menge gedrängt und wie versehentlich gegen ihn fallen lassen.« Es war keine sonderlich originelle Taktik, doch sie funktionierte, und die beiden wurden ein Paar. Als Kurbatowa Malandina zur Rede stellte, weil diese ihr den Freund weggeschnappt hatte, soll Irina erwidert haben, dass Mischa eine Frau mit Kind ohnehin nicht geheiratet hätte.«»Mir wurde klar, dass ich sie zu Unrecht für ein nettes, bescheidenes Mädchen gehalten hatte«, berichtet Kurbatowa. »Aber Ira hatte genauso wenig Glück, denn Mischa gab ihr ebenfalls den Laufpass.«

Offenkundig ist von Kurbatowa keine objektive Version der weiteren Ereignisse zu erwarten. Sie beschreibt Abramowitsch verächtlich als unattraktiven jungen Mann, der nach Kräften versucht habe, mit Stewardessen anzubändeln. Obwohl er seine Visitenkarte bereitwillig herausgerückt habe, sei kaum eines der Mädchen an ihm interessiert gewesen. »Wir machten uns über ihn lustig. Es war, als ginge ein übler Geruch von ihm aus. Eines Tages gab er Ira seine Karte. Zunächt war sie nicht gerade begeistert, aber ein paar Monate später verkündete sie plötzlich, dass sie ihn heiraten werde.« Laut Kurbatowa war bei der Verbindung mehr im Spiel als reine Liebe. Zum Beispiel habe sich Malandina bei einer Gelegenheit »ganz ohne Grund« damit gebrüstet, dass sie sich keine Gedanken mehr darüber zu machen brauche, ob ihr Monatsgehalt ausreiche.

Da sich Abramowitsch weigert, über persönliche Angelegenheiten zu sprechen, und es seiner Frau ebenfalls verbietet, dürfte seine Version der Dinge kaum bekannt werden. Doch wir wissen, dass die Beziehung gedieh und die beiden 1991 heirateten. Ein Jahr später wurde Abramowitsch durch die Geburt seiner Tochter Anna zum ersten Mal Vater.

■ ■ ■

Inzwischen war Abramowitschs unternehmerische Tatkraft nicht mehr zu zügeln. In seinem Lebenslauf auf der Tschukotka-Website ist nur davon die Rede, dass er die Genossenschaft Ujut und die kleine, Konsumgüter produzierende Firma ABK gegründet habe. Aber man vermutet, dass Abramowitsch in den frühen neunziger Jahren nicht weniger als 20 Unternehmen in so unterschiedlichen Bereichen wie Reifenerneuerung und Anwerbung von Leibwächtern aufbaute und wieder auflöste.

Diese ersten Vorstöße in den freien Markt dienten ihm als wertvolle Möglichkeit, Erfahrungen zu sammeln, und seine Risikofreudigkeit sowie ein feiner, manipulativer Charme leisteten ihm gute Dienste. Doch es waren die Ereignisse vom August 1991, die nicht nur die Zukunft Russlands, sondern auch Abramowitschs persönliches Schicksal entscheidend bestimmen sollten. In jenem Monat versuchte eine Gruppe konservativer Kommunisten, die Reformen von Präsident Gorbatschow umzukehren, indem sie sich mit Armeevertretern verschwor und ihn in seiner Datscha auf der Krim unter Hausarrest stellen ließ. Gleichzeitig wurde das Weiße Haus, der Sitz des russischen Parlaments, von Panzern und Soldaten umzingelt. Aber die Putschisten hatten nicht mit dem Wagemut des Präsidenten der Russischen Republik, Boris Jelzin, gerechnet. Jelzin, ein großer, stämmiger Mann, dessen Gesicht Spuren jahrzehntelangen Wodkagenusses erkennen ließ, hatte unter dem Kommunismus Karriere gemacht, doch im Unterschied zu vielen anderen Apparatschiks Gorbatschows Reformen begrüßt. Zwar heißt es, er habe sich in ökonomischen Fragen nie so recht ausgekannt, aber sein politisches Gespür war beispiellos, und am 19. August ließ er keinen Zweifel daran, dass er auch Mut hatte. In einem braunen Anzug mit einer kugelsicheren Weste darunter stieg er auf einen Panzer vor dem Parlamentsgebäude und rief der faszinierten Welt über die Bildschirme seinen Widerstand zu. Innerhalb von 48 Stunden waren die Putschisten in die Flucht geschlagen, und innerhalb von vier Monaten wurde die Sowjetunion aufgelöst.

Als russischer Präsident war Jelzin nun die wichtigste Kraft im ehemaligen Sowjetbereich, und er beschleunigte die Wirtschaftsreform. Die Gesetzgeber konnten mit der Entwicklung jedoch nicht Schritt halten, wodurch sich wachen Unternehmern vielfältige Chancen boten. Abramowitsch gehörte zu denen, die das im Ölhandel liegende Potenzial schon bald entdeckten. Im Sowjetsystem war lokal gefördertes Öl erheblich unter Weltpreisniveau auf den internationalen Märkten verkauft worden, und dadurch hatte das Regime seine Petrodollars erhalten. Nach dem Niedergang des Kommunismus hatten nun auch Privatleute Zugang zu derartigen Gewinnquellen. Dazu Chrystia Freeland, zwischen 1995 und 1998 Leiterin des Moskauer Büros der *Financial Times* und nun deren stellvertretende Chefredakteurin:

> Das war einer der Punkte, über die Jelzin nach dem Zusammenbruch der UdSSR kaum nachdachte. Es dauerte eine Weile, bis die Regierung begriff, dass es weniger darauf ankam, die Ölförderung als die Ausfuhrlizenzen zu kontrollieren. Wer also in jenem Zeitraum Ölhändler

wurde, hatte das große Los gezogen und konnte eine Menge Geld verdienen.

Genau das tat Abramowitsch. Er merkte sehr rasch, dass eine Ausfuhrlizenz einer Lizenz zum Gelddrucken gleichkam. Erdöl war nicht nur eine der am reichlichsten vorhandenen Waren Russlands; es konnte auch am leichtesten in den Westen verkauft werden. Das einzige Problem kam vor dem Exportgeschäft auf, denn die Beschaffung einer Lizenz wurde durch die Tatsache erschwert, dass die schlecht bezahlten Beamten schon bald erkannten, welche Macht sich in ihren Stempeln verbarg. Damit wurde eine Öl-Ausfuhrlizenz genauso zur Handelsware wie das Öl selbst. Die Korruption blühte in der Sowjetbürokratie, und das war nach dem Sturz des alten Regimes im neuen Russland nicht anders. Es gibt keine Belege darüber, dass auch Abramowitsch während seiner Zeit als Ölhändler Bestechungsgelder zahlte, aber es ist bekannt, dass er enge Kontakte zu hohen Vertretern des russischen Zollwesens knüpfte, darunter Michail Wanin, dem späteren Leiter des russischen Zollkomitees.

Damals benötigte Abramowitsch vor allem das Startkapital zur Finanzierung seiner Handelsgeschäfte. Es kursierte die Behauptung, er habe versucht, zu diesem Zweck Dieselöl zu stehlen, das 1992 von Uchta über Moskau nach Kaliningrad (Königsberg) befördert wurde. 1999 veröffentlichte *Nep + S*, eine Lokalzeitung der Stadt Uchta, hierzu eine verworrene Geschichte über ein gefälschtes Telegramm, weit verbreiteten Gedächtnisschwund und die Intervention in letzter Minute durch einen geheimnisvollen Wohltäter. In dem Artikel wurde sogar ein Aktenzeichen – 79067 – genannt. Abramowitsch sei wegen des Verdachts einer Verwicklung in den Fall verhaftet und für einige Zeit eingesperrt worden. Doch bei einem Treffen in einem Vorstandszimmer im Gebäude an der Stamford Bridge erklärte uns einer seiner höchsten Mitarbeiter: »Ich habe ihn nach der Zug-Geschichte gefragt. Es fiel mir schwer, aber ich musste die Wahrheit erfahren. Er blickte mich nur an und sagte: ›Das ist eine reine Erfindung.‹«

Werdegang

3 Das große Los

Während Abramowitsch auf die Jacht zusteuerte, auf der sein Freund Pjotr Awen einen Umtrunk veranstaltete, hatte er allen Grund zu der Annahme, dass die Dinge nicht viel besser laufen konnten. Die Sonne schien, es gab schöne Mädchen in Bikinis an Bord, und die Speisen und Getränke würden erlesen sein. Aber Abramowitsch sollte mit einem Mann bekannt gemacht werden, der seinem Leben eine neue Dimension verlieh. Dieser Mann trug mehr als jeder andere dazu bei, dass Abramowitsch von einem millionenschweren Ölhändler zu einem milliardenschweren Industriellen wurde, der nicht nur eine, sondern drei Jachten besaß, alle viel länger und luxuriöser als die von Awen.

Damals war es nützlich, mit Awen befreundet zu sein. Als einer der Jungen Reformer, jener Radikalen, deren Denken die russische Wirtschaft umgestaltete, war er in die Privatwirtschaft übergewechselt und hatte sich der Alfa Group, einem Mischkonzern des Oligarchen Michail Friedman, angeschlossen. Mittlerweile war Awen ein äußerst wohlhabender junger Mann und schien, was noch wichtiger war, alle maßgeblichen Akteure zu kennen.

An jenem Sommertag 1995 befand sich unter den Gästen auf Awens Jacht auch ein kleiner, kahlköpfiger Mann, der sein Vermögen als Autohändler gemacht hatte. Er hieß Boris Beresowski und sollte zu Abramowitschs Mentor werden. Zum Zeitpunkt ihrer Begegnung war Abramowitsch Mitte 20, doch er machte unzweifelhaft Eindruck auf den zwei Jahrzehnte älteren Beresowski. Der Rundfunkjournalist Alexej Wenediktow berichtet, Beresowski habe ihm später mitgeteilt, Abramowitsch sei »der talentierteste junge Mann, den ich kenne« (einige Jahre nachdem er sich mit seinem Protegé zerstritten hatte, behauptete Beresowski allerdings in einem Interview, er habe gesagt, von allen ihm bekannten Geschäftsleuten sei Abramowitsch der beste auf dem Gebiet »persönlicher Beziehungen«). Wenediktow erinnert sich:

> Zu jener Zeit galt Abramowitsch bereits als sehr guter Manager, und Beresowski benötigte ihn als Partner. Ich fragte Beresowski einmal, welche Talente Abramowitsch habe, und er bezeichnete ihn als guten Psychologen. Dem stimme ich zu – allein danach zu urteilen, wie sehr er sich bemüht hat, mich für seine Sache zu gewinnen. Er versteht es, sich auf seinen Gesprächspartner einzustellen. Ich habe ihn in Gesprächen mit verschiedenen Journalisten beobachtet: Er geht auf jeden anders ein. Das tut er offensichtlich auch gegenüber Politikern und Geschäftsleuten. Er gibt sich als ehrlicher Bursche aus und spricht von seinen Schwächen. Zum Beispiel beginnt er mit der Bemerkung: »Natürlich werden Sie es mir nicht glauben«, was stets sehr einnehmend ist.

Diese Fähigkeit, sich als grundanständig darzustellen, ist auch Chrystia Freeland aufgefallen:

> Man sagt über Abramowitsch, zu seinen wirklichen Vorzügen gehöre es, dass er ein netter Kerl sei, und tatsächlich zählt er unter den Oligarchen zu denen, über die mit einer gewissen Herzlichkeit gesprochen wird. Vielleicht ist er sanfter als einige der anderen. Allein von seinem Benehmen her ist es leicht, mit ihm umzugehen. Ich halte das jedoch für eine sehr unzulängliche Erklärung für seinen geschäftlichen Erfolg, denn diese Leute sind Barrakudas – aber so spricht man über ihn.

Außerdem verstand er sich darauf, den Höfling zu spielen. Ein Kreml-Insider, der Abramowitsch kennen lernte, nachdem sich Beresowski einen Regierungsposten verschafft hatte, hat ihn als sehr geduldigen Mann in Erinnerung: »Beresowski war ausgesprochen unhöflich. Er ließ die Leute stundenlang vor seinem Büro warten und vergaß manchmal völlig, dass jemand einen Termin hatte. Aber Roman saß draußen auf dem Flur, ohne sich je zu beschweren.«

Abramowitsch war also bescheiden genug, sich mit der Rolle als

Juniorpartner zufrieden zu geben. Gleichwohl bewog seine Kenntnis des Ölgeschäfts Beresowski, ihn an einem der attraktivsten Brocken von Jelzins Ausverkauf des russischen Nationalvermögens zu beteiligen. Innerhalb weniger Monate hatten Abramowitsch und Beresowski ein gemeinsames Angebot für eine der gewinnträchtigsten Privatisierungen der neunziger Jahre ausgearbeitet. Während Beresowski die nötigen politischen Kontakte besaß, verfügte Abramowitsch über das Sachwissen in einem technisch komplexen Sektor. Er war mittlerweile ein erfahrener Erdölexperte, der seit einiger Zeit regelmäßig Geschäfte mit der Omsker Raffinerie machte.

■ ■ ■

1995 befand sich Russland in einer Krise. Im Vorjahr waren die Aktienkurse abgestürzt, die Inflation geriet außer Kontrolle, und der Zentralregierung fehlte es an Bargeld für die Auszahlung von Renten und Lehrergehältern. Präsident Jelzin musste das Vertrauen in seine Führung wiederherstellen und eine Kriegskasse für den kommenden Wahlkampf anlegen, wenn er nicht zum Untergang verurteilt sein wollte. Der Plan zur Rettung von Jelzins Haut (für den das russische Volk einen hohen Preis bezahlen sollte) stammte von einem Banker namens Wladimir Potanin.

Potanins Plan – inzwischen als Kredite-gegen-Aktien-Geschäft bekannt – war von atemberaubender Kühnheit. Er schlug vor, dass eine Gruppe von potenziellen Oligarchen der Regierung einen Kredit gegen das Recht gewährte, Aktien von Staatsunternehmen zu erwerben. Zudem sollte die Regierung ihre Mehrheitsbeteiligung an den betreffenden Unternehmen als Sicherheit für den Kredit einbringen und den Geldgebern das Recht zur Verwaltung dieses Anteils übertragen. Da die Wahrscheinlichkeit, dass die Regierung die Kredite jemals begleichen würde, bestenfalls gering war, bestand die langfristige Folge dieser Vereinbarung darin, dass einer Gruppe von Spekulanten die Kommandohöhen der Wirtschaft zu Schleuderpreisen überlassen wurden.

An einem hufeisenförmigen Tisch in einem der Kreml-Säle trug Potanin, flankiert von zwei anderen einflussreichen Bankern, Michail

Chodorkowski und Alexander Smolenski, seinen Plan am 30. März 1995 sämtlichen russischen Kabinettsmitgliedern in einer vierstündigen Sitzung vor. Sie wurde von dem damaligen Ministerpräsidenten Viktor Tschernomyrdin geleitet. Potanin bot der Regierung einen Kredit von 9,1 Billionen Rubel (damals 1,8 Milliarden Dollar) für das Recht an, Minderheitsanteile an 44 Staatsunternehmen, darunter Jukos (Chodorkowskis Ziel) und Norilsker Nickel (Potanins Ziel), zu kaufen.

Der Vorschlag gefiel der Regierung aus mehreren Gründen. Das Staatliche Eigentumskomitee, das beauftragt worden war, 8,7 Billionen Rubel durch Privatisierungen einzunehmen, hatte es bis dahin erst auf 143 Milliarden gebracht. David Hoffman, Autor von *The Oligarchs. Wealth and Power in the New Russia*, kommentiert: »Die Banker boten der Regierung die Möglichkeit, die Privatisierungseinnahmen eines ganzen Jahres auf einen Schlag einzustreichen.« Potanin und die anderen Banker versprachen zudem politische, finanzielle und strategische Hilfe für die Kampagne zu Jelzins Wiederwahl – und alles, was die alte kommunistische Garde von der Macht fernhalten würde, stieß auf den Zuspruch der Jungen Reformer. Ein weiterer bedeutender Vorteil bestand darin, dass der Plan den Eindruck erweckte, als sollten die Vermögenswerte des Staates nicht veräußert, sondern nur verpfändet werden. Das verringerte die Gefahr eines öffentlichen Widerstands.

Freeland schrieb später in ihrem Buch *Sale of the Century. Russia's Wild Ride from Communism to Capitalism*:

Kredite gegen Aktien war … eine derart zynische Manipulation eines geschwächten Staates, dass es verlockend ist – besonders heute, da Russland immer noch zerfällt –, die habgierigen Oligarchen, von denen der Plan stammte, als durch und durch böse zu verdammen. Doch während ich beobachtete, wie sie die Pläne schmiedeten und Profite erzielten, konnte ich nicht umhin, mich zu fragen, wie sehr sich die Russen wirklich von unseren eigenen Starunternehmern, den Schundherstellern, Internet-Magnaten und Finanzkünstlern, unterscheiden, die unsere Gesellschaft so untertänig lobt, weil sie eine Ära beispiellosen Wohlstands hervorgebracht hätten … Das eigentliche Problem war, dass der Staat ihnen keinen Stein in den Weg legte.

Eine wichtige Person fehlte bei der Sitzung vom 30. März: Boris Beresowski. Von allen Oligarchen hatte Beresowski die größte Erfahrung. Viele der Männer, die sich bei dem russischen Privatisierungsfest bereicherten, sind kaum mehr als Opportunisten, die eine Chance wahrzunehmen verstanden. Aber Beresowski – teilweise deshalb, weil er älter war und mehr als 20 Jahre lang ernsthaft gearbeitet hatte, ehe er sich den neuen Geist des freien Unternehmertums in Russland zunutze machte – verfügte über eine gewisse Weisheit. Bevor er sich der Geschäftswelt zuwandte, war er fast zwei Jahrzehnte am Institut für Sozialistische Wirtschaftsführung beschäftigt gewesen, an dem einige der brillantesten Mathematiker und Theoretiker der Sowjetunion tätig waren. Sie sollten die Kenntnisse für die Entwicklung einer neuen Generation industrieller Hardware beisteuern – von Leitsystemen für Interkontinentalraketen bis hin zu Automatisierungsprogrammen für Fließbänder. Beresowski gedieh in dieser Umgebung nicht nur als Wissenschaftler, sondern auch als Organisator und Networker. Er hoffte sogar, einen Nobelpreis zu erhalten, doch dann kam die Perestroika dazwischen.

Zu der Zeit, als Gorbatschows Wirtschaftsreformen Gestalt annahmen, war Beresowski 40 Jahre alt und hatte nie ein Auto sein Eigen genannt. Die Aussichten, je eines zu besitzen, waren gering, und es wurde zum Hauptziel seines Lebens, diese unerquickliche Situation zu ändern. Abhilfe versprach schließlich ein verbeulter alter Lada, der dauernd repariert werden musste und seinem alten Freund Leonid Boguslawski gehörte. Durch seine Arbeit am Institut hatte Beresowski Kontakte zu dem riesigen Automobilwerk Awtowas geknüpft, das in Togliatti an der Wolga Ladas herstellte. Beresowski überredete Boguslawski, ihm den Wagen zur Hälfte zu überlassen, wenn er für eine Generalüberholung bei Awtowas sorgen könne.

Nachdem sich Beresowski seinen Autoanteil gesichert hatte, dachte er gründlich darüber nach, wie er seine Verbindungen zu Awtowas für sich selbst nutzen konnte. Er wusste, dass der Durchschnittsrusse genau wie er ein eigenes Auto begehrte, und sein erster Schritt war charakteristischerweise ungewöhnlich, doch inspiriert. Denn er erbot sich, einem Awtowas-Direktor namens Tichonow bei einem Moskaubesuch als Chauffeur zu dienen, und nahm alles in sich auf, was seine Passagiere unterwegs besprachen. Als er seine Beziehungen zur Geschäftsführung gefestigt hatte, gründete er ein Joint Venture mit der italienischen Firma, die das Fließband von Awtowas wartete. Zudem ließ er keine Gelegenheit aus, kleine Gewinne zu ergattern. Er unternahm zehn Reisen nach Deutschland, erwarb dort jedes Mal einen Mercedes und fuhr mit ihm nach Russland, um den Wagen weiterzuverkaufen.

Anfang 1993 gelang es Beresowski, bedeutendere Gewinne zu erzielen. Zusammen mit dem Generaldirektor von Awtowas, Wladimir Kadannikow, verschaffte er sich zu extrem günstigen Bedingungen 35 000 Ladas: Zehn Prozent des Rubelpreises waren bei Unterzeichnung des Vertrags fällig, der Rest zweieinhalb Jahre später. In einer instabilen Wirtschaft wie der russischen, in der die Inflation bereits außer Kontrolle geriet, war eine solche Abmachung eine geschäftliche Dummheit von Awtowas. Wie Hoffman aufzeigt, fiel der Dollarwert der Autos durch den Sturz des Rubels von jeweils 2989 auf 360 Dollar. Hoffman beziffert den Bruttogewinn der Partner auf 105 Millionen Dollar. Nun wandte sich Beresowski einem äußerst fantasievollen System der Geldbeschaffung für einen Autoproduzenten namens Awtowa zu: Er verkaufte der breiten Öffentlichkeit Anleihen. Auch dieses Geschäft florierte.

■■■

Das Schlagwort der frühen neunziger Jahre für das russische Ölgeschäft lautete »vertikale Integration«, womit die Verbindung eines Ölförderungsunternehmens mit einer Raffinerie gemeint war. Pläne zur Gründung von Sibneft (Sibirisches Öl) bestanden seit November 1992. Damals hatten Vertreter der Förderungsgesellschaft Nojabrskneftegas und der Omsker Raffinerie, der größten und modernsten Russlands, dem Ministerium für Treibstoff und Energie den ersten Vorschlag unterbreitet, die beiden Unternehmen unter einer Dachgesellschaft zusammenzufassen. Aber erst als Beresowski eingriff, beschleunigte sich das Verfahren. Er wurde bei Alexander Korschakow vorstellig, dem Chef des präsidialen Sicherheitsdienstes, der zusammen mit einem weiteren hohen Jelzin-Mitarbeiter auf einen Regionalgouverneur und den Energieminister einwirkte, die Hindernisse für die Gründung der neuen Holding auszuräumen. Innerhalb von Monaten entstand Sibneft durch einen Erlass, den Jelzin am 29. September 1995 unterzeichnete. Neben Nojabrskneftegas und der Omsker Raffinerie umfasste die Gesellschaft auch die Explorationsfirma Nojabrskneftegasgeofisika und das Marketingunternehmen Omskneftprodukt. Hastig wurde der Kredite-gegen-Aktien-Plan um den Verkauf der damals sechstgrößten Ölgesellschaft Russlands ergänzt. Die Auktion sollte am 28. Dezember stattfinden. Die Regierung erwartete einen Kredit von mindestens 100 Millionen Dollar, für den sie ihren 51-prozentigen Anteil an Sibneft als Sicherheit einbringen und dem Kreditgeber das Recht gewähren würde, ihren Anteil zu verwalten und Gebote für die übrigen 49 Prozent in einer Reihe von weiteren Auktionen abzugeben.

Nachdem Beresowski und Abramowitsch ihre Beute ausgemacht hatten, mussten sie die erforderlichen Mittel auftreiben, um sie in ihren Besitz zu bringen. Trotz seines Erfolgs im Autogeschäft konnte Beresowski nur 35 der für den ersten Schritt auf ihn entfallenden 50 Millionen Dollar aus seinem eigenen Vermögen beisteuern. Also reiste er nach Japan, Deutschland und New York, um die fehlenden 15 Millionen Dollar zu beschaffen. Allerdings war es in jenen Tagen sehr mühsam, das Interesse ausländischer Anleger an russischen Unternehmen zu wecken, denn Gennadi Sjuganow, der populäre Chef der Kommunistischen Partei, warf einen großen Schatten, und keine der Personen, an die Beresowski herantrat, war bereit, ihm Geld für den Kauf einer Gesellschaft zu leihen, die innerhalb von Monaten wieder verstaatlicht werden konnte. Auch von dem Milliardär und Finanzier George Soros, den Beresowski um einen Kredit in Höhe von 10 bis 15 Millionen Dollar bat, musste er hören, dass das Risiko zu hoch sei. Später teilte Beresowski David Hoffman mit, Soros' exakte Worte seien gewesen: »Ich kann Ihnen nicht einmal einen einzigen Dollar geben.« Schließlich gewährte ihm jedoch die russische MENATEP Bank den benötigten Kredit. Es heißt, dass sich Abramowitsch einen ähnlichen Betrag borgte und den Rest seines Anteils mit Gewinnen aus dem Ölgeschäft abdeckte.

Erwartungsgemäß bekamen die beiden in der folgenden ersten Auktion den Zuschlag und mussten der Regierung nun 100,3 Millionen Dollar leihen. Nach späteren Ermittlungen des russischen Wirtschaftsprüfungsamtes kam das Geld von der Financial Petroleum Company, einem Joint Venture, das zu jeweils 50 Prozent Beresowskis Vereinigter Bank und Vektor-A gehörte, einer Tochter von Abramowitschs Ölhandelsgesellschaft Petroltrans.

Nachdem sich Beresowski und Abramowitsch das Recht zur Lenkung von Sibneft gesichert hatten, mussten sie den Kauf der restlichen 49 Prozent der Aktien finanzieren. Die erste Tranche von 19 Prozent wurde im September 1996 versteigert. Natürlich erhielt ein weiteres Joint Venture von Beresowski und Abramowitsch den Zuschlag, nämlich ZAO Firma Sins. ZAO Sins musste nicht nur 82,4 Milliarden Rubel für den Aktienanteil zahlen, sondern wurde auch vertraglich verpflichtet, zusätzlich 45 Millionen Dollar in das Unternehmen zu investieren. Interessanterweise wurde Abramowitsch in diesem Stadium offenbar zum Seniorpartner, zumindest auf dem Papier. ZAO Sins war ein 50:50-Joint Venture zwischen einer Firma, die sich völlig in Abramowitschs Besitz befand, und einer anderen, an der Beresowski und er zu gleichen Teilen beteiligt waren. Daraus lässt sich folgern, dass Abramowitsch 75 und Beresowski nur 25 Prozent der ersten Tranche zufielen.

Einen Monat später kam ein weiteres Aktienpaket von 15 Prozent auf den Markt. Diesmal war der erfolgreiche Bieter ZAO Refine Oil, und Beresowski schien sich völlig fern zu halten. Refine, das 65 Milliarden Rubel für seinen Anteil zahlte und sich verpflichtete, 35,5 Millionen Dollar zu investieren, war ein Joint Venture zweier Unternehmen, die Abramowitsch gehörten.

Das 1998 veröffentlichte Ermittlungsergebnis des Wirtschaftsprüfungsamtes über den Verkauf von Sibneft stellt den Wettbewerb im Verfahren als reine Spiegelfechterei bloß. Der einzige andere Bieter für das Aktienpaket von 19 Prozent war ein Joint Venture zwischen zwei Firmen eines Mannes namens R. Abramowitsch. Das Gleiche galt für die »Auktion« des dritten Aktienblocks: Der »konkurrierende« Bieter für die 15 Prozent war ZAO Firma Foster, ein weiteres Joint Venture zwischen zwei Abramowitsch-Unternehmen.

Obwohl es in Jelzins ursprünglichem Präsidentenerlass hieß, dass die Aktienmehrheit der Regierung von 51 Prozent drei Jahre lang im Staatsbesitz bleiben solle – mit anderen Worten, bis September 1998 –, wurde sie in Wirklichkeit bereits am 12. Mai 1997 verkauft, und zwar nicht durch die Regierung, sondern über Beresowskis und Abramowitschs Joint Venture, die Financial Petroleum Company.

Diese Aktion stützte sich auf die ursprüngliche Absprache, dass der Anteil der Regierung, falls diese ihren Kredit nicht zurückzahlte, von den Investoren, denen man die staatlichen Aktien als Pfand übertragen hatte, ersteigert werden konnte. Dabei hatten sie einen Provisionsanspruch in Höhe von 30 Prozent der Differenz zwischen ihrem Kreditbetrag und dem auf dem »Markt« erzielten Verkaufspreis. Letztlich setzten sich Abramowitsch und Beresowski auch in der Auktion um die Kapitalmehrheit durch. Insgesamt vier Bieter nahmen an der Versteigerung teil. Der eine war FNK, anfangs ein Joint Venture zwischen einer Firma namens Alkion Securities und Beresowskis Vereinigter Bank. Die Aktionäre verwässerten ihre Anteile später und legten sich drei neue Partner zu: Firma Lazis, die 29,9 Prozent übernahm, war ein Joint Venture von Beresowski und Abramowitsch, wobei der Letztere die Mehrheit hatte. Die verbleibenden Aktionäre – mit jeweils 2 Prozent – hießen Broksi und Aksiap. Sie hatten die gleiche Registrierungsadresse wie Firma Lazis und waren ebenfalls Joint Ventures von Beresowski und Abramowitsch. Unter den drei anderen Bietern befand sich ZAO Firma Stens – auch sie gehörte Abramowitsch.

FNK wurde mit einem Gebot von 110 Millionen Dollar der Zuschlag erteilt. Folglich war ein Aktienpaket, das Beresowski und Abramowitsch verwalteten, an ein Unternehmen verkauft worden, das den beiden zu einem Großteil gehörte. Das alles geschah in einer »Auktion«, bei der einer der anderen Bieter Abramowitsch selbst war.

Auf der Sibneft-Website wird die ganze Geschichte in zwei Absätzen abgehandelt:

Der ursprüngliche Sibneft-Privatisierungsplan sah die Versteigerung von 49 Prozent der Aktien an außenstehende Investoren und das Verbleiben von 51 Prozent des Kapitals in den Händen der Föderationsregierung bis September 1998 vor. Durch eine Reihe von Auktionen seit Januar 1996 erwarben Privatanleger 49 Prozent des Aktienkapitals von Sibneft.

Im Dezember 1995 brachte die Regierung ihren Anteil an Sibneft im Rahmen ihres Kredite-gegen-Aktien-Programms in eine Treuhandverwaltung ein. Dem Plan entsprechend gaben Privatinvestoren dem Staat Kredite und erhielten dafür das Recht, die staatliche Beteiligung an einer Reihe von Unternehmen zu verwalten. Später wurden diese Aktien auf einer Sonderauktion an Privatanleger verkauft. Am 12. Mai 1997 erhielt die FNK den Zuschlag für die Regierungsanteile an Sibneft.

Wäre es nur so einfach gewesen!

Das Resultat all dieser Winkelzüge war, dass Beresowski, Abramowitsch und ihre Partner ein Unternehmen für weniger als 200 Millionen Dollar erwarben, dessen Wert gegen Ende 2003 auf 15 Milliarden Dollar geschätzt wurde. Wie William Browder, der amerikanische CEO des in Moskau ansässigen Hermitage Capital Management, es ausdrückt: »In diesem speziellen Monopoly-Spiel landete Abramowitsch auf der Schlossallee und schaffte es, sie zu kaufen.«

Nicht, dass er der Einzige gewesen wäre. Michail Chodorkowski zahlte 309 Millionen Dollar für 78 Prozent von Jukos, der größten russischen Ölgesellschaft, deren Bewertung bis auf 35 Milliarden Dollar stieg. Wladimir Potanin legte sich 51 Prozent von Sidanko, einem weiteren Ölgiganten, für 130 Millionen Dollar zu. Weniger als zwei Jahre später hatte das Unternehmen eine Marktkapitalisierung von 5 Milliarden Dollar. Ähnliche Zahlen lassen sich für all die anderen Privatisierungen nennen. Die Oligarchen würden einwenden, dass die fehlende Bereitschaft westlicher Kreditgeber, Geld für diese Akquisitionen bereitzustellen, das Ausmaß des von ihnen eingegangenen Risikos illustriere. Aber die Vorbehalte von Leuten wie George Soros waren nicht wirtschaftlicher, sondern politischer Art. Außerdem könnten die Oligarchen anführen, dass Jelzin seine Wiederwahl ohne ihre »Kredite« nicht gewonnen hätte, womit Russland den Kommunisten erneut in die Hände gefallen wäre. Damit mögen sie sich in der Tat ein gewisses Verdienst erworben haben, doch es ist schwerlich zu leugnen, dass, während wenige Hundert Personen gewaltige Reichtümer anhäuften, 150 Millionen Russen nun in einem Land leben, das seine Bodenschätze zu einem Spottpreis verkauft hat.

4 Eine Waise schließt sich »der Familie« an

Eine schwarze Limousine hielt vor dem Tor der Datscha außerhalb Moskaus. Präsident Boris Jelzins Tochter Tatjana Djatschenko gab hier eine Grillparty für eine Gruppe von Freunden und Mitarbeitern. Der Fahrer stieg aus, öffnete den Kofferraum und entlud eine Reihe Kästen »sehr teurer« Weine, mehrere feine Fleischstücke und ein paar Obstkörbe. »Oh, der Kellner sieht sehr nett aus«, meinte eine Besucherin. Djatschenko erwiderte: »Das ist kein Kellner, sondern Roman Abramowitsch.«

Jelzin regierte Russland von 1991 bis 1999, und in jenen Jahren bestand eine der mächtigsten Gruppierungen des Landes nicht aus seinem Kabinett oder dem Staatssicherheitsdienst, sondern aus einem engen Zirkel von Freunden und Gefolgsleuten, der allgemein als »die Familie« bekannt war. Lange bevor Abramowitsch auf der nationalen Bühne erschien, gehörte er dieser informellen Gruppe an, in die ihn Boris Beresowski eingeführt hatte. Schon in seinen frühen Tagen als Magnat war Beresowski klug genug gewesen zu begreifen, dass er politischen Einfluss benötigte, um seinen neu erworbenen Reichtum zu schützen und zu vergrößern. Diesen Einfluss verschaffte er sich zum Beispiel dadurch, dass er in die populäre Wochenzeitschrift *Ogonjok* investierte, denn einer der Redakteure ermöglichte ihm den Zugang zu dem wichtigsten Machtmenschen: Jelzin selbst. Der betreffende Journalist, Valentin Jumaschew, hatte Jelzins Vertrauen bereits zu Beginn der Perestroika gewonnen, und als der Präsident einen Ghostwriter für seine Memoiren benötigte, wandte er sich an ihn. Zum Zeitpunkt seiner Begegnung mit Beresowski hatte der Jounalist gerade den zweiten Band, *Auf des Messers Schneide: Tagebuch des Präsidenten*, abgeschlossen. Man darf annehmen, dass es leicht war, einen Verlag zu finden, der die Gedanken des Staatsoberhauptes veröffentlichte, doch Beresowskis typisch kühner Plan, sich bei Jelzin einzuschmeicheln, lief auf die Verpflichtung hinaus, eine Million Exemplare in Finnland drucken zu lassen und Jelzins »Tantiemen« auf ein Londoner Bankkonto einzuzahlen. Das Ergebnis war ein Prachtband, der die in Russland produzierten Bücher schäbig wirken ließ, und Beresowski wurde zur Belohnung in den Club des Präsidenten aufgenommen.

Chrystia Freeland bezeichnet diese Aufnahme als »unschätzbares Geschenk«. Der Club war der Ort, den Jelzins Familienangehörige und seine engsten persönlichen Freunde aufsuchten, um zu schwimmen, Tennis zu spielen oder sich die Nägel manikliren zu lassen. Bei seinen Besuchen im Club merkte Beresowski bald, dass Jelzins jüngere Tochter Tatjana, die meistens bei ihrem Kosenamen Tanja genannt wurde, ihm beim Präsidenten Gehör verschaffen konnte. Alexander Korschakow, der grobschlächtige Chef des präsidialen Sicherheitsdienstes von Jelzin, sagte einmal: »Wenn Tatjana Djatschenko ihm ihre direkte Telefonverbindung gab, wie konnte er dann noch gestoppt werden?« Und Beresowski ließ ihr ein Geschenk nach dem anderen zukommen, darunter einen Niwa-Jeep und einen Chevrolet.

Abgesehen von Beresowski war der Club eine oligarchenfreie Zone, und er benahm sich natürlich wie ein Kind im Süßwarengeschäft. Korschakow gab Freeland ein anschauliches Beispiel für Beresowskis Dickfelligkeit bei der Herstellung von Kontakten: Er duschte sich gerade nach einem Tennismatch, als der aufdringliche Magnat hereinkam und trotz des auf Porzellan prasselnden Wassers ein Gespräch mit ihm begann. »Ich konnte die Hälfte seiner Worte nicht hören, aber er brüllte weiter«, erinnert sich Korschakow. »Beresowski beschäftigte sich nie mit Sport. Er kam in den Club, um andere davon abzuhalten, und belästigte die Personen, die er brauchte, mit seinen Fragen, seinen Angelegenheiten, seinen Vorhaben.«

Beresowskis Pflege der Beziehungen zu Djatschenko sollte sich bald auf eine Weise bezahlt machen, die nicht einmal er selbst hätte voraussehen können, denn sie erhielt einen Posten im Zentrum der Regierung. Djatschenko verdankte ihren Platz im öffentlichen Leben der Notlage ihres Vaters vor den Präsidentschaftswahlen vom Juni 1996. Am Ende des Vorjahrs hatte Jelzin seinen ersten schweren Herzinfarkt erlitten, und er fühlte sich nach dem schlechten Abschneiden seiner Partei bei den Duma-Wahlen isoliert und bedroht. Die linken Parteien, dominiert von den Kommunisten unter deren energischem Chef Gennadi Sjuganow, hatten 40 Prozent der Stimmen und 200 Parlamentssitze errungen.

Nach der Parlamentswahl war sogar Jelzin unsicher, ob er erneut kandidieren sollte, und seine Mitarbeiter schmiedeten bereits Pläne für seine Nachfolge. Korschakow und Michail Barsukow, der Chef des Föderalen Sicherheitsdienstes, wollten, dass Jelzin Ministerpräsident Viktor Tschernomyrdin durch ihren Freund Oleg Soskowez, den ersten stellvertretenden Ministerpräsidenten, ersetzte. Damit hätte Soskowez im Fall von Jelzins Rücktritt eine hervorragende Ausgangsposition für die Präsidentschaftswahl gehabt.

Gegen Ende Dezember hatte Jelzin sich jedoch gefasst und war überzeugt, dass er als Einziger die Kommunisten besiegen konnte. Soskowez, der frühere Leiter eines Eisen- und Stahlwerks, erhielt zum Trost den Posten des Wahlkampfleiters, und die Organisation von Jelzins Wiederwahl nahm ihren Anfang. Doch fast sofort wurde deutlich, dass Soskowez der Aufgabe nicht gewachsen war, denn es fiel ihm schwer, auch nur die nötigen Unterschriften für Jelzins Nominierung zu sammeln. In seiner Panik dachte sich Soskowez ein System aus, das die Eisenbahn- und Stahlarbeiter zwang, ihre Unterschrift für Jelzin abzugeben, wenn sie ihren Lohn abholten. Natürlich stürzte sich die Presse auf den Betrug, und der sich anschließende Aufruhr war äußerst peinlich für Jelzin.

Inzwischen hatten die Manipulationen hinter den Kulissen epidemische Ausmaße erreicht, und Jelzin benötigte jemanden, der zwar über den Dingen stand, sich jedoch gleichzeitig als Spion im eigenen Lager betätigen konnte. Als er dieses Problem mit Jumaschew besprach, dem Mann, der später seine Tochter heiraten sollte, fragte der Journalist, wie vielleicht nicht überraschen dürfte: »Was ist mit Tanja?« Auf den ersten Blick besaß sie, abgesehen davon, dass sie die Tochter des Präsidenten war, kaum Qualifikationen für den Posten. Nach einem Studium der Mathematik und des Ingenieurwesens an der Moskauer Universität hatte sie als Programmiererin für die russische Weltraumbehörde gearbeitet und war damals mit dem zweiten ihrer drei Ehemänner, Leonid Djatschenko, verheiratet, der als Aeronautikingenieur im selben Büro wie sie tätig war.

Zu dem Zeitpunkt, als Jumaschew seinen Vorschlag machte, hatte sie Mutterschaftsurlaub und versorgte ihren zweiten Sohn Gleb. Jelzin erwärmte sich fast sofort für den Gedanken. Er hatte stets eine starke Beziehung zu seiner jüngeren Tochter gehabt. Sie galt als einzige Person, die ihn aufmuntern konnte, wenn er in tiefe Depressionen verfiel, die ihn zu Tränen trieben und am Schlafen hinderten. Tatjana stimmte dem Vorschlag begeistert zu, richtete sich ein Büro im Kreml ein und erschien regelmäßig zu den Sitzungen.

Abgesehen von einer gewissen Vetternwirtschaft war es die Beteiligung der Oligarchen, die sich damals noch in einem Frühstadium ihrer Entwicklung befanden, welche den russischen Präsidentschaftswahlkampf zu einer Farce machte. Anfang 1996 lockten die Früchte des Kredite-gegen-Aktien-Schwindels, doch es war klar, dass sie nur dann geerntet werden konnten, wenn Jelzin einen zweiten Wahlsieg errang. Er hatte seinen Teil der Abmachung erfüllt, und nun war es an den Oligarchen, ihm die versprochene »politische, finanzielle und strategische« Unterstützung für seine Wiederwahl zu leisten.

Wenn sie je daran gedacht hatten, ihren Teil des Geschäfts nicht einzuhalten, so besannen sie sich eines Besseren, als Abramowitschs neuer Partner Beresowski, Wladimir Gussinski (ein weiterer Oligarch) sowie Chodorkowski im Februar 1996 am Wirtschaftsgipfel in Davos teilnahmen. Der Erfolg der Kommunisten bei den zwei Monate zurückliegenden Duma-Wahlen bedeutete, dass Sjuganow nun der größten Parlamentsfraktion vorstand und von vielen der in Davos Anwesenden als kommender russischer Präsident hofiert wurde. Man bat ihn um Autogramme, wenn er durch das Foyer seines Hotels schritt, die Medien waren so stark an ihm interessiert, dass er 20 Interviews pro Tag gab, und westliche Geschäftsleute legten offenkundig Wert darauf, sich bei ihm einzuschmeicheln. Sjuganow teilte ihnen mit, was sie hören wollten. Eine neue Verstaatlichung stehe nicht auf seinem Programm: »Wir wissen, dass es, wenn wir die Fabriken wieder an uns bringen wollten, von Murmansk bis nach Wladiwostok Schießereien geben würde.«

Die Oligarchen glaubten solchen Äußerungen jedoch nicht. Es musste etwas unternommen werden. Erstaunlicherweise sahen sie ihren potenziellen Retter in Anatoli Tschubais, dem früheren Minister, der für das russische Privatisierungsprogramm zuständig gewesen war. Auf den ersten Blick schien er kein aussichtsreicher Kandidat zu sein, denn Jelzin hatte ihn drei Wochen zuvor entlassen, und die Abschiedsworte des Präsidenten waren besonders schmerzhaft gewesen. »Er hat die Großindustrie für fast nichts abgestoßen«, erklärte Jelzin der Presse. »Das können wir ihm nicht verzeihen.« Doch Tschubais kämpfte unverdrossen weiter. Sjuganows erfolgreicher Versuch, Tschubais als Freund der Kapitalisten darzustellen, beunruhigte diesen so sehr, dass er sich Sjuganows Wahlprogramm, Reden und Interviews nach Davos faxen ließ. Die Unterlagen enthüllten, dass der Kommunistenführer um einiges unverbesserlicher war, als er sein Publikum in Davos hatte erkennen lassen.

Entschlossen, den offenbar apathischen Westen auf die drohende Katastrophe aufmerksam zu machen, berief Tschubais eine Pressekonferenz ein, um Sjuganows wirkliche Pläne aufzudecken. »Es gibt zwei Sjuganows, einen für das Ausland und einen für das Inland«, sagte er. »Wenn Sjuganow die Präsidentschaftswahl im Juni gewinnt, wird er mehrere Jahre der Privatisierung zunichte machen, was zu Blutvergießen und einem umfassenden Bürgerkrieg führen wird.«

Diese Schmährede machte einen starken Eindruck auf Beresowski und Gussinski, und kurz darauf vereinbarten die beiden ein Treffen. Nachdem sie jahrelang einen erbitterten Streit miteinander geführt hatten, versöhnten sie sich nun beim Mittagessen in der Bar des Hotels Fluela. Sie stimmten darin überein, dass Tschubais der geeignete Mann sei, den Wahlkampf für Jelzins Wiederwahl zu leiten, und organisierten ein Privatdiner mit den anderen auf der Konferenz anwesenden Oligarchen, unter ihnen Chodorkowski, um sich deren Unterstützung zu sichern. Nachdem man eine Einheitsfront gebildet hatte, brauchte man nur noch Tschubais für sich zu gewinnen. Das gelang durch eine für die Oligarchen ungewöhnlich geradlinige Methode: Sie boten ihm Geld an, genauer gesagt 3 Millionen Dollar.

Nach Moskau zurückgekehrt, suchten Beresowski, Gussinski, Chodorkowski, Wladimir Potanin und Michail Friedman Jelzin im Kreml auf, um ihn vor dem Ernst der Lage zu warnen. Wenn die Kommunisten an die Macht kämen, würden diese sie »an den Laternenpfählen aufhängen«. Sie sagten unverblümt ihre Meinung: Jelzins Wahlkampf sei chaotisch, und er habe nur noch einen Monat, um das Blatt zu wenden. Damals wusste Jelzin noch nichts von ihren Gesprächen in Davos, und er schrieb im Rückblick mit sympathischer Ehrlichkeit: »… was mich am meisten erstaunte, war die Tatsache, dass alle meinten, ich müsse Anatoli Tschubais für meinen Wahlkampf heranziehen.« Zum Glück für die Oligarchen glaubte Jelzin, sein Streit mit Tschubais sei von der Korschakow-Soskowez-Fraktion angezettelt worden. Diese Gruppierung stand kurz davor, in Ungnade zu fallen, und Jelzin zeigte sich nun bereit, den ehemaligen Minister wieder in den Schoß der Familie aufzunehmen.

Tschubais wurde zum Chef der »Analytikergruppe« ernannt, der ein Soziologe, der Leiter eines Fernsehsenders und eine Reihe von Politologen angehörten. Dieser Gruppe musste Jelzin – »wobei mir das Herz bis zum Halse schlug« – seine Tochter vorstellen. »Zuerst begriff niemand, was sich abspielte«, schrieb er später. »Hier war ein neues Gesicht, eine Frau, die bis spätabends arbeiten wollte, die sehr früh am Morgen erschien, die Tag und Nacht an allen möglichen Sitzungen teilnahm, die mit jedem sprach und die naive Fragen stellte.«

Aber trotz dieses kompetenten neuen Teams blieben die Meinungsumfragen hartnäckig negativ, und Jelzin kam zu dem Schluss, dass Notmaßnahmen zu ergreifen seien. Korschakow schlug eine typische Hardliner-Lösung vor: Man solle das Parlament auflösen, die Kommunistische Partei verbieten und die Wahl verschieben. Der frühere KGB-General, der nicht das Geringste von Demokratie hielt, war ein ungehobelter Mann mit groben Zügen, der versuchte, seine Kahlheit zu verbergen, indem er die letzten dünnen Haarsträhnen über seinen glänzenden Schädel kämmte. Aber er besaß das Selbstvertrauen des Kommandeurs einer kleinen Privatarmee. In seinen schlecht sitzenden Polyesteranzügen wirkte er in dem neuen, auf sein Image bedachten Kreml zunehmend fehl am Platze, doch er war seit elf Jahren der beste Freund des Präsidenten und würde sich nicht leicht verdrängen lassen. In seiner Autobiographie *Auf des Messers Schneide* äußert sich Jelzin sehr anerkennend über seinen Leibwächter: »Jetzt trennt sich Korschakow überhaupt nicht mehr von mir. Auf Reisen sitzen wir manchmal sogar nachts beisammen. Er ist ein sehr zuverlässiger, kluger und mutiger Mann. Äußerlich wirkt er eher unscheinbar, ist jedoch ein heller Kopf mit scharfem Verstand.«

In Wirklichkeit war Korschakow ein über seine Fähigkeiten hinaus beförderter Schläger. Ein gutes Beispiel für das primitive Vorgehen des Sicherheitschefs lag weniger als zwei Jahre zurück: Wladimir Gussinski hatte sich geweigert, seinen Freund Juri Luschkow, den Bürgermeister von Moskau, zu verraten und dessen Konten preiszugeben. Daraufhin tauchten am folgenden Tag bewaffnete und maskierte Männer in Gussinskis Landhaus auf, wo dieser mit seiner Frau, seiner Mutter, seinem zweijährigen Sohn und einem Kindermädchen wohnte. Die Maskierten versuchten, Gussinskis Leibwächter in einen Kampf zu verwickeln. Als ihnen das nicht gelang und Gussinski floh, folgten sie seiner Autokolonne mit drei Wagen in die Stadt, drohten mit ihren Maschinenpistolen durch die geöffneten Fenster und bemühten sich, Gussinskis Fahrzeuge von der Straße zu drängen. Trotzdem gelang es ihm, sein Büro zu erreichen, und es kam zu einer Pattsituation.

Gussinskis Vermutung bestätigte sich durch ein paar Telefonate: Die Männer waren keine Banditen, sondern gehörten zu Korschakows präsidialem Sicherheitsdienst. Er schaffte es, fünf Mitglieder des Föderalen Sicherheitsdienstes (FSB) an den Schauplatz beordern zu lassen, und ihre Gegenwart schreckte Korschakows Männer zunächst ab. Als ihr Chef jedoch hörte, dass sie wieder abgezogen waren, forderte er zornentbrannt Verstärkung an. Schwer bewaffnet, mit schwarzen Sturmhelmen und Tarnanzügen bekleidet, befahlen die Neuankömmlinge Gussinskis Leibwächtern, sich mit dem Gesicht nach unten in den Schnee zu legen. Danach traten sie die Leibwächter mit ihren Stiefeln und schlugen mit ihren Gewehrkolben auf sie ein. Inzwischen waren Fernsehcrews eingetroffen, welche die Misshandlungen filmten. Als Gussinski früh am nächsten Morgen heimkehrte, trat ihm seine Frau mit einem Winchester-Gewehr entgegen. Sie hatte durch die Fernsehnachrichten von den Ereignissen erfahren und rechnete mit dem Schlimmsten.

Der Mann, der für dieses Fiasko verantwortlich war, brachte den russischen Präsidenten dazu, eine Art Militärputsch ins Auge zu fassen. Mitte März bot die Duma Jelzin den Vorwand, den er benötigte, um Korschakows Vorschlag umzusetzen: Sie verabschiedete ein Gesetz, das den Vertrag, mit dem man die Sowjetunion 1991 aufgelöst hatte, für illegal erklärte. Das Dokument, so die Hardliner, sei Verrat. Jelzin befahl seinem

Stab, die notwendigen Erlasse zu formulieren. Es handelte sich um einen unglaublich autoritären Plan, der Jelzin zum Diktator und Russland in den Augen des Westens zum Paria gemacht hätte. Laut Jelzin war es seine Tochter, welche die Lage rettete. Ohne ihren Vater zu fragen, habe sie Tschubais angerufen und ihn aufgefordert, zu einem Gespräch im Kreml zu erscheinen. In der oft stürmischen einstündigen Unterredung, die sich anschloss, habe der wie immer mit der Stimme der Vernunft argumentierende Tschubais den Präsidenten davon überzeugt, dass Korschakows Vorschlag Wahnsinn sei.

Die Wahrheit war vermutlich komplizierter. Beispielsweise schreibt Freeland, Jelzins Innenminister Anatoli Kulikow, der die Verantwortung für einen solchen Schritt getragen hätte, habe ihm erklärt, der Erlassentwurf sei illegal und er weigere sich, ihn auszuführen. Viktor Tschernomyrdin, sein Ministerpräsident, vertrat eine ähnliche Ansicht. Jelzin geriet unter weiteren Druck, als Jegor Gaidar, ein ehemaliger stellvertretender Ministerpräsident, Mut bewies und den amerikanischen Botschafter über den Plan informierte, um Präsident Clinton zum Einschreiten zu bewegen. All das führte schließlich dazu, dass Jelzin am Rande des Abgrunds umkehrte. Von jenem Moment an befanden sich Korschakow und seine Fraktion im Abseits. Das Soskowez-Wahlkampfteam wurde aufgelöst, und die Analytikergruppe unter Tschubais übernahm das Ruder.

Das neue Team entwickelte eine vorbildliche Wahlkampfstrategie. Man untersuchte die Demographie der Wählerschaft und entschied sich für eine jugendorientierte Kampagne, in der Jelzin als Mann des Volkes auftrat. Er reiste durchs Land, schüttelte Hände, besuchte Popkonzerte, die für seine Anhänger abgehalten wurden, und gab sich überhaupt zugänglich und mitfühlend. Seine Leibwächter setzten ihre dunklen Brillen ab, um nicht zu aggressiv zu wirken, und in einer TV-Werbekampagne unter der Parole »Wählt mit dem Herzen« erzählten gewöhnliche Bürger, was sie über ihren Präsidenten dachten. Dies mag westlichen Betrachtern etwas übertrieben und allzu sentimental erscheinen, doch das radikal neue Verfahren hatte bald die gewünschte Wirkung. Die Umfrageergebnisse kippten zugunsten Jelzins. Tatjana Djatschenko stand im Zentrum der Kampagne. »Tanja arbeitete wirklich hart«, sagte Jelzin. »Sie konnte mit nur drei Stunden Schlaf pro Nacht auskommen, und sie zeigte eine unglaubliche Beharrlichkeit. Zusammen mit den Redenschreibern konnte sie einen Text zehnmal umformulieren. Und sie war in der Lage, das Szenario für Versammlungen oder Konzerte ein Dutzend Mal durchzugehen.«

Djatschenkos wachsender Einfluss machte sie bei Korschakow verhasst. Sie hatte keine Amtsbezeichnung, wurde nicht bezahlt, war jedoch offensichtlich eine wichtige Akteurin. Ihre unklare Rolle irritierte ihn so sehr, dass er sie stundenlang warten ließ, wenn sie ihn sprechen wollte, und er versuchte, sie durch kleinliche Vorschriften zu schikanieren. Einmal verbot er ihr, im Büro Hosen zu tragen, was sie einfach ignorierte.

Kurz nach dem ersten Wahldurchgang am 16. Juni, in dem Jelzin den ersten Platz belegte, trieb Korschakow es zu weit. Am 19. Juni um 17 Uhr hielten Mitglieder des präsidialen Sicherheitsdienstes im Foyer des Weißen Hauses zwei von Tschubais' Mitarbeitern fest, die eine halbe Million Dollar in bar bei sich hatten. Es ist unklar, woher das Geld kam und warum sie es in einem Pappkarton herumschleppten, aber Korschakow glaubte, auf einen Skandal gestoßen zu sein, durch den er seine Feinde schwächen konnte.

Wiederum war es Djatschenko, die ihm einen Strich durch die Rechnung machte. Nachdem sie Korschakow an jenem Tag um Mitternacht angerufen und den Rat erhalten hatte, sich nicht einzumischen, begab sie sich zu den Büros der Autohandelsfirma Logowas, wo sich Beresowski mit den meisten Angehörigen der nun bedrängten Analytikergruppe und einer Gruppe von Sympathisanten aufhielt. Sie ließen Djatschenko wissen, dass Korschakow Scharfschützen auf den umliegenden Dächern postiert und das Gebäude von Mitgliedern seines Sicherheitsdienstes habe umzingeln lassen. Djatschenko wusste, dass man nicht versuchen würde, das Gebäude zu stürmen, solange die Tochter des Präsidenten im Innern war, und blieb bis 5 Uhr morgens dort. Innerhalb von Stunden zwang Jelzin nicht nur seinen alten Freund Korschakow, sondern auch seine Verbündeten Barsukow und Soskowez zum Rücktritt. Niemand außer Djatschenko hätte ihren Vater gegen Korschakow aufbringen können, und durch dessen Abgang wurde ihre Position praktisch unangreifbar.

Am 3. Juli 1996 wurde Jelzin mit 54 Prozent der Stimmen wiedergewählt. Sjuganow, der den Westen beinahe davon überzeugt hatte, dass der Kommunismus zurückkehren werde, erhielt lediglich 40 Prozent. Durch den Sieg des Präsidenten war die Vorrangstellung der Oligarchen gesichert, und Djatschenko, um deren Gunst Beresowski sich so unablässig bemüht hatte, sollte ihre Stellung im Zentrum der Macht formalisieren. Nachdem die Position ihres Vaters für weitere vier Jahre gesichert war, nahm sie wie vorher an offiziellen Sitzungen teil. Verständlicherweise irritierte Tschubais, den Jelzin für seine Verdienste zum Leiter der Präsidialverwaltung ernannt hatte, die Anwesenheit einer Person, die offensichtlich über Macht und Einfluss, doch über kein formelles Amt verfügte. Deshalb bat er Jelzin, ihre Rolle und ihren Status zu definieren. Das brachte den Präsidenten in Verlegenheit. Er verließ sich auf das Urteil seiner Tochter und wollte nicht auf sie verzichten, doch wie würde es aussehen, wenn er sie in seinen Stab aufnahm? Dann hatte er eine Eingebung: Er entsann sich daran, dass es in der französischen Regierung einen Präzedenzfall gab. Präsident Jacques Chirac hatte seine Tochter Claude zu seiner »Image-Beraterin« ernannt. Jelzin rief Chirac an und arrangierte ein Treffen zwischen ihren beiden Töchtern, damit sie Erfahrungen austauschen konnten. Djatschenko flog nach Paris und suchte Claude in der Residenz des Präsidenten auf. Die beiden sprachen über ihre jeweilige Rolle, und am Ende der Unterhaltung schlug Claude vor, »Papa guten Tag zu sagen«. So kam es, dass die Tochter des russischen Präsidenten den baldigen Besuch ihres Vaters beim französischen Präsidenten mit diesem selbst erörterte.

Nachdem Djatschenko offiziell den Posten der Image-Beraterin im Kreml übernommen hatte, erschien es äußerst weitsichtig, dass Beresowski sich so beharrlich um sie bemüht hatte. Sie wurde nun von vielen ihrer Untergebenen gefürchtet, und die zynischeren bedachten sie mit dem Spitznamen Zarewna (Zarentochter). Nachdem sie ihren Vater dazu ermuntert hatte, Designeranzüge zu tragen und sich einen mehr oder weniger passablen Haarschnitt zuzulegen, modelte sie auch sich selbst um. Sie war eine attraktive Frau von 35 Jahren, die bis dahin nicht das Beste aus sich gemacht hatte. Nun jedoch erschien sie plötzlich mit gefärbten Strähnen im Haar, und man munkelte sogar, sie habe angefangen, Make-up zu benutzen.

Wenn Djatschenko die Zarewna war, dann hatte Beresowski die Funktion eines Rasputin. Er wusste, dass Jelzin ihm nicht traute, doch ihm war genauso klar, dass der Präsident niemandem mehr Vertrauen schenkte als seiner Tochter und dass man seine Ziele über sie erreichen konnte. Seine Einflüsterungen wurden zu Regierungsmaßnahmen; er konnte Privatisierungen in die Wege leiten, Auktionen manipulieren und Minister ernennen lassen.

Nicht lange nachdem Beresowski Zugang zu den Machtzentren der Jelzins – im Kreml sowie auf ihren Datschas – erhalten hatte, richtete er sein eigenes Zentrum ein: das Logowas-Clubhaus. Sein Salon war ein intimer und luxuriöser Treffpunkt, dessen Ausstattung ein Besucher mit der eines Pariser Bordells verglich. Er lag in der Nowokusnezkaja-Straße, einer alten Moskauer Allee mit einer quietschenden Straßenbahn. Das Gebäude war eine Villa aus dem frühen 19. Jahrhundert, die einst der Familie des Wodkaherstellers Smirnoff gehört hatte. Die unscheinbare graue Fassade lieferte keinen Hinweis auf die schmuckvollen Innenräume, die Beresowski fürsorglich hatte restaurieren lassen. Am Deckengewölbe der zugleich als Warteraum dienenden Bar mit gelben Wänden und Cafétischen prangte eine gemalte rote Rose. Während die Gäste ein Glas Rotwein von der umfangreichen Karte bestellten, konnten sie zudem die Tropenfische in dem beleuchteten Aquarium bewundern.

Djatschenko besuchte das Clubhaus regelmäßig, und ihre wachsende Nähe zu Beresowski wurde auch von denen bemerkt, die in ihrem Kreml-Büro vorsprachen. Diesen Raum hatte sie, nach den Worten eines Beobachters, in »das Boudoir einer Schneeprinzessin, mit weißen Marmorwänden und bauschigen, elfenbeinfarbenen Vorhängen« verwandelt. Ihre Gespräche wurden regelmäßig durch Anrufe von Beresowski unterbrochen. Er besaß ihre private Handynummer und machte ausgiebig Gebrauch davon.

Der Djatschenko-Beresowski-Gespann wurde durch mindestens zwei weitere wichtige Akteure ergänzt. Der eine war Alexander Woloschin, Jelzins späterer Stabschef, der andere Badri Patarkatsischwili. Woloschin, ein glatzköpfiger, bärtiger Mann mit großem Ehrgeiz und einer Vorliebe für Intrigen, war nicht nur unter Jelzin, sondern auch unter Putin Stabschef und erwies sich damit als eine der widerstandsfähigsten Personen in der russischen Politik. Patarkatsischwili war derart zurückhaltend, dass Abramowitsch neben ihm wie ein Marktschreier wirkte. Er hatte Beresowski im Autogewerbe kennen gelernt und ist bis heute sein enger Freund und Partner. Sie alle – sowie Jumaschew – waren die Gründungsmitglieder des schattenhaften Kreises, der als »die Familie« bekannt werden sollte.

Der Zauber, der von einer Mitgliedschaft in »der Familie« ausging, blieb Beresowskis einstigem Juniorpartner Abramowitsch nicht verborgen. Er begriff bald, dass sich ein Platz im inneren Zirkel am besten über die Geschenke liebende Tochter des Präsidenten erringen ließ, und sehr bald stand er Djatschenko mindestens so nahe wie sein Geschäftspartner. Doch nicht nur das: Die Präsidententochter und Jumaschew, für den sie ihren zweiten Ehemann verlassen sollte, fanden den Umgang mit Abramowitsch weniger mühsam als mit seinem reizbareren Kollegen. Er besuchte nicht nur die Grillpartys auf ihrer Datscha, sondern wurde auch zu einem vertrauten Gesicht im Kreml und unternahm mit der Tochter des Präsidenten und Jumaschew Urlaubsreisen. Als Beresowski sich eine Jacht gekauft hatte, machten Djatschenko und Abramowitsch mit ihm Kreuzfahrten auf dem Mittelmeer.

Jelena Tregubowa, die Autorin eines skurrilen Erinnerungsbandes mit dem Titel *Kleine Geschichtchen einer Kreml-Reporterin*, der von ihrer Zeit als Mitglied des präsidialen Pressepools handelt, beobachtete das Fortschreiten der Beziehung mit großem Interesse. »Anfang 1999«, schreibt sie, »versuchte der neue Pressesekretär Dmitri Jakuschin, der gern mit Journalistinnen flirtete, mich dadurch zu beeindrucken, dass er von seinen Skireisen mit Tatjana Djatschenko und Roman Abramowitsch erzählte.« Später im selben Jahr stieß sie auf weitere Belege für die zunehmende Vertraulichkeit zwischen Djatschenko und Abramowitsch. Als die Journalistin bei Jelzins stellvertretendem Stabschef Sergej Swerew in dessen Kreml-Büro vorsprach, zeigte er aus dem Fenster und sagte: »Das dort unten ist Abramowitschs Auto. Er ist dauernd hier bei Woloschin oder Tatjana. Den ganzen Tag verbringt er damit, in ihrer Nähe herumzulungern.«

In der fiebrigen Atmosphäre des Kreml kamen unweigerlich Gerüchte auf, dass Djatschenko und Abramowitsch mehr als Freunde sein mussten, da sie so viel Zeit miteinander verbrachten. Einer der wenigen, die einen solchen Verdacht öffentlich äußerten, war, wie nicht überraschen wird, Djatschenkos alter Feind Korschakow. Der verbitterte frühere Handlanger ihres Vaters behauptete einmal, er sei angewiesen worden, Unterlagen zu vernichten, die Abramowitsch hätten kompromittieren können. »Der Grund?«, fragte er. »Die vermutliche Liebesbeziehung zwischen dem gut aussehenden Roman und Jelzins älterer Tochter Tatjana.«

Fest steht jedenfalls, dass der junge Ölmagnat das Vertrauen der Familie Jelzin gewann. Sie übertrug ihm die Verwaltung ihrer Finanzen, was ihm schließlich den Spitznamen »der Kassenwart« einbrachte. Es heißt, er habe sogar den Kauf von Djatschenkos Villa in Garmisch-Partenkirchen finanziert.

Einmal ließen Abramowitschs Feinde, die ihn in Verlegenheit bringen wollten, Plakate in einer der bekanntesten Moskauer Straßen ankleben. Darauf stand: »Roman kümmert sich um ›die Familie‹. Die Familie kümmert sich um Roman. Glückwunsch – Roman hat einen wunderbaren Platz gefunden.« Das hatte er zweifellos.

5 Stürmische Expansion

Sibneft, das Unternehmen, das Abramowitsch und Beresowski mit solcher Raffinesse erworben hatten, war nicht bloß ein riesiges Industriekombinat mit über 50 000 Beschäftigten, sondern der Konzern betätigte sich auch noch auf zahlreichen weiteren Gebieten für seine Förderungsgesellschaft Nojabrskneftegas, die in einem fernen Teil Westsibiriens angesiedelt war. Letztere hat ihre Wurzeln in Cholmogorskoje, einem der nördlichsten Ölfelder Russlands, wo man Mitte der siebziger Jahre mit Bohrarbeiten begann. Bald stellte sich heraus, dass das Feld umfangreiche Neuvorkommen barg. 1980 beschloss die Regierung, die Ölproduktion im nationalen Rahmen zu steigern, und ordnete an, rasch ein Netz aus Städten und Dörfern für die Ansiedlung neuer Arbeiter zu bauen. Eine der Siedlungen war Nojabrsk.

Wie so viele »gemeindebildende Unternehmen«, die in der Sowjet-Ära geschaffen wurden, sollte Nojabrskneftegas nicht nur Öl fördern, sondern auch eine soziale Infrastruktur liefern. Später stellten Abramowitsch und sein Partner fest, dass sie unter anderem fünf Kolchosen mit 1500 Beschäftigten, eine Ziegelfabrik, eine Kleidermanufaktur und einen Verlag miterworben hatten. Dazu kamen 200 000 Quadratmeter Wohnraum, 100 Kilometer Straßen, Sportanlagen, Kinderbetreuungsstätten und ein Hotel. In Omsk bestand eine ähnliche Situation. All diese zusätzlichen Bereiche mussten entweder verkauft oder den Kommunalbehörden übertragen werden. Das erklärt vielleicht eine von Abramowitschs ungewöhnlicheren Diversifikationen, nämlich den Erwerb der Firma Omski Bekon (Omsker Speck), die aus einem Schweineschlachthof und einer Fleischverarbeitungsfabrik bestand. Ein paar Jahre später kaufte er auch die einzige Eishockeymannschaft der Stadt, Omsker Avantgarde, und baute sie zu einer Art Mini-Chelsea auf. Als Abramowitsch das Team übernahm, war es ein »Haufen hochverschuldeter Nichtskönner«, doch nach Investitionen in Millionenhöhe kann davon nicht mehr die Rede sein. Im Jahre 2003 engagierte Abramowitsch den Trainer der Nationalmannschaft, Sergej Gersonski, und heute kämpft das Team um höchste Ehren. »Seit er uns vor fünf Jahren aus unserer Notlage gerettet hat, ist die Mannschaft nicht mehr wiederzuerkennen«, sagt Clubsprecher Arkadi Alexejew. »Nun können wir uns die besten Spieler leisten.«

Neben dem Alltagsgeschäft mussten sich die neuen Eigentümer von Sibneft auch der Unternehmenskultur widmen. Viele Manager waren in einem System ausgebildet worden, in dem sie willkürliche Produktionsziele erreichen statt möglichst hohe Gewinne erwirtschaften sollten. Diese Ausrichtung hatte vernichtende Folgen für die Umwelt gehabt. Laut einer 2001 veröffentlichten unabhängigen Studie sind in Westsibirien bis zu 840 000 Hektar durch aus Pipelines und Bohrbrunnen ausgetretenes Öl, durch Bohrabfälle, chemische Rückstände und Lecks in Tanks verseucht worden. Die Verfasser des von Greenpeace in Auftrag gegebenen Reports schätzten, dass pro Sekunde 500 Liter Öl aus den Pipelines sickerten. Von den Folgen für die Tierwelt ganz abgesehen, hatten Fluss- und Grundwasser einen Verschmutzungsgrad, der bis zum 50fachen über den russischen Grenzwerten lag. Die Kosten zur Behebung der Schäden wurden auf etliche Milliarden Dollar beziffert. Nach der Privatisierung wollte man jedoch nicht in erster Linie die Umwelt sanieren, sondern Geld verdienen.

■ ■ ■

Abramowitsch und Beresowski gaben sich nicht damit zufrieden, Sibneft für einen Spottpreis gekauft zu haben, sondern sie machten sich auch daran, die Bestandteile des Unternehmens straffer durchzuorganisieren. Sibneft ist eine Holdinggesellschaft, und während Abramowitsch und Beresowski praktisch all ihre Aktien besaßen, gehörten ihnen nur 61 Prozent von Nojabrskneftegas. Also beschlossen die beiden, dieser unerfreulichen Situation abzuhelfen. Im Sommer 1997 erhielten die Aktionäre von Nojabrskneftegas eine Mitteilung über die Agenda der Jahreshauptversammlung des Unternehmens. Im Zentrum standen die Zustimmung zu neuen Unternehmensstatuten, die den veränderten russischen Rechtsvorschriften für Aktiengesellschaften Rechnung trugen, sowie der Vorschlag, die Zahl der von der Unternehmensleitung zum Verkauf freigegebenen Stammaktien zu erhöhen. Die Emission neuer Aktien dient normalerweise der Beschaffung von Bargeld. In dem Antrag wurde jedoch nicht ausgeführt, wie viele zusätzliche Aktien das Unternehmen ausgeben wollte. Daher machte sich eine Reihe von Minderheitsaktionären nicht die Mühe, zur Versammlung zu erscheinen. Erst am Tag der Versammlung selbst verkündete die Geschäftsleitung, dass geplant sei, neue Stammaktien bis zu der erstaunlichen Höhe von 196 300 Prozent des Unternehmenswerts auszugeben. Nach Aussage von Bernard Black, Juraprofessor an der Stanford University Law School, der später einen verärgerten Aktionär beriet, war Sibneft praktisch der einzige Aktieneigner, der für diesen Antrag stimmte. Doch da nur 75 Prozent der Aktionäre an der Versammlung teilnahmen, wurde die Zustimmung »mit Hängen und Würgen« erteilt.

Danach verschlimmerte sich die Lage rasch. Die Geschäftsführung versprach mündlich, sich bei der Neuemission an die neuen Unternehmensstatuten zu halten. Diese sahen proportionale Bezugsrechte für alle Aktionäre vor, damit ihr Anteil an der Gesellschaft nicht verwässert wurde. Dann ignorierte Nojabrskneftegas die Statuten jedoch völlig und bot die neuen Aktien nur vier Käufern an, die sämtlich eng mit Sibneft verflochten waren. Zwei von ihnen besaßen zusammengenommen die Aktienmehrheit von Sibneft, der dritte war ein zu Sibneft gehörender Auslands-Investmentfonds, und den vierten bezeichnet Black als »dienstfertige Investmentbank«. Schlimmer noch: Die Aktien wurden nicht etwa für den damaligen Kurs von 16 Dollar, sondern zu einem Rabattpreis von 7,60 Dollar verkauft, obwohl sie laut Unternehmensstatuten zu ihrem aktuellen Marktwert hätten veräußert werden müssen. Als die vier Käufer ihre Aktien zwei Monate später Sibneft überschrieben, wurde deutlich, dass es sich um kaum mehr als eine Finte gehandelt hatte, um Sibnefts Anteil an Nojabrskneftegas zu erhöhen.

Verständlicherweise verklagte ein Minderheitsaktionär Nojabrskneftegas und Sibneft aus diesem Grund. Die sich anschließende Farce gereicht

Stürmische Expansion

der russischen Justiz nicht zum Ruhm. Professor Black beschreibt den Fall sehr anschaulich im Newsletter der Institutional Shareholder Services unter der Überschrift »Beraubung von Aktionären im russischen Stil«. Nojabrskneftegas und Sibneft verteidigten ihr Vorgehen mit mehreren Argumenten. Als Erstes ließen sie einen »Experten« antreten, der dem Gericht weismachte, dass 7,60 Dollar tatsächlich dem Marktwert der Aktien entsprochen hätten, auch wenn sie damals zu einem mehr als doppelt so hohen Kurs gehandelt wurden (in Wirklichkeit war der anzunehmende Wert sogar noch höher, denn der Kurs wurde dadurch stark gedrückt, dass die Förderungsgesellschaft ihr Erdöl und Erdgas mit einem beträchtlichen Abschlag an Sibneft verkaufte).

Was die Bezugsrechte betraf, so argumentierten Nojabrskneftegas und Sibneft, dass die entsprechende Zuteilungsklausel in den Statuten nicht den Bestimmungen für Aktiengesellschaften entspreche. – Und das aus dem Munde ebenjener Personen, welche die Statuten abgefasst hatten. Black räumt ein, dass diese Behauptung zutreffen mag, betont jedoch, dass trotzdem nichts die Geschäftsleitung daran gehindert hätte, allen Aktionären neue Anteile anzubieten, wenn das denn ihre Absicht gewesen wäre.

Das Urteil fiel zugunsten der Beklagten aus: Das Gericht entschied, ein Preis von ungefähr 45 Prozent des Handelskurses erfülle die Bestimmung, dass Aktien zum Marktwert ausgegeben werden müssten. Zudem sei Nojabrskneftegas nicht verpflichtet, sich an seine eigenen Statuten zu halten.

Der verärgerte Aktionär ging in die nächste Instanz, und die Situation spitzte sich noch weiter zu. Das Berufungsgericht lag in dem Städtchen Salechard. Der dortige Richter verglich die Unterschrift des Anwalts auf dem Berufungsformular mit der Unterschrift auf der ursprünglichen Beschwerde, entschied, dass sie voneinander abwichen (»das taten sie nicht«, schreibt Black), und wies die Berufung kurzerhand ab. Seltsam war, dass es sich dabei um denselben Richter handelte, der bereits die erste Verhandlung geleitet hatte. »Das ist in russischen Gerichten nicht üblich«, bemerkt Professor Black.

Die Aktienverwässerung erhöhte Sibnefts Anteil an Nojabrskneftegas und damit die Kontrolle über seine Hauptförderungsgesellschaft. Bedeutsam daran war, dass es sein Tochterunternehmen nun ungehindert durch Verrechnungspreise ausplündern konnte. Dabei kauft die Mutter von ihrem Förderungsunternehmen rabattiertes Öl und verpfändet es dann zwecks Kreditaufnahme zu viel höheren Preisen an westliche Banken. Dadurch bereichert sich die Muttergesellschaft auf Kosten ihrer Fördertochter. Chodorkowskis Jukos praktizierte dies mit besonders großem Erfolg.

Ein westlicher Anleger, der durch diese Praxis stark geschädigt wurde, war Kenneth Dart, der amerikanische Erbe eines Styroporbecher-Produzenten. Er investierte in den frühen neunziger Jahren zweistellige Millionenbeträge in Dollar in Aktien von Jugansknaftegas und Samaraneftegas, den beiden wichtigsten Extraktionsunternehmen von Jukos. Als Minoritätsaktionär mit Anteilen von 12,85 bzw. 12,3 Prozent an den beiden Ölförderungsunternehmen musste er hilflos zusehen, wie Jukos diese Unternehmen ausbeutete. Einer seiner Vertreter versuchte es sogar mit einer Beschwerde bei Goldman Sachs, einer der Banken, die im Dezember 1997 einen Kredit in Höhe von 500 Millionen Dollar an Chodorkowski garantierten – doch vergeblich. Am Silvesterabend desselben Jahres hielt sich Chodorkowski offenkundig für berechtigt, die Puppen tanzen zu lassen. Ein amerikanischer Investmentanalyst beobachtete ihn an jenem Abend mit einem Dutzend Freunde im Nostalgija, einem französischen Restaurant in Moskau, das über einen prächtigen Weinkeller verfügt. Nachdem der Analyst eine Flasche Château Haut-Brion, einen besonders erlesenen Bordeaux, auf dem Tisch der Feiernden entdeckt hatte, bat er einen der Kellner um die Weinkarte. Wie sich herausstellte, kostete der Château Haut-Brion 4000 Dollar pro Flasche.

Darts Erfahrung sowie die Vorkommnisse um Nojabrskneftegas liefern eine Erklärung für den niedrigen Grad ausländischer Investitionen in Russland vor der Rubelabwertung von 1998. »Dadurch hatte Russland während der gesamten neunziger Jahre unter den Schwellenländern eine der niedrigsten Auslandsinvestitionsquoten gemessen am BIP«, schrieb Black. »Ausländische Anleger, die andernfalls eine Quelle langfristigen Kapitals hätten bilden können, wodurch Russland die Abwertung des Rubels erspart geblieben wäre, bekamen es mit der Angst zu tun – und das zu Recht.«

Stürmische Expansion

Vielleicht veranlasst durch den Schaden, den die Nojabrskneftegas-Episode ihrem Ruf zugefügt hatte, beschlossen Abramowitsch und Beresowski, einen »Unternehmensführungsbeirat« zu ernennen, der »Prinzipien der Unternehmensführung« für sie erarbeiten sollte. Der damalige CEO von Sibneft war Jewgeni Schwidler, ein langjähriger Freund und Mitarbeiter von Abramowitsch bei Runikom, einer in der Schweiz registrierten Ölhandelsfirma, die er ein paar Jahre zuvor gegründet hatte. Im Unterschied zu seinem Chef war Schwidler Absolvent des Gubkin-Instituts für Erdöl und Gas und hatte ein Betriebswirtschaftsstudium an der angesehenen Fordham University in den Vereinigten Staaten abgeschlossen. Danach hatte er eine Stelle als Steuerberater bei der weltweit agierenden Wirtschaftsprüfungs- und Beratungsgesellschaft Deloitte Touche angenommen. Wie Abramowitsch pflegte er Kontakte zum Kreml und soll Putin und Michail Kasjanow besonders nahegestanden haben (Kasjanow war der Ministerpräsident, den Putin kurz vor der Präsidentschaftswahl im März 2004 entließ). Schwidler ist ein recht kleiner, kämpferischer Mann, der Journalisten mit äußerster Ungeduld begegnet. Respektiert von seinen unmittelbaren Mitarbeitern und beliebt bei den unteren Chargen, ist er im Zusammenspiel mit Abramowitsch gleichwohl derjenige, der andere einschüchtert. »Er hat die Leute manchmal wegen ihrer Spesen zusammengestaucht«, berichtet ein Insider. »In einem Unternehmen mit 60 000 Angestellten hat er selbst noch sehr kleine Beträge abgezeichnet. Zum Beispiel interessierte er sich für die Flugtickets.«

Durch die Ausgabe eines Eurobonds Ende 1997 kam Sibneft mit weitaus geschliffeneren Managern in Kontakt, die es schließlich auch anwarb. Eugene Tenenbaum hatte als Geschäftsführer von Salomon Brothers – der Investmentbank, die für die Eurobond-Ausgabe zuständig war – mit Sibneft zu tun. In der Sowjetunion geboren, war er 1974 mit acht Jahren nach Kanada ausgewandert. Später wurde er kanadischer Staatsbürger und zog als Erwachsener nach London, um seine Bankkarriere fortzusetzen. Zur Zeit seiner Begegnung mit Abramowitsch und Schwidler war er ein nüchterner, bebrillter 32-Jähriger, der offensichtlich eine große Laufbahn vor sich hatte. Er bewog Abramowitsch, seinen ersten Investor-Relations-Berater anzuheuern.

Eurobonds dienen der Bargeldbeschaffung, indem man auf den Wert des jeweiligen Bonds einen festen Zinssatz zahlt und dem Bond-Inhaber die von ihm investierte Summe zum Fälligkeitsdatum zurückerstattet. Da Eurobonds frei gehandelt werden, kann ihr Preis je nach dem Maß an Vertrauen variieren, das der Markt der Fähigkeit des Emittenten entgegenbringt, die vereinbarten Zinsen zu zahlen und das Geld bei Fälligkeit zurückzuerstatten. Das Vertrauen des Marktes basiert jedoch nicht nur auf den konkreten Handelskonditionen, sondern es ist auch anfällig für Gerüchte und Klatsch. Deshalb empfahl Tenenbaum Schwidler, sich einen PR-Berater zuzulegen, der negative Informationen dementieren könne. Denn obwohl niemand etwas an der damaligen Eurobond-Ausgabe ändern konnte – die Anleger hatten schließlich bereits ihre Zahlungen geleistet –, würde es das künftige Vertrauen in Sibneft-Bonds beeinträchtigen, wenn die erste Auflage kein Erfolg war.

Der junge englische Finanzexperte Gregory Barker hatte gerade bei der PR-Firma Brunswick in der Londoner City zu arbeiten begonnen, als er die Gelegenheit erhielt, sich für seine Firma um den Sibneft-Auftrag zu bemühen. Brunswick bekam den Zuschlag, und Barker arbeitete über Weihnachten 1997 und während des Neujahrs an der Vermarktung der geplanten Juksi-Fusion. Es war der erste von zwei zum Scheitern verurteilten Versuchen, Sibneft und Jukos zu vereinen und einen Ölgiganten zu schaffen, der mit Unternehmen wie Exxon, Shell und BP konkurrieren konnte.

Schwidler fand Gefallen an Tenenbaum, der seine bisherige Stelle ebenso wie Barker kündigte. Im März 1998 zogen beide nach Moskau: Tenenbaum als Leiter Finanzen und Barker als sein für Investor-Relations zuständiger Stellvertreter. Sie kamen in ein Unternehmen, das so ganz anders war als die Firmen, für die sie zuvor gearbeitet hatten. »Es war eine intensive, hektische, aufpeitschende Arbeit«, entsinnt sich Barker. »Man begann nicht am frühen Morgen, aber man blieb sehr lange. Zehn Uhr abends war nicht ungewöhnlich.« Außerdem ging man bei Sibneft sehr freundschaftlich miteinander um, besonders an der Spitze. Alle nannten einander beim Vornamen, und Abramowitschs lässiger Stil diente den Angestellten als Vorbild. Barker erinnert sich lebhaft an seine erste Begegnung mit seinem Chef. »Ich fragte eine Sekretärin: ›Wer ist der vergammelte Knabe am Fotokopierer?‹, und sie antwortete: ›Das ist

Das Hauptquartier des Ölkonzerns Sibneft in Moskau.

Roman. Ihm gehört die Firma.‹ Er trug einfach Jeans und ein Hemd mit offenem Kragen.«

Abramowitschs großes Eckbüro in der obersten Etage des Moskauer Sibneft-Gebäudes, eines im 19. Jahrhundert errichteten Kaufmannshauses mit Blick über die Moskwa auf den Kreml, scheint nicht zu seinem lockeren Auftreten zu passen. Von britischen Innenarchitekten in einem pseudojakobinischen Stil ausgestattet, hat es dunkel getäfelte Wände und sogar einen Kamin. Abramowitsch sitzt selten an seinem Schreibtisch, sondern macht es sich lieber auf dem Sofa bequem, wenn er Meetings leitet. In ruhigeren Momenten kann man durch seine stets offene Tür zuweilen beobachten, wie er sich, die Füße auf dem Schreibtisch, auf seinem Panoramabildschirm ein gerade laufendes Fußballspiel anschaut. Sogar der Furcht erregende Schwidler versteht es, sich zu entspannen. Häufig versammeln sich Mitarbeiter in seinem Büro, um nicht nur über Geschäftliches, sondern auch über ihre neuen Autos und ihre Urlaubspläne zu sprechen. Abramowitsch und seine höchsten Manager arbeiten und erholen sich gemeinsam, und wenn sie etwa von einem Urlaub in Südfrankreich zurückkehren, merken die Büroangestellten sehr bald, dass die Unternehmensplanung weitere Fortschritte gemacht hat. Das einzige Anzeichen für eine Hierarchie bei Sibneft besteht – abgesehen von der Höhe des Gehalts – darin, dass die Angestellten je nach Rang entweder in der Kantine oder im Speisesaal der Geschäftsführung essen. Abramowitsch besitzt ein privates Esszimmer, doch wenn er keine Besucher hat, lädt er Mitarbeiter ein, dort gemeinsam mit ihm zu speisen.

Der Mann, der als einer der unbarmherzigsten russischen Geschäftsleute gilt, hat unzweifelhaft auch eine sanfte Seite. Die Sekretariatsleiterin bei Sibneft ist Marina Gontscharowa, eine gefärbte Blondine mittleren Alters, die bereits in den achtziger Jahren für Abramowitsch arbeitete, als die beiden Puppen an einem Marktstand verkauften. Seitdem hat er sich stets um sie gekümmert. »In England hätte sich jeder mit einem derartigen Erfolg inzwischen von ihr getrennt«, meint ein Bewunderer. »Aber man darf sie nicht unterschätzen.«

Die ungezwungene Atmosphäre bei Sibneft unterschied sich deutlich von der bei Jukos herrschenden Kultur. Dort gab es eine ausgeprägte Hierarchie, und viele der Personen um Chodorkowski schienen Angst vor ihm zu haben. Nach der Übernahme einer Firma ließ er in den Büros der Manager sogar Videokameras anbringen, um ihr Arbeitspensum zu kontrollieren. Er war berüchtigt dafür, erwachsene Männer zum Weinen zu bringen und sie in aller Öffentlichkeit zu bedrohen. Es lag allerdings nicht an einem Konflikt der Kulturen, dass die geplante Fusion zwischen Jukos und Sibneft scheiterte, sondern vielmehr am Geschäftsergebnis. Man munkelt, Abramowitsch und Schwidler hätten ihren Rückzieher aufgrund der Entdeckung gemacht, dass Jukos' finanzielle Lage heikler war als erwartet. Offiziell heißt es auf der Sibneft-Website, man habe die Gespräche »wegen unterschiedlicher strategischer Auffassungen« abgebrochen.

■ ■ ■

Sibneft machte Abramowitsch und Beresowski nicht nur über Nacht auf dem Papier zu Milliardären, sondern verschaffte ihnen auch jede Menge Bargeld. Dadurch, dass sie ihre künftige Produktion bei ausländischen Banken als Sicherheit einbrachten, konnten sie praktisch vom ersten Tag an über gewaltige Kredite verfügen. Insbesondere Beresowski benötigte damals eine Cashcow. Im April 1995 hatte er den bedeutendsten Fernsehsender Russlands, Kanal 1, übernommen, indem er Jelzins Absicherungsmentalität nutzte: Er versprach, ein mächtiges Medienunternehmen, das mittlerweile lästige Kritik übte, zu einem Jubelsender für den Präsidenten zu machen. Zunächst jedoch musste er den Widerstand Korschakows brechen, der sich entschieden dagegen aussprach, dass ein so wichtiges Unternehmen in private Hände geriet. Aber mit »der Familie« auf seiner Seite konnte Beresowski nicht scheitern. Djatschenko und Jumaschew setzten sich bei Jelzin für sein Anliegen ein, und bald war das Geschäft abgeschlossen.

Wiederum genoss Beresowski durch seine Zugehörigkeit zu »der Familie« spezielle Privilegien: Er konnte ohne die gesetzlich vorgeschriebene Auktion 49 Prozent des Senders zu einem Vorzugspreis von 2,2 Millionen Dollar erwerben. Zu seiner Verteidigung behauptete Beresowski, der Sender habe zwar jährliche Werbeeinnahmen in Höhe von 40 Millionen Dollar, doch seine Kosten seien mit jährlich 250 Millionen Dollar kaum noch tragbar. Ein Teil des Problems bestehe darin, dass ein erheblicher Prozentsatz der Werbegelder von korrupten Mittelsmännern abgeschöpft werde.

Beresowskis Lösung war typischerweise drastisch: Er schlug vor, den Verkauf von Werbespots für drei Monate auszusetzen und ihn dann zu neuen Bedingungen wieder fortzuführen. Schließlich verkaufte er Spots an eine Agentur, die sie dann Inserenten anbot. Später sagte er: »Ich habe nie das geringste Interesse an den Medien als Geschäft gehabt.« Damals sei der russische Werbemarkt noch nicht hinreichend entwickelt gewesen, um die Kosten für Programmherstellung, Ausrüstung und Sendung zu decken. Er habe ausschließlich auf die Anhäufung politischer Macht Wert gelegt. »Von Anfang an ging es für mich um Einflussnahme«, meint Beresowski. »Deshalb nahmen mich viele aufs Korn, aber ich habe mich gewehrt. Meiner Meinung nach war es sehr nützlich, die Kommunisten, Primakow und Luschkow [der Jelzin später die Präsidentschaftskandidatur streitig machen wollte] zu stoppen.«

Nachdem er dem privatisierten Sender einen neuen Namen gegeben hatte – Russisches Öffentliches Fernsehen (ORT) –, ernannte er Wladislaw Listjew, einen der bekanntesten Fernsehmoderatoren, zu dessen Leiter. Der 38-Jährige mit dem ausladenden Schnurrbart galt als furchtloser Interviewer, doch einen Monat bevor er seine Stelle im April antreten konnte, wurde Listjew an seinem Wohnungseingang von zwei Männern erschossen. Die Ermordung eines so beliebten Prominenten erschütterte das Land, und Jelzin reagierte, indem er den Staatsanwalt und den Polizeichef von Moskau entließ. Zudem beschuldigte er den Moskauer Bürgermeister Juri Luschkow, nicht genug zur Zügelung der Mafia getan zu haben. Allem Aufruhr zum Trotz wurden Listjews Mörder nie gefunden, aber sein Tod sollte Beresowski später noch heimsuchen.

Da Sibneft nun reibungslos von Abramowitsch und seinen Mitarbeitern geleitet wurde, beschloss Beresowski, sich auf seine politische Karriere zu konzentrieren. Im Oktober 1996 wurde er unter Iwan Rybkin stellvertretender Sekretär des Sicherheitsrates der Russischen Föderation. Da er gute Kontakte in Tschetschenien besaß, bestand seine Hauptaufgabe darin, eine Lösung für den zwei Jahre zuvor entbrannten Konflikt zu finden.

Allerdings war es seiner politischen Laufbahn wenig zuträglich, als dann ein rufschädigender Artikel in der amerikanischen Finanzzeitschrift *Forbes* erschien. Die Überschrift lautete: »Der Pate des Kreml? Macht, Politik, Mord. Boris Beresowski kann den Männern in Sizilien noch einiges beibringen«. Der Verfasser beschrieb ihn als »brillant und skrupellos« und behauptete: »Er zieht eine Spur von Leichen, nicht eintreibbaren Schulden und um ihr Leben fürchtenden Konkurrenten hinter sich her.« Es folgten einige erstaunliche Anschuldigungen, zum Beispiel über die

Ermordung von politischen Rivalen, unter denen auch der designierte ORT-Leiter Wladislaw Listjew sein sollte. Es dürfte nicht überraschen, dass Beresowski eine Verleumdungsklage einreichte. Der Fall zog sich über Jahre hin, denn er bemühte sich gegen den heftigen Widerstand von *Forbes* um eine Verhandlung in Großbritannien. Beresowski argumentierte, es sei wegen seiner dortigen Geschäfts-, Gesellschafts- und Familienbeziehungen als Gerichtsstand angemessen. Beispielsweise lebe seine zweite Frau, von der er damals getrennt war, mit ihren beiden Kindern in London, und er habe zwei Töchter aus erster Ehe, die an der Cambridge University studierten. *Forbes* verlor den Kampf, und im März 2003 wurde der Fall schließlich beigelegt, als die Zeitschrift einräumte, ihre Behauptungen seien falsch gewesen. Sie verpflichtete sich, die Vorwürfe nie mehr öffentlich zu wiederholen und auf ihrer Website eine Richtigstellung zu bringen.

Beresowskis Amtszeit als stellvertretender Sekretär des Sicherheitsrates war jedoch kurz. Wladimir Gussinski und er zogen gegen Wladimir Potanin in die Schlacht. Anlass war das Ergebnis der Versteigerung des Telekommunikationsunternehmens Swjasinvest im Juli 1997. Die Privatisierung war ursprünglich von Abramowitsch vorgeschlagen worden, doch sein Partner und er erlitten einen seltenen Rückschlag, als ihre Offerte nicht angenommen wurde. Potanin, unterstützt von George Soros, setzte sich mit einem Gebot von 1,9 Milliarden Dollar durch. Aber Beresowski (mit Abramowitsch an seiner Seite) und Gussinski weigerten sich, das Ergebnis zu akzeptieren. In den von ihnen beherrschten Medien behaupteten sie, das Verfahren sei manipuliert worden und Potanin habe Regierungsmitgliedern Bestechungsgelder gezahlt.

Anatoli Tschubais und Boris Nemzow, die im selben Jahr zu ersten stellvertretenden Ministerpräsidenten ernannt worden waren, bemühten sich, die Wogen zu glätten. Keine der beiden Seiten war jedoch zu einem Kompromiss bereit. In ihrem Buch *Kleine Geschichtchen einer Kreml-Reporterin* gibt Jelena Tregubowa Nemzows Beschreibung einer Auseinandersetzung auf der Datscha des Abramowitsch/Beresowski-Anhängers Valentin (»Walja«) Jumaschew wieder:

> Tanja Djatschenko war dort. Tschubais und ich waren hingefahren, weil wir dachten, Walja werde uns etwas über den Stand der Dinge

mitteilen, aber er sprach überhaupt nicht mit uns. Das war das Schlimmste. Es herrschte eine bedrückende Atmosphäre. Walja und Tanja saßen finster da und aßen schweigend Schaschlik, das irgendjemand für sie gebraten hatte. Ich wusste nicht, wer, und nahm an, es sei der Koch gewesen. Später hörte ich, dass es Roman Abramowitsch gewesen ist.

Der so genannte Informationskrieg zog sich über Monate hin, bis Tschubais und Nemzow bei Jelzin vorsprachen und ihm empfahlen, Beresowski zu entlassen. Wenn dieser seinen Regierungsposten verliere, werde ihn bald kaum noch jemand zur Kenntnis nehmen. Nachdem Jelzin seine Berater befragt hatte, schritt er im November zur Tat. »Ich konnte Beresowski nie leiden und kann ihn immer noch nicht ausstehen«, schrieb er später in seinen Memoiren. »Ich mag ihn nicht wegen seines arroganten Tonfalls und deshalb, weil manche glaubten, er habe einen besonderen Einfluss im Kreml. Das ist nicht der Fall.« Vielmehr habe er sich verpflichtet gefühlt, Beresowski wegen seiner »Talente« und seiner »beruflichen und geschäftlichen Qualitäten« einzubeziehen.

Wenn Jelzin glaubte, sich Beresowskis nun entledigt zu haben, so war er im Irrtum. Im April des folgenden Jahres schlug der ukrainische Präsident Leonid Kutschma den Oligarchen nämlich für das Amt des Exekutivsekretärs der Gemeinschaft Unabhängiger Staaten (GUS) vor, der für die Kooperation zwischen den Staaten der Gemeinschaft zuständig war und für die Politik der Region eine Schlüsselrolle spielte. Jelzin gab später zu, dass Beresowskis Nominierung »eine völlige Überraschung« für ihn war. Noch mehr verblüffte es ihn, als ein Staatsoberhaupt nach dem anderen ans Podium trat, um sich für Beresowski als neuen Sekretär auszusprechen. Dieser hatte ohne Wissen Jelzins und seiner Berater fieberhaft hinter den Kulissen agitiert und sämtliche Präsidenten einzeln dazu bewogen, sich für ihn einzusetzen. Jelzin ergriff das Wort, gab seine Vorbehalte bekannt und bat die anderen, sich die Sache noch einmal zu überlegen. Doch diese fragten ihn erstaunt, weshalb der russische Präsident einen russischen Kandidaten ablehne. Jelzin ließ die Sitzung unterbrechen und befahl seinem Protokollchef, Beresowski unverzüglich in den Kreml zu rufen. Nach einem kurzen Gespräch mit dem Oligarchen, den er angeblich verachtete, kehrte er in den Saal zurück und verkündete, er sei bereit, die Nominierung zu akzeptieren.

Beresowski nahm seine neue Aufgabe sehr ernst. Sein Büro befand sich in Minsk in Belarus, und er errichtete rasch ein System, das seinen Ambitionen entsprach. »Er verfügte über keine Infrastruktur«, erinnert sich ein Insider, »und in den ersten Monaten, von Mai bis Herbst, war er entschlossen, eine große Organisation aufzubauen. Abramowitsch bat mich über Schwidler, ihm bei den Anfangsarbeiten zu helfen.« Das hätte er sich ersparen können, denn ein Jahr später wurde Beresowski auf Jelzins Betreiben hin entlassen, und er sollte nie wieder ein Regierungsamt bekleiden.

Während jenes Zeitraums lernte der Insider den Charakter der Beziehung zwischen Abramowitsch und Beresowski einzuschätzen – einer Beziehung, die einst typisch für einen Mentor und seinen Protegé gewesen war. »Auf keinen Fall war es eine Verbindung wie zwischen einem Chef und seinem Angestellten«, meint er. »Beresowski erschien oft bei Sibneft, um Abramowitsch zu besuchen. Ich ging zweimal in Beresowskis Büro, doch er begab sich immer zu Abramowitsch, nicht umgekehrt.«

1998 war Abramowitsch sowohl für internationale Investoren als auch für die russische Öffentlichkeit immer noch ein weitgehend Unbekannter. Deshalb redete Gregory Barker ihm zu, das Aktionärsverzeichnis offenzulegen, damit deutlich wurde, dass Beresowski, den etliche Vertreter der westlichen Finanzgemeinschaft für einen Exzentriker hielten, durchaus nicht der allmächtige Aktienbesitzer war, für den er gehalten wurde. Abramowitsch weigerte sich zwar, das Verzeichnis zugänglich zu machen, doch er beschloss, seine Partnerschaft mit Beresowski aufzudecken, wonach man das Unternehmen, wie er hoffte, international ernster nehmen würde.

Dieser Wunsch, von westlichen Investoren respektiert zu werden, äußerte sich besonders deutlich nach dem steilen Fall des Rubel im August 1998. Die Krise begann am 27. Mai, den man später als Schwarzen Mittwoch bezeichnete. Vor Handelsschluss waren die Kurse um mehr als 10 Prozent gefallen; seit Monatsanfang sogar um 40 Prozent. Die Zinssätze, die im Januar von 42 auf 30 Prozent gesunken waren, wurden plötzlich auf 150 Prozent angehoben. Doch die Regierung hatte Schulden von mehr als 150 Milliarden Dollar in harter Währung und 60 Milliarden Dollar in Rubeln. Da die Nation kurz vor dem Bankrott stand, war Jelzin gezwungen, den Rubel abzuwerten, was das öffentliche Vertrauen zwangsläufig erschütterte. Er rief Anatoli Tschubais – den er erst zwei Monate zuvor aus dem Kabinett geworfen hatte – in den Kreml und bat ihn, in aller Demut beim Internationalen Währungsfonds (IWF) vorstellig zu werden.

Zunächst hatte Jelzin an Sergej Kirijenko gedacht, doch niemand hatte Vertrauen in die Fähigkeit des neuen, unerfahrenen Ministerpräsidenten, dessen Macht die Oligarchen brechen wollten. Deshalb kamen die sich bekriegenden Oligarchen zusammen und drängten der Regierung – gegen Jelzins Wünsche – ihren Lieblingsfeuerwehrmann Tschubais auf, der die lebenswichtigen Verhandlungen mit dem IWF führen sollte. Tschubais flog Ende Mai nach Washington und kehrte mit dem Versprechen Präsident Clintons zurück, finanzielle Hilfe zu leisten, um »Stabilität, strukturelle Reformen und Wachstum in Russland zu fördern«. Außerdem konnte er den IWF dazu bewegen, Russland einen Kredit in Höhe von 10 Milliarden Dollar einzuräumen. Dieser Betrag reichte jedoch nicht aus. Russland benötigte 35 Milliarden Dollar.

Bei seinem nächstem Besuch in den Vereinigten Staaten konnte Tschubais die Leitung des IWF bewegen, den Kredit auf 22,6 Milliarden Dollar zu erhöhen und auf zwei Jahre auszuweiten. Eine Anzahlung von 4,8 Milliarden Dollar noch vor Ende Juni stabilisierte die Lage wenigstens bis Oktober – so dachte man jedenfalls. Unglücklicherweise jedoch fanden ausländische Anleger, dies sei der richtige Moment, das Weite zu suchen, und sie zogen so hohe Beträge ab, dass die russischen Banken gegen Ende August nicht mehr nur bedrängt, sondern bankrott waren. Nach einer Reihe katastrophaler Ereignisse musste Kirijenko bekannt geben, dass die Regierung eine Währungsabwertung auf 9,5 Rubel pro Dollar – also von über 50 Prozent – zulassen werde. Jelzin feuerte zunächst ihn und kurz danach sein Kabinett, doch dadurch wurde die Situation nicht besser. Gegen Jahresende war der Rubel auf weniger als ein Drittel seines Wertes vor der Krise gefallen, Hunderttausende hatten ihren Arbeitsplatz verloren, und die Geschäfte hatten wenig oder nichts zu verkaufen. Es war Jelzins dunkelste Stunde.

Die Rubelschwäche auf dem internationalen Währungsmarkt machte es vielen Unternehmen schwer, wenn nicht gar unmöglich, ihre Devisenschulden zurückzuzahlen. Der Zeitpunkt der Krise lag für Sibneft besonders unglücklich, denn nur zehn Tage nachdem Jelzin die Aussetzung der Rückzahlung von Auslandsschulden verkündet hatte, musste das Unternehmen eine Dollar-Anleihe mit variablem Zins im hohen zweistelligen Millionenbereich zurückzahlen. Schlimmer noch: Die vierteljährliche Zinszahlung für den von Sibneft aufgelegten Eurobond waren ebenfalls fällig. Aber Abramowitsch war entschlossen, die Glaubwürdigkeit, die er in den vorangegangenen Monaten mühsam aufgebaut hatte, in keinem der beiden Fälle durch säumige Zahlungen aufs Spiel zu setzen. »Es wurde zu einem Mantra«, kommentiert Barker. »Alle arbeiteten rund um die Uhr. Während manche hier eine Gelegenheit sahen, ihre Banker auszutricksen, vertrat Sibneft den Standpunkt: Wir werden unseren Zahlungsverpflichtungen nachkommen. Es war ein entscheidender Moment für ihn.«

Aber von diesem Hochhalten finanzieller Redlichkeit war zwei Jahre später nichts mehr zu erkennen, als ein merkwürdiger Handel mit Sibneft-Aktien im Wert von 450 Millionen Dollar zu einem heftigen Streit mit einem geachteten, in Moskau ansässigen amerikanischen Investmentanalysten namens Eric Kraus führte. Kraus stand Sibneft und dessen Geschäftsleitung seit langem sehr kritisch gegenüber. Er war so weit gegangen, von ehemaligen Banditen zu sprechen, die ihre Fehler erkannt hätten. Immerhin imponierten ihm Sibnefts Versuche, sich den westlichen Standards durch die Ernennung unabhängiger Beiräte, durch die Verpflichtung zur Offenheit und durch externe Kommunikationsmaßnahmen in Form von Kontaktpflege und Hochglanzbroschüren anzunähern. Im Herbst 2001 kam Kraus, damals Chefstratege von Nikoil, einem führenden Brokerhaus, jedoch zu dem Schluss, dass das alles Augenwischerei sei. »Ich bemerkte, dass man auf Worte keine Taten folgen ließ«, sagt er. »Im tiefsten Innern war es leider eine blutrünstige Oligarchie.«

Der Wirbel entstand im Dezember 2000, als einer der Mehrheitsaktionäre (entweder Abramowitsch oder Beresowski) 27 Prozent der Aktien zu einem nicht bekannten Preis an das Unternehmen verkaufte. Sieben Monate später erwarb er diese 27 Prozent mit einer Mischung aus Bargeld und »Vermögenswerten« gerade rechtzeitig zurück, um eine saftige Dividende in Höhe von 150 Millionen Dollar zu kassieren. Kraus und seine Kollegen hatten den ursprünglichen Verkauf in dem Glauben positiv bewertet, dass sämtliche Sibneft-Aktionäre davon profitieren würden. Schließlich besaßen diese nun Anteile an einer Gesellschaft, der ein größerer Teil ihrer eigenen Aktien gehörte. Aber als Sibneft im Oktober 2001 seine ersten nach den IAS (International Accounting Standards; internationale Rechnungslegungsvorschriften) erstellten Bilanzen und damit auch die Information über den Aktienrückkauf und die Dividendenzahlung veröffentlichte, wurde heftige Kritik laut. Sibneft weigerte sich nämlich mitzuteilen, welchen Betrag es für die Aktien bezahlt hatte und wer der Verkäufer und spätere Käufer gewesen waren. Außerdem hatte das Unternehmen kein den Gepflogenheiten entsprechendes öffentliches Angebot gemacht. Im Laufe der folgenden Auseinandersetzungen fiel der Aktienkurs um 20 Prozent. Dazu Kraus:

Die Investoren waren wütend und äußerst kritisch. Es war ein PR-Desaster für Sibneft, deshalb organisierte es eine Konferenz, die in ihrer Surrealität von Samuel Beckett hätte ersonnen sein können. Geleitet wurde sie von Richard Creitzman [einem hohen Sibneft-Mitarbeiter], Nick Halliwell [dem Mann, der Barker als Investor-Relations-Manager abgelöst hatte] und jemandem aus der Finanzabteilung. Sie konnten keine Auskunft darüber geben, welcher Preis für die Aktien gezahlt worden war, ob man sie mit Bargeld oder anderen Werten erworben und ob man eine Dividende ausgeschüttet hatte. Sie wirkten sehr verlegen, und Creitzman sagte: »Dies ist vielleicht nicht der ruhmreichste Tag in der Geschichte von Sibneft, aber das Geschäft war frei und fair.«

Sibnefts selbstgefällige Reaktion schürte den Zorn der Minderheitsaktionäre, und Kraus kommentierte: »In einem kritischen, kürzlich erschienenen Artikel haben wir Sibneft als ›ehemalige Banditen‹ bezeichnet. Wir meinen, dass eine Korrektur fällig ist. – Der Begriff ›ehemalige‹ ist nun ernsthaft in Zweifel zu ziehen.« Kraus' Kommentar wurde von der englischsprachigen *Moscow Times* aufgegriffen, die einen Artikel mit der Überschrift »Banditen: Sibneft wegen Verkaufs heftig kritisiert« brachte. Kraus erinnert sich:

Plötzlich war der Teufel los. Ich hörte, dass Roman Abramowitsch bei Nikolai Zwetkow, dem Präsidenten von Nikoil, angerufen hatte, um ihn aufzufordern: »Schmeiß den Mistkerl raus.« Auch Schwidler machte Druck. Halliwell rief mich an und sagte: »Das ist schrecklich.« Er riet mir, meine Bemerkungen zurückzunehmen. Ich erwiderte, dazu sei ich bereit, wenn Sibneft den Preis und den Käufer nenne und erkläre, wieso das den übrigen Anlegern gegenüber fair sei. Zwar räumte ich ein, dass mein Gebrauch des Wortes »Banditen« unprofessionell gewesen sei, aber ich beharrte auf dem Begriff »skandalös«.

Kraus blieb standhaft, doch das Management von Nikoil kapitulierte. Es gab eine Presseerklärung heraus, in der Cormac Lynch, der irische Leiter des Bereichs Investmentbanking bei Nikoil, mit den Worten zitiert wurde: »Mr. Kraus' Kommentare waren verantwortungslos und geben in keiner Weise die Ansichten von Nikoil über Sibneft wieder. Derart haltlose Behauptungen können dem Ruf von Nikoil als Quelle unabhängiger und unvoreingenommener Analysen schweren Schaden zufügen.« Jeder Zweifel daran, dass die Entschuldigung von Sibneft diktiert worden war, löste sich auf, als publik wurde, dass man erste Versionen des Textes auf Papier mit dem Briefkopf von Sibneft verschickt hatte. Die Journalisten einer großen Presseagentur waren darüber so erheitert, dass sie ihr Exemplar ans Schwarze Brett hefteten.

Unterdessen hielt ein leitender Manager von Sibneft kurz nach Bekanntgabe des Aktienrückkaufs eine Rede auf einer Sachs-Bloomberg-Konferenz im Londoner Savoy Hotel. Er versäumte es, seinen Text den Umständen entsprechend abzuändern, und als er von der guten Unternehmensführung bei Sibneft sprach, krümmte sich das Publikum vor Lachen.

Kraus wurde schließlich von Lynch gefeuert. Man bot ihm die Möglichkeit, sofort oder drei Monate später, wenn sich der Aufruhr gelegt hatte, auszuscheiden, und er entschied sich, seine Arbeit vorläufig fortzusetzen.

Damit hätte die Angelegenheit beigelegt sein können, doch nun stürzte sich Edward Lucas, der damalige Moskauer Korrespondent des *Economist*, auf die Story. Sein Beitrag trug die Überschrift: »Der Köder

Sibneft-Ölförderanlage in Noyabrsk, Sibirien.

wird geschluckt«, und im Untertitel stand: »Russlands neue Geschäftswelt hat noch einige alte schlechte Angewohnheiten«. Der Artikel begann folgendermaßen: »In den meisten Ländern wäre es illegal, und sogar in Russland ist es fragwürdig.« Die neueste dubiose Aktion von Sibneft wurde nun weltweit publik, aber die zuständige russische Überwachungsbehörde hatte wenig Lust, Nachforschungen anzustellen. Die Föderale Wertpapierkommission, die ein Insider als »zahnlosen Tiger« beschrieb, weigerte sich zuzubeißen.

Welchem Zweck konnte eine derart problematische Transaktion überhaupt gedient haben? Kraus meint: »Vermutlich brauchten Beresowski und/oder andere Sibneft-Aktionäre Bargeld. Deshalb ›verkauften‹ sie ihre Aktien an Sibneft, um sie später neu zu erwerben. Sibneft schüttete eine gewaltige Dividende aus und ließ sie kurz davor die Aktien wieder zurückkaufen, sodass es ihnen die Dividende ebenfalls zahlte.«

Zweieinhalb Jahre danach räumte Abramowitschs Sprecher ein, dass es sich um »einen großen Fehler« gehandelt habe. Er fuhr fort: »Im Rückblick würden wir diesen Schritt nicht mehr empfehlen. Er war nicht illegal, doch er widersprach einer guten Unternehmensführung. Die gleichen Bedingungen hätten anteilsmäßig allen angeboten werden müssen.

Stürmische Expansion

Damals wies die Bilanz eine Menge Bargeld aus, das man am besten in Aktien anlegen konnte, und sie wurden zum Marktpreis erworben.« Sibneft habe zwar den Ergeiz, eine internationalen Standards entsprechende Aktiengesellschaft zu werden, doch damals sei es noch ein ausschließlich vom Management kontrolliertes Unternehmen gewesen, keines wie Coca-Cola oder IBM. Außerdem wies er darauf hin, dass der Kurs der Aktien zunächst gefallen, seither jedoch um »200 bis 300 Prozent« gestiegen sei.

Sibneft hat das durch den Rückverkauf der Aktien an die ursprünglichen Eigner wiedererlangte Geld dazu verwendet, um im Jahre 2002 zusammen mit einem Joint-Venture-Partner einen 49-prozentigen Anteil an Slawneft, einer weiteren Ölgesellschaft, zu erwerben (darauf wird in Kapitel 8 eingegangen).

■ ■ ■

Zunächst lautete das neue Mantra: »Gewinn statt Produktion«, und die russische Ölförderung wurde von 591 Millionen Tonnen im Jahre 1987 auf 303 Millionen Tonnen im Jahre 1998 gedrosselt. Doch kurz nach der Jahrtausendwende erhöhte Sibneft seinen Ausstoß wieder beträchtlich. Dem Energieministerium zufolge verzeichnete es im Jahr 2001 mit 20 Prozent die größte Produktionssteigerung der Branche. 2002 hob Sibneft seine Rohölförderquote um weitere 27 Prozent an. Aber das Unternehmen erhöhte nicht nur die Förderung auf seinen ursprünglichen Feldern, sondern erschloss auch neue. Im Jahr 2000 wurden vier zusätzliche Felder ausgebeutet, und drei weitere befanden sich im Erschließungsstadium. Sibneft tätigte auch hohe Investitionen in seine Raffinerie und ist heute, neben seinen anderen Engagements, der zweitgrößte Motorölproduzent Russlands. Außerdem baute es ein Tankstellennetz in Moskau auf und plant auch den Einstieg in den St. Petersburger Markt. Selbst Eric Kraus ist beeindruckt. »Ich habe den Anlegern nie empfohlen, Sibneft zu verkaufen«, sagt er, »und heute ist es ein guter Ölkonzern, zunehmend gut gemanagt und gut geführt.«

■ ■ ■

Abramowitsch machte sein erstes Vermögen, indem er ein Ölunternehmen zu Vorzugsbedingungen kaufte. Sein zweiter großer Coup gelang ihm mit dem Erwerb von zwei riesigen Aluminiumhüttenwerken. Beide Male zahlte er für seine Aktienanteile erheblich weniger als den Kurswert. Im Fall von Sibneft nutzte er Jelzins dringenden Bargeldbedarf, und im Fall der Aluminiumhütten profitierte er von der schwachen Verhandlungsposition der Verkäufer. In der Aluminiumindustrie fand die blutigste aller Schlachten um den Besitz früheren Staatseigentums nach dem Sturz des Sowjetregimes statt, und als Abramowitsch am Verhandlungstisch erschien, war den anderen Beteiligten bereits die Luft ausgegangen.

Die so genannten Metallkriege der frühen neunziger Jahre begannen, als miteinander konkurrierende Spekulanten im Aluminium- und Nickelgeschäft das gleiche Potenzial entdeckten, wie Abramowitsch es im Ölgeschäft vorgefunden hatte. Die Spanne zwischen dem inländischen und dem internationalen Aluminiumpreis war außerordentlich groß, und einfallsreiche Händler konnten kleine Vermögen anhäufen, indem sie das Zeitfenster nutzten, das sich zwischen dem Ende der kommunistischen Ära mit ihren Restriktionen und der Einführung kapitalistischer Strukturen und Regulierungskontrollen auftat. Der 20-jährige Andrej Melnitschenko konnte eine Million Dollar Gewinn pro Order erzielen, während er noch an der Moskauer Staatsuniversität Physik studierte. Anschließend baute Melnitschenko eine Kette von Wechselstuben auf und ist heute Chef der mächtigen MDM-Bank. Einer seiner Traderkollegen an der russischen Warenbörse, Oleg Deripaska, beschloss, sein Interesse am Aluminiumgeschäft auf die Produktion auszuweiten. Zu diesem Zweck nahm er beträchtliche Opfer auf sich: Er zog nicht nur von dem relativ komfortablen Moskau in die seelenlose sibirische Stadt Krasnojarsk, sondern begab sich damit zugleich in eine Furcht erregende Welt der Schutzgelderpressung, der Auftragsmorde und des Finanzbetrugs.

1992 befand sich die russische Aluminiumindustrie in einer Krise. Die vier größten Hütten lagen in Krasnojarsk, Bratsk, Sajansk und Nowokusnezk. Sie alle hatten einen unersättlichen Kunden in Gestalt der sowjetischen Luftwaffe, doch als der Kalte Krieg zu Ende ging und die Wirtschaft gänzlich zerfiel, begannen sie an Geldmangel zu leiden. Kasachstan und die Ukraine, ihre traditionellen Lieferanten von Tonerde, aus der Aluminium gewonnen wird, waren nach dem Zusammenbruch der Sowjetunion nun unabhängige Staaten und verlangten die üblichen Marktpreise für ihre Exportgüter.

Damals beschloss David Reuben, der Chairman eines in London ansässigen Metallhandelsunternehmens, das seit den siebziger Jahren in der Sowjetunion Aluminium eingekauft hatte, sich dieser beunruhigenden Welt auszusetzen. Er begründete ein als »Tolling« bekannt gewordenes Verfahren: Seine Firma Transworld Metals lieferte den russischen Hütten Tonerde, aus dem diese Aluminium gewannen, das Transworld auf dem Weltmarkt verkaufte. Den Gewinn verbuchte ein Unternehmen im Ausland. Da die russische Regierung bereit war, als Gegenleistung für die importierte Tonerde und die in harter Währung geleistete Bezahlung für die Verarbeitung auf Mehrwertsteuer und Ausfuhrzölle für das exportierte Aluminium zu verzichten, schien dieses Vorgehen eine attraktive Rendite zu garantieren. Das Haupthindernis für Reuben bestand jedoch in der russischen Wirtschaftsmafia, die damals gedieh und nirgends blutiger und beängstigender war als in den trostlosen Schmelzhüttenstädten Sibiriens. In diesem Minenfeld musste sich Reuben orientieren.

Die Morde in Krasnojarsk begannen Anfang der neunziger Jahre mit dem Attentat auf eine Unterweltgröße namens Christjak und – sechs Wochen später – auf eine andere namens Sinii. Als Vergeltung befahl der Gangsterboss Wladimir Lifjagow, genannt Ljapa, seinerseits einen Mord. Zu Ljapas Pech informierten die Auftragsmörder die Zielperson über die ihnen angebotene Bezahlung, woraufhin der Mann ihnen sofort das doppelte Honorar anbot, wenn sie stattdessen Ljapa töteten. Im November 1993 wurde Ljapa nach einem wilden Kugelwechsel im Stadtzentrum von Krasnojarsk erschossen. Nach seinem Tod blieb nur noch ein einziges Mitglied der bisher die Stadt beherrschenden Verbrecherelite übrig: Juri Tolmatschow, bekannt als Tolmatsch. Und er wurde zunehmend nervös. David Satter, der Verfasser von *Darkness at Dawn: The Rise of the Russian Criminal State*, schreibt:

> Er ließ sich, wohin er auch fuhr, von Hunderten von Leibwächtern begleiten, und wenn er an seinem neunstöckigen Wohngebäude eintraf, verließ er sein Auto erst, nachdem seine Wächter das gesamte Treppenhaus abgesucht hatten. Als Tolmatsch jedoch am 12. Mai 1994

zu Hause eintraf und aus dem Wagen stieg, nachdem das Treppenhaus inspiziert worden war, öffnete sich ein Kellerfenster, der Lauf einer Waffe erschien, und jemand feuerte eine Salve aus einem Automatikgewehr ab. Tolmatsch wurde von 20 Kugeln getroffen.

Tolmatschs Tod löste eine neue Mordwelle aus. Die Opfer waren Geschäftsleute, die sich der neuen Mafia nicht unterwerfen wollten, sich einmischende Regierungsvertreter, aus Moskau stammende Vertreter anderer Gruppen des organisierten Verbrechens, die den Fehler gemacht hatten, nach Krasnojarsk zu reisen und Tribut zu fordern; ferner Männer, die das Unglück hatten, fälschlich für gedungene Mörder gehalten zu werden, oder die schlicht in die Schusslinie gerieten. Bald gab es Dutzende von Todesopfern, und Krasnojarsk wurde nach 20 Uhr zu einer Geisterstadt. Als ein Streit um eine Fabrik entbrannte, schickte eine Gangstergruppe einen mit MGs bewaffneten Trupp per Sonderflug nach Krasnojarsk, um das Aluminiumwerk mit Gewalt einnehmen zu lassen. Satter beschreibt die sich anschließenden Ereignisse: »Am Verwaltungsgebäude kamen ihnen Hunderte von Männern mit Automatikgewehren und eine OMON-Einheit [Spezialpolizei des Innenministeriums] entgegen.« Es wurde rasch klar, dass die Neuankömmlinge nicht gewillt waren, für die Sache zu sterben. Nach einer angespannten Pattsituation stiegen sie wieder in ihre Fahrzeuge, umrundeten die Fabrik mehrere Male und kehrten nach Moskau zurück.

Eine weitere Strategie bestand darin, Fabriken den Geldhahn zuzudrehen. Als der Präsident der Jugorski-Bank versuchte, eine Schmelzhütte als Kunden zu gewinnen, wurde einer seiner Vizepräsidenten im Auto erschossen. Wenig später fand man ihn selbst mit zahlreichen Stichwunden und von einem Ohr zum anderen aufgeschnittener Kehle. Zwei Monate später traten auf dem Moskauer Flughafen Scheremetjewo zwei Männer, die sich als Mitarbeiter des Nachrichtendienstes FSB ausgaben, auf den kaufmännischen Direktor des amerikanischen Metallunternehmens AIOC, Felix Lwow, zu. Anschließend entdeckte man seine von fünf Kugeln durchbohrte Leiche auf einer Müllkippe am Straßenrand.

Staatsvertretern, die sich einschalteten, um die Ordnung wiederherzustellen, erging es nicht besser. Am 3. Juli 1997 wurde Dmitri Tschirakadse, der stellvertretende Gouverneur der Region, auf der Straße durch eine Bande von Messerstechern überfallen. Er erlitt fünf Verletzungen am Hals, im Rücken und am Magen und brauchte Monate, um sich zu erholen.

In einem solchen Milieu benötigte Reuben ein paar gewiefte russische Partner. Diese Voraussetzung schienen die Brüder Michail und Lew Tschernoi zu erfüllen. Die ehemaligen Metallhändler waren nicht nur mit Oleg Soskowez befreundet, der inzwischen dem russischen Metallurgie-Komitee vorsaß, sondern sie hatten auch Verbindungen zu Jelzins einflussreichem Tennistrainer Schamil Tarpischtschew sowie später zu Alexander Korschakow. Ein zusätzlicher Vorteil war, dass die Brüder Tschernoi über den kriminellen Aktivitäten zu stehen schienen, die das Leben in Krasnojarsk kennzeichneten. Reuben half ihnen, in Monte Carlo die Firma Trans-CIS Commodities zu gründen, die zusammen mit anderen Unternehmen der Tschernois zur Transworld Group gehörte. Die beiden erwarben an einer Reihe von Aluminiumfabriken Anteile, unter anderem 20 Prozent an dem Krasnojarsker Werk KrAS.

1999 machte Oleg Deripaska, der seit seiner Zeit als Metallhändler einen steilen Aufstieg hinter sich hatte, KrAS zum nächsten Ziel seines Imperiumaufbaus. Er hatte Anfang der neunziger Jahre bei Sajansk-Aluminium zu arbeiten begonnen und wurde 1994 im zarten Alter von 26 Jahren als Aktionärsvertreter Mitglied des Vorstands. Er arbeitete hart und schlief häufig im Werk, und irgendwann fielen ihm durch die bei der Verhüttung benutzten Chemikalien die Haare aus.

Nachdem Jelzin Soskowez und Korschakow 1999 entlassen hatte, war Transworld erheblich geschwächt und wurde in eine Reihe kleinerer Betriebe aufgeteilt. Deripaska hatte bereits die Leitung von Sibirisches Aluminium (SibAl) übernommen, zu dem nicht nur die Schmelzhütte in Sajansk, sondern auch eine Tonerde-Abbaufirma, das Nikolajewsk-Werk in der Ukraine, gehörte. Die Übernahme von KrAS wurde im Oktober abgeschlossen, als sich Lew Tschernoi, der die geschäftliche Zusammenarbeit mit seinem Bruder abgebrochen hatte, und ein Banker namens Wassili Anissimow bereit erklärten, ihre Aktien an Abramowitsch, der mittlerweile eng mit Deripaska kooperierte, zu verkaufen. Damit war Deripaskas Vision von einem riesigen integrierten Aluminiummischkonzern fast Wirklichkeit geworden. Ein Jahr zuvor hatte er BrAS ins Bratsk erworben, und da er das Sajansker Werk bereits besaß und sich KrAS in den Händen seines Verbündeten Abramowitsch befand, brauchte er nur noch sein letztes Ziel, NkAS in Nowokusnezk, an sich zu bringen.

Im Jahre 2000 erklärten sich seine Besitzer, die Brüder Michail und Juri Schiwilo, die das Werk fünf Jahre zuvor übernommen hatten, mit dem Verkauf einverstanden. Zwei Bieter tauchten auf: Abramowitsch und ein Geschäftsmann namens Grigori Lutschanski. Das Angebot des Letzteren, das sich vermutlich auf 50 bis 70 Millionen Dollar belief – obwohl der Marktwert des Unternehmens eher bei 200 Millionen gelegen haben dürfte –, wurde im Februar 2000 akzeptiert. Danach verkaufte Lutschanski es an Abramowitsch. Durch den Erwerb von NkAS war dessen Aluminiumportfolio nun vollständig. Im selben Jahr fusionierten KrAS und NkAS, die Sibneft gehörten, mit Deripaskas SibAl zu Russisches Aluminium (RusAl). Es war die größte Fusion der russischen Geschichte. So entstand ein Koloss, der nicht weniger als 70 Prozent des russischen Aluminiums, 10 Prozent des Weltvolumens, produziert. Und Abramowitschs Anteil war bald stattliche 3 Milliarden Dollar wert.

6 Spiel mit der Politik

An einem drückend heißen Sommermorgen im August 1999 trat Wladimir Putin seine Arbeit als Jelzins Ministerpräsident an. Seine Autokolonne war früh an jenem Morgen in den von roten Backsteinmauern umschlossenen, 28 Hektar großen Kreml in der Mitte Moskaus gerollt, wo ihn sein Fahrer am Eingang des präsidialen Verwaltungsgebäudes Nr. 1 abgesetzt hatte. Welche Spannung er auch verspürt haben mag, er wirkte locker, während er in Hemdsärmeln seiner Arbeit im russischen Gegenstück zum Oval Office nachging.

Aber über der Zimmerflucht im zweiten Stock fanden ganz erstaunliche Begegnungen statt. Hohe Politiker drängten sich auf den Korridoren und warteten darauf, zu einem Gespräch in ein Büro gerufen zu werden, das ein unauffälliger junger Mann für diesen Tag mit Beschlag belegt hatte. Einer nach dem anderen begaben sich die Männer, die als mögliche Leiter der großen Ministerien in Putins neuer Regierung (natürlich noch unter Jelzins Ägide) ausgewählt worden waren, zu einem kurzen Treffen mit dem schüchtern wirkenden Beauftragten. Der etwas über 30-Jährige sprach hinter verschlossenen Türen geduldig mit jedem der Kandidaten und hörte ihnen genauso geduldig zu.

Und wer war der Mann, der das künftige Kabinett überprüfte? Ein früherer Marktverkäufer von Plastikpuppen, der sich selbst zum Oligarchen gemacht hatte: Roman Abramowitsch.

Der Journalist, der auf Abramowitschs Rolle hinter den Kulissen aufmerksam wurde, war Alexej Wenediktow, Chefredakteur von Radio Echo in Moskau. Wie immer, wenn Regierungsumbildungen vorgenommen wurden, hatte er sich in den Kreml aufgemacht, um sich unter die Entscheidungsträger zu mischen. Er ging zwischen dem Senatsgebäude und dem modernen Kongresspalast hindurch, bevor er nach links ins Gebäude Nr. 1 abbog. Sein erster Termin bestand in einer Unterweisung durch Alexander Woloschin, den damaligen Leiter des Präsidialstabes, und dessen Stellvertreter. Danach spazierte er durch das Gebäude. Die russische Verfassung sieht vor, dass alle Kandidaten für einen Kabinettsposten von der präsidialen Personalabteilung befragt werden, und Wenediktow gesellte sich zu den Wartenden.

Wenediktow ist kein typischer russischer Journalist. Mit seiner Vorliebe für Lumberjackhemden, Jeans und Pullunder, seiner Stahlrandbrille und seinem langen Kraushaar gleicht er eher einem Geschichtslehrer (der er früher war) als einem der scharfsinnigsten politischen Beobachter (der er heute ist). Seine geistige Unabhängigkeit und sein Mut haben ihn zu einem der geachtetsten Kommentatoren der russischen Politik werden lassen. Zum Beispiel weigerte er sich während des Putsches von 1991, den Wunsch seiner Vorgesetzten zu erfüllen und den Verschwörern Sendezeit einzuräumen. Seine Eigenwilligkeit hat ihn bei den Männern an der Spitze nicht beliebt gemacht. – Jelzin beschreibt ihn in seinen Memoiren als »bissig«.

Auf der dritten Etage knüpfte Wenediktow ein Gespräch mit einem jungen Mann an, den er nicht erkannte. Kurz darauf sollte er entdecken, wie einflussreich sein Gesprächspartner war und, noch überraschender, wie er hieß. Wenediktow erinnert sich:

Ich fragte einige der mir bekannten Kandidaten, weshalb sie hier seien, und sie antworteten: »Wir sind zu Vorstellungsgesprächen gekommen.« Dann erkundigte ich mich, mit wem sie reden sollten, und sie erwiderten, unter anderem mit Roman Abramowitsch. »Wie sieht er aus?«, fragte ich. Als sie ihn beschrieben hatten, begriff ich, dass es sich um den jungen Mann handelte, dem ich auf einem der Kreml-Korridore begegnet war.

Die Tatsache, dass einer der am besten informierten politischen Experten Moskaus, der sein Gewerbe seit 1990 betrieb, einen mit dem Präsidenten vertrauten Milliardär nicht erkannt hatte, mag erstaunlich klingen, doch damals war noch kein Foto von Abramowitsch veröffentlicht worden. Gleichwohl mussten sich die Kandidaten für ein Amt in Putins Regierung bereits Anfang 1999 einem Gespräch mit Abramowitsch unterziehen. Noch im Dezember 2003 beharrte er jedoch darauf, dass er kein Politiker, sondern lediglich Geschäftsmann sei. Dazu Wenediktow:

> Bei meiner letzten Begegnung mit ihm sagte er: »Alexej, ich versichere dir, dass ich kein Interesse an Politik habe.« Also erinnerte ich ihn daran, dass er 1999 an der Bildung des Kabinetts beteiligt gewesen war und dass sämtliche Ministeramtskandidaten für Putins Regierung einzeln in einem Büro bei ihm vorstellig werden mussten. Er behauptete: »Das stimmt nicht.« Ich entgegnete, dass ich an jenem Tag im Kreml gewesen sei und es mit eigenen Augen gesehen hätte. »Oh«, sagte er lachend, »das waren nur freundschaftliche Plaudereien.« Freundschaftliche Plaudereien im Kreml?

Die Mitteilung, dass Wenediktow ihm auf die Schliche gekommen war, dürfte Abramowitsch schockiert haben. Es war eine Sache, wenn ein geschlossener Kreis von Politikern um das Ausmaß seines Einflusses auf die Kreml-Spitze wusste, doch eine ganz andere, wenn dies an die Öffentlichkeit drang. Zum Glück konnte er sich auf Wenediktows Diskretion verlassen. Jedenfalls damals.

■■■

Wer Jelzins Memoiren liest, könnte glauben, dass er der Einzige war, der Putins Potenzial für das Präsidentenamt erkannte. Doch auch die Oligarchen legten Wert darauf, dass Jelzin durch einen Kandidaten ihrer Wahl – durch jemanden, den sie lenken konnten – ersetzt wurde. Allerdings durfte man die Wünsche der Wähler nicht völlig ignorieren. Man benötigte einen Mann, der die Massen ansprach. Zu diesem Zweck wandten sich die Oligarchen als Erstes an eine politische Beraterfirma in den Vereinigten Staaten. Nach der Befragung mehrerer Fokusgruppen gelangten die Berater zu dem Schluss, dass »ein zäher Bursche« als Präsidentschaftskandidat beim russischen Volk am besten ankäme.

Jewgeni Primakow, Ministerpräsident zwischen September 1998 und Mai 1999, hatte eine Chance, bis er das hässliche Wort »Wiederverstaatlichung« aussprach. Sein Nachfolger Sergej Stepaschin wurde ebenfalls ins Auge gefasst, doch man merkte bald, dass er weder das Charisma noch die Charakterstärke besaß, seinen wahrscheinlichen Gegner Juri Luschkow, den Bürgermeister von Moskau, zu schlagen, und er wurde nach weniger als drei Monaten seines Amtes enthoben. Wladimir Putin, der ihm nachfolgte, war zwar fast völlig unbekannt, bis er zum Ministerpräsidenten ernannt wurde, doch er erfüllte alle Voraussetzungen. Während der Sowjet-Ära hatte er sich dem KGB angeschlossen und stieg in dessen russischer Nachfolgeorganisation FSB 1998 unter Jelzin zum Vorsitzenden auf. Als Asket, dessen Augen niemals innere Wärme erkennen lassen, entsprach er im hohen Maße dem Bild des »zähen Burschen«. In *Aus erster Hand*, einer im Jahre 2000 veröffentlichten Lebensgeschichte des heutigen Staatschefs, beschreibt ein Freund, wie Putin und er einmal auf der Straße von einem betrunkenen Studenten belästigt wurden. Der Student bat Putins Freund um eine Zigarette, doch der künftige Präsident schaltete sich ein und wies ihn ab. Der Student reagierte aggressiv, und plötzlich flog er durch die Luft. – Man legt sich nicht mit dem Leningrader Judomeister von 1976 an.

Abramowitschs Prüfung von Putins erstem Kabinett markierte lediglich den Beginn einer äußerst aktiven Karriere als politischer Drahtzieher. Seine gesamte Präsidentschaft hindurch hatte sich Jelzin mit einer von Kommunisten regierten Duma abmühen müssen, und obwohl Putins Beliebtheitsgrad unablässig stieg, hätte ein starkes Ergebnis der Kommunisten und der Koalition aus Rodina (Heimat) und Vereinigtes Russland seine Aussichten beeinträchtigen können. Man benötigte daher eine Partei, die Putin rückhaltlos unterstützte, und da es keine gab, musste sie geschaffen werden. Das Resultat war Jedinstwo (Einheit), eine Partei, die unter der Führung des charismatischen Notstandsministers Sergej Schojgu aus dem Boden gestampft wurde. Aber das Organisationstalent hinter den Kulissen war Abramowitsch. »Er fügte die Partei zusammen«, erklärt einer seiner früheren Mitarbeiter.

Abgesehen davon, dass er die Partei finanziell unterstützte, spielte Abramowitsch eine Schlüsselrolle bei der Umwerbung der Regionalgouverneure und den Bemühungen, Jedinstwo im ganzen Land bekannt zu machen. Das war eine besonders wichtige Aufgabe, weil einer von Putins Hauptkonkurrenten im Präsidentschaftswahlkampf wie erwähnt der Bürgermeister von Moskau, Juri Luschkow, sein würde. Da Luschkows Popularität in der Hauptstadt ihm zahlreiche Stimmen verschaffte, kam es darauf an, die Beliebtheit von Jedinstwo in anderen Gegenden zu erhöhen.

Im Laufe der zweiten Hälfte des Jahres 1999 wurde Jedinstwo zu einer glaubwürdigen politischen Kraft. Aber Putin fragte sich, ob er sich mit einer Partei zusammentun sollte, die von den Lästerern in seinem eigenen Lager als »unbekannt und unerfahren« bezeichnet wurde. Wenn sie in den Parlamentswahlen keinen nennenswerten Erfolg errang, würde dies seine Chancen für die Präsidentschaft katastrophal beeinträchtigen. Seine Berater waren uneins, und Putin traf schließlich selbst die Entscheidung. Auf die Frage in einem Fernsehinterview, für welche Partei er stimmen werde, antwortete er: »Es gibt nur eine einzige Partei, die unseren Kurs klar und entschieden unterstützt. Das ist Jedinstwo.« Am Wahltag, dem 19. Dezember 1999, wurde sein Mut belohnt: Jedinstwo erhielt 23 Prozent der Stimmen. Nur die Kommunisten schnitten mit 24 Prozent besser ab. Und während Jedinstwo in Moskau nur relativ bescheidene 10 Prozent errang, konnte sie in den anderen Regionen zwischen 20 und 30 Prozent einheimsen. Damit hatte sich Abramowitschs Einsatz bezahlt gemacht, und er hatte seine Beziehung zu dem kommenden Mann gefestigt.

Nur zwölf Tage später vollzog Jelzin, der auf der internationalen Bühne wegen seiner allgemein bekannten und immer wieder sichtbaren Alkoholprobleme zu einer Art Witzfigur geworden war, einen staatsmännischen Akt, der völlig unerwartet und deshalb umso beeindruckender war: Er dankte zur Hauptsendezeit ab. Jelzins Neujahrsansprache war zu einer Tradition geworden. Unter den Kommunisten hatte der Silvesterabend Weihnachten als Tag abgelöst, an dem sich die Familie um eine geschmückte Tanne versammelte und einander Geschenke überreichte. Dieser Brauch lebte auch nach dem Zusammenbruch der Sowjetunion fort.

Wie üblich ließ Jelzin auch 1999 seine Ansprache am 28. Dezember aufzeichnen, aber nachdem er dem russischen Volk ein frohes neues Jahr gewünscht hatte, wandte er plötzlich ein, er sei zu heiser und der Text gefalle ihm nicht. Also beschloss man, die Rede am 31. Dezember erneut aufzunehmen. Jelzin hatte sich die Sendung mit der höchsten Einschaltquote des Jahres ausgesucht, um seinen Rücktritt und Putins Ernennung zum amtierenden Präsidenten zu verkünden, aber er wollte die Nachricht bis zum letztmöglichen Moment geheim halten. Dadurch konnte Putin ins Bewusstsein der Öffentlichkeit rücken und gegenüber anderen Kandidaten bei der Präsidentschaftswahl im März die Oberhand gewinnen.

Der sich anschließende Wahlkampf war so erbittert, wie man hatte erwarten können, und Beresowski tat sich als Leiter von Putins Abteilung für schmutzige Tricks hervor. Seine beiden Zielscheiben waren Luschkow und Jewgeni Primakow, dessen Partner für die Kandidatur als Vizepräsident. Während seiner kurzen Amtszeit als Ministerpräsident hatte Primakow es zu seiner Aufgabe gemacht, Beresowski zu drangsalieren. Anfang Februar 1999 erschienen von bewaffneten Männern in Kampfanzügen und schwarzen Masken begleitete Staatsanwälte ohne rechtliche Grundlage in den Moskauer Zentralen von Sibneft und der Fluggesellschaft Aeroflot, an der Beresowski und Abramowitsch eine hohe Beteiligung besaßen. Bei Sibneft wurden ohne richterliche Anordnung Kästen mit Unterlagen aus den Büros von Beresowskis Tochtergesellschaft Atoll beschlagnahmt, die, wie es hieß, als Sicherheitsdienst für ihn fungierte. Eine für Luschkow eintretende Zeitung berichtete später, die Ermittler seien überzeugt gewesen, dass Beresowski durch die Firma Nachforschungen über die Familie Jelzin, einschließlich Tatjana Djatschenkos, habe anstellen lassen (dafür wurde nicht das geringste Beweismaterial gefunden). Als der wütende Beresowski bei Primakow protestierte, bestritt dieser zunächst, irgendetwas mit der Razzia zu tun zu haben. Zum Unglück des Ministerpräsidenten war es dem Oligarchen jedoch gelungen, sich eine Kopie der geheimen Anordnung von Primakow zu verschaffen.

Aber wenn Beresowski glaubte, sich Primakows damit entledigt zu haben, so irrte er sich. Am 5. April 1999, einen Monat nachdem Beresowski als stellvertretender Sekretär des Sicherheitsrates entlassen worden war, stellte die Staatsanwaltschaft einen Haftbefehl gegen ihn mit der Begründung aus, er habe Bargeld aus dem Verkauf von Aeroflot-Auslandstickets zweckentfremdet (wiederum war die Grundlage für die Aktion fragwürdig). Damals befand sich Beresowski jedoch gerade in Frankreich und entging der Verhaftung. Als Primakow am 12. Mai aus seinem Amt entlassen wurde, ließ man sämtliche Anklagen gegen den Oligarchen fallen.

Der unter dem Verdacht der Geldwäsche und anderer Wirtschaftsvergehen stehende Boris Beresowski am 18.4.1999 auf dem Moskauer Flughafen.

Unterdessen erregte Luschkow Beresowskis Zorn, weil er wiederholt behauptete, die Regierung werde nicht von Jelzin, sondern von finsteren Intriganten hinter den Kulissen gesteuert. Einer davon sei Beresowski. Es wurde deutlich, dass der Letztere, wenn Luschkow die Wahl gewann, nicht nur Macht und Einfluss, sondern auch einen Teil seines Vermögens verlieren würde. Wie Jelena Tregubowa in *Kleine Geschichtchen einer Kreml-Reporterin* schreibt, wäre Abramowitsch bei einem Wahlsieg Luschkows ebenfalls in Mitleidenschaft gezogen worden. Ein Jahr zuvor, als Luschkow für den Posten des Ministerpräsidenten ins Gespräch gebracht worden war, hatte sie die möglichen Konsequenzen seiner Ernennung mit Sergej Jastrschembski, Jelzins stellvertretendem Stabschef, besprochen. Jastrschembski meinte, Jelzin und seine Familie würden ungeschoren bleiben, doch man werde die mit ihnen liierten Personen genauer unter die Lupe nehmen. Es lohnt sich, Tregubowas Darstellung seiner Analyse vollständig zu lesen:

»Wen denn?«, fragte ich.

»Na ja, Beresowski zum Beispiel«, sagte er kaum hörbar, aber ich war trotzdem überrascht darüber, dass er es gewagt hatte, den Namen im Kreml auszusprechen. Doch dann verblüffte er mich noch mehr. Er zog einen Zettel aus der Tasche, schrieb »ABRAMOWITSCH« darauf, schob mir den Zettel zu und flüsterte: »Und vielleicht diesen Knaben.« Zu jener Zeit hatte ich – genau wie das ganze Land – nicht die geringste Ahnung von den Details des »Familiengeschäfts«. Deshalb dachte ich zuerst, er habe aus irgendeinem Grund Beresowskis Vaternamen niedergeschrieben [sein voller Name lautet Boris Abramowitsch Beresowski].

»Beresowski?«, fragte ich.

»Nein. Es ist ein junger Mann«, flüsterte er und nickte gereizt zum Hauptteil des Gebäudes, in Richtung Jumaschew, hinüber. »Er hat einen großen Nachteil: Ihm fehlt jegliche persönliche Meinung. Ein typischer Bürokrat. Er kommt regelmäßig mit Leuten zusammen, lässt sie Platz nehmen, erkundigt sich nach ihren Meinungen und Vorschlägen, ihrer Interpretation der Ereignisse, aber er gibt seine eigene Ansicht nie preis. Der Grund ist, dass er keine hat. Hinter ihm stehen Leute, die alle Entscheidungen treffen.«

Dann schrieb er »Nr. 1« neben Abramowitschs Namen und rückte Beresowski auf den zweiten Platz, was mich erstaunte.

Zwei Tage später fragte ich einen Freund Beresowskis, wer dieser Abramowitsch sei.

»Kümmere dich nicht um ihn«, sagte er. »Das ist bloß irgendein Bursche, der als Beresowskis Kassenwart arbeitet. Mit Politik hat er nichts zu tun, er sitzt nur bei Sibneft und zählt Beresowskis Geld.«

Jastrschembski ahnte nicht, dass Beresowski zu dem Zeitpunkt, als ich dieses Buch schrieb, im politischen Exil sein und dass der »Knabe«, den Jastrschembski als ersten Leidtragenden einer Kabinettsumbildung genannt hatte, in Putins Wertschätzung steigen würde.

In der ersten Hälfte des Präsidentschaftswahlkampfs gegen Ende 1999 war es jedoch Beresowski, der sich als Erster aus der Deckung wagte, und Luschkow und Primakow sollten bald erfahren, mit welch gefährlichem Feind sie sich angelegt hatten. Als Beresowskis stärkste Waffe erwies sich Sergej Dorenko, ein furchtloser Fernsehmoderator, der ein höchst respektloses politisches Magazin machte. Ein Kommentator bezeichnete ihn als »den von Politikern über alle Maßen gehassten TV-Moderator«.

Die Geschichte über die erste Begegnung des Oligarchen mit dem aggressiven Fernsehjournalisten belegt Beresowskis Dickhäutigkeit. Am frühen Abend des 7. Juli 1994 verließ er das Logowas-Clubhaus und stieg auf den Rücksitz seines Mercedes. Sein Leibwächter saß vorn neben dem Chauffeur. Als das Auto aus dem Hof hinaus auf die Straße fuhr, kam es an einem am Straßenrand geparkten Opel vorbei. In diesem Moment wurde eine in dem Opel versteckte Bombe per Fernsteuerung gezündet. Die Motorhaube von Beresowskis Mercedes explodierte, und die Metallstücke flogen in alle Richtungen. Der Chauffeur wurde enthauptet, der Leibwächter verlor ein Auge, und sieben Passanten wurden verletzt. Beresowski ließ sich später in der Schweiz behandeln, doch er trug keine schweren Wunden davon.

Kurz darauf schaute er sich Dorenkos Sendung an und hörte, wie der Moderator eine seiner typisch herzlosen Bemerkungen über das Attentat auf Beresowski machte. »Ein weiterer Geldsack ist von einer Bombe getroffen worden – wie schade«, lautete der Tenor von Dorenkos Kommentar. Beresowski hätte tödlich beleidigt sein können, doch seine Reaktion war wie immer unberechenbar. Statt sich zu empören, war er der Meinung, einen potenziellen Star für seine eigenen Fernsehsender entdeckt zu haben. Er forderte seine Sekretärin auf, ein Treffen mit Dorenko zu arrangieren. Der Moderator, ein gut aussehender Mann mit einer heiseren Stimme, fühlte sich jedoch keineswegs geschmeichelt und lehnte eine Begegnung ab. Beresowski gab nicht auf, sondern ließ sich wie ein hartnäckiger Fan im Empfangsbereich vor Dorenkos Büro nieder – ungefähr so, wie Abramowitsch im ersten Stadium seiner Bekanntschaft mit Beresowski im Kreml auf ihn gewartet hatte. Nach 40 Minuten brach er die Belagerung ab, doch später verabredeten sich die beiden Männer zum Mittagessen. Bei einer Mahlzeit in einem japanischen Restaurant erkannten sie bald ihre Geistesverwandtschaft, und innerhalb einer Stunde hatte Dorenko einen neuen Chef. Beresowski versprach dem Journalisten, dessen extravaganten und sarkastischen Stil bei ORT groß herauszustellen.

Die Sergej-Dorenko-Show hat im Präsidentschaftswahlkampf des Jahres 2000 möglicherweise den Ausschlag gegeben. Den gesamten Herbst hindurch lenkte Beresowski den beißenden Witz seines neuen Stars auf seine politischen Feinde. Da Unbekannte das Telefonat, in dem das Komplott geschmiedet wurde, abhörten und im Dezember an die Presse weiterleiteten, gibt es einen Beleg für die spielerische, fast theatralische Beziehung zwischen den beiden Männern. Die *Nowaja gaseta*, die häufig Material aus zwielichtigen Quellen erhält, berichtete, Beresowski habe Dorenko folgendermaßen begrüßt: »Serjoscha, hier ist Boris. Hallo, Schätzchen. Wie steht's?« Dorenko, der seinen Chef »Bor« nannte, gab zurück: »Die Angestellten sind am Schreiben.« Dann überlegten sie, wie sie Luschkows Reputation beeinträchtigen und seine politische Glaubwürdigkeit ruinieren konnten.

In insgesamt 15 Shows wurde der Moskauer Bürgermeister zur Hauptsendezeit gnadenlos verhöhnt. Zunächst waren die spöttischen Bemerkungen brutal, doch nicht allzu schwerwiegend. Als Primakow zum Beispiel eine Hüftoperation benötigte, machte sich Dorenko über ihn lustig, indem er blutige Eingriffe von Chirurgen an Beinen und Oberschenkeln zeigte. Und nachdem Luschkow sich den Wiederaufbau eines Krankenhauses im südrussischen Budjonnowsk, das von den Tschetschenen zerstört worden war, zugute halten ließ, ohne den Spender, der das Geld zur Verfügung gestellt hatte, zu erwähnen, peinigte Dorenko ihn gnadenlos. »Was tun Sie denn?«, lautete seine rhetorische Frage. »Warum danken Sie nicht dem Spender?«

Die Beresowski-Dorenko-Kampagne setzte sich wochenlang fort und gewann zunehmend an Schärfe. Man deutete an, Luschkow sei in »geheimnisvolle Geldüberweisungen« aus Moskau an ausländische Banken verwickelt. Er wurde lächerlich gemacht, indem man zwei Jahre auseinanderliegende Videoclips gegenüberstellte, in denen der Bürgermeister Jelzin zuerst während des Präsidentschaftswahlkampfs von 1996 lobte und ihn dann angriff, weil er ein Gefangener der Lobbyisten und zu krank sei, um seine Aufgabe zu erfüllen. Am sensationellsten war die Andeutung, dass Luschkow für die Ermordung des amerikanischen Geschäftsmannes Paul Tatum verantwortlich sei, der mitten in einem Disput um den Besitz eines Moskauer Hotels erschossen worden war – ein Verbrechen, für das man nie jemanden vor Gericht gestellt hatte.

Bis aufs Blut gereizt, erstattete Luschkow Anzeige wegen Verleumdung. Schließlich wurde ihm ein bescheidener Betrag im Gegenwert von 4500 Dollar als Schadenersatz zugesprochen, doch die Auseinandersetzung mit Dorenko bewirkte, dass seine Aufmerksamkeit zu einem entscheidenden Zeitpunkt abgelenkt wurde. Zu Beresowskis ungeheurer Genugtuung beeinträchtigte Luschkows im Fernsehen übertragener Prozess dessen Umfrageergebnisse. Zwar wurde in letzter Minute eine Demonstration am Rand des Roten Platzes abgehalten, bei der per Bus herbeitransportierte Arbeiter Plakate mit den Aufschriften »Dorenko ist Beresowskis Marionette« und »Hände weg von unserem Bürgermeister« schwenkten, doch Luschkows Traum von Präsidentenamt war geplatzt. Immerhin wurde er zu seinem Trost im Dezember erneut zum Moskauer Bürgermeister gewählt.

Wahrscheinlich war Dorenkos Attacke ohnehin unnötig gewesen. Putins Entscheidung, nach Bombenanschlägen auf Gebäude in Moskau und Wolgodonsk erneut in Tschetschenien einzumarschieren, brachte ihm breite öffentliche Unterstützung ein. »Bis dahin war es ein Kopf-an-Kopf-Rennen«, sagt ein Russlandexperte. »Dann aber stand das Ergebnis fest.«

■ ■ ■

Zunächst gefiel Putin den Oligarchen, da sie ihn trotz seines stählernen Auftretens für beeinflussbar hielten. Sie hatten unter Jelzin mit ihm zusammengearbeitet und waren überzeugt, ihn als Präsidenten steuern zu können. Das erwies sich als fatale Fehleinschätzung. Putin machte von Beginn seiner Amtszeit an deutlich, dass er an seiner Unabhängigkeit nicht rütteln ließ. Als Beresowski ihm mitzuteilen versuchte, wen er im Kabinett sehen wollte, musste er hören, Putin treffe seine Entscheidungen selbst. Das war der Casus Belli. Von jenem Moment an waren Beresowski und Gussinski entschlossen, den Emporkömmling zu Fall zu bringen. Doch während sie auf eine nationale Krise warteten, die sie für sich nutzen konnten, zog Putin bereits in die Schlacht.

Im zunehmend heißer werdenden Sommer des Jahres 2000 berief er eine außerordentliche Sitzung ein. Dreißig größere und kleinere Oligarchen wurden in den Kreml bestellt. In der prallen Sonne eines Julitages stiegen sie aus ihren klimatisierten, gepanzerten Limousinen und begaben sich in den prachtvollsten der Kreml-Säle, um ihrem Präsidenten gegenüberzutreten. »Es erinnerte eher an eine von Don Corleone befohlene Zusammenkunft als an ein Treffen, das einer der Führer der westlichen Welt einberufen hatte«, berichtet einer der Teilnehmer.

Putin wartete, bis alle an einem auf Hochglanz polierten Konferenztisch Platz genommen hatten, bevor er den Saal betrat. Kühl und gelassen schaute er an den Reihen der am Tisch Sitzenden entlang und erklärte: »Sie haben diesen Staat durch die in Ihren Händen befindlichen politischen und halb politischen Organisationen in hohem Maße aufgebaut. Deshalb hat es keinen Zweck, seinem Spiegelbild Vorwürfe zu machen.« Wenn diese undurchschaubare Bemerkung den Sinn gehabt hatte, sein Publikum zu verunsichern, so wurde das Ziel erreicht. Aber keiner der Anwesenden hätte mit den sich anschließenden Aussagen gerechnet.

Putins Botschaft lief daraus hinaus, dass die Tage, in denen sich die Oligarchen in die Politik einmischen konnten, gezählt seien. Allerdings dürften sie ihre unrechtmäßig erworbenen Vermögen unter drei Bedingungen behalten: Sie mussten sich aus der Politik heraushalten, ihre Steuern bezahlen und auf durch Bestechung skrupelloser Minister oder Funktionäre erkaufte Gefälligkeitsgeschäfte verzichten. Als Drohung schwang in Putins Worten mit, dass nicht nur ihr Reichtum auf dem Spiel stehe, wenn sie sich nicht an die neuen Vorschriften hielten, sondern dass die Medienmagnaten – hauptsächlich Beresowski und Gussinski – auch mit der Beschlagnahme oder Schließung ihrer Unternehmen rechnen müssten, wenn die Oligarchen sie zu Angriffen auf die Regierung einsetzten. Alle Anwesenden wussten, dass niemand in einer besseren Position war, den Riesenvorrat an *kompromat* (kompromittierendes, von den Sicherheitsdiensten gesammeltes Material) zu nutzen, als der aus dem KGB stammende Putin. Keiner der Männer konnte es sich leisten, seine Aufforderung zu ignorieren.

Zudem war den Oligarchen nicht entgangen, dass sich das Blatt gegen sie zu wenden begann. Eine kleinere Gruppe von ihnen war bereits zu einem früheren Zeitpunkt des Jahres zusammengekommen, um über Maßnahmen zu sprechen, den wachsenden Groll der Öffentlichkeit zu beschwichtigen. »Ich sagte zu ihnen: ›Wir müssen zugeben, dass wir nicht beliebt sind'«, entsinnt sich Michail Friedman. »Jemand schlug vor, eine Image-Beratungsgesellschaft anzuheuern. Ich erwiderte, damit sei es nicht getan. Gewöhnliche Menschen, die es sich nicht einmal leisten könnten, ihre Angehörigen in Russland zu besuchen, sähen uns nach St.Tropez fliegen und dies als Geschäftsreise deklarieren. Wir müssten uns persönlich tadellos verhalten.«

Gleichwohl rückte Friedman unbehaglich auf seinem Stuhl hin und her, als Putin sein Ultimatum vorbrachte. Nur wenige Tage vorher hatte er behauptet, der Präsident werde es nicht wagen, gegen das Großunternehmertum vorzugehen, denn: »Es ist zu wichtig geworden.« Nun jedoch hörte er, das Großunternehmertum habe sich der Regierung unterzuordnen, wenn es nicht vernichtet werden wolle. Die Vorherrschaft der Oligarchen schien sich ihrem Ende zu nähern.

Putin hatte seine Pläne bereits erkennen lassen, als er Gussinski im Vormonat wegen des Verdachts der Veruntreuung inhaftieren ließ und unter Anklage stellte. Die Vorwürfe wurden erst fallen gelassen, als der Magnat sich bereit erklärte, seinen aus Zeitungen sowie Rundfunk- und Fernsehsendern bestehenden MediaMost-Konzern für 300 Millionen Dollar dem staatlichen Energiekonzern Gasprom zu überschreiben. Auf Putins schicksalhafter Konferenz beklagte er sich, die Vereinbarung sei, da er sich im Gefängnis befunden habe, unter Zwang zustande gekommen und deshalb nicht rechtsverbindlich. Noch während des Treffens wurden die *kompromat*-Dateien auf den neuesten Stand gebracht. Oleg Tschernow, einer der drei Stellvertreter von Sergej Iwanow, dem ehemaligen KGB-Kollegen, den Putin zum Leiter des nationalen Sicherheitsrates ernannt hatte, war mit dem Schweizer Generalstaatsanwalt in Verbindung getreten, um mehr Informationen über in der Schweiz registrierte russische Unternehmen zu erhalten. Der Hahn war gespannt.

Die Oligarchen verließen den Kreml in einzelnen Gruppen. Viele protestierten, einige zeigten sich rebellisch. Aber Abramowitsch beabsichtigte offensichtlich, sich an die neuen Vorschriften zu halten. Man hatte ihn gar nicht erst zu der Konferenz geladen, da seine Loyalität Putin gegenüber feststand.

Nur einen Monat später, fünf Monate nach Putins Wahl zum Präsidenten, sah Beresowski eine Chance zurückzuschlagen. Am Samstag, dem 12. August, um 11.28 Uhr sank die »Kursk«, ein hochmodernes, mit Lenkflugkörpern ausgestattetes U-Boot, in der arktischen Barentssee. Die »Kursk« war zur Verteidigung russischer Gewässer gegen Flugzeugträger und deren Schiffsverbände gebaut worden und besaß die doppelte Länge eines Jumbo-Jets. Sie war der Stolz der Nordflotte und ein Symbol der staatlichen Macht gewesen. Nun war das U-Boot nach zwei Explosionen mit der gesamten Besatzung untergegangen, und sein Verlust erschütterte die noch junge Präsidentschaft.

Putin wurde erst früh am folgenden Morgen über das Sinken der »Kursk« informiert. Zu diesem Zeitpunkt war das Schicksal der 118 Mann starken Besatzung noch ungewiss. Der Präsident verbrachte damals den ersten Tag seines Sommerurlaubs in dem Schwarzmeerkurort Sotschi. Ein erfahreneres Staatsoberhaupt hätte vielleicht gemerkt, dass sich Verteidigungsminister Igor Sergejew schonend ausdrückte, als er ihm um 7 Uhr morgens mitteilte, dass das Schiff »die Kommunikation eingestellt« habe. Sergejew beteuerte, alles unter Kontrolle zu haben, weshalb der Präsident seinen Urlaub nicht zu unterbrechen brauche. Infolgedessen vergnügte sich Putin, während die Elite der russischen Marine auf dem Meeresboden erstickte, mit Jetskiing und Sonnenbaden; außerdem schrieb er eine Geburtstagskarte an eine berühmte Schauspielerin. Zur selben Zeit versuchten die Familien der »Kursk«-Besatzung vergeblich, mehr Informationen über das Schicksal ihrer Angehörigen zu erhalten, während die russische Marine sämtliche Hilfsangebote des Westens für eine Rettungsaktion ablehnte.

Erst nach einem 25 Minuten langen Anruf von Präsident Clinton begriff Putin, dass die heikle Lage der Besatzung zu einem wichtigen internationalen Thema geworden war. Clinton erklärte, wenn Putin die Hilfsangebote nicht akzeptiere, werde er nicht humaner als seine sowjetischen Vorgänger erscheinen. Aber der russische Präsident hörte entschiedenen Widerspruch von seinen Admiralen, die glaubten, der Westen wolle ihre militärischen Geheimnisse ausspionieren. Schließlich beugte er sich Clintons Argumenten, doch als ein britisches Mini-U-Boot eingesetzt werden sollte, verweigerten die Admirale zunächst ihre Erlaubnis. Während die

Spiel mit der Politik

Russen zauderten, starb die Besatzung, und die Medien machten Putin für die Tragödie verantwortlich.

Nachdem man jegliche Hoffnung verloren hatte, blieben die Marinebehörden unzugänglich, und erst als die *Komsomolskaja prawda*, die Wladimir Potanin gehört und normalerweise eine kremlfreundliche Position bezieht, einen Offizier der Nordflotte mit 600 Dollar bestach, gelangte eine vollständige Mannschaftsliste an die Öffentlichkeit. Erst jetzt erfuhren die Verwandten, wer genau zur Besatzung der »Kursk« gehörte, die auf dem Meeresboden lag. Dramatische Szenen folgten. Der stellvertretende Ministerpräsident Ilja Klebanow und Admiral Wladimir Kurodejew flogen zum Hafen Widjajewo, um mit den Verwandten zu sprechen. Den meisten hatte man hohe Dosen an Beruhigungsmitteln verabreicht, um ihre Verzweiflung zu dämpfen. Als die Mutter eines der vermissten Seeleute den Sprechern, die den amtlichen Standpunkt vor dem stellvertretenden Ministerpräsidenten und einer Reihe Fernsehkameras vertraten, Vorwürfe machte, näherte sich ihr eine Medizinerin von hinten und stach eine Injektionsnadel durch ihren Mantel. Die Frau fiel sofort ohnmächtig zu Boden und wurde aus dem Saal getragen.

Eine nationale Tragödie war zu einem internationalen Skandal geworden. Erst am Samstag, dem 19. August – eine volle Woche nach dem Untergang der »Kursk« –, kehrte Putin in den frühen Morgenstunden nach Moskau zurück, um sich über die Ursachen der Katastrophe unterrichten zu lassen. An jenem Abend wurde offiziell bestätigt, dass sämtliche Besatzungsmitglieder tot waren, aber Putin gab immer noch kein Kommuniqué heraus. Und die Ausrufung eines nationalen Trauertages ging nicht auf seine Initiative zurück, sondern wurde erst unter öffentlichem Druck hastig für den 23. August anberaumt. Dann endlich trat Putin die Reise nach Widjajewo an, um sich den Familien der Opfer zu stellen. Er wusste, welch schroffen Empfang Klebanow bereits hatte über sich ergehen lassen.

Im Offizierskasino saß er einem feindseligen Publikum aus 600 Personen gegenüber, die ihn sechs qualvolle Stunden lang in die Zange nahmen und immer wieder ausbuhten. Nie zuvor hatte ein russischer Präsident eine derart feindliche Behandlung hinnehmen müssen. Er versprach, zusammen mit den Anwesenden herauszufinden, wie sich eine derartige

Katastrophe hatte ereignen können. Aber die untröstlichen Verwandten wollten wissen, weshalb er so viel Zeit damit verloren habe, eine Genehmigung internationaler Hilfe zu erwägen. Warum hatte er die Operationen auf See nicht persönlich geleitet? Einige waren zufrieden mit seinem Angebot, die Witwen mit einem Betrag von maximal zehn Jahresgehältern zu entschädigen. Andere meinten, sie sollten bestochen werden, und fürchteten sich nicht – was vielleicht ungewöhnlich war –, das auch zur Sprache zu bringen.

Die internationale Presse attackierte Putin und seine Regierung einmütig wegen ihrer Passivität. Der Londoner *Daily Telegraph* bezeichnete Putin als gefühllos und inkompetent, weil er seinen Urlaub während der Krise fortgesetzt hatte. Doch nirgends waren die Angriffe wütender als in Moskau, wobei Beresowskis ORT, Gussinskis NTV und Radio Echo eine führende Rolle spielten (damals war Beresowski gerade als Duma-Mitglied zurückgetreten, um eine »konstruktive Opposition« gegenüber Putin aufzubauen). Alle drei behaupteten, der Kreml habe versucht, die Berichterstattung über das Treffen des Präsidenten mit den trauernden Verwandten zu beeinflussen. ORT zeigte nicht nur Putin beim Jetskiing auf dem Höhepunkt der Krise, sondern verglich außerdem den Untergang der »Kursk« mit der Atomkatastrophe von Tschernobyl.

Dies war genau die Art von Verhalten, die Putin, wie er die Oligarchen gewarnt hatte, nicht mehr dulden wollte, und er reagierte mit außerordentlicher Schlauheit und Brutalität. Zuerst rief er Beresowski an und machte seinem Ärger über den Hinweis von ORT auf Tschernobyl Luft. Die beiden Männer vereinbarten ein Treffen. Doch als Beresowski in den Kreml fuhr, wurde er nicht von Putin, sondern von dessen Stabschef Alexander Woloschin begrüßt. »Entweder, Sie geben ORT innerhalb von zwei Wochen auf, oder es ergeht Ihnen wie Gussinski«, sagte Woloschin. Beresowski entgegnete: »Sie vergessen etwas: Ich bin nicht Gussinski.« Dann verlangte er ein persönliches Gespräch mit Putin. Es fand am folgenden Tag um 15 Uhr statt. Nach einem fruchtlosen Streit über die ORT-Berichterstattung griff Putin zu einer Akte und las daraus vor. Darin hieß es, ORT sei eine korrupte Organisation und werde von einem einzigen Mann geleitet, der sämtliche Einnahmen einstecke: Boris Beresowski. Putin hatte Primakows Unterlagen über dessen alten Feind hervorgeholt.

Laut Beresowski antwortete Putin auf die Frage, weshalb er auf diese alten Vorwürfe zurückgreife: »Weil ich ORT leiten will. Ich werde den Sender persönlich leiten.« Beresowski erwiderte nach eigener Aussage: »Hören Sie, Wlad, das ist erstens lächerlich und zweitens nicht realisierbar ... Ist Ihnen bewusst, was Sie damit sagen? Sie wollen sämtliche Massenmedien in Russland kontrollieren – Sie ganz allein.« Daraufhin erhob sich Putin und verließ das Zimmer. Beresowski kehrte in sein Büro zurück und schrieb dem Präsidenten einen Brief, mit dem er sich im Endeffekt selbst aus dem Kreml verbannte.

Wenediktow zufolge ging der Präsident gegen Gussinski subtiler vor. Mit Hilfe seines treuen Verbündeten Abramowitsch machte er sich daran, Gussinskis Imperium in den Bankrott zu treiben. Vor Putins Angriff waren der vierte Fernsehkanal NTV, die Zeitung *Sewodnja*, das politische Journal *Itogi* und Radio Echo, der Moskauer Rundfunksender, für den Wenediktow arbeitete, im Besitz von Gussinskis Konzern Media-Most gewesen. Putin zielte darauf ab, alle vier Medienunternehmen von ihrer Lebensader, das heißt der Werbung, abzuschneiden. Diese Strategie erwies sich als unglaublich wirksam: Das Management des Fernsehsenders wurde durch ein gefügigeres Team abgelöst, die Zeitung konnte keinen Gewinn mehr erzielen und wurde verkauft, und der Chefredakteur von *Itogi* musste gehen (sein Nachfolger verwandelte die Zeitschrift in ein Hochglanzmagazin). Damit war die Gruppe, so Wenidiktow, »vollständig zerschlagen«. Denn der Rundfunksender überlebte zwar und ist wirtschaftlich rentabel, aber er befindet sich nun in den Händen des staatlichen Energiekonzerns Gasprom.

John Mann widerspricht Wenediktow allerdings in einem Punkt und versichert: »Herr Abramowitsch war nie an einem organisierten Versuch beteiligt, die Meinungsfreiheit in Russland zu ersticken. Zwar hat er die privatisierte Hälfte des Senders ORT von Herrn Beresowski erworben und sie der staatlichen Leitung unterstellt. Andererseits gehörte er zu einer Gruppe von Privatinvestoren in TVS, dem (leider) gescheiterten Projekt, welches dem Team angesehener unabhängiger Journalisten, die NTV und später TV6 verließen, einen neuen Wirkungsbereich bot. Über seine persönlichen Gespräche mit Herrn Wenediktow kann ich nichts sagen.«

Wenediktow verrät ein weiteres interessantes Detail: Laut seiner Aussage lässt Gussinski bis heute »Grüße über mich an Abramowitsch ausrichten, und dieser erwidert sie ebenfalls über mich«.

Während dieses Gerangels hinter den Kulissen setzte Putin die Öffentlichkeit von seinem Angriff auf die Oligarchen in Kenntnis. Gegen Ende seiner Ansprache an die Nation, in der er im Gegensatz zu seinem früheren Verhalten »ein uneingeschränktes Gefühl der Verantwortung und der Schuld an dieser Tragödie [dem Untergang der »Kursk«]« einräumte, holte er plötzlich zu einem heftigen Angriff auf die Medien im Allgemeinen und die Oligarchen im Besonderen aus:

Sie wollen die Massen beeinflussen und der Armee und der politischen Führung des Landes zeigen, dass wir sie benötigen, dass wir an ihrem Haken zappeln, dass wir sie fürchten und ihnen zuhören müssen, damit sie das Land, die Armee, die Flotte ausplündern können. Das ist ihr wirkliches Ziel. Unglücklicherweise können wir ihnen nicht befehlen, damit aufzuhören, obwohl genau das der richtige Schritt wäre.

Er äußerte sich sarkastisch über jene, die sich seit langem für die Auflösung der Armee und der Flotte eingesetzt und dann eine Million Dollar für die Familien der »Kursk«-Opfer gespendet hätten – eine Anspielung auf einen Fonds, der von Beresowskis Wirtschaftszeitung *Kommersant* eingerichtet worden war. »Sie hätten besser daran getan, ihre Villen an den Mittelmeerküsten Frankreichs und Spaniens zu verkaufen«, fügte Putin in einem nachdrücklichen Appell an die Volksseele hinzu. »Und dann könnten sie erklären, weshalb ihr Besitz unter falschen Namen eingetragen und durch Anwaltskanzleien getarnt wurde. Und wir könnten wahrscheinlich die Frage stellen: ›Woher stammt das Geld?‹« Die Botschaft entging Beresowski nicht, der eine luxuriöse Villa am Cap d'Antibes hatte; ebenso wenig Wladimir Gussinski, der eine ebenso feudale Villa in Sotogrande besaß, zu deren früheren Besuchern, wie sich nicht verschweigen lässt, auch Wladimir und Ludmilla Putin gehörten.

Nun wurde es ernst. Von den Medien zur Stunde seiner größten Not im Stich gelassen, hatte der Präsident deutlich gemacht, dass er deren Besitzern – den Oligarchen – den Krieg erklärte. Obwohl Beresowski als einer der Drahtzieher von Putins Wahlsieg galt, geriet er jetzt ins Fadenkreuz von Staatsanwaltschaft und Steuerbehörden. War es möglich, dass Putins Russland ihnen gefährlich zu werden begann? Beresowski und Gussinski warteten die Antwort nicht ab, sondern empfahlen sich noch in jenem Winter für immer. Der Erstere zog nach Frankreich und später nach Großbritannien, der Letztere nach Spanien, Griechenland und schließlich nach Israel.

Gegen Ende des Jahres 2000 hatte Beresowski das Land also verlassen. Später verkaufte er Abramowitsch seinen 29-prozentigen ORT-Anteil, wodurch sein früherer Protegé zum einflussreichsten Oligarchen in Russland wurde. Chodorkowski mochte reicher sein, doch ihm fehlte Abramowitschs Realitätssinn. Während Beresowski und Gussinski ins Exil gingen, betrieb Abramowitsch seinen Wahlkampf für das Gouverneursamt in Tschukotka, wobei er das neue Image eines Mannes zum Anfassen präsentierte. Außerdem distanzierte er sich von seinem in Schwierigkeiten geratenen Partner. Einem westlichen Journalisten, der über Abramowitschs Wahlkampf berichtete, teilte er mit: »Wir waren enge Freunde, aber Beresowski hat nicht mir geholfen, sondern sich selbst.«

■ ■ ■

Weniger als zwei Jahre nach Putins Ansprache zum Untergang der »Kursk«, in der er den Oligarchen den Krieg erklärt hatte, waren sämtliche unabhängigen Fernsehsender Russlands verschwunden. Nie wieder sollte das Großunternehmertum in der Lage sein, über das Fernsehen Druck auf den Kreml auszuüben. »Es ist so, als wären sämtliche Kandidaten vom Wahlkampf ausgeschlossen – bis auf einen«, seufzt Alexej Wenediktow.

Putin gab sich jedoch nicht damit zufrieden, Beresowski gebändigt zu haben, sondern er wollte ihn hinter Schloss und Riegel sehen. Die russischen Behörden bemühten sich, den Oligarchen mittels einer Betrugsanklage über 15 Millionen Dollar ausliefern zu lassen. Zudem war in der Schweiz ein früherer Vorwurf erneuert worden, dass Beresowski Mitte der neunziger Jahre gewaltige Beträge bei Aeroflot unterschlagen habe. Inzwischen war die Zahl auf 970 Millionen Dollar gestiegen, und man stellte einen internationalen Haftbefehl gegen ihn aus.

Beresowski aber war keineswegs gewillt, heimzukehren und vor Gericht zu erscheinen. Er wusste, dass ein Verfahren mit seiner Inhaftierung oder Schlimmerem enden würde. Doch nachdem der damalige britische Innenminister David Blunkett seinen Asylantrag abgelehnt hatte, war er gezwungen, sich vor Gericht gegen eine Auslieferung zur Wehr zu setzen. Bei einer Anhörung im Bow Street Magistrates Court im April 2003 behauptete Beresowski, er sei über eine Verschwörung informiert worden, die das Ziel gehabt habe, ihn auf ganz absonderliche Art umzubringen: Ein FSB-Angehöriger sei nach Großbritannien entsandt worden, um ihm einen Stich mit einem vergifteten Füllfederhalter zu versetzen. Es sei ein tollkühner Plan gewesen, denn man habe den Agenten angewiesen, ein mit tödlichem Gift gefülltes Feuerzeug in den Gerichtssaal zu schmuggeln, die Flüssigkeit in den Füllfederhalter zu gießen und dann den exilierten Milliardär, während er vorbeiging, damit in den Arm zu stechen.

Die Geschichte ist vielleicht nicht so weit hergeholt, wie man glauben könnte. Etwas Ähnliches widerfuhr dem exilierten bulgarischen Schriftsteller und Rundfunkjournalisten Georgi Markow im Jahre 1978: Als er durch eine Londoner Straße spazierte, stieß man ihm die Spitze eines vergifteten Regenschirms in die Wade, worauf er kurz danach starb. Aber im geschäftigen Treiben auf den Straßen einer Großstadt ist es ganz einfach, sich nach der Tat unter die Menschenmenge zu mischen, während sich ein Anschlag in einem schwer bewachten Gerichtssaal nicht so leicht bewerkstelligen lässt und leichter aufgedeckt wird. Wahrscheinlich war es kein Wunder, dass der potenzielle Attentäter die Nerven verlor. Statt sich auf seine fast unvermeidliche Verhaftung einzustellen, nahm der Agent angeblich Kontakt zu Beresowski auf und enthüllte ihm den Plan, wonach das vorgesehene Opfer die Polizei informierte. Merkwürdigerweise soll der Agent später nach Russland zurückgekehrt sein.

Beresowski behauptet, damit seien seit seiner Ankunft in London drei Attentatsversuche auf ihn unternommen worden. Die erste Konsequenz der vereitelten Ermordung per Füllfederhalter war, dass die folgenden Anhörungen von Beresowski in das Hochsicherheitsgefängnis Belmarsh verlegt wurden. Im September 2003 machte Blunkett dann seine frühere Entscheidung rückgängig und gewährte Beresowski Asyl. Nach fünf Jahren im Lande erfüllte der reichste Flüchtling in Großbritannien die Voraussetzungen für den Erwerb der Staatsbürgerschaft.

Vorerst lässt er sich wohl oder übel von seiner eigenen kleinen Armee von Leibwächtern beschützen. Sein Landhaus verfügt über kugelsichere Fenster, mit Stahl verstärkte Türen, Infrarotlaser-Monitore und Überwachungskameras in jedem Zimmer. »Ich wäre nicht mehr am Leben, wenn ich nicht aufpasste«, erklärte er einmal. »Dort draußen gibt es Leute, die mich gern tot sehen würden.«

Der wütende Putin warf der britischen Regierung vor, sie habe ein ordentliches Gerichtsverfahren verhindert. Daraufhin erwiderte die Staatssekretärin im Innenministerium, Hazel Blears, die Nachforschungen der Regierung hätten keinerlei Hinweise auf eine von Beresowski begangene Straftat ergeben.

Im November 2003, kurz nach der Gewährung des Asyls, reiste Beresowski nach Georgien, um seinen alten Freund Badri Patarkatsischwili zu besuchen. Es war eine riskante Angelegenheit, weshalb er, bevor er aufbrach, seinen Namen in Platon Jelenin ändern und sich einen entsprechenden Pass ausstellen ließ.

■ ■ ■

Die Hetzjagd auf die beiden bedeutendsten Oligarchen – Chodorkowski wurde später verhaftet – markiert eine Wende in der politischen Geschichte Russlands. Der Schwanz wedelte nicht länger mit dem Hund. Jelzin, der so lange für die Oligarchen eingetreten war, lebte nun in aller Stille unter dem Schutz eines Erlasses, der ihm Immunität vor strafrechtlicher Verfolgung gewährte. Darin heißt es unter anderem: »Der Präsident der Russischen Föderation wird, nachdem er seine Amtspflichten erfüllt hat, Immunität genießen ... Er unterliegt keinerlei Straf- oder Verwaltungsverfahren, Festnahmen oder Verhaftungen; er darf keiner Durchsuchung seiner Räumlichkeiten, keinem Verhör und keiner Durchsuchung seiner Person unterworfen werden.« In einem Land, in dem fingierte Anklagen zum Handwerkszeug vieler führender Politiker gehören, mag ein solcher Schutz einfach nur als umsichtig betrachtet werden, aber ein Teil der Abmachung besagte auch, dass Jelzin sich nicht mehr in die Politik einmischen durfte. Damit waren die von ihm geschaffenen Milliardäre so verwundbar wie nie zuvor.

Nachdem Putin in seiner ersten Kraftprobe mit den Oligarchen triumphiert hatte, begann er nun, sie gefügig zu machen. Dabei orientierte er sich am Beispiel von Anwar Sadat, der General Nasser 1970 als Präsident von Ägypten nachfolgte. Sadat erbte eine allzu dominante politische Partei, und um eine Illusion der Pluralität zu schaffen, teilte er sie in eine Reihe separater Organisationen auf. Dadurch wurde seine Macht nicht beeinträchtigt, aber er wirkte demokratischer. Auf ähnliche Weise beauftragte Putin ein paar Oligarchen damit, mehrere Parteien zu finanzieren, auf deren Unterstützung er sich verlassen konnte.

Trotz seines zunehmenden Einflusses gibt es Anzeichen dafür, dass Abramowitsch gegen seinen Willen in die politische Sphäre einbezogen wurde. Ein früherer Putin-Berater meint: »Roman wollte nur etwas mit Geschäften und nichts mit der Politik zu tun haben, doch Beresowski verwickelte ihn in die Kreml-Angelegenheiten.« Heute besteht kein Zweifel mehr daran, dass der Schüler über den Lehrer hinausgewachsen ist. Während Abramowitsch nun möglicherweise als zweitmächtigste Person Russlands gelten kann, ist Beresowski ein Mann von gestern. Sechs Monate nach seiner Flucht nach Frankreich wurde Putin auf ihn angesprochen, und er antwortete: »Boris Beresowski? Wer ist das denn?«

7 Ein vereistes Königreich

Im Jahre 2001 bedurfte es nicht viel, die Menschen von Tschukotka zu beeindrucken. In den Küstengebieten dieser öden sibirischen Republik essen die Einheimischen zum Frühstück, zum Mittag und zum Abend kaltes Robben- und Walrossfleisch, während man im Landesinneren von einer genauso gleichbleibenden Kost aus Rentierfleisch lebt. Schnee bedeckt den Boden acht Monate im Jahr, und für viele Menschen sind regelmäßige Gläschen verdünnten Industriealkohols die einzige Ablenkung vom Elend des Alltags. Deshalb war die Bedeutung des Jahrmarktes, den der neue Gouverneur Abramowitsch im Mai organisiert hatte, kaum zu überschätzen. Das Ereignis fand offiziell zur Feier des Jahrestages der Hauptstadt Anadyr statt, doch unter der Aufsicht eines Oligarchen sollte es zu einer Veranstaltung werden, wie sie die Einheimischen noch nie erlebt hatten.

Das Unternehmen, welches das gewaltige jährliche Feuerwerk zur Feier des 9. Mai (Tag des Sieges über Deutschland) auf dem Moskauer Roten Platz organisiert hatte, war beauftragt worden, etwas ähnlich Spektakuläres auf einem gefrorenen See vor der Stadt durchzuführen. Für die Unterhaltung sollten ein berühmter russischer Popstar namens Sergej Minajew und die genauso bekannte Gruppe Blestjaschtschije (Die Glänzenden) sorgen. Drei Flugzeugladungen voller Köstlichkeiten waren aus Moskau herbeigeschafft worden. Es gab Wettbewerbe zur Prämierung der schönsten traditionellen Tracht, Ringkämpfe zwischen Männern, die trotz der herrschenden Minusgrade mit nacktem Oberkörper gegeneinander antraten, ein Tauziehen und eine Ausstellung professionell gefertigter Eisskulpturen. Doch im Mittelpunkt stand ein nagelneues, glänzendes rotes Auto, unzweifelhaft der Spitzenpreis des Tages.

Die Blestjaschtschije, die man als russisches Gegenstück zu den Spice Girls bezeichnen könnte, hatten offenbar beschlossen, dass ein bitterkalter Tag nicht dazu geeignet war, nackte Beine und tiefe Dekolletés zur Schau zu stellen, aber sie taten in dicken Pelzmänteln ihr Bestes, um die verblüffte Menge aufzuwärmen. Trotz ihrer Anwesenheit gab es keinen Zweifel an der Hauptattraktion: dem Gastgeber der Veranstaltung, Roman Abramowitsch.

Obwohl es verdächtig ist, wenn ein Politiker in einer Wahl 99 Prozent der Stimmen erhält – was ihm fünf Monate zuvor gelungen war –, lässt sich nicht bestreiten, dass er viele Herzen gewann, als er Tausende von einheimischen Kindern zur Erholung ans Schwarze Meer schickte und weitere Wohltaten versprach. Während Abramowitsch, der eine dunkle Brille trug, an jenem frostigen Maitag um 12 Uhr auf die Bühne stieg, breitete sich eine erwartungsvolle Stille in der Menge aus. Unter den Zuschauern war der britische Forschungsreisende Benedict Allen, der gerade einen dreimonatigen Hundetreck durch das Landesinnere hinter sich hatte. Er erinnert sich:

[Abramowitsch] stand einfach da, und jemand brachte ihm ein Mikrofon, und die Leute um mich herum sagten: »Gleich spricht er, gleich spricht er.« Man hatte wirklich das Gefühl, dass wir die Worte Gottes hören würden. Dann meinte jemand: »Nein, er spricht nicht«, was eine Debatte auslöste: Spricht er nun oder nicht? Im Allgemeinen ist er ein stiller Mann, aber diesmal wurde es spannend, weil man das Gefühl hatte, dass er tatsächlich eine Rede halten würde. Er öffnete den Mund, und nach kurzem Zögern sagte er schließlich etwas wie: »Ich heiße die Menschen von Tschukotka herzlich willkommen.« Ein einziger Satz – das war's. Alle seufzten vor Enttäuschung, aber das Schöne war, dass ihn niemand für aufgeblasen hielt. Er wollte einfach den Einheimischen das Rampenlicht überlassen, obwohl er die ganze Sache finanziert hatte.

Abramowitschs verhaltene Begrüßung wurde später durch das ersehnte Feuerwerk in den Schatten gestellt. Allen meint, die an jenem Abend in einem fernen sibirischen Ort vorgeführte Pyrotechnik habe die »Feuerwand« übertroffen, die in London zur Millenniumsfeier errichtet wurde.

»Ich konnte es nicht glauben. Bestimmt wären die Bewohner mit ein paar Wunderkerzen zufrieden gewesen, aber das war fantastisch. Manche rannten sogar davon, weil es einem militärischen Angriff glich. Die Leute waren sprachlos, als die Sache anfing. Der gesamte Himmel strahlte von Lichtern.«

Die Verehrung, die man Abramowitsch in Tschukotka entgegenbrachte, muss vor dem Hintergrund des Albtraums gesehen werden, von dem er die Einheimischen befreit hat. In Russland haben die meisten Menschen Mitleid mit den Sibiriern, doch zur Zeit von Abramowitschs Wahl hatten andere Sibirier Mitleid mit seinen Sibiriern. Unter dem Kommunismus galt Tschukotka wegen seiner Nähe zu Alaska als strategisch wichtig. Da die Amerikaner über die Beringstraße hinweg nur 60 Kilometer entfernt sind, konnte man das Gebiet nicht der Obhut einer nomadischen Gemeinschaft von Jägern und Rentierhirten überlassen. Deshalb wurden die einheimischen Tschuktschen dazu aufgefordert, gute Sowjetbürger zu wer-

Der Politiker Abramowitsch beim Wahlkampf in Anadyr.

den. Man brachte sie in Siedlungen unter, deren Lagerhäuser mit einst seltenen Nahrungsmitteln gefüllt waren: mit Säcken voll Reis und Weizen, mit konservierten Leckerbissen und natürlich mit Wodka. Russen wurden mit dem Dreifachen ihres Moskauer Lohnes nach Osten gelockt, um Straßen zu bauen und Krankenhäuser und Kraftwerke zu betreiben. Hubschrauber und Motorschlitten dienten zur Belieferung der ferneren Gegenden, Kohle und Treibstoff wurden per Schiff antransportiert. Und dann implodierte das Sowjetsystem mit einem Mal.

Plötzlich gab es kein Geld mehr, um die Lagerhäuser aufzufüllen. Ersatzteile für die Hubschrauber und Motorschlitten blieben aus, und bald fehlte es auch an Treibstoff. Zugezogene, die es sich leisten konnten, kehrten zum »Kontinent« (wie Moskau in Sibirien genannt wird) zurück, doch andere, in der düsteren Wildnis im Stich gelassen, wo die Immobilien keinen Wert mehr hatten, mussten bleiben und konnten nur hoffen, dass der Staat nicht vergaß, ihre Gehälter zu zahlen. Etwa 17 000 Menschen flüchteten und ließen eine Bevölkerung von 70 000 zurück. Und dass manche weiterhin danach streben, einen Ort zu verlassen, an dem die Temperatur bis auf – 40 Grad Celsius sinken kann und an dem die Alkoholismusrate bei 60 Prozent liegt, ist an vereinzelten Anschlägen an der Hauptstraße abzulesen, auf denen eine Wohnung gegen eine einfache Fahrt nach Moskau angeboten wird.

Nachdem ihr sowjetischer Geldgeber auf dem Abfallhaufen der Geschichte gelandet war, wandten die Tschuktschen sich wieder ihren traditionellen Bräuchen zu. Grauhaarige alte Männer und Frauen wurden danach befragt, wie ein Huskygespann zu steuern ist. Rudel streunender Hunde wurden zusammengetrieben, und man unternahm verzweifelte Versuche, sie zum Schlittenziehen abzurichten. Küstenjäger kehrten zu der alten Sitte zurück, ihre örtlichen Schamanen nach den besten Jagdgründen für Walrosse, Wale und Robben zu befragen. Eine neue Generation eignete sich wieder die alten Fertigkeiten an. Ihre Angehörigen lernten, ein Walross abzuhäuten, das Fleisch zu zerlegen, zu präparieren, dann wieder ins Leder einzunähen und in Gruben zu lagern. Dort blieb es in gefrorenem Zustand den langen Winter hindurch und konnte Menschen und Hunde ernähren. »Es wird kalt gegessen und erwärmt sich im Körperinnern«, erläutert Mischa Malzew aus der Nachbarrepublik Sacha. »Es ist sehr fett und eine gute Energiequelle.« Während die Tschuktschen zu ihrer Subsistenzwirtschaft zurückkehrten, sanken die »Exporte« von Tschukotka zum »Kontinent« laut Benedict Allen auf jährlich 40 000 Dollar.

Die Lage wurde noch dadurch verschlimmert, dass Tschukotka vor Abramowitschs Sieg von einem besonders untüchtigen Gouverneur, Alexander Nasarow, verwaltet worden war. Während seines Aufenthalts in Anadyr wohnte Allen bei dem Leiter des lokalen Kraftwerks, der seit fünf Monaten auf seine Bezahlung wartete. Einige Lehrer behaupteten, seit einem Jahr kein Gehalt bekommen zu haben. Fünfzehn Hubschrauber standen auf dem Vorfeld des Flugplatzes von Anadyr, und zwölf davon wurden ausgeschlachtet, damit die übrigen drei weiterhin fliegen konnten.

Nasarow war für diese Missstände in hohem Maße verantwortlich. Er hatte seine Laufbahn als Ingenieur in den Goldbergwerken von Tschukotka begonnen, sich in der Kommunistischen Partei hinaufgedient und schließlich die Leitung der Provinz übernommen. Während des Übergangs von der kommunistischen Herrschaft zur Demokratie hatte er einige geschickte Manöver vollzogen und war klug genug gewesen, die Partei Jedinstwo mitzubegründen. Sie wurde, wie oben ausgeführt, von Abramowitsch gefördert und hatte Putin zu dessen erstem Wahlsieg verholfen. Aber wie die japanischen Soldaten, die sich jahrelang im Dschungel versteckten, ohne zu wissen, dass ihr Land den Zweiten Weltkrieg verloren hatte, setzte Nasarow den Kalten Krieg noch lange nach dessen Ende fort. Die Flucht von zwei russischen Journalisten während einer Goodwill-Konferenz auf der Alaska-Insel Diomede – das Treffen war 1989 im Rahmen der Glasnost zustande gekommen – brachte ihn so sehr gegen bilaterale Beziehungen auf, dass er sich nach Kräften bemühte, ausländische Besucher die neunziger Jahre hindurch fern zu halten. Einmal ließ er sogar eine Suppenküche schließen, die durch Spenden amerikanischer Kirchen unterhalten wurde.

Ein im selben Jahr zwischen Russland und Alaska abgeschlossener Vertrag erlaubte den Yupik-Eskimos, deren Vorfahren sich auf beiden Seiten der Beringstraße angesiedelt hatten, ohne Visum hin und her zu reisen. Aber im Sommer 2000 verbot Nasarow die Überquerung der Beringstraße mit kleinen Booten, nachdem zwei Eskimos auf der Rückfahrt von Alaska ertrunken waren. Als ein junger Dorfbewohner später ein Boot stahl und sich zur Saint-Lawrence-Insel absetzte, befahl der Gouverneur, sämtliche Boote anzuketten und nur mit der Genehmigung eines Grenzpostens herausgeben zu lassen.

Während Nasarow nach innen blickte, schaute ein junger Prätendent auf seinen Thron nach Westen. 1999 hatte Abramowitsch als Duma-Kandidat für Tschukotka kandidiert und gewonnen. Die meisten Beobachter nahmen an, er sei in die Politik gegangen, um sich parlamentarische Immunität vor Strafverfolgung zu verschaffen, doch die Frage blieb weiterhin: Warum Tschukotka? Manche glauben, Putin habe sich jemanden, dem er trauen konnte, in jener Gegend gewünscht, um sich eines Dinosauriers aus der Sowjet-Ära zu entledigen. Eine harmlose Erklärung besagt, Abramowitsch habe Nasarow während seiner Charme-Offensive unter den Regionalgouverneuren im Rahmen der Partei Jedinstwo kennen gelernt und Nasarow habe ihn zur Kandidatur bewogen. Einer von Abramowitschs höchsten Mitarbeitern bestätigt, dass Nasarow den Oligarchen aufforderte, seine politische Karriere in Tschukotka zu beginnen. Wenn das zutrifft, sollte der Gouverneur bald feststellen, dass er sich einen Kuckuck ins Nest gesetzt hatte.

Eine von Abramowitschs frühen Kontaktpersonen war der Amerikaner John Tichotsky, Dozent für Wirtschaft und Außenhandel an der Universität Alaska. Der prinzipienbewusste, dynamische Tichotsky, der fließend Russisch spricht, hatte ein großes Interesse an der Eskimogemeinschaft von Tschukotka und erwarb bald Abramowitschs Vertrauen. Nach Aussage eines Freundes »hasste« Tichotsky Gouverneur Nasarow und war froh, einen Geistesverwandten zu finden, der einer vernachlässigten Minderheit helfen konnte. Im Frühling des Jahres, als Nasarow die Boote anketten ließ, flog Abramowitsch mit seinem Privatjet von Moskau nach Anchorage und von dort nördlich nach Barrow, einer Eskimo-Modellsiedlung, wo er hoffte, etwas Nützliches für sein neues Heimatterritorium zu lernen. Mit den Steuern einer lokalen Ölförderungsanlage hatte man Häuser, Schulen und eine Universität gebaut. Im Laufe des vorhergehenden Jahrzehnts war zudem genug Geld übrig geblieben, um Hilfsmittel in Höhe von 4 Millionen Dollar – hauptsächlich Generatoren und Jagdausrüstung – nach Tschukotka zu schicken.

Als Abramowitsch seine eigenen Hilfsmaßnahmen einleitete, witterte

Nasarow Konkurrenz. Dann startete Abramowitsch sein Kinderferienprogramm und spendete Schulbücher, Parkas, Medikamente und sogar 20 Bulldozer für die öffentliche Bauabteilung. Daraus schloss Nasarow, dass sich die Dinge nicht plangemäß entwickelten. Die Lage spitzte sich zu, als Abramowitsch ein Büro seiner Wohltätigkeitsorganisation Poljus nadeschdy (Pol der Hoffnung) in Anadyr eröffnete. Eines Tages erschienen ein paar schwere Jungs, warfen den Sozialarbeiter hinaus und schlossen das Büro. Wenn Nasarow allerdings gedacht hatte, den trügerisch bescheidenen Eindringling dadurch abgeschreckt zu haben, so wurde er bald eines Besseren belehrt. Innerhalb von zwei Monaten startete Abramowitsch eine offene Kampagne, in der er sich um das Gouverneursamt bewarb. Sein Gesicht lächelte überall in der Stadt von Plakaten mit der Parole: »Neue Zeiten, neuer Gouverneur, neue Hoffnung.«

Früher hätte Nasarow sich vielleicht durchgesetzt, doch er unterschätzte die Macht des Zentrums. Ende Oktober wurde er nach Moskau berufen, und die Zeitungen deuteten an, er sei zu angeblichen Korruptionsfällen in der Provinz verhört worden. Der erfahrene Nasarow begriff, dass er verspielt hatte, und zog seine Kandidatur eine Woche vor der Abstimmung am 24. Dezember 2000 zurück. Ohne Gegenkandidaten wurde Abramowitsch mit 99 Prozent der Stimmen gewählt.

Die relative Leichtigkeit, mit der Abramowitsch seinen Aufstieg an die Macht bewerkstelligte, belegt seine Geschicklichkeit und seinen politischen Einfluss. Andere hätten es nicht so mühelos geschafft, denn für einen jungen Mann aus Moskau kann es recht schwierig sein, einen Provinzautokraten aus dem Amt zu drängen. Das zeigte später die Erfahrung eines anderen, relativ unbedeutenden Oligarchen namens Ralif Safin. Safin, ein leitender Manager bei Lukoil, unternahm in der Republik Baschkortostan einen ähnlichen Versuch.

Abgesehen davon, dass beide aus dem Ölgeschäft kommen, gibt es noch weitere Parallelen zwischen Abramowitsch und Safin. Der Letztere ist anglophil und verbringt einen großen Teil seiner Zeit in London. Anfang 2004 meldeten die Zeitungen, er sei daran interessiert, einen Verein in der englischen Premiership – in seinem Fall Manchester United – zu kaufen. Allerdings war er mit seinem Angebot nicht erfolgreich, wenn er überhaupt eines gemacht hatte. Wie Abramowitsch bekleidete Safin als

Senator der Region Altai bereits einen politischen Posten, bevor er sich um das Gouverneursamt bemühte. Sein Wahlkampf war dem von Abramowitsch genau nachempfunden. Den Höhepunkt bildete ein kostenloses Konzert mit seiner bezaubernden 20-jährigen Tochter Alsu in der Baschkortostaner Hauptstadt Ufa. Alsu hatte im Jahre 2000 den zweiten Platz im Eurovision Song Contest belegt und war zu einem der größten Popstars in Russland geworden. Mehrere andere Stars schlossen sich ihr auf der Bühne an, und der Auftritt war ein großer Erfolg. Nach dem Konzert in Ufa wurden ähnliche Veranstaltungen in anderen Städten der Republik durchgeführt, und Alsu verschenkte fröhlich Exemplare ihrer Alben.

Es gab jedoch einen wichtigen Unterschied zwischen Safins Kampagne und Abramowitschs Wahlsieg: Während der Letztere ein Multimilliardär war, der gegen den kaum bekannten Boss eines verarmten Territoriums in die Schlacht zog, versuchte der 49-jährige Safin den Herrscher einer der reichsten Republiken Russlands zu verdrängen: Murtasa Rachimow, einen der härtesten und gefürchtetsten Politiker Russlands. Keith Dovkants, ein angesehener investigativer Journalist beim Londoner *Evening Standard*, schrieb im Dezember 2003: »Rachimow lenkt Baschkortostan mit eiserner Faust. Sein Porträt schmückt öffentliche Gebäude, Hotels und Bahnhöfe; seine Anhänger betreiben einen Personenkult um ihn, und als Safin, der relativ jugendliche Emporkömmling aus Moskau, erschien, war klar, dass es Ärger geben würde.«

Durch Safins anfängliche Erfolge nervös geworden, beschwerte sich der 69-jährige Herrscher Baschkortostans, weil sein Gegner mit einer im westlichen Stil geführten Kampagne die Wahlvorschriften verletze. Seine Beschwerde wurde abgewiesen, doch der erfahrene Machtmensch gab nicht auf und schlug Safin schließlich aus dem Feld.

■ ■ ■

Abramowitschs Amtseinführung als Gouverneur von Tschukotka fand Anfang Januar 2001 im Haus der Kultur statt, und sie ließ deutlich werden, wie sehr sich die Dinge geändert hatten. Bei der Zeremonie wurden die Sitze in der vorderen Reihe 20 Delegierten aus Alaska sowie verschiedenen Geschäftsleuten und Eskimos überlassen, und das stärkste Getränk, das angeboten wurde, war Orangensaft. Abramowitsch stand in einem grauen Anzug vor der russischen Nationalfahne, um den Amtseid zu leisten, und nachdem die Nationalhymne gespielt worden war, lehnte er es höflich ab, eine Rede zu halten. Hal Bernton, ein an jenem Abend anwesender amerikanischer Journalist, beschreibt, was als Nächstes geschah: »Nach der Vereidigung tanzten Einheimische, die mit Perlen verzierte Rentierkostüme trugen. Das Büfett bestand aus Pasteten mit Krabbenfleisch, panierten Hühnerschnitzeln und seltenen Köstlichkeiten wie Mandarinen und Ananas. Eine Jazzband spielte abwechselnd russische Standards, amerikanische Show-Melodien und Sinatra-Balladen.« All das war weit entfernt von den Rentiersteak-und-Wodkagelagen, die man unter Nasarow abgehalten hatte. Weniger als eine Stunde nach dem Beginn der Feierlichkeiten war Abramowitsch verschwunden.

In der Hölle, die Nasarow hinterlassen hatte, wirkte Abramowitsch wie ein Messias. Einige seiner Maßnahmen könnte man angesichts einer derart verarmten Gesellschaft als populistisch und sentimental bezeichnen. Als Erstes erfüllte er das Versprechen aus seinem Wahlkampfprogramm, Kinder zu Ferien in der Sonne nach Süden fliegen zu lassen. Organisiert wurden die Reisen von Abramowitschs Wohltätigkeitsorganisation Pol der Hoffnung, die von seiner Cousine Ida geleitet wird. Die Betreuer der Kinder erlebten einige ergreifende Momente, als ihre dem Elend entstammenden Schutzbefohlenen zum Beispiel Narzissenzwiebeln für essbar hielten oder Aufschnittscheiben mit der Post nach Hause schicken wollten. Benedict Allen begegnete einer Gruppe junger Touristen, die in ihr Heimatdorf im Norden von Tschukotka zurückkehrte:

Alle kamen strahlend und voller Lebensfreude zurück, und dann machte sich die nächste Gruppe aufgeregt bereit. Damals dachte ich, wie unglaublich, dass dieser Mann so viel Geld verschwendet, um die Kinder auf Reisen zu schicken. Aber ein alter Russe korrigierte mich. »Was soll das heißen?«, fragte er. »Diese Kinder haben nun etwas, an das sie glauben können. Sie sind fähig, über ihre eigene Welt hinauszudenken.«

Jedenfalls hatte die Aktion eine elektrisierende Wirkung auf die Wählerschaft.

Andere Maßnahmen unter Abramowitschs Regierung waren praktischer. Staatliche Angestellte, die seit Jahren keine regelmäßigen Gehälter mehr bekommen hatten, wurden nun rechtzeitig bezahlt. Man nahm die Handels- und Verkehrsverbindungen zu Alaska wieder auf, und die Ölvorräte von Tschukotka wurden durch gezielte Bohrungen erforscht. Außerdem steckte Abramowitsch Geld in die Infrastruktur. Ein Journalist, der Tschukotka im November 2003 besuchte, schrieb:»Allein in Anadyr hat er das Krankenhaus, die Zahnklinik, die Grundschule und die Fachhochschule umbauen, den ersten Supermarkt und das erste Kino eröffnen, die Strom- und Wasserversorgung überholen, den Flughafen modernisieren und das Fernmeldewesen erneuern lassen. Er hat sogar eine Hühnerfarm eingerichtet, damit die Bewohner von Tschukotka Eier zum Frühstück essen können.«

Zur Verwaltung dieser schönen neuen Welt zog Abramowitsch »Freiwillige« von Sibneft heran: Angestellte, die nach Osten reisten, um den Chef zu unterstützen. Viele leitende Manager, die ihrerseits vermögend waren, ließen ihre Familie in Moskau zurück und verbrachten jeweils bis zu drei Wochen in Tschukotka, um sicherzustellen, dass in Abramowitschs Abwesenheit alles glatt ging. Außerdem überredete dieser seinen Freund Alexander Mamut, eine Filiale seiner Bank in Anadyr zu eröffnen, sodass die Tschuktschen zum ersten Mal Kreditkarten erhalten konnten.

Um all dies zu finanzieren, stellte Abramowitsch laut seinem Sprecher 230 Millionen Dollar aus seiner eigenen Schatulle bereit. Aber sein wohl größtes Opfer war emotionaler und physischer Art. Ein Mann, dem es so offenkundig schwerfällt, Reden zu halten, und der sich selten mit jemandem außerhalb seines Kreises von Vertrauten abgibt, bemühte sich, in die Menge einzutauchen. Dieser Milliardär, der zumeist ein luxuriöses Leben führt und die beste internationale Küche genießt, widmete einer der unwirtlichsten Gegenden auf dem Planeten einen Teil seiner Zeit. In einem vermutlich schwachen Moment ließ er gegenüber Jelena Dikum – einer früheren Presseberaterin Putins, die ihn in Tschukotka besuchte – seine Frustration durchblicken: »Hier gibt's Rentier zum Frühstück, Rentier zum Mittagessen und Rentier zum Abendessen. Der erste Gang besteht aus Rentier, der zweite Gang besteht aus Rentier, und dann isst man Rentier zum Nachtisch. Es ist komisch, aber wahr.«

Zu Beginn seiner Amtszeit, bevor Abramowitsch sich ein Haus in Anadyr gebaut hatte, verbrachte er die Nächte regelmäßig in Anchorage, das einen kurzen Hubschrauberflug über die Beringstraße hinweg entfernt liegt. Dort wohnte er im Captain Cook Hotel. Es gehört Wally Hickel, einem früheren Gouverneur von Alaska, und liegt am Cook Inlet. Viele der 547 Zimmer bieten einen malerischen Ausblick auf die Berge jenseits des Meeres. Doch Abramowitsch verbrachte nicht viel Zeit damit, die Szenerie zu bewundern, sondern er konzentrierte sich darauf, die Beziehungen zur Regierung von Alaska zu festigen. Dabei half ihm Jeff Berliner von der Außenhandelsbehörde des Staates, der den Gouverneur bewog, den neuen Mann ernst zu nehmen.

Außerdem orientierte sich Abramowitsch nach Süden in Richtung Kanada und der anderen US-Staaten an der Westküste. Weniger als vier Monate nach seiner Amtseinführung unternahm er eine viertägige Reise durch West-Washington. Auf seinem Reiseplan standen eine Besichtigung des Boeing-Werks – bei diesem Unternehmen hatte er seinen Privatjet erworben –, ein kurzes Treffen mit dem Washingtoner Gouverneur Gary Locke und eine zehnminütige Rede vor dem Senat des Staates. Damals war es Abramowitschs Ziel, bei seinen westlichen Nachbarn für Vertrauen zu Tschukotka zu werben. Nach dem Zusammenbruch der Sowjetunion hatten die Geschäftsleute Alaskas und Kanadas erwartet, dass die Handelsbeziehungen zu den Provinzen an der russischen Ostküste aufblühen würden, doch als periodische Krisen die russische Wirtschaft niederdrückten und die Korruption allgegenwärtig wurde, war ihr Interesse geschwunden. Nun jedoch hatte man es mit einem Gouverneur zu tun, der versprach, 50 Prozent der Lebensmittel von Tschukotka in der Region einzukaufen, und der stabile Handelsbedingungen für Unternehmen etwa aus der Holzbranche und der Fischindustrie verhieß.

■ ■ ■

Wer mit Abramowitschs Mitarbeitern spricht, bekommt zu hören, das einzige Motiv für sein Engagement in Tschukotka sei sein Mitgefühl mit der verelendeten Bevölkerung gewesen. Während seine Gouverneurstätigkeit in Tschukotka mit großem Erfolg als philanthropischer Akt präsentiert wird, gibt es jedoch noch eine andere, viel weniger schmeichelhafte Interpretation. Demnach lag dem Ganzen ein raffinierter Plan zugrunde, von dem Abramowitsch und seine Mitaktionäre erheblich stärker profitieren als die Bevölkerung von Tschukotka. Außerdem seien seine russischen Mitbürger an einem entscheidenden Punkt der postsowjetischen Sanierung um Steuereinnahmen in Höhe von mehreren hundert Millionen Dollar gebracht worden. Dafür werden folgende Argumente angeführt: Eine der nur bei oberflächlicher Betrachtung sinnvollen Steuerreformen unter Putin habe darin bestanden, in der Russischen Föderation eine Reihe von Steueroasen zu schaffen. Man habe es den Regionalgouverneuren rückständiger Gebiete wie Tschukotka oder Kalmuckien ermöglicht, Unternehmen durch äußerst günstige Steuerbedingungen anzulocken. Die Zentralregierung habe jedoch nicht bedacht, dass ein gerissener Investor einen Verbündeten in einer der Steueroasen als Gouverneur ans Ruder bringen konnte, damit dieser einem Unternehmen wie etwa Sibneft allerlei Gutes tat. Nach einem eilfertigen Kandidaten brauchte man nicht lange Ausschau zu halten. Wer war dafür besser geeignet als der Hauptaktionär, Abramowitsch selbst?

Kurz nach Abramowitschs Amtsantritt in Tschukotka bemerkte James Fenkner, der amerikanische Leiter der Researchabteilung von Troika Dialog, einem in Moskau ansässigen Brokerhaus, einen jähen Aufschwung bei Sibneft. Zwischen 1999 und 2001 stieg einerseits zwar die Ölproduktion des Unternehmens um durchschnittlich 17,8 Prozent, womit es sogar Jukos übertraf. Im selben Zeitraum zahlte Sibneft jedoch seinen Aktionären nicht nur die höchsten Dividenden der Branche, sondern investierte auch mehr und gab mehr für seine Geschäftsentwicklung aus als all seine Wettbewerber. Diese erstaunliche Fähigkeit, gleichzeitig sein Wachstum zu finanzieren und den Aktionären Hunderte von Dollarmillionen zu zahlen, war teilweise durch die steigende Schuldenaufnahme des Konzerns zu erklären, doch bald wurde deutlich, dass noch ein anderer, bedeutenderer Faktor eine Rolle spielte: sehr niedrige Steuern.

In einer Analyse von Troika Dialog hieß es im November 2002:
Sibnefts gut vorbereitete Steueroptimierungspläne haben bewirkt, dass es die niedrigste effektive Unternehmenssteuerquote innerhalb seiner Branche zahlt. Obwohl die Quote von 9,9 Prozent in der ersten Hälfte 2001 leicht auf 12,6 Prozent in der ersten Hälfte 2002 anstieg, liegt sie immer noch weit unter der von Lukoil (24 Prozent) und Jukos (22 Prozent) sowie unter dem amtlichen Satz von 24 Prozent.

Schon bald zeigte sich, dass Sibneft vor allem durch die Entscheidung Steuern sparen konnte, eine Reihe seiner Handelsunternehmen in steuerlich begünstigte Regionen Russlands zu verlegen, wodurch seine Gewinne den niedrigeren regionalen Sätzen unterlagen. Laut Troika bestand die Strategie von Sibneft darin, Öl aus seiner russischen Raffinerie weit unter Marktpreis an seine Vertriebstochter in Tschukotka zu verkaufen, damit diese es zum Marktpreis an den Endverbraucher weiterleitete. Dadurch wies das in Russland ansässige Unternehmen niedrige Gewinne aus und konnte folglich niedrige Steuern zahlen, während die Niederlassung in Tschukotka, das einem viel günstigeren Steuersystem unterlag, erheblich höhere Gewinne verzeichnete.

Der übliche Satz, zu dem Unternehmen ihre Gewinne in Russland versteuern mussten, lag damals, wie erwähnt, bei 24 Prozent. Davon waren 7,5 Prozent an den föderalen Haushalt, 14,5 Prozent an den regionalen Haushalt und 2 Prozent an den Kommunalhaushalt zu zahlen. Zwar führte Sibneft in der ersten Hälfte 2002 die föderal und kommunal anfallende Steuer in voller Höhe ab, aber es zahlte nicht 14,5, sondern durchschnittlich 3,1 Prozent an die regionalen Steueroasen, etwa an Tschukotka, in denen es Niederlassungen besaß.

Unter dem bis 2002 gültigen Steuersystem waren Regionalgouverneure wie Abramowitsch bevollmächtigt, Unternehmensgewinne bis zu drei Jahre vom regionalen Steueranteil zu befreien. Im Bericht von Troika steht weiter:
Roman Abramowitsch, Gouverneur der östlichsten Region Russlands, nämlich Tschukotkas, entschloss sich anscheinend, dieses Recht zum Vorteil von Sibneft zu nutzen. Der Konzern gibt die Identität seiner Aktionäre zwar nicht preis, aber man nimmt allgemein an, dass Abra-

mowitsch und ihm nahestehende Gruppen 87 Prozent der Anteile über das Managementunternehmen Millhouse besitzen. Wenn das der Fall ist, dürfte sich Sibneft bei seiner erfolgreichen Steuerplanung stark auf seine politischen Beziehungen gestützt haben.

Später meinte Fenkner:»Wenn jemand von BP einen politischen Posten erhalten und dann in seinem Verwaltungsbereich Handelsgesellschaften angesiedelt hätte, um sie von Steuern freizustellen, hätte es einen Aufschrei gegeben.« Insgesamt soll Sibneft eine halbe Milliarde Dollar gespart haben.

Vor diesem Hintergrund haben Abramowitschs offizielle Ausgaben in Tschukotka möglicherweise weniger mit Philanthropie als mit Schönfärberei zu tun. Wie er der französischen Zeitung *Le Monde* einmal erklärte: »Kennen Sie den Unterschied zwischen einer Ratte und einem Hamster? Es gibt keinen Unterschied, es ist nur eine Frage der PR.«

Die Geschäftsführung von Sibneft reagierte natürlich wütend auf die Troika-Analyse. Die Enthüllungen waren besonders peinlich, weil sie einen Monat vor dem Termin veröffentlicht wurden, an dem Abramowitsch seine Akquisition von Slawneft – dem russischen Ölgiganten, der damals gerade zur Privatisierung anstand – besiegeln wollte. Wie Eric Kraus vor ihnen wurden die Troika-Dialog-Manager mit zornigen Telefonaten von Sibneft-Vertretern bombardiert, die alle den Widerruf des Investmentkommentars verlangten. Doch Troika ließ sich nicht einschüchtern, und Sibneft musste einen weiteren Ansehensverlust in Sachen gute Unternehmensführung einstecken.

Um einen Kommentar zu der Troika-Analyse gebeten, erwiderte John Mann im Juni 2004, Sibneft sei nur eines von vielen Unternehmen in zahlreichen Branchen, die ihre Steuerlast durch Nutzung inländischer Steueroasen senkten. Außerdem habe die Region von Sibnefts Engagement nur profitiert. »Die Tatsache, dass wir unsere Handelsgesellschaften nach Tschukotka verlegten, brachte neue Einnahmen, die sonst in eine andere Region geflossen wären.« Tschukotka habe verlangt, dass hereinkommende Firmen 50 Prozent ihrer Steuerersparnisse in die Region investierten. »Seit der Gouverneur [Abramowitsch] sein Amt antrat, hat Tschukotka Unternehmen, darunter Sibneft-Tochtergesellschaften, die

Investmentverträge mit der Region unterzeichneten, Steuervergünstigungen in Höhe von 13,7 Milliarden Rubel (Stand vom 1. Januar 2004) gewährt. Im selben Zeitraum investierten Unternehmen, die Steuervergünstigungen erhielten, 14 Milliarden Rubel in Tschukotka. Dabei ist darauf hinzuweisen, dass die Steuererleichterungen aus dem Steueranteil der Regionalregierung finanziert werden, nicht aus dem Anteil der Zentralregierung, der unantastbar ist. Mit anderen Worten, die reduzierten Steuereinnahmen gingen zu Lasten der Region, nicht der Zentralregierung.« Interessanterweise räumt Sibneft, das Abramowitschs Ausgaben in Tschukotka früher stets als philanthropisch bezeichnete, hier plötzlich ein, dass solche Ausgaben die notwendige Voraussetzung bildeten, damit die von der Region angebotenen Steuervergünstigungen genutzt werden konnten.

Es gibt auch noch zahlreiche andere Theorien darüber, weshalb Abramowitsch sich den Problemen einer so fernen und unwirtlichen Gegend widmete. Orlando Figes, Professor für Geschichte am Birkbeck College, meint, Abramowitsch habe sich vielleicht von dem satirischen sowjetischen Film *Natschalnik Tschukotki* (Der Chef von Tschukotka) inspirieren lassen, der Ende der sechziger Jahre entstand:

[Der Film] erinnert sehr an Abramowitsch, denn er handelt von einem Sowjetfunktionär, der Gouverneur von Tschukotka wird und dort sein eigenes Lehen einrichtet. »Gouverneur von Tschukotka« wurde zu einer Art Schlagwort für jemanden, der einen Teil des Systems für sich abzweigen und als Parallelstaat betreiben kann. Vielleicht hat er die Idee aus dem Film bezogen.

Chrystia Freeland kommentiert: »Die vermeintliche Wohltätigkeit von Oligarchen strapaziert ihr Bankkonto in der Regel kaum. Es ist durchaus möglich, seine Steuerschuld zu verringern und das Geld, statt es für weitere westliche Fußballvereine auszugeben, zu einem kleinen Teil den Tschuktschen zurückzugeben.« Sie verweist außerdem auf den Wunsch, geliebt zu werden. Nachdem Abramowitsch in aller Stille aufgestiegen war, sah er sich plötzlich der Abscheu des russischen Volkes gegenüber den Oligarchen ausgesetzt. Da er durch seinen Reichtum bekannt geworden war, mochte es sinnvoll sein, mit diesem Vermögen etwas Gutes zu tun. Offensichtlich liebt er Kinder – was also bot sich mehr an, als Tausende von ihnen wie ein freigiebiger Weihnachtsmann auf eine unvergessliche Reise zu schicken?

Abramowitschs politisches Experiment nähert sich jedoch dem Ende. Er hat angekündigt, dass er nicht für eine zweite Amtsperiode als Gouverneur von Tschukotka kandidieren will, und die Gründe sind nicht schwer zu erraten. Von Moskau aus müssen Reisende 10 000 Kilometer zurücklegen und zwölf Zeitzonen überqueren, um die Halbinsel zu erreichen. Die Unbequemlichkeit eines monatlichen Fluges in die Provinz dürfte einen Mann, der einen großen Teil seiner Zeit in London und in Südfrankreich verbringt, zunehmend belasten. Auch gibt es Anzeichen dafür, dass er unzufrieden mit der Reaktion der Wähler auf seine Großzügigkeit ist. Dazu Freeland:

> Ein Oligarch teilte mir mit, Abramowitsch sei enttäuscht über die mangelnde Dankbarkeit der Menschen von Tschukotka. Er habe dort erhebliche Beträge seines eigenen Geldes ausgegeben, um die Lebensbedingungen zu verbessern, und erwartet, dafür gefeiert zu werden. Stattdessen wurde er mit Briefen überschüttet, in denen beispielsweise stand: »Sie haben mir nur eine Zweizimmerwohnung gegeben, aber ich brauche drei Zimmer.« Vielleicht sind die Chelsea-Fans weniger anspruchsvoll als die Einwohner von Tschukotka.

Ein weiterer Grund besteht möglicherweise darin, dass die Duma ein Gesetz zur Abschaffung der regionalen Steueroasen verabschiedet hat.

Es heißt, dass Abramowitsch an seiner statt ein Mitglied seines Teams zum Gouverneur ernennen könne. In diesem Fall gäbe es noch Hoffnung für den neuen Wohlstand von Tschukotka. Aber vielleicht symbolisiert auch das, was aus dem ersten Preis der Tombola an jenem Maifeiertag 2001 in Anadyr wurde, die Zukunft der Region. Benedict Allen entdeckte das rote Auto am nächsten Tag in einer Seitenstraße. »Anscheinend war jemand wie ein Wilder damit durch den Ort gerast«, berichtet er, »vermutlich in volltrunkenem Zustand. Ich nehme an, dass man den Wagen später abgeholt hat, aber vorläufig war er einfach nur am Straßenrand abgestellt.«

8 Ein Volk für sich

Am Rand der sibirischen Stadt Omsk liegt eine riesige Fabrik. Alljährlich transportieren Lastwagen 300 000 Schweine in das Werk. Dort werden sie geschlachtet, zerlegt und verpackt, wonach man sie tonnenweise in Form von Speck sowie zentnerweise in Form von Schinken und Koteletts wieder hinausfährt. Einer der Hauptaktionäre von Omski Bekon (Omsker Speck) ist – überraschenderweise, wie man meinen könnte – Jude. Abramowitsch nimmt die jüdischen Ernährungsvorschriften allerdings nicht sehr ernst, was typisch für seine Glaubensbrüder in Russland ist. Jewgeni Satanowski, der Vorsitzende des Russischen Jüdischen Kongresses (RJK), vermutet, dass von den 2 bis 3 Millionen Russen, die sich als jüdisch begreifen, nur 2000 das Verbot von Schweinefleisch beachten. Aber genauso verblüffend wie der weltliche Charakter des russischen Judentums ist seine kulturelle Stärke nach Jahren der Diskriminierung. Dieser Faktor dürfte für den erstaunlichen Erfolg der jüdischen Oligarchen verantwortlich sein. Während die Juden weniger als 2 Prozent der Bevölkerung ausmachen, findet man unter ihnen viele der bedeutendsten Oligarchen – Männer wie Abramowitsch, Chodorkowski, Beresowski, Gussinski oder Friedman.

Die überzeugendste Erklärung hierfür liefert die These von der »gläsernen Decke«. Da den Juden sämtliche Aufstiegsmöglichkeiten durch institutionalisierte Diskriminierung versperrt waren, suchten sie Wege, das System zu umgehen. Während den nichtjüdischen Russen, Ukrainern, Georgiern und anderen, deren Ehrgeiz nicht so stark eingegrenzt war, der Unternehmergeist unter dem Kommunismus auf geradezu chirurgische Art entfernt wurde, entwickelten die Juden eine Kultur der Initiative und des Risikos. In seiner kurzen Geschichte der postsowjetischen jüdischen Organisationen schreibt Satanowski: »Selbst nach der

Aufhebung der politischen Massenrepressionen blieb der offizielle Antisemitismus als politische Methode in den achtziger Jahren bestehen, was die russischen Juden veranlasste, ihre eigene informelle Subkultur zu schaffen.« Als das Privatunternehmertum nach 70 Jahren des Kommunismus endlich legalisiert wurde, waren diejenigen, die am stärksten unter dem System gelitten hatten, am besten gerüstet, die neuen Chancen zu nutzen. Mit den Worten eines Kommentators: »Im Land der Blinden ist der Einäugige König.«

■ ■ ■

Die Juden werden in Russland seit jeher auf die eine oder andere Weise verfolgt. Im späten 15. Jahrhundert wurde das Fürstentum Moskau zum religiösen Zentrum der russisch-orthodoxen Kirche, und es war durch und durch antisemitisch. Wenn die russische Armee eine polnische Stadt besetzte, zum Beispiel Polozk im Jahre 1563, so ermordete sie stets die gesamte jüdische Bevölkerung. Katharina die Große ging etwas zurückhaltender vor, als sie Polen im 18. Jahrhundert zusammen mit Österreich und Preußen zerstückelte und dabei große Teile der jüdischen Bevölkerung zu ihren Untertanen wurden. Vielleicht abgeschreckt durch die Dimension des Gemetzels, das zur Ausrottung der Juden erforderlich gewesen wäre, entschied sie sich nicht für den Massenmord, sondern für Eindämmungsmaßnahmen. Sie gründete den so genannten Siedlungsbezirk, der anfangs aus Russisch-Polen und der Krim bestand, doch dann auch Litauen, Weißrussland, Bessarabien und den größten Teil der Ukraine umfasste. Ohne Sondergenehmigung durften Juden nicht aus dem Siedlungsbezirk nach Russland reisen.

Als die autokratische Herrschaft der Zaren einem wachsenden Druck durch etliche antiimperialistische Gruppierungen ausgesetzt war, griffen die Monarchen auf die bewährte Taktik des »Teile und herrsche« zurück. Nach der Ermordung Zar Alexanders II. im Jahre 1881 schob man den Juden die Schuld an seinem Tod zu, und sein Sohn und Erbe stachelte zu einer Reihe von Pogromen auf, in deren Verlauf Juden in 200 russischen Städten angegriffen und ihre Besitztümer zerstört wurden. Danach kam es immer wieder zu Pogromen.

Allerdings konnte die Revolution von 1917 dadurch, dass man die »Christusmörder« zu Sündenböcken für jegliche Missstände machte, nicht verhindert werden. Unter Lenin erlebten die Juden eine kurze Periode der Hoffnung. Er wandte sich gegen die Pogrome und schaffte den Siedlungsbezirk, in dem so viele Juden ihr Leben in bitterer Armut gefristet hatten, offiziell ab. Andererseits brandmarkte er jeden Befürworter einer jüdischen »Nationalkultur« als »Feind des Proletariats, als Anhänger der alten Ordnung und der niedrigen Stellung der Juden sowie als Komplizen der Rabbiner und der Bourgeoisie«. Zwar gab es Personen jüdischer Herkunft, die eine führende Rolle bei den Bolschewiki spielten, aber sie waren zumeist weltlich gesinnt. Deshalb wurden zionistische Parteien nach der Gründung der Jewsekzija, der jüdischen Sektion der Kommunistischen Partei, im Jahre 1919 aufgelöst, und man verbot die hebräische – wenn auch nicht die jiddische – Sprache, weil man sie mit der Religion und dem Zionismus verband.

In den folgenden Jahrzehnten passten sich die Juden der russischen Gesellschaft in so hohem Maße an wie noch nie zuvor, und die Sowjetunion war dem ausdrücklichen Antizionismus des Staates zum Trotz das erste Land, welches Israel 1947 anerkannte (als Andrej Gromyko, der sowjetische UN-Vertreter, seine Unterstützung versprach, enthielt sich das Vereinigte Königreich der Stimme). Aber dieser Liberalismus währte nicht lange. Während sich Israel zum Westen hin ausrichtete und die Sowjetunion ihren Einfluss auf die arabische Welt zu verstärken suchte, wurde Stalin immer antisemitischer. Nachdem er Sinowjew, einen prominenten jüdischen Kommunistenführer, im Rahmen einer seiner »Säuberungen« hatte ermorden lassen, gab der NKWD-Henker seinem Chef eine anschauliche Vorführung der letzten Momente des Opfers. Stalin soll sich vor Lachen gebogen haben, als sich der Geheimpolizist auf dem Fußboden wälzte und stöhnte: »Oh, Gott Israels, höre meinen Ruf.«

Neben regelmäßigen Vernichtungsaktionen gegen Juden und andere, die ihm suspekt vorkamen, versuchte Stalin, das jüdische Kulturleben durch die Schließung von Synagogen, Theatern und Schulen im Keim zu ersticken. Gleichzeitig lehnten er und seine Nachfolger jedoch die Auswanderung ihrer Opfer ab, denn die russischen Juden, unter allen Juden Europas früher mit am ärmsten und rückständigsten, hatten sich zu der gebildetsten Bevölkerungsgruppe der Sowjetunion entwickelt. Hätte man sie emigrieren lassen, so hätte Russland viele wertvolle Juristen, Ärzte, Zahnärzte, Apotheker, Physiker und andere Spezialisten verloren.

Ein gutes Beispiel dafür, wie man Juden behandelte, welche die Stirn hatten, eine Ausreise nach Israel zu beantragen, liefert der Fall von Juli Choscharowski, dessen traumatische Erlebnisse der Historiker Martin Gilbert in seinem Buch *Jews of Hope* beschreibt. Choscharowski beantragte im März 1971 im Alter von 29 Jahren zum ersten Mal ein Ausreisevisum nach Israel. Man lehnte den Antrag mit der fadenscheinigen Begründung ab, dass er durch seine Tätigkeit am Swerdlowsker Forschungsinstitut für Automatikwaffen zum Geheimnisträger geworden sei. Gleichzeitig aber hinderte man ihn daran, in Russland in seinem Beruf als Ingenieur für Funkelektronik zu arbeiten. Später bekam er eine Stelle als Nachtwächter in einem Kino, doch wegen seiner fortgesetzten Ausreisegesuche wurde er von den Sicherheitskräften massiv schikaniert. Nachdem die Sowjetunion im Jahre 1975 das Helsinki-Abkommen unterzeichnet hatte, gehörte Choscharowski zu einer Gruppe von 60 »Refuseniks« – Juden, denen man die Emigration nach Israel verwehrt hatte –, die beim Zentralkomitee in Moskau vorstellig wurde. Man lud sechs von ihnen zu Gesprächen ein, aber ihre Beschwerden und ihre erneuten Ausreiseanträge wurden kurzerhand zurückgewiesen.

In den folgenden Jahren gingen die Schikanen weiter. Ein Vorfall im Jahre 1980 war typisch für den dilettantischen, doch bedrohlichen Charakter der Attacken. Choscharowski verließ eines Morgens um 7.30 Uhr das Haus, um wie üblich sein Jogging-Programm zu absolvieren. Während er seine Aufwärmübungen machte, bemerkte er einen schwankenden Mann, der eine in Zeitungspapier eingewickelte Weinflasche umklammerte. Choscharowski lief los und versuchte, einen möglichst großen Bogen um den Mann zu machen, aber der »Betrunkene« taumelte auf ihn zu, stieß ihn an und ließ seine Flasche fallen. Er wurde laut und aggressiv, und in Sekundenschnelle erschienen zwei Männer, die sich als *druschinniki* (Mitglieder des freiwilligen Ordnungsdienstes) ausgaben. Sie beruhigten den »Säufer« und brachten Choscharowski und ihn zur nächstgelegenen Polizeiwache. Die beiden wurden wegen Erregung öffentlichen Ärgernisses zu jeweils 13 Tagen Haft verurteilt, doch während

Choscharowski seine Strafe absitzen musste, verschwand der mysteriöse »Säufer« bereits vor dem Urteilsspruch.

Die Haltung der sowjetischen Medien während der verschiedenen Kriege Israels gegen seine arabischen Nachbarn förderte ein neues Identitätsgefühl der sowjetischen Juden. »Mehr als jedes andere Ereignis seit der Gründung des Staates Israel im Jahre 1948 erzeugte der Sechstagekrieg von 1967, in dem Israel drei Armeen – die ägyptische, die syrische und die jordanische – besiegte, einen neuen Geist der nationalen Identifizierung unter sowjetischen Juden«, wie Martin Gilbert schrieb. Während des kurzen Krieges behauptete die Sowjetpropaganda, die Israelis sähen einer vernichtenden Niederlage entgegen, und als sie den Sieg davontrugen, fühlten sich viele Juden durch die vorherigen schrillen Medientöne abgestoßen. »Von jenem Moment an«, so Gilbert, »betrachteten viele sowjetische Juden Israel als ihre Nation und die Auswanderung dorthin als ihr nationales Ziel.« Wie erwähnt, gehörte auch Abramowitschs Vater zu denen, die damals hofften, nach Israel emigrieren zu können.

Aber auch diejenigen, die keinen Ausreiseantrag nach Israel stellten, kannten ihre Verwundbarkeit. Deshalb gaben sie sich unter der kommunistischen Herrschaft alle Mühe, ihren Glauben zu verbergen. In Russland ist es seit langem Brauch, dass Frauen ihren Geburtsnamen nach der Eheschließung weiterführen, und die Kinder dürfen den Namen des einen wie des anderen Elternteils annehmen. Wer befürchtete, durch einen jüdischen Familiennamen Nachteile zu erleiden, entschied sich daher, wenn möglich, für den russischen, ukrainischen oder georgischen Namen seines nichtjüdischen Elternteils. Aus demselben Grund gaben einige Eltern ihren Kindern das russische Gegenstück zu einem jüdischen Namen: Michail statt Menachem, Boris statt Baruch oder Arkadi statt Abraham. Da Juden die einzige Bevölkerungsgruppe waren, die von den Behörden nicht durch ihre Nationalität, sondern durch ihre Religionszugehörigkeit identifiziert wurde, versuchten etliche, sich das Leben zu erleichtern, indem sie sich als Russen registrieren ließen. Infolgedessen kam es, als Juden ein Ausreiserecht eingeräumt wurde, zu einer hektischen Korrektur von Papieren, denn Juden, die sich zu Russen gemacht hatten, wollten die Chance, ins Gelobte Land zu ziehen, auf jeden

Fall wahrnehmen können. Dabei gelang es auch einer Reihe von Nichtjuden, sich zu Emigrationszwecken offiziell als Juden kategorisieren zu lassen. Und nachdem mehr als eine Million Bürger der ehemaligen Sowjetunion zwischen 1989 und 2003 nach Israel geströmt waren, hörte man, dass in verschiedenen israelischen Städten russisch-orthodoxe Kirchen eröffnet worden seien.

Die Familie Abramowitsch scheint jedoch stolz auf ihre jüdische Identität gewesen zu sein und unternahm keinen Versuch, sie zu verbergen. »Abramowitsch« (»Sohn Abrahams«) könnte nicht jüdischer sein, und auch Leib und Abram sind traditionelle jüdische Namen. Roman, Abramowitschs Vorname, hat dagegen die gleichen Wurzeln wie Romeo und war nicht nur bei Juden beliebt, sondern auch bei anderen Nationalitäten, seien es Moldovaner, Ukrainer oder Russen.

■ ■ ■

Im Laufe des Aufstiegs der russisch-jüdischen Gemeinschaft von einer unterdrückten Minderheit zu einer reichen und mächtigen Interessengruppe entwickelte sich eine erbitterte Fehde zwischen zwei miteinander konkurrierenden jüdischen Organisationen: Satanowskis Russischem Jüdischem Kongress (RJK) und der Chabad-Organisation. Abramowitsch fand sich im Mittelpunkt des Konflikts wieder, der zuerst von Jelzin und dann von Putin angeheizt wurde, weil die russischen Landesherrscher hofften, ihre ungestüme Minderheit auf diese Art kontrollieren zu können. Der maßgebliche Unruhestifter war Wladimir Gussinski, der den RJK 1996 gegründet hatte. Als Regierungsgegner durfte er auf keinen Fall die Oberhand gewinnen, weshalb Jelzin sich an einen Rabbiner wandte, der eine einflussreiche, wenn auch theologisch zweifelhafte Alternative vertrat: Rabbi Berel Lasar.

Lasar war der Führer der russischen Chabad, die sich aus einer der rund 200 chassidischen Gruppierungen entwickelt hatte. Sie vertraten die Auffassung, dass man nicht nur den Talmud lesen, sondern vor allem beten müsse. Diese zunächst reformerischen Gruppierungen entstanden in den osteuropäischen Schtetls: in der Ukraine, in Polen und in Weißrussland. An ihrer Spitze stand jeweils ein Zaddik, der als Brücke zwischen den Menschen und Gott angesehen wurde. Im Laufe der Jahre nahm die Lubawitscher Gemeinde, die ihre Glaubensrichtung als chassidische Chabad-Bewegung bezeichnete, die Vorrangstellung ein. Ihr Name stützt sich auf das Akronym ChBD: Ch für Chochma (Weisheit), B für Bna (Verständnis) und D für Daat (Wissen). Die Bewegung wurde unter den Zaren verfolgt, und als ihr verhaftetes Oberhaupt nach der Revolution von 1917 freigelassen wurde, verlegte man die Chabad-Zentrale nach Berlin, dann nach Frankreich und schließlich nach Brooklyn, New York.

Der Mann, der die bisher kaum bekannte Gruppierung zu einem globalen Phänomen machen sollte, war Menachem Mendel Schneerson, den nicht nur Chabad, sondern auch die Hauptströmung des Judentums als Visionär verehrt. Zum Ingenieur ausgebildet, erwies er sich als vorzüglicher Manager, der durch ein System von Schahas oder Boten überall auf der Welt Anhänger gewann. »An jedem Ort, wo Coca-Cola verkauft wird«, erklärte er, »gibt es einen Juden, und der muss Chabad angehören.« Um dieses Ziel zu erreichen, schickte er Tausende von »Boten« zur Bekehrungsarbeit in die Welt hinaus. Zu ihnen gehörte Berel Lasar, den er in den frühen neunziger Jahren nach Moskau entsandte. In Mailand als Sohn eines amerikanischen Vaters geboren, hatte dieser die Aufgabe, das russische Judentum zu radikalisieren. Im Sowjetsystem hatte sich die Trennungslinie zwischen orthodoxem und liberalem Judentum weitgehend verwischt, denn beide machten gemeinsame Sache gegen ihre atheistischen Verfolger. Aber die Überzeugung, dass es »viele Wege zu Gott« gebe, teilte Chabad nicht. Es verurteilte die bourgeoisen Kompromisse der so genannten modernen Bewegung, zum Beispiel deren Praxis, den Gottesdienst von Männern und Frauen gemeinsam und in der Landessprache verrichten zu lassen.

Da Lasar zunächst zu einflusslos war, um eine Konfrontation mit der Hauptströmung riskieren zu können, arbeitete er anfangs innerhalb der Strukturen und wurde sogar Vorstandsmitglied des RJK. Aber dann entzweite Gussinski sich mit Jelzin. Der erste Schachzug des Präsidenten bestand darin, den Oberrabbiner Russlands, Adolf Schajewitsch, in sein Lager zu locken. Doch als Schajewitsch seine Loyalität zu Gussinski unterstrich, weil dieser der jüdischen Gemeinde in schweren Zeiten geholfen habe, wandte sich Jelzin an Lasar. Am Tag von Gussinskis Verhaftung wählte der Chabad-Kongress russischer Rabbiner Lasar zum alternativen Oberrabbiner Russlands, womit die moderne Bewegung herausgefordert wurde (dies war ein schlaues Manöver, das anscheinend Gussinskis Erzrivale Boris Beresowski vorgeschlagen hatte). So begann der »judäische Krieg«, um mit Nikolai Propirny, dem Chefredakteur der vom RJK finanzierten Wochenzeitung *Jewreiskaja gaseta* (Jüdische Zeitung), zu sprechen.

Propirny gehört unzweifelhaft dem liberalen Flügel an. Er wird von Satanowski als »einer unserer besten Intellektuellen« bezeichnet und besitzt sämtliche Insignien eines solchen, darunter ein Gestell mit etwa einem halben Dutzend Pfeifen auf dem Schreibtisch. Aber der Diamantstecker in seinem linken Ohr und das Mousepad mit dem Bild einer barbusigen Frau deuten auf seine weltlichen Neigungen hin.

Als Finanziers der Splittergruppe, welche den RJK als bedeutendste Kraft der jüdischen Gemeinde ersetzen sollte, wählte Jelzin Abramowitsch, seinen Freund Lew Lewjew, einen in Usbekistan geborenen, mittlerweile in Israel ansässigen Diamantenhändler, sowie Arkadi Gaidamak aus, einen weiteren vermögenden israelischen Geschäftsmann aus der ehemaligen Sowjetunion. Von da an suchte Jelzin Chabad-Synagogen auf, um am Passahfest und an anderen jüdischen Feiertagen Grußworte an die jüdische Gemeinde zu richten. Im Gegenzug erwies sich Chabad als gefügiger Verbündeter. Solange der Staat nicht den Antisemitismus förderte, war die Organisation bereit, ihn in erforderlichem Maße zu unterstützen. Und als die Mittel der Oligarchen zu fließen begannen, wurde sie immer bekannter – zum großen Verdruss des RJK. Lasar wurde regelmäßig zusammen mit Jelzin – und später mit Putin – fotografiert und warb für die Gottesdienste in Chabad-Synagogen mit der Parole: »Kommt in unsere Synagoge, denn Putin war ebenfalls hier.« Zu Wohlstand gelangt, verlegte die Organisation ihr Chabad-Hauptquartier in einen eleganteren Teil der Stadt und ließ den weißen Jerusalemer Stein für die musterhafte Marina-Roscha-Synagoge aus Israel herbeitransportieren. Am Passahabend erschien jeweils zur vollen Stunde ein jüdisches Kind im Fernsehen, um die Chabad-Gottesdienste in der renovierten Synagoge anzupreisen.

Die bescheideneren Büros des RJK befinden sich gegenüber der Moskauer Hauptsynagoge, einem imposanten Gebäude mit einer Säulenfassade. Die Büros sind mit Dutzenden von Bildern geschmückt, auf denen man Oligarchen im Gespräch mit RJK-Würdenträgern sieht, doch Satanowski ist offensichtlich verbittert darüber, dass Abramowitschs Millionen in eine andere Richtung gelenkt werden. »Wann immer wir mit Abramowitschs Vertretern sprechen, sagen sie: ›Es tut uns sehr Leid, aber das ist die einzige Wohlfahrtseinrichtung, die wir unterstützen.‹« Nicht, dass Satanowski alle Brücken hinter sich abbricht. Nach seiner Einschätzung von Abramowitsch befragt, erwidert er: »Er ist ein herzlicher Mann, ein wirklich herzlicher Mann.«

Aber während Chabad von den jüdischen Oligarchen und der russischen Regierung geschätzt wird, steht die Bewegung in den Augen des internationalen Judentums einer Sekte gefährlich nahe. Als Mendel Schneerson starb, wurde er von einer bedeutenden Minderheit seiner Anhänger zum Messias ausgerufen. Einflussreiche Persönlichkeiten wie Rabbi Jitsak Kogan meinten, Mendel Schneerson sei »die am besten geeignete Person, Messias genannt zu werden«. Lasar wollte sich zu dem Thema nicht äußern, doch die *Jewreiskaja gaseta* veröffentlichte eine Seite aus dem Gästebuch der Synagoge in Almaty, Kasachstan, auf der Lasar (vermutlich in einem schwachen Moment) Mendel Schneerson als »König Messias« bezeichnet hatte. Eine solche Aussage gilt in der jüdischen Welt allgemein als Ketzerei. Zum Unglück für den RJK sind die russischen Juden jedoch derart verweltlicht, dass sie, um mit Propirny zu sprechen, »jedem folgen, der einen breitrandigen Hut und einen Bart trägt«.

Der Grabenkrieg zwischen rivalisierenden jüdischen Oligarchen könnte als irrelevant für das Wohlbefinden unabhängiger Juden angesehen werden, wäre in Russland nicht noch so viel zu tun, um die nach Jahrzehnten des Kommunismus marode jüdische Infrastruktur wieder aufzubauen. Unter der kommunistischen Herrschaft wurde nur eine Synagoge, die Marina Roscha – in den zwanziger Jahren – errichtet, und nun, da es wieder Glaubensfreiheit gibt, muss viel Arbeit geleistet werden, um die Gemeindeinstitutionen zu erneuern.

Außerdem ist der Antisemitismus keineswegs verschwunden. In den neunziger Jahren versuchten die Kommunisten, ein Gesetz zu verabschieden, das Jelzin zwingen sollte, aus Gesundheitsgründen zurückzutreten, aber ihr Antrag wurde in der Duma mit knapper Mehrheit abgewiesen. Danach suchten die Extremisten nach neuen Angriffspunkten, und dazu gehörten auch seine engen Beziehungen zur jüdischen Gemeinde. Ein kommunistischer Abgeordneter, Viktor Iljuchin, sagte, es gebe »zu viele Personen jüdischer Herkunft um den Präsidenten«. Er brachte sogar eine Protestnote in der Duma ein, um diesen Sachverhalt hervorzuheben. In seinen Memoiren schrieb Jelzin, es sei besonders in der Region Krasnodar zur Mode geworden, die »Jids« und »Zionisten« für die Probleme des Landes verantwortlich zu machen. Der unverhohlenste Antisemit war damals Albert Makaschow, ein pensionierter General, der die Kommunisten in der Duma vertrat. Auf einer Demonstration versprach er, »ein Dutzend Jids« mit in die nächste Welt zu nehmen. Versuche, ihn in der Duma in die Schranken zu weisen, scheiterten, und sein Parteiführer Gennadi Sjuganow übte auf öffentlichen Versammlungen weiterhin den Schulterschluss mit ihm.

Aber am erfolgreichsten wurde die jüdische Karte im vergangenen Jahrzehnt von Wladimir Schirinowski eingesetzt, dem Vorsitzenden der seltsamerweise als liberaldemokratisch betitelten Partei. Dabei ist Schirinowski selbst Halbjude. Auf die Frage nach seiner Herkunft antwortete er mit typischem Einfallsreichtum: »Meine Mutter ist Russin, und mein Vater ist Anwalt.« Doch sein Stern ist in letzter Zeit verblasst, und 2004 hat er darauf verzichtet, für die Präsidentschaftswahlen zu kandidieren.

9 Ausverkauf

Als Sergej Stepaschin im August 1999 – er war gerade seines Amtes als Ministerpräsident enthoben worden – Boris Jelzins Büro verließ, begegnete er Alexander Woloschin, dem Stabschef des Präsidenten, an der Tür. »Was habt ihr hinter meinem Rücken über mich geredet?«, flüsterte er. »Seid ihr verrückt geworden? Zu einem Zeitpunkt wie diesem.« Woloschin und seine Freunde unter den Oligarchen hegten seit langem Vorbehalte gegenüber Stepaschin. Sobald sie merkten, dass er nicht ihre Interessen vertreten würde, hatten sie begonnen, ihn zu untergraben.

Das könnte sich auf lange Sicht als äußerst schwerer Fehler erweisen, denn zwar wurde Stepaschin durch Wladimir Putin ersetzt, einen früheren Kollegen beim Leningrader KGB, doch bald betraute ihn der neue Ministerpräsident im Kampf gegen die Oligarchen mit einem Posten an vorderster Front: mit der Leitung des Wirtschaftsprüfungsamtes. Stepaschin hat die Macht, bei den ehemaligen Staatsunternehmen umfassende Steuerprüfungen durchzuführen, und wenn er der Meinung ist, dass bewaffnete Razzien erforderlich sind, um Firmenunterlagen zu beschlagnahmen, so schreckt er davor keineswegs zurück. Schon jetzt stehen ihm allerdings umfangreiche Unterlagen zur Verfügung. Putin sammelt seit langem *kompromat* über den Vermögenserwerb der Oligarchen, und jeder Stapel ist, wie einer seiner Berater versicherte, »meterhoch«.

Das Leben eines Oligarchen wie Roman Abramowitsch ist von materiellem Luxus, doch auch von außerordentlichen Belastungen geprägt. Niemand wird innerhalb eines Jahrzehnts zum Multimilliardär, ohne ein paar Regeln zu verletzen. Während der allgemeine Groll über die wenigen Männer wuchs, die ein Vermögen angehäuft hatten, indem sie die Umstände – einen verzweifelten Präsidenten, ein schwaches Rechtssystem und ein nahezu vollständiges Vakuum bei den Vollzugsbehörden – für sich nutzten, wurde der Druck auf sie immer intensiver. Ihre Beziehung zu den Regierenden mochte freundschaftlich gewirkt haben, aber dieselben Regierenden mussten auch die Kritik der Wählerschaft berücksichtigen. Daher wurden Abramowitsch und die anderen Oligarchen einer anhaltenden Schikanierungskampagne durch verschiedene Regierungs- und Sicherheitsbehörden unterworfen. Neben dem Wirtschaftsprüfungsamt wurden das Innenministerium, der FSB, die Staatsanwaltschaft, die Zollbehörde und die Steuerfahndung aktiv. Sie alle unternahmen im Laufe der Jahre den Versuch, die verdächtigsten Projekte zu durchleuchten.

Ihr gemeinsames Scheitern lässt sich auf den byzantinischen Charakter der russischen Herrschaft zurückführen. Letztlich konnte keine Maßnahme Erfolg haben, wenn sie nicht an der politischen Spitze Zuspruch fand. Unabhängig gesonnene oder regierungskritische Behördenleiter begannen mit Ermittlungen, um dann erleben zu müssen, dass ihre Bemühungen in dem einen oder anderen Stadium abgewürgt wurden. Sie wurden entweder durch regierungskonforme Abgeordnete ausgebremst, bestochen oder zu Fall gebracht. Oder die Oligarchen, die zuvor ihre Regierungskontakte genutzt hatten, um sich zu bereichern, griffen nun auf ihre politischen Beziehungen zurück, um die Ermittlungen im Keim zu ersticken.

Zwei Fälle zeigen besonders deutlich, welche Konsequenzen jemand erleiden konnte, der sich zu weit vorwagte. Der erste betrifft die bekannten Ereignisse um den ehemaligen Generalstaatsanwalt Juri Skuratow, der zweite einen Duma-Hinterbänkler namens Wladimir Judin.

Skuratow wurde seines Amtes Anfang 1999 unter schockierenden Umständen enthoben. Jelzin hatte einst verkündet, seine Tugenden bestünden in »hartnäckiger Gründlichkeit, einem starken Willen und Sturköpfigkeit«, während er später meinte, Skuratow fehlten die wichtigsten Eigenschaften, die ein Staatsanwalt benötige: »ein starker Wille, Entschlossenheit sowie ein Glaube an sich selbst und an seine eigenen Fähigkeiten«. Während Skuratows Amtszeit wurde in einer Reihe viel diskutierter Verbrechen ermittelt, etwa den Morden an dem populären Priester Alexander Men, dem Fernsehmoderator Wladislaw Listjew, dem Reporter Dmitri Cholodow und dem Geschäftsmann Iwan Iwilidi. Aber Skuratow hatte außergewöhnlich wenig Erfolg bei seiner Suche nach den Tätern. Seine Ineffektivität brachte ihm den Spitznamen »der stille Staatsanwalt« ein.

Dann knüpfte der vorher unpolitische Generalstaatsanwalt plötzlich eine enge Verbindung zu Viktor Iljuchin, dem Vorsitzenden des Duma-Sicherheitskomitees und dem Hauptunruhestifter in einem Parlament der Störenfriede. Da Jelzin die Meinung vertrat, Iljuchin sei Skuratows »geistiger Mentor«, geriet der Posten des Letzteren zunehmend in Gefahr. Die Situation spitzte sich zu, als der Staatsanwalt begann, Bestechungsvorwürfe gegen eine Schweizer Baufirma zu untersuchen, die den Auftrag erhalten hatte, Renovierungsarbeiten am Kreml durchzuführen. Kurz darauf wurde Skuratow ohne sein Wissen in einer Banja, einer Art Sauna, mit zwei Prostituierten gefilmt. Das Videoband mit seinen kraftvollen Vergnügungen landete natürlich im Kreml, und nachdem Skuratow von Jelzins Verwaltungschef mit dem filmischen Beweis seines Sündenfalls konfrontiert worden war, erklärte er sich sofort zum Rücktritt bereit. Am selben Tag, als die Staatsanwaltschaft das Sibneft-Büro auf Geheiß von Jelzins Ministerpräsident Jewgeni Primakow durchsuchte (siehe Kapitel 6), verfasste der Generalstaatsanwalt folgendes Rücktrittsschreiben: »Sehr geehrter Boris Nikolajewitsch, infolge meiner hohen Arbeitsbelastung hat sich mein Gesundheitszustand seit kurzem verschlechtert (Kopfschmerzen, Stiche in der Brust und so weiter). In Anbetracht dieser Umstände möchte ich Sie bitten, meine Freistellung von der Position des Generalstaatsanwalts der Russischen Föderation auf die Tagesordnung des Föderationsrates zu setzen. Ich wäre Ihnen verbunden, wenn Sie nach Wegen zur Verringerung meiner Arbeitslast suchen könnten. Hochachtungsvoll Juri Skuratow.«

Am nächsten Morgen überlegte Skuratow es sich anders, doch als er sein Rücktrittsgesuch zurücknehmen wollte, erfuhr er, dass der Brief bereits auf dem Schreibtisch des Präsidenten lag. Nun beschloss er, dass Angriff die beste Form der Verteidigung sei. Er holte sämtliche Fälle hervor, die irgendeinen politischen Hintergrund hatten, und trat sie in den Medien breit. Mit einem Mal machte der »stille Staatsanwalt« einen Höllenlärm.

Im März behauptete er, das Banja-Video sei eine Fälschung und zeige jemand anderen. Die Sache sollte am 17. März von den Senatoren des Föderationsrates erörtert werden, doch das Band gelangte irgendwie – wohl durch reinen Zufall – in die Hände von TV-Mitarbeitern und wurde am Abend davor im russischen Fernsehen vorgeführt. Das war verhängnisvoll für den Generalstaatsanwalt, doch es kam noch zu einer letzten verzweifelten Anstrengung, ihn zu retten.

Skuratow hatte Jelzins Erzfeind Juri Luschkow auf seiner Seite. Luschkow, der entzückt darüber war, den inneren Kreis des Präsidenten unter solchem Druck zu sehen, wollte unbedingt, dass Skuratow seine Ermittlungen fortsetzte. Da Luschkow nicht nur Bürgermeister von Moskau, sondern auch Senator war, konnte er genug Einfluss ausüben, um fast alle seine Kollegen im Föderationsrat zur Ablehnung von Skuratows Rücktrittsgesuch zu überreden. Mittlerweile war dessen Position jedoch unhaltbar geworden, und er verfasste, gedrängt von Jelzin, ein zweites Rücktrittsschreiben, das kaum weniger absurd war als das erste.

Ohne die Zustimmung des Föderationsrates konnte Skuratow seiner Pflichten jedoch nicht entbunden werden, weshalb er sich erneut zur Wehr setzte. Am 27. März erschienen etliche seiner Ermittler im Kreml und beschlagnahmten Dokumente aus 14 Gebäuden. Nun war für Jelzin der Zeitpunkt gekommen, sich persönlich einzuschalten. Der stellvertretende Moskauer Staatsanwalt bezichtigte den Generalstaatsanwalt am 2. April des Amtsmissbrauchs, und kurz danach unterzeichnete Jelzin einen Erlass, durch den Skuratow seines Postens enthoben wurde. Danach verharrte dieser mehr als ein Jahr lang in einer Art Schwebezustand. Zwei weitere Abstimmungen im Föderationsrat führten 1999 zu keiner Mehrheit für seine Entlassung, und erst im Mai 2000 fügte sich der Rat Jelzins Wünschen und setzte der Skuratow-Episode ein Ende.

Wladimir Judins Abgang war weniger spektakulär, doch genauso endgültig. Es ging das Gerücht, dass er von der Generalstaatsanwaltschaft ein Bündel Dokumente über die Öl-Oligarchen erhalten hatte. Als er im Dezember 2003 begann, in der Duma gegen die Kontrolle über die russischen Bodenschätze durch die Oligarchen im Allgemeinen und Abramowitsch im Besonderen zu agitieren, stieß er bald auf starken Widerstand.

Dem stiernackigen Judin sieht man auf den ersten Blick an, dass er ein konservativer Verfechter des Sozialismus ist. Begleitet von einem kettenrauchenden, ganz in Schwarz gekleideten Leibwächter, ist er offenkundig ein Mann, der keine Unterbrechung duldet. Das Gespräch mit uns begann er denn auch mit einer detaillierten Beschreibung seiner Laufbahn seit ihren Anfängen im Kommunistischen Jugendbund. Der selbst ernannte »Patriot des Vaterlandes« erklärt, seine Kampagne sei unter anderem durch Abramowitschs Entscheidung, Chelsea zu erwerben, ausgelöst worden. »Meine Meinung ist folgende: Bodenschätze müssen durch den Staat, durch alle Russen kontrolliert werden, nicht etwa durch einen Mann wie Abramowitsch oder Michail Chodorkowski.« Er wettert gegen die Steuervermeidungsstrategien der Oligarchen. »Es ist falsch, die Interessen einer bestimmten Branche über die Interessen des Staates zu stellen.«

Judin mag vielleicht gehofft haben, durch das Reiten auf diesem populistischen Steckenpferd prominent zu werden, aber es sollte ganz anders kommen. Als er zum Angriff auf Abramowitsch blies, war er Abgeordneter der auch von Putin unterstützten Partei Jedinstwo. Aber er wurde nicht für die Parlamentswahlen vom Dezember 2003 nominiert, wofür er Abramowitsch und Chodorkowski verantwortlich machte. Er ließ sich nicht einschüchtern und beschloss, als Unabhängiger zu kandidieren. Doch die Massenmedien ignorierten ihn während des Wahlkampfes weitgehend: Die beiden Hauptfernsehsender weigerten sich, Interviews mit ihm zu bringen, und selbst im vierten Kanal kam er nur einmal zu Wort.

Der Hauptkandidat in Judins Wahlkreis war ein Industrieller. Er deutete an, Judins Name sei jüdischen Ursprungs, und bezeichnete ihn als »den Mann, der Sobtschak gestürzt hat« (Judin dagegen behauptet, er habe Anatoli Sobtschak – den mittlerweile verstorbenen reformerischen Oberbürgermeister von St. Petersburg – während des gescheiterten Putschversuchs von 1991 unterstützt und sei lediglich später als Führer der lokalen Gewerkschaftsbewegung in der Diskussion um die Arbeiterrechte mit ihm zusammengestoßen). Dadurch verlor Judin sein Mandat, wozu Alexej Wenediktow bemerkt: »Er stimmte seine Schritte nicht mit dem Politbüro seiner Partei ab und wurde zu auffällig. Seine Laufbahn ist nicht beendet, er wird weitermachen. Allerdings nicht in der Duma, sondern in anderen Organisationen.«

■ ■ ■

Aber nicht alle Ermittlungen und Kampagnen konnten auf diese Weise ausgehebelt werden. 1998 geriet Abramowitsch das erste Mal ernsthaft mit einer der Regulierungsbehörden aneinander, als das Wirtschaftsprüfungsamt – lange vor Stepaschins Ernennung – seine Ermittlungsergebnisse über Sibneft veröffentlichte. Der 15 Seiten lange Bericht verzeichnet eine Reihe von Verstößen, doch die brisanteste Aussage lautete wie folgt: »Das Wirtschaftsprüfungsamt der Russischen Föderation schätzt den Marktwert des 51-prozentigen Anteils an Sibneft auf 2,8 Milliarden Dollar, was dem 25 fachen des Ausgangspreises entspricht. Dieser Schätzung zufolge hat die Regierung ungefähr 2,7 Milliarden Dollar eingebüßt.« In dem Bericht heißt es ferner, die Ölreserven des Unternehmens, geschätzt auf weitere 500 Millionen Dollar, seien bei der Bewertung nicht berücksichtigt worden. Beim Verkauf sei es zu »mehrfachen Gesetzesverstößen« gekommen, weshalb er »als ungültig betrachtet werden« solle. Da zu dieser Zeit jedoch noch Jelzin am Ruder war, bestand keine Aussicht, dass den vernichtenden Ergebnissen des Wirtschaftsprüfungsamtes irgendwelche Maßnahmen folgten.

Um Mitte 2000 waren die Regionalgerichte Russlands 3000 Vorwürfen der Illegalität bei der Privatisierung von Staatsunternehmen nachgegangen und zu dem Schluss gelangt, dass 1000 dieser Abwicklungen nicht rechtmäßig verlaufen seien. Die mächtigsten Oligarchen kamen jedoch allzu häufig ungeschoren davon. Niemand schien den Mut zu haben, die großen Privatisierungen der neunziger Jahre gründlich zu durchleuchten.

Unterdessen bahnte sich ein noch unglaublicherer Skandal an, und diesmal war Abramowitsch direkt in die Sache verwickelt. Während Skuratow Anfang 1999 um sein Amt kämpfte, behauptete sein alter Freund Iljuchin, dass die Anzahlung auf den Stabilisierungskredit in Höhe von 4,8 Milliarden Dollar, die der Internationale Währungsfonds Russland gewährt hatte, um dessen Währungskrise vom August 1998 abzuwenden, gestohlen worden sei. Dies wurde jedoch durch eine von PricewaterhouseCoopers durchgeführte Buchprüfung widerlegt. Trotzdem durchsuchte die russische Steuerfahndung die Moskauer Zentrale von Sibneft am 10. August 2000. Am folgenden Tag kam es in Montreux zu einer Razzia in den Geschäftsräumen der zu Abramowitschs Imperium gehörenden Firma Runikom. Sibneft wies den Verdacht, dass Runikom etwas mit irgendeiner unrechtmäßigen Aneignung von IWF-Geldern zu tun gehabt habe, schnellstens zurück und gab zu bedenken, dass der Gesamtumsatz von Runikom in dem betreffenden Jahr – 1998 – nur 1,2 Millionen Dollar betragen habe.

Der Bericht des Wirtschaftsprüfungsamtes von 1998 scheint in Vergessenheit geraten zu sein, und die IWF-Ermittlung hat offenbar zu keinerlei Ergebnissen geführt. Doch das bedeutet nicht, dass Abramowitsch nichts mehr zu fürchten hätte. Zwar versteht er sich meisterhaft darauf, die bestehende Gesetzeslage zu seinen Gunsten zu nutzen, aber wenn das russische Establishment Angriffspunkte bei ihm finden will, dann könnte es eventuell bei seinen Steuererklärungen fündig werden.

Bis jetzt hat Abramowitsch eine Reihe von Steuerprüfungen in Russland überstanden, aber das Gespenst eines Wiederauflebens der alten Vorwürfe dürfte ihn dazu veranlasst haben, sich schrittweise von seinen russischen Vermögenswerten zu trennen. Anfang 2002 gehörten ihm die Hälfte von RusAl, Russlands größtem Aluminiumkonzern, an die 92 Prozent einer der bedeutendsten Ölgesellschaften, ein 26-prozentiger Anteil an Aeroflot, der nationalen Fluggesellschaft, eine große Beteiligung an einem riesigen Lebensmittelkonzern sowie eine Reihe weiterer lukrativer Vermögenswerte.

2002 stieß Abramowitsch als Erstes die Aeroflot-Aktien ab und im September 2003 die Hälfte seiner RusAl-Anteile für 1,8 Milliarden Dollar. Außerdem bot er Omski Bekon und seine 37,5 Prozent von Ruspromawto zum Verkauf an. Letztere ist eine Holdinggesellschaft, die 22 Automobilunternehmen umfasst, darunter den zweitgrößten Autohersteller des Landes.

Allmählich verbreitete sich das Gerücht, Abramowitsch wolle mit mehreren Milliarden Dollar aus Russland verschwinden, aber sein Sprecher wies alle derartigen Vermutungen energisch zurück. John Mann berief sich darauf, dass sein Chef im Sommer 2003 für 100 Millionen Dollar die russischen Anteile an ICN Pharmaceuticals erworben hatte, und erklärte: »Man steigt nicht in neue Werte ein, wenn man auswandern will.«

Aber bei dieser Summe handelte es sich, an Abramowitschs Maßstäben gemessen, um Kleingeld. Mann hätte besser auf einen viel wichtigeren Schachzug Ende 2002 hinweisen sollen: den zusammen mit Michail Friedmans TNK (Tjumen-Ölgesellschaft) durchgeführten Erwerb von Slawneft. Im Jahre 2002 war Slawneft einer der zehn größten Ölproduzenten Russlands und der letzte noch weitgehend staatliche Branchenriese. Der Regierung gehörten 75 Prozent, und sie beabsichtigte ursprünglich, etwas weniger als 20 Prozent zu versteigern, wodurch sie einen Mehrheitsanteil behalten hätte. Aber da die Steuereinnahmen geringer ausfielen als erwartet, sank die Wahrscheinlichkeit, dass Moskau die im folgenden Jahr fällig werdenden 197 Milliarden Rubel zur Tilgung seiner enormen Auslandsschulden aufbringen konnte. Um dieses Haushaltsloch zu füllen, blieb der Regierung nichts anderes übrig, als ihren gesamten Aktienanteil zu verkaufen. Diese größte aller russischen Privatisierungen konnte dem Staat nach allgemeiner Schätzung bis zu 2 Milliarden Dollar einbringen.

Ministerpräsident Michail Kasjanow legte umgehend einen Entwurf des Ministeriums für Vermögensbeziehungen vor, und der Auktionstermin wurde für den Oktober angesetzt. Verschiedene Umstände trugen dazu bei, dass Abramowitschs Joint Venture aller Wahrscheinlichkeit nach den Zuschlag erhalten würde. Neben der russischen Regierung waren die Hauptaktionäre von Slawneft damals die Regierung von Belarus mit 10 Prozent und ein von Sibneft, TNK sowie dem Slawneft-Präsidenten Michail Guzerijew verwalteter Treuhandfonds mit 13 Prozent.

Guzerijew wurde im April 2002 entlassen und durch Abramowitschs Verbündeten Juri Suchanow ersetzt, der früher als leitender Manager bei Sibneft gearbeitet hatte. Wie zur Erinnerung an die guten alten Zeiten machte Guzerijew im Juni einen vergeblichen Versuch, seine Stelle zurückzuerhalten, indem er mit einem Aufgebot bewaffneter Wächter vor der Hauptverwaltung des Unternehmens anrückte. Die dramatische Konfrontation wurde innerhalb weniger Tage durch das Einschreiten der Regierung beendet, denn schließlich war Kasjanow ein Anhänger Jelzins, der sowohl Abramowitsch als auch Schwidler nahestand.

Nachdem Guzerijew endlich das Feld geräumt hatte, brauchte Abramowitsch nur noch die anderen potenziellen Interessenten auszuschalten. Die Regierung von Belarus galt, da sie ihren Sitz in Minsk hat, nie als ernsthafte Bewerberin, doch andere Ölgiganten wie Jukos und Surgutneftegas hatten ebenfalls ein Interesse an Slawneft bekundet. Letzten Endes erwies sich jedoch KNNK, ein chinesischer Ölkonzern, als einziger ernst zu nehmender Konkurrent, aber er hatte nie die geringste Chance gegen Abramowitsch mit seinen guten Beziehungen zum Kreml. Das Joint Venture von Sibneft und TNK wandte 1,86 Milliarden Dollar für Slawneft auf, dessen Wert nur drei Monate später auf 2,2 Milliarden Dollar geschätzt wurde.

Keine zwei Jahre danach befand sich Slawneft im Mittelpunkt eines Verrechnungspreis-Skandals. Diesmal war der Beschwerdeführer nicht Kenneth Dart, sondern Wostok Nafta, eine Investmentfirma, zu deren Aktionären die Pensionskasse von British Telecom und Royal Mail, das Harvard College und die norwegische Regierung gehörten. Wostok hatte in Megionneftegas, den Extraktionsbetrieb von Slawneft und achtgrößten Ölproduzenten Russlands, investiert. Dies schien zur Zeit hoher und steigender Ölpreise eine vernünftige Anlage zu sein, doch die Minderheitsaktionäre von Megion stellten bald fest, dass sie es keineswegs mit einer Cashcow zu tun hatten. In der ersten Hälfte 2003 schrieb das Unternehmen sogar Verluste. Unterdessen boomte seine Muttergesellschaft Slawneft, die allein 2003 Dividenden in Höhe von 740 Millionen Dollar zahlte. Die Aktionäre von Wostok befanden, die Diskrepanz sei auf die Tatsache zurückzuführen, dass Megion mit Sibneft und/oder TNK verknüpften Handelsfirmen 86 Millionen Barrel Öl für jeweils 7,67 Dollar verkauft hatte, die das Öl dann für 15,09 Dollar weiterveräußerten. Wostok verklagte Slawneft und die mit ihm assoziierten Unternehmen in Moskau, Sibirien, Antwerpen und auf den Britischen Jungferninseln auf einen Schadenersatz von 950 Millionen Dollar. Eugene Tenenbaum bezeichnete die juristischen Schritte von Wostok als Greenmail – als Versuch, den Kurs hochzutreiben, zu dem Megion bereit sein würde, die Anteile seiner Minderheitsaktionäre aufzukaufen.

Die Geschäftsführung von Slawneft ließ die *Times* wissen: »Megion ist keine unabhängige Firma, sondern eine Tochtergesellschaft von Slawneft, und alle Geschäfte wurden so abgewickelt, wie es zwischen den Zweigen einer einzigen Unternehmensgruppe und den gesetzlichen Bestimmungen entsprechend üblich ist.«

■■■

Mittlerweile ließ der Druck durch Stepaschin nicht nach. Er hatte Abramowitsch bezichtigt, »unpatriotisch« zu sein, als dieser den Chelsea Football Club kaufte, und im Januar 2004 gab er bekannt, dass seine Behörde eine offizielle Überprüfung der Finanzpolitik der Provinzregierung von Tschukotka eingeleitet habe. Er bezeichnete die Ermittlung als Routinekontrolle der Verwendung von Föderationsmitteln, doch sie wurde weithin als Reaktion auf Abramowitschs sensationellen Kauf von Chelsea interpretiert – nämlich als Versuch, den Milliardär als Verschwender im Ausland anzuprangern, der die Armen in der Heimat vernachlässige. Stepaschins Bemerkungen am Tag der Ankündigung seiner Aktion waren keineswegs dazu angetan, diesen Eindruck zu verwischen:

Der Kauf von Chelsea darf keinen Einfluss auf die Ergebnisse der Prüfung haben. Andererseits muss man vernünftigerweise folgenden Umstand ins Auge fassen: Laut gestern eingegangenen Informationen sammelte die Wohltätigkeitsorganisation für obdachlose Kinder in Russland im Laufe eines ganzen Jahres nur eine Million Dollar, während Abermillionen Dollar für den Kauf eines Fußballvereins ausgegeben wurden.

Fünf Monate später wurden Stepaschins Ermittlungsergebnisse veröffentlicht. Auf den ersten Blick wirkte der Text aufsehenerregend. Darin hieß es, die Regierung von Tschukotka sei praktisch bankrott; die Behörden des Territoriums hätten 50 Millionen Dollar unterschlagen und Sibneft gestattet, über eine halbe Milliarde Dollar an Steuern legal zu umgehen. Aber eine genauere Lektüre zeigt, dass von schlagenden Beweisen keine Rede sein konnte.

Der Bankrottvorwurf stützte sich auf die Tatsache, dass die Schulden von Tschukotka in Höhe von 9,3 Milliarden Rubel (330 Millionen Dollar) die Jahreseinnahmen um mehr als das Doppelte übertrafen. Aus Abramowitschs Lager war allerdings zu hören, die Schulden stammten noch von der vorherigen Regierung. Seit seiner Übernahme des Gouverneursamtes »sind 10 Prozent zurückgezahlt und 13 Prozent umverteilt worden«. Zu den »unterschlagenen« 50 Millionen Dollar meinte der Verfasser des vom russischen Wirtschaftsprüfungsamt in Auftrag gegebenen Berichts, Sergej Rjabukin, dieser Betrag ergebe sich durch die »Nichtbefolgung von Haushaltsgesetzen seitens der Tschukotka-Regierung und aus [System-]Fehlern bei der Haushaltsplanung der Region«. Abramowitschs Sprecher entgegnete, die genannte Zahl sei durch verspätete Zahlungen und technische Probleme aufgelaufen.

Zur Frage der Steuerumgehung gab Rjabukin an, dass 22 Unternehmen, von denen die meisten mit Sibneft verknüpft waren, in Tschukotka registriert seien, obwohl sie dort offenkundig keine Geschäfte betrieben. »Sie erhielten für ihre Immobilien und Gewinne Steuervergünstigungen [in Höhe von 500 Millionen Dollar].« Dies scheint die in Kapitel 7 erwähnten Ergebnisse des Troika-Dialog-Berichts zu bestätigen. Doch da die meisten Beobachter akzeptieren, dass solche Steuerumgehungsmaßnahmen dem Buchstaben, wenn auch nicht unbedingt dem Geist des Gesetzes entsprechen, dient Rjabukins Hinweis wohl eher dem Zweck, Abramowitsch in Verlegenheit zu bringen, als die Grundlagen für eine Anklageerhebung gegen ihn zu schaffen.

All das bedeutete jedoch, dass die Messlatte höher gelegt wurde, und Abramowitsch hatte offensichtlich damit gerechnet. Ein Jahr zuvor hatte er sich zu einem Schritt entschlossen, der ihn gegen mögliche Angriffe aus dieser Richtung absichern sollte.

10   Mister Chelski

Ende Juni 2003 war Ken Bates äußerst besorgt. Seine Banken erwarteten, dass er in wenigen Tagen eine Kreditrückzahlung von 23 Millionen Pfund (rund 35 Millionen Euro) leistete, und damit sah sich der Präsident des Chelsea Football Club mit einer Finanzkrise konfrontiert. Er hatte den Verein 1982 für 1 Pfund gegen die Verpflichtung gekauft, die Schulden des Clubs zu übernehmen, und ihn dann schrittweise saniert. 1996 war Chelsea so gesund, dass Bates eine Aktienplatzierung am Alternative Investment Market (AIM) wagen konnte, wodurch er sein Vermögen weiter erhöhte. Aber dann wurde er ein Opfer der Hybris. Um das Chelsea Stadion Stamford Bridge kaufen und seine Vision eines dazugehörigen Freizeitkomplexes mit Hotels, Restaurants und einem Gesundheitsclub verwirklichen zu können, nahm Bates eine Eurobond-Anleihe über 75 Millionen Pfund zu einem Zinssatz von 9 Prozent auf, der sich später als überzogen erweisen sollte.

Er baute tatsächlich zwei Hotels, Chelsea Village und Court, zwei Restaurants, Fishnets und Arkles, sowie einen Gesundheitsclub, World of Sport. Aber das Projekt wirkte von Beginn an misslungen. Stamford Bridge liegt zwar in einem modischen Teil West-Londons, doch weder in der Nähe eines Flughafens noch des West End, und an Spieltagen sind die Bars nicht mit Touristen und Geschäftsleuten, sondern mit Fußballfans gefüllt. Deshalb war es stets unwahrscheinlich, dass die Hotelzimmer hinreichend ausgebucht sein würden, und die Preise sind in den letzten Jahren auf etwa 100 Pfund pro Nacht gesunken. Die Restaurants zogen an Tagen, an denen keine Spiele stattfanden, nicht genug Gäste an, und der Gesundheitsclub war starker Konkurrenz durch andere Studios in der Gegend ausgesetzt, etwa durch das David Lloyd Fitness Centre oder Holmes Place.

Bates' andere potenzielle Goldgrube war nicht ergiebiger. Die in die Westtribüne eingebauten Millenniums-Logen fanden einen bestenfalls schleppenden Absatz. Anfangs wurden Zehnjahresmietverträge für diese Firmenlogen, die jeweils 24 Personen Platz boten, noch für 10 Millionen Pfund angeboten. Sky Television, das die Rechte zur Ausstrahlung von Premiership-Spielen besaß und daneben Chelsea-Aktionär war, mietete eine der Logen, ebenso wie die Clubsponsoren Umbro und Siemens. Andere Kunden machten sich jedoch rar, und Bates musste auch hier seine Gebühren senken und günstigere Mietverträge anbieten. Der Preis fiel von einer Million auf 650 000 Pfund pro Jahr. Man kann leicht nachvollziehen, weshalb die Unternehmen zögerten, denn selbst bei 650 000 Pfund pro Jahr beläuft sich der Preis pro Kopf und Heimspiel auf rund 1400 Pfund, was auch nach den Bewirtungsmaßstäben größerer Unternehmen keine Kleinigkeit ist. Denn für 200 Pfund pro Kopf konnte sich dieselbe Personengruppe im Claridge's ein köstliches Menü bestellen.

Der Finanzdruck verstärkte sich durch Gehaltskosten von 1,5 Millionen Pfund pro Woche und eine Reihe exzentrischer Transfergeschäfte. Man nehme den Fall Winston Bogarde. Im August 2000 eingekauft, nur zwei Wochen bevor Trainer Gianluca Vialli den Club verließ, spielte Bogarde, der 40 000 Pfund in der Woche bekam, unter Viallis Nachfolger Claudio Ranieri nur viermal. Als Bogardes Vertrag am Ende der Saison 2003/04 auslief, hatte allein er den Club in weniger als vier Jahren 7,2 Millionen Pfund an Gehalt gekostet.

Trotz dieser Probleme war der Verein auf dem Spielfeld recht erfolgreich. In der Saison 2002/03 gewann Chelsea zwar keine Titel, errang jedoch den vierten Platz der Premiership und qualifizierte sich damit für die Champions League. Die Teilnahme an der Konkurrenz der Meisterklasse versöhnte nicht nur die Fans und befriedigte den Ehrgeiz der Spieler, die sich nach internationalen Wettbewerben sehnten, sondern verhieß auch mehrere Millionen Pfund an zusätzlichen Einnahmen durch Kartenverkäufe und Fernsehrechte. Aber war es bereits zu spät?

Ken Bates ist ein stolzer Mann, der im Ruf steht, zuerst zu schießen und dann Fragen zu stellen. Groß und stämmig, mit fast weißen Haaren und ebensolchem Bart, kann er durchaus charmant sein. Doch sein streitsüchtiges Wesen und sein Geltungsbedürfnis verschaffen ihm mehr

Feinde als Freunde. Der Gedanke, bei potenziellen Investoren mit dem Hut in der Hand vorsprechen zu müssen, dürfte ein schrecklicher Schlag für sein Ego gewesen sein. Deshalb übertrug er diese Aufgabe seinem Geschäftsführer Trevor Birch.

Schließlich fand sich jemand, der Bates helfen sollte, seinem immer bedrückenderen Albtraum zu entkommen. Es handelte sich um einen unternehmungslustigen Fußballagenten namens Pini Zahavi. Er hat als Sportreporter in Israel begonnen, ist dann jedoch als Agent rasch zu einem der mächtigsten Männer im europäischen Fußball geworden. Einer seiner engsten Freunde ist Eli Azur, der mehrere russischsprachige Zeitungen in Israel betreibt. Die beiden besitzen eine Firma namens Charlton, die weltweit Fußball-Fernsehrechte aufkauft und sie an israelische Sender weiterveräußert.

Es ist ein Zeichen für Zahavis Weitblick, dass er das Potenzial des russischen Marktes schon früh erkannte. Er lernte Russisch und pflegte seine Kontakte in Moskau. Einer seiner Ansprechpartner war German Tkatschenko, der Vorsitzende des russischen Teams Krylja Sowetow Samara sowie Mitglied des Rates der Russischen Föderation. Vor allem jedoch ist Tkatschenko mit Roman Abramowitsch befreundet, und als Zahavi und er einander 1998 kennen gelernt hatten, schlossen sie ebenfalls Freundschaft.

Nachdem Abramowitsch beschlossen hatte, einen europäischen Fußballverein zu kaufen, schaute er sich zunächst in Italien und Spanien um, wurde jedoch durch die komplizierten Eigentumsstrukturen vieler für ihn interessanter Clubs abgeschreckt und wandte sich England zu. Das erste Team, das ihm zusagte, war Manchester United, und er flog im April 2002 nach Manchester, um sich das Spiel der Heimmannschaft gegen Real Madrid anzusehen. Zahavi sorgte dafür, dass Abramowitsch von seinem Freund Graeme Souness, dem Trainer von Blackburn Rovers und früheren Liverpool-Spieler, am Flughafen abgeholt und zum Stadion gefahren wurde. Nach dem Match war es an Rio Ferdinand, dem Innenverteidiger von United, den Chauffeur zu spielen. Er wurde von seinem vierjährigen Halbbruder begleitet und war zutiefst gerührt, als Abramowitsch mit dem kleinen Jungen Lieder sang.

Seine ersten ernsthaften Verhandlungen führte Abramowitsch jedoch nicht mit Manchester United, sondern mit einem Londoner Club. Es heißt, sein Blick sei von oben auf ein Stadion gefallen, während er mit einem Hubschrauber über die Themse flog. »Was ist das?«, soll er gefragt haben. Und zu Bates' großem Glück antwortete jemand: »Chelsea.«

■ ■ ■

Im April war Zahavi durch seinen Agentenkollegen Jonathan Barnett im Les Ambassadeurs, einem mondänen Restaurant in Mayfair, beim Lunch mit Trevor Birch bekannt gemacht worden. Der vorgebliche Grund für das Treffen bestand darin, über Transfergeschäfte zu reden, aber das Gespräch wandte sich schon bald dem möglichen Verkauf des Clubs selbst zu. Zahavi hatte jetzt also die besten Voraussetzungen, um den Kontakt zwischen Abramowitsch und Bates herzustellen, falls der Milliardär am Kauf von Chelsea interessiert war.

Da sich der Termin seiner Schuldenrückzahlung näherte, fasste Bates eine Reihe anderer Lösungen ins Auge. Am einfachsten ließen sich seine Geldsorgen durch eine Forderungsverbriefung beheben, bei der man einen Kredit auf künftige Saisonkartenverkäufe aufnimmt. Newcastle United gelangte auf diese Weise an 55 Millionen Pfund, und eine Reihe anderer Premiership-Vereine traf ähnliche Vereinbarungen, um Schulden zu begleichen, Spieler zu kaufen oder ihr Stadion zu renovieren. Stephen Schechter vom Investmenthaus Schechter & Co. hatte Bates mitgeteilt, für die Verpfändung von Chelsea-Saisonkartenverkäufen auf 25 Jahre könne er 120 Millionen Pfund bekommen – genug, um die Schulden des Clubs zu bezahlen und noch 26 Millionen Pfund übrig zu behalten. Der Nachteil seien die mit dem Verfahren verbundenen hohen Kosten. Daher schlug Schechter Bates vor, Chelsea an den amerikanischen Pensionsfonds CalPers zu verkaufen, der behauptete, an einer solchen Investition interessiert zu sein. CalPers ließ keinen Zweifel daran, dass Bates im Falle einer solchen Übernahme abtreten müsse, aber damals wollte er sich noch nicht in den Ruhestand zurückziehen.

Ein anderer potenzieller Retter war der Grundstücksmagnat Paul Taylor, dessen Angebot von Bates' Freund David Mellor, einem ehemaligen konservativen Minister, übermittelt wurde. Taylor bot an, 10 Millionen

Pfund seines Privatvermögens für den Kauf von 30 Millionen neuen Aktien und einen Kredit an den Club zu investieren. Als Sicherheit sollten die Einnahmen dienen, die Chelsea durch die Vereinbarung zwischen der Football Association und Sky Television über die Live-Ausstrahlung von Premiership-Spielen erhalten würde. Die nächste Sky-Rate würde im August gezahlt werden, und Taylors Kredit hätte Bates eine dringend benötigte Atempause verschafft.

Außerdem war es zu flüchtigen Gesprächen mit Dermot Desmond, dem Eigentümer des schottischen Celtic Football Club, und ausführlichen Verhandlungen mit Mel Goldberg gekommen, der ein venezolanisches Konsortium vertrat.

Die meisten von Bates' Optionen waren mit dem einen oder anderen Mangel behaftet, während Abramowitschs Angebot – und das war der große Vorteil – auf ein reines Bargeldgeschäft hinauslief. Am Montag, dem 23. Juli, traf sich Birch um 8 Uhr morgens mit Zahavi in dessen Wohnung am Marble Arch. Chelsea-Village-Aktien, die zu einem Kurs von 55 Pence ausgegeben worden waren, siechten damals unter 20 Pence dahin. Birch erklärte, Bates hoffe auf 40 Pence pro Aktie, doch der Club werde mit sich handeln lassen, wenn Abramowitsch ein ernsthaftes Angebot auf den Tisch lege. Drei Tage später kamen Abramowitsch, Tkatschenko und Tenenbaum im Gebäudekomplex Stamford Bridge mit Birch zusammen. Innerhalb von 20 Minuten einigten sich beide Seiten auf 35 Pence pro Aktie. Dadurch wurden der Club mit 60 Millionen Pfund und Bates' Anteil mit 17 Millionen Pfund bewertet. Abramowitsch übernahm außerdem die Schulden des Vereins in Höhe von 80 Millionen Pfund, wodurch sich seine Gesamtinvestition auf 140 Millionen Pfund erhöhte. Inzwischen war es 11.30 Uhr, und die vier Männer beschlossen, das Geschäft mit einer Mahlzeit zu feiern. Im Restaurant musste sich Birch Spott darüber anhören, dass Abramowitschs Angebot nur ein Trick sei, um einen kostenlosen Lunch herauszuholen.

Dann arrangierte Zahavi ein Treffen zwischen Birch und Abramowitsch am selben Abend in der Bar des Dorchester, wo sie den Abschluss nach 45 Minuten mit einem Händedruck besiegelten. Anscheinend stießen sie nicht mit Champagner an, sondern begnügten sich mit Evian. Nun wurden die Dinge rasch abgewickelt. Am folgenden Tag, einem Frei-

Abramowitsch schüttelt dem Clubvorsitzenden Ken Bates die Hand, nachdem er für knapp 43,5 Millionen Euro die Aktienmehrheit des Londoner Fußballclubs Chelsea erworben hat.

tag, erschienen Abramowitsch, Tenenbaum und Richard Creitzman zu einem weiteren Gespräch an der Stamford Bridge, diesmal mit Keith Harris, dem Vorsitzenden der Investmentbank Seymour Pierce, die Chelsea als Finanzberater und Börsenmakler diente. Danach brauchte man nur noch die Formalitäten abzuwickeln.

Birch und seine kaufmännische Direktorin Lorraine O'Brien, die er seit seinen Tagen bei Liverpool kannte, machten sich noch am Wochenende daran, die Schreibarbeiten mit halsbrecherischer Geschwindigkeit zu erledigen. Man könnte den Eindruck erhalten, dass das Geschäft allzu hastig abgeschlossen wurde, doch Bates besteht darauf, dass seine Veräußerung von Chelsea kein Notverkauf gewesen sei. »Unsere Fans lesen dauernd, wir seien 24 Stunden vom Bankrott entfernt gewesen«, sagte er einmal. »Das ist Blödsinn. Wir hatten bereits eine Umschuldung vorgenommen – das war kein Problem.«

Die Vereinbarung wurde unterzeichnet, und der jubelnde Bates rief Mellor über dessen Handynummer an, um ihm die Neuigkeit mitzuteilen. Mellor, der gerade mit Freunden in einem lokalen Thai-Restaurant speiste, hatte gemischte Gefühle. Während sein Freund Bates ein gutes Geschäft gemacht hatte, waren Mellors eigene Ambitionen durchkreuzt worden.

Abramowitsch hatte vor Vertragsunterzeichnung in Moskau bei Alexander Woloschin angerufen, der sich sofort mit Alexej Wenediktow in Verbindung setzte und diesen über das neue Projekt informierte. Woloschin, der nach dem Übergang von Jelzin auf Putin immer noch als präsidialer Stabschef diente, war offenbar stolz darauf, als eine der ersten Personen in Russland von dem Kauf gehört zu haben, und wollte die Neuigkeit mit jemandem teilen, dem er vertrauen konnte. John Mann kann Abramowitschs Anruf bei Woloschin nicht bezeugen, doch er versichert: »Jedenfalls weiß ich, dass es vor dem Kauf von Chelsea Konsultationen ganz oben an der Spitze gab.« Wie auch immer: Es ist jedenfalls unvorstellbar, dass er die russische Regierung nicht vor der offiziellen Bekanntgabe seines Neuerwerbs unterrichtet hat.

Bei all diesen informellen Kontakten nimmt es vielleicht nicht wunder, dass am Tag vor der spätabendlichen Bekanntmachung des Geschäfts nicht weniger als 270 000 Aktien gehandelt wurden – etliche mehr als der normale Tagesumsatz von mehreren Zehntausend. Da der Kurs noch unter 20 Pence lag, während der Kaufpreis bereits auf 35 Pence festgelegt war, konnte jeder, der das Glück hatte, an jenem Tag Chelsea-Aktien zu ergattern, mit einem stattlichen Gewinn rechnen. Die Untersuchung der Financial Services Authority (FSA) zu einem möglichen Insiderhandel ist noch nicht abgeschlossen.

Das ist jedoch nicht der einzige strittige Aspekt der Angelegenheit. Die FSA beschäftigt sich auch mit zwei weiteren Fragen. Ein paar Tage vor der Bekanntmachung erhielt Ruth Gist – die Witwe von Matthew Harding, dem früheren stellvertretenden Chelsea-Vorsitzenden, der im Oktober 1996 bei einem Hubschrauberabsturz starb – ein Angebot für ihren 21-prozentigen Anteil an Chelsea Village. Zu ihrem Glück widerstand sie der Versuchung, denn nach den Bedingungen des Verkaufs an Abramowitsch waren ihre Aktien inzwischen 12,6 Millionen Pfund wert. Hätte sie das Angebot auf der Basis des vorherigen Werts akzeptiert, wären ihr 4 Millionen Pfund entgangen.

Die dritte Ermittlung der FSA konzentriert sich auf den Besitz eines beträchtlichen Aktienpakets, das vor dem Verkauf an Abramowitsch von verschiedenen zwielichtigen Offshore-Trusts gehalten wurde. Das Rätsel geht auf den 28. Juli 2002 zurück, als Swan Management, eine in St. Peter

Port, Guernsey, eingetragene Treuhandgesellschaft, ihren Anteil von 26,3 Prozent an Chelsea veräußerte. Die Hälfte wurde von Mayflower Securities erworben, einem Unternehmen, das Bates gehörte und auf den Britischen Jungferninseln registriert war. Dadurch stieg sein Anteil auf 29,5 Prozent, knapp unter die 30-Prozent-Grenze, von der an er ein Angebot für die übrigen Unternehmensaktien hätte machen müssen. Die andere Hälfte wurde an fünf separate Unternehmen verkauft, die sich dieselbe Adresse auf Guernsey teilen, doch in entlegenen Steueroasen wie den Cook-Inseln, Samoa und den Britischen Jungferninseln ansässig sind. Es handelt sich um Catstone (2,9 Prozent), Cervantes Investments (2,9 Prozent), Kalbarri Investments (2,8 Prozent), Yellowpark (2,7 Prozent) und Ecspress (2,7 Prozent).

Eine Firma wie das frühere Chelsea Village hätte, wenn sich geheimnisvolle Aktionäre in ihrem Verzeichnis befanden, ihre Rechte nach Abschnitt 212 des Gesellschaftsrechts wahrnehmen und die Aktienkäufer auffordern können, die Hintermänner der Investitionen zu identifizieren. Seltsamerweise verzichtete sie darauf. Der BBC zufolge war die FSA gewarnt worden, dass ihre Informationen über die Zahl der Chelsea-Aktien, die manche Investoren besaßen, unzutreffend sein könnten. Die FSA zeigte sich besorgt darüber, dass »der Markt infolgedessen hinsichtlich der wahren Eigentümer von Chelsea-Village irregeführt worden sein könnte«.

Die Reaktion der Öffentlichkeit auf den Verkauf des Clubs an Abramowitsch war nicht nur positiv. Der frühere Staatssekretär für Sport und Chelsea-Fan Tony Banks gab der Befürchtung vieler Ausdruck, als er sagte:

> Ich frage mich, ob dieser Mann eine passende und geeignete Person ist, um einen Club wie Chelsea zu übernehmen. Mir wäre es lieber gewesen, wenn die Übernahme nach der Beantwortung dieser Fragen erfolgt wäre. Wir wissen, dass Chelsea in finanziellen Schwierigkeiten steckt und dass eine Abmachung mit einem Mann getroffen worden ist, über den wir nichts wissen und von dem wir nicht einmal die Herkunft kennen.

Aber dann holte Abramowitsch sein Scheckbuch hervor. Juan Sebastian Veron wurde von Manchester United für 15 Millionen, Claude Makelele von Real Madrid für 14 Millionen, Damien Duff von Blackburn Rovers für 17 Millionen, Joe Cole und Glen Johnson von West Ham für 6,6 und 6 Millionen Pfund gekauft. Innerhalb von zwei Monaten hatte Abramowitsch nicht weniger als 110 Millionen Pfund für Spieler ausgegeben. Dadurch wurde er in den Augen der Anhänger des zumeist enttäuschenden Vereins zum Helden. Seit langem blickten sie neidisch auf den Nord-Londoner Rivalen Arsenal, der immer wieder um höchste Ehren kämpfte. Kurz nach Beginn des Kaufrausches ließen die Fans sich einen neuen Chor einfallen (gesungen zur Titelmelodie der BBC-Serie *Only Fools and Horses*), der ihre unbekümmerte Einstellung gegenüber dem neuen Chelsea-Besitzer perfekt wiedergibt. Die ersten Zeilen lauten:

> *Er hat Veron in der Tasche,*
> *Wir haben Johnson von West Ham.*
> *Wenn ihr die Besten wollt,*
> *Dann stellt keine Fragen,*
> *Denn Roman ist unser Mann.*
> *Wo's herkommt, ist ein Rätsel.*
> *Sind es Waffen? Oder Drogen?*
> *Ist es Öl aus dem Meer?* *

---

* Als Abramowitschs Sprecher John Mann um eine Stellungnahme zu dieser Respektlosigkeit der Chelsea-Fans gebeten wurde, antwortete er: »Natürlich machen nicht nur die Chelsea-Fans, sondern auch alle Bürger des Vereinigten Königreichs einen Lernprozess durch. Sie erfahren, dass das Geschäftsleben in Russland nicht das gleiche ist wie im Westen, und sie lernen einen Mann kennen, der sich in einer schwierigen Umgebung durchgesetzt hat und bis an die Spitze vorgedrungen ist. Ich erinnere mich daran, dass es während des anfänglichen Presseaufruhrs ein paar Artikel gab, in denen versucht wurde, Herrn Abramowitsch mit der russischen Mafia in Verbindung zu bringen. Jeder, der die hiesige Geschäftswelt kennt, weiß, wie unsinnig das ist. Ich kann bestätigen, dass sich Roman sehr über den Empfang gefreut hat, den ihm die Chelsea-Fans in dieser Saison bereitet haben, besonders beim ersten Heimspiel.«

Warum also beschloss dieser publizitätsscheue russische Oligarch, sich ein Team der höchsten englischen Spielklasse zuzulegen? Gregory Barker, der Unterhausabgeordnete, der früher als Investor-Relations-Manager von Sibneft tätig war, meint: »Ich war von den Socken ... Es war schon schwer genug, ihn zu überreden, ein paar nette Bilder von sich machen zu lassen.« Im Abramowitsch-Lager wird behauptet, die Aktion sei lediglich auf seinen Wunsch zurückzuführen, sich mit seinem Reichtum etwas Spaß zu gönnen, doch einer der anderen Oligarchen liefert eine zynischere Interpretation: »Es ist die billigste Versicherungspolice der Geschichte.«

Abramowitsch weiß, dass sich die russischen Behörden trotz aller Gefälligkeiten, die er Präsident Putin erwiesen hat, jederzeit gegen ihn wenden können. Durch den Kauf von Chelsea wurde der Mann, der als der unbekannteste Milliardär der Welt galt, mit einem Schlag zum Prominenten ersten Ranges. Welcher Premierminister wäre mutig genug, ihm kein Asyl zu gewähren, wenn es zu einer Attacke durch Putin käme?

Das soll nicht heißen, dass Abramowitsch keine Begeisterung für den Fußball empfände. Man weiß, dass er sich bei der Weltmeisterschaft von 1998 Spiele in Frankreich sowie 2002 in Japan und Südkorea angeschaut hat. Niemand, der ihn auf seinem Platz auf der Westtribüne von Stamford Bridge beobachtet, kann Zweifel an seinem Engagement für das Team und an seiner Aufregung während des Spielgeschehens hegen. Alexej Wenediktow beauftragte einmal einen Kameramann, sich ein ganzes Spiel hindurch auf Abramowitsch zu konzentrieren, und hält die Echtheit seiner Reaktionen für unbestreitbar.

Von Anfang an spielte Abramowitsch eine äußerst aktive Rolle beim Aufbau eines Starteams. Offenkundig beabsichtigte er, sich eher wie der Besitzer eines kontinentalen als eines englischen Clubs zu verhalten. In Spanien und Italien ist es üblich, dass sich die Eigner in die Auswahl von Spielern einschalten, während in Großbritannien der Spielerkauf normalerweise dem Trainer überlassen wird. Nur neun Tage nach der Besiegelung des Geschäfts mit Bates flog Abramowitsch also nach Italien, um mit Massimo Moratti, dem damaligen Präsidenten von Inter Mailand, zu frühstücken. Abramowitsch kannte Moratti möglicherweise bereits vom

Ölgeschäft her, denn der Italiener entstammt einer wohlhabenden Öldynastie. Aber bei dieser Zusammenkunft ging es um den Fußball und den möglichen Kauf des Inter-Stars Christian Vieri. Diesmal hatte Abramowitsch jedoch keinen Erfolg, und er verließ Italien lediglich mit drei neuen Rasierapparaten für seinen *barba d'attore* (Schauspielerbart), wie die Italiener sagen. Das teuerste Gerät kostete 191 Euro, einiges weniger als die Summe, die er für Vieri hätte ausgeben müssen.

■ ■ ■

Vom ersten Saisontag an zeigte Abramowitsch, dass ihm die Bedeutung seiner Anwesenheit bei jedem Spiel seines neuen Clubs klar war. Für einen Mann mit Wohnsitzen in London, den Home Counties, Moskau und Südfrankreich, mit Geschäftsaktivitäten in ganz Russland und politischen Verpflichtungen in einem fernen sibirischen Territorium erforderte dies eine sorgfältige Planung und eine raffinierte Logistik. Ein anschauliches Beispiel hierfür liefern die Vorbereitungen, die es ihm, seiner Familie und Jewgeni Schwidler, dem neuen Vorstandsvorsitzenden von Chelsea, ermöglichten, das erste Spiel der Saison im August 2003 gegen Liverpool in Anfield mitzuerleben:

Abramowitsch hielt sich damals gerade in seiner Villa in Südfrankreich auf und nahm einen Hubschrauber zum Flughafen Nizza, wo er an Bord seiner Privatmaschine, eines Boeing 737 Business Jet, ging. Das Flugzeug landete am Mittag in Liverpool. Unterdessen kamen seine Frau und seine Kinder, die an jenem Tag in London waren, vom Battersea Heliport in einem von Metro Aviation gemieteten Hubschrauber nach Liverpool (Metro Aviation gehört Mohamed Al Fayed, dem Besitzer von Harrods und Freund der Familie, seit Irina begonnen hatte, dort einzukaufen). Der dritte Teilnehmer, Schwidler, reiste mit einem Privatjet vom Flughafen Farnborough in Hampshire an. In Farnborough steht auch sein eigenes Flugzeug, aber aus irgendeinem Grund mietete er eine Maschine der Genfer Firma Global Jet Concept, um zu dem Match zu fliegen. Nach einem faszinierenden Spiel, das Chelsea durch ein Tor von Jimmy Floyd Hasselbaink drei Minuten vor dem Abpfiff 2:1 gewann, kehrten die drei Parteien jeweils an ihren Ausgangspunkt zurück. Abramowitsch flog von Liverpool nach Nizza und von dort mit dem Hubschrauber zu seiner Villa; Irina und die Kinder reisten wieder nach London, und Schwidler machte sich nach Farnborough auf, hatte jedoch das Pech, nach Luton umgelenkt zu werden, da seine Maschine aus technischen Gründen nicht in Farnborough landen konnte.

Eine Woche später, nach dem ersten Heimspiel der Mannschaft unter ihrem neuen Besitzer, war die Situation ein wenig lockerer. Glücklicherweise konnte Chelsea einen weiteren 2:1-Sieg erringen, diesmal gegen Leicester, wobei einer der teuersten von Abramowitsch eingekauften neuen Spieler, Adrian Mutu, das entscheidende Tor kurz vor der Halbzeit schoss. Zur Feier des Tages ließen sich Abramowitsch, seine Frau, sein neuer Freund, der Präsident von Island, und dessen Gattin und ein weiterer, unbekannter Mann zum nahe gelegenen River Café fahren. Das River Café ist eines jener Restaurants, deren Name ihrem Status in keiner Weise gerecht wird. Von Rose Gray und Ruth Rogers, der Frau des preisgekrönten Architekten Lord (Richard) Rogers, geleitet, ist es ein Tempel der modernen Kochkunst. Die Preise spiegeln die Qualität der Gerichte, die Lage an der Themse und den erstklassigen Service wider, und Abramowitsch hätte an solch einem Ort kaum damit gerechnet, dass ihm ein Fan vom Nachbartisch in die Toilette folgen und ein Gespräch über das letzte Spiel mit ihm anknüpfen würde. Aber genau das geschah. Da man sich im River Café befand, war es allerdings kein gewöhnlicher Fan, sondern ein Universitätsprofessor, der sich durch zahlreiche Veröffentlichungen einen Namen gemacht hatte. Der 44-jährige Orlando Figes ist Geschichtsprofessor am Birkbeck College, das zur Universität London gehört, und besitzt eine Chelsea-Saisonkarte. Er hat eine Reihe Bestseller über Russland verfasst und beherrscht die Sprache fließend.

Die Herrentoilette im River Café ist recht eng und verfügt nur über ein einziges Becken. Als Figes eintrat, stand Abramowitsch bereits davor. Unbeeindruckt begann der Professor, auf Russisch über das Spiel am Nachmittag zu plaudern. Er erinnert sich:

[Abramowitsch] schien nichts dagegen zu haben, über Fußball zu sprechen, was wir ein paar Minuten lang taten. Er hörte auf zu pinkeln, und ich fing an, und wir unterhielten uns weiter über Fußball. Dann fragte er: »Wieso sprechen Sie so ausgezeichnet Russisch?«

Darauf erwiderte ich: »Darf ich mich vorstellen?« Aber mittlerweile war ich am Pinkeln, und er hatte sich die Hände gewaschen, deshalb dachte ich, verdammt, ich kann ihm nicht die Hand schütteln.

Nachdem die Formalitäten abgeschlossen waren, sagte Figes, er schreibe Bücher über die russische Geschichte, und Abramowitsch äußerte den Wunsch, sie zu sehen. Figes fragte, wie er ihm die Bücher zukommen lassen könne – und das hätte das Ende der Episode sein sollen. Aber ihre Plauderei hatte im Vergleich zu den üblichen Begegnungen in der Toilette recht lange gedauert – mindestens fünf Minuten –, und Figes' Tischgefährten wurden unruhig. Der Professor und seine Frau Stephanie dinierten mit einem anderen Paar, und die zweite Frau war eine erfolgreiche Anwältin im Bankgewerbe, die regelmäßig nach Moskau reiste. Sie hatte Figes davon abgeraten, einem russischen Oligarchen in die Toilette zu folgen, und je länger seine Abwesenheit dauerte, desto stärker wurde ihre Besorgnis. Anscheinend war sie davon überzeugt, dass Abramowitschs Leibwächter Figes sofort an die Wand gedrängt hatten und ihm eine Pistole an den Kopf hielten. Deshalb forderte sie ihren Mann auf, den Professor zu retten. Doch bevor sich dieser auf den Weg machen konnte, kamen Abramowitsch und Figes zurück. Laut Figes grinste Abramowitsch über das ganze Gesicht. Wahrscheinlich war es ihm recht surrealistisch vorgekommen, in der Toilette von jemandem angesprochen zu werden, der des Russischen mächtig war und sich als Chelsea-Fan vorstellte.

In der folgenden Woche hinterließ Figes einen Brief und einen Stapel seiner Bücher im Hauptbüro an der Stamford Bridge, wo man ihm versicherte, dass Abramowitsch sie erhalten werde. Nachdem er sechs Wochen später noch nichts gehört hatte, rief er John Mann an und schickte einen weiteren Satz der Bände – diesmal im Buchladen gekauft, da er keine Freiexemplare mehr hatte – an die Sibneft-Zentrale in Moskau. Wiederum erhielt er keine Antwort. Vielleicht war Abramowitsch weniger belustigt darüber gewesen, in der Toilette in ein Gespräch verwickelt zu werden, als es den Anschein gehabt hatte.

Kurz nach Abramowitschs Neuerwerb wurde eine russische Version des Chelsea Supporters' Club gegründet. Die Mitglieder treffen sich an Spieltagen am liebsten im Meteliza, einer Mischung aus Kasino, Restaurant und Bar unweit des Neuen Arbat in Moskau. Dort werden einem Publikum aus in der Hauptstadt wohnenden Briten und fußballverrückten Russen regelmäßig englische Spiele gezeigt. Da Schwerverbrechen im modernen Russland zum Alltagsleben gehören, geht die Geschäftsführung von Meteliza kein Risiko ein. Die Türsteher betreiben »Gesichtskontrolle« und beobachten das Verhalten der Wartenden, bevor sie die Leute durch einen türförmigen Metalldetektor schleusen und sie dann vorsichtshalber noch einmal mit Handdetektoren nach Feuerwaffen absuchen. Diese Maßnahmen mögen übertrieben wirken, doch Moskau wird immer wieder von Terroranschlägen und Selbstmordattentätern heimgesucht.

In der Bar ist zu beobachten, dass es Abramowitsch schwerfallen dürfte, Chelsea zu einem globalen Markenartikel zu machen. Manchester United wird immer noch am leidenschaftlichsten bewundert, und Chelsea-Fans müssen sich mit einer kleinen Kapelle in der Kathedrale der Träume begnügen.

Abramowitsch hat einen unbändigen Ehrgeiz, Chelsea an die Spitze zu bringen, und das erste Opfer seiner Bestrebungen war Trevor Birch. Innerhalb von Monaten nach dem Wechsel des Besitzers erfuhr der Mann, der sich unermüdlich für diesen Wechsel eingesetzt hatte und der persönlich an den Verhandlungen um den Kauf einiger der weltbesten Spieler beteiligt gewesen war, dass er durch Peter Kenyon, den bisherigen Geschäftsführer von Manchester United, abgelöst werden sollte.

Birch ist eine der sympathischen Gestalten in der Fußballbranche. Als Teenager wurde er von Liverpool ausgebildet, und Trainer wie Bill Shankley oder Bob Paisley meinten, er habe das Zeug zu Größerem. Doch aus unerfindlichen Gründen gelingt zuweilen selbst besonders vielversprechenden jungen Spielern der Absprung nicht, und Birch war einer von ihnen. Nachdem er von einer Liga in die andere abgerutscht war, verzichtete er auf eine Laufbahn als Berufsfußballer und wandte sich der Buchführung zu. Dort fand er seine Bestimmung. Er stieg im Wirtschaftsprüfungsunternehmen Ernst & Young auf und erwarb den Ruf, kränkelnde Firmen wieder auf den Weg der Besserung zu bringen. 2002 stellte Bates ihn ein, und im Januar 2003 unterzeichnete Birch einen Fünfjahresvertrag, der ihm jährlich 750 000 Pfund einbrachte. Damit wurde es sehr teuer, ihn zu entlassen. Doch Birch machte den Fehler, sich dem Optimismus seines neuen Chefs nicht anzuschließen. Als Abramowitsch ihm erklärte, er wolle Chelsea in einen globalen Markenartikel verwandeln, erwiderte Birch, das werde 40 Jahre dauern. So etwas sagt man nicht zu einem jungen Mann, der es eilig hat. Birchs Pessimismus – oder Realismus – besiegelte sein Schicksal, und auf Pini Zahavis Ratschlag hin rekrutierte Abramowitsch Kenyon, der Manchester United mit großem Erfolg weltweit promotet hatte. Er bot ihm einfach an, sein Gehalt auf 1,2 Millionen Pfund pro Jahr zu verdoppeln (Gerüchte besagen allerdings, dass sich das Gesamtpaket, Prämien eingeschlossen, in drei Jahren auf 7,5 Millionen Pfund summiert). Birchs Enttäuschung wurde durch seine Abfindung ein wenig gemildert. Er trat fast sofort ab, doch Kenyon sollte die Zügel erst sechs Monate später übernehmen, nachdem er die sechsmonatige Sperrfrist, die sein Vertrag mit Manchester United vorsah, hinter sich hatte. Bis dahin wurde er von Paul Smith vertreten.

Birchs Nachfolger stand vor einer beängstigenden Herausforderung. Bei Manchester United hatte Kenyon von einer jahrzehntealten internationalen Reputation profitiert. United war der erste englische Verein gewesen, der sich in Europa hervortat. Spieler wie George Best hatten Fußballfans in aller Welt begeistert. Lastwagenfahrer in Brasilien, die kein Englisch sprachen, begrüßten Touristen mit einem Lächeln und den Worten »Bobby Charlton, very good«. In jüngster Zeit motiviert der Club seine Fangemeinde im Fernen Osten durch dortige Spiele in der Vorsaison. Infolgedessen kann sich United auf 11 Millionen Fans in Großbritannien und weitere 54 Millionen überall auf der Welt berufen. Das Beispiel der Besucher der Moskauer Meteliza-Bar demonstriert, wie loyal Manchester-United-Fans sind. Es ist unwahrscheinlich, dass sie zu Chelsea oder zu irgendeinem anderen Verein überlaufen, wie erfolgreich diese auch sein mögen.

Abramowitschs Bemühungen, das Marken-Image zu verbessern, zeigen sich auch in der Einschaltung der Copyright Promotions Licensing Group. Aber da die Tradition von Chelsea weit weniger glanzvoll ist als die von Manchester United, ist es schwierig, den globalen Markt für Fernsehrechte und Merchandising zu erschließen. Am schnellsten ließe sich das angestrebte internationale Ansehen durch Chelseas Sieg in der Champions League erreichen. Das würde mit einem Schlag weltweit Legionen von Fans schaffen, die sich um alle vereinseigenen Artikel – von Trikotkopien bis hin zu Souvenirbechern – reißen. Ihre Loyalität könnte dann durch Vorsaisontourneen in die ausgabenfreudigsten und enthusiastischsten Länder gefestigt werden, etwa nach Japan, Südkorea und dem zunehmend an Bedeutung gewinnenden China.

Die Clubs haben inzwischen begriffen, wie lukrativ es ist, sich Spieler zuzulegen, die spezielle Bevölkerungsgruppen ansprechen. Real Madrid wird seine Investition in David Beckham nicht nur durch dessen Leistungen auf dem Spielfeld, sondern auch durch den gestiegenen Marktwert der Fernsehrechte im Fernen Osten wettmachen. Auf ähnliche Weise kann der Kauf eines in einem bestimmten Land populären Spielers die Beliebtheit eines Vereins in dessen Heimatmarkt steigern. Fulham hat unzweifelhaft vom Junichi-Inamoto-Effekt profitiert. Dazu bemerkt der frühere Liverpool-Spieler und heutige BBC-Kommentator Mark Lawrenson: »Man brauchte samstags, wenn Fulham ein Heimspiel hatte, nur zur Loftus Road zu fahren, und man sah Hunderte von japanischen Fans, einfach weil der Verein einen japanischen Nationalspieler beschäftigte.« Der wirkliche Vorteil für Fulham lag jedoch nicht in der durch Inamoto bewirkten Steigerung der Kartenverkäufe in London, sondern in der erhöhten Anerkennung, zu der er dem Club in Japan verhalf.

■ ■ ■

Eine der schwierigeren Veränderungen, die Abramowitsch seit seinem Kauf von Chelsea an sich selbst vornehmen musste, betraf sein Verhalten, besonders bei Auswärtsspielen. Die Sitten in der Geschäftsleitungsloge können so eigenwillig sein wie die Beisetzungsriten der Pharaonen. Der verstorbene Matthew Harding brüskierte Ken Bates immer wieder durch seine Angewohnheit, in den erregendsten Momenten aufzuspringen und mit den Armen zu fuchteln. Das gilt als unpassend in einer Umgebung, in der sich auch Vertreter der Gegenseite aufhalten. Und als Abramowitsch zum ersten Spiel der Saison in Liverpool ohne Krawatte erschien und nach einem Chelsea-Tor High Fives mit Schwidler austauschte, war Bates nicht gerade angetan.

Eine deutliche Benimmlektion erhielt der Russe während eines Spiels der Champions League zwischen Chelsea und Besiktas aus der Türkei. Das Match war nach einem Bombenanschlag auf die HSBC-Filiale in Istanbul zwei Wochen zuvor nach Deutschland verlegt worden. Seit langem herrscht böses Blut zwischen den englischen und den türkischen Fans, und die deutsche Polizei stellte an jenem Abend ganze Hundertschaften bereit. Nicht, dass die englischen Fans einen Streit vom Zaun brechen wollten, denn den 400 Chelsea-Anhängern standen 50 000 Türken, hauptsächlich Gastarbeiter, gegenüber. Abramowitsch zeigte, dass er sich der heiklen Situation bewusst war, als er sich in der Vorstandsloge niederließ. Sobald die Chelsea-Fans jubelten und seinen Namen sangen, legte er einen Finger an die Lippen, um sie verstummen zu lassen. Doch als das Spiel angepfiffen worden war, löste der Vereinsbesitzer durch sein eigenes Benehmen eine hässliche Reaktion aus. Die Vorstandsloge gilt normalerweise auch bei den leidenschaftlichsten Begegnungen als Oase der Ruhe, doch diesmal war es anders. Als Abramowitsch nach einem besonders brutalen Foul gegen einen seiner Spieler aufsprang, drehte sich der Türke vor ihm um und fuhr sich mit der Hand über die Kehle. Abramowitschs Leibwächter waren durch diese Geste derart beunruhigt, dass sie ihren Chef noch vor Spielende hinausbegleiteten.

Der ehemalige Staatssekretär für Sport und Chelsea-Fan Tony Banks erklärte einmal, er habe den Eindruck, dass Abramowitsch sich die Spiele, wenn er könnte, am liebsten mit seinen Freunden hinter geschlossenen Türen anschauen würde. Damit wollte Banks andeuten, der Russe habe wenig für die gewöhnlichen Fans übrig. Das ist ein unfairer Kommentar, wie sein Verhalten nach einem 4:0-Sieg von Chelsea über Lazio im Dezember 2003 in Rom bewies. Nach dem Spiel wurden 5000 Chelsea-Anhänger von der italienischen Polizei im Stadion zurückgehalten, damit die Lazio-Fans genug Zeit hatten, sich zu entfernen. Unterdessen zeigte man Videos von früheren Chelsea-Matchs. Die Fans wurden jedoch immer ungeduldiger. Gianfranco Zola, ein sehr beliebter früherer Chelsea-Spieler, betrat den Platz, um die Situation zu entschärfen. Er erhielt herzlichen Applaus für diese Geste. Der Jubel verstärkte sich fünf Minuten später, als Abramowitsch, begleitet von seinen Leibwächtern, auftauchte. Dieser bemerkenswerte Moment brachte ihm die dauerhafte Zuneigung und den Respekt der Fans ein. »Es ließ einem die Haare im Nacken zu Berge stehen«, berichtet Mark Meehan, der frühere Herausgeber einer unabhängigen Chelsea-Fanzeitschrift, der an jenem Abend dabei war. »Viele riefen per Handy ihre Leute zu Hause an.«

11 Geld für die Roten

Abramowitsch hatte Wert darauf gelegt, dass Präsident Putin noch vor Abschluss des Kaufes von Chelsea die Neuigkeit erfuhr und nicht erst in den Zeitungen darüber las. Kurz darauf brodelte es in der Moskauer Gerüchteküche. Putins engster Mitarbeiter Alexander Woloschin war als Klatschbase bekannt. Er rief Alexej Wenediktow am späten Abend an und fragte aufgeregt: »Kannst du dir das vorstellen? Unser Mann hat Chelsea gekauft.« Woloschins politische Antennen bebten, seit er gehört hatte, dass so viel russisches Geld für etwas so Unseriöses wie einen ausländischen Fußballverein vergeudet worden war. Er fragte Wenediktow: »Wie werden die Leute hier wohl reagieren?« Das war eine berechtigte Sorge. Juri Luschkow, der Bürgermeister von Moskau, wusste genau, wie die meisten seiner Landsleute die Nachricht aufnehmen würden, und er wartete nicht lange, um politisches Kapital aus der Angelegenheit zu schlagen. Er warf Abramowitsch vor, »auf Russland zu spucken«, und der frühere Ministerpräsident Sergej Stepaschin schloss sich seiner Kritik bald an.

Abramowitschs Vertrauter Wenediktow erinnert sich an die Reaktion derjenigen, die während seiner Rundfunksendung anriefen:

Es war, als hätte Roman Abramowitsch dem Volk Geld gestohlen und sich dafür ein Spielzeug gekauft. Alle, die bei meinem Radiosender anriefen, schienen darin übereinzustimmen. Als ich Roman ein paar Tage später traf, berichtete ich ihm davon. Er sagte, er habe die Lage falsch eingeschätzt. Es wäre besser gewesen, vorher den Boden zu bereiten, damit die Reaktion der Öffentlichkeit günstiger ausfiel. Aber im Grunde ist er nicht an der öffentlichen Meinung in Russland interessiert – sie ist ihm gleichgültig; er glaubt nicht, dass sie die geringste Rolle spielt.

In diesem Fall gelangte Abramowitsch jedoch offensichtlich zu dem Schluss, dass eine persönliche Geste erforderlich sei. Der russische Fußball erholt sich zurzeit noch von seinem postsowjetischen Katzenjammer. In den späten neunziger Jahren machte er eine Krise durch, denn die zuvor staatlich finanzierten Vereine waren über Nacht mittellos geworden. Die Zuschauerzahlen sanken, und die besten Spieler des Landes setzten sich ins Ausland ab. Nicht einmal die Fernsehsender waren daran interessiert, Begegnungen zweitklassiger Teams in schäbigen Stadien zu zeigen. Angesichts dieser Tatsache befand Abramowitsch, dass er sich am ehesten durch eine Geldspritze bei den verbitterten Fans in der Heimat beliebt machen konnte.

Geschickt wie immer, gab er umgehend bekannt, er werde 65 Millionen Dollar in ein neues Stadion für ZSKA Moskau investieren, die frühere Mannschaft der Roten Armee, die 2003 die russische Meisterschaft gewonnen hatte. Das Stadion, für das ein Glasdach geplant ist und das 50 000 Zuschauer aufnehmen soll, verspricht zu einer der besten Arenen des Landes zu werden. Anfang des folgenden Jahres verkündete Sibneft dann, dass es den Verein drei Jahre lang mit jeweils 18 Millionen Dollar für die Abtretung der exklusiven Image- und Merchandising-Rechte unterstützen werde. Dieser 54-Millionen-Dollar-Vertrag war nicht nur für den verarmten russischen Fußball, sondern auch nach europäischen Maßstäben gewaltig. Er übertraf sogar die vierjährige Vereinbarung, die Manchester United mit dem Mobiltelefonriesen Vodafone abgeschlossen hatte. Der reichste Club der Welt mit der größten internationalen Fangemeinde erhält danach insgesamt 65 Millionen Dollar, also nur knapp über 16 Millionen Dollar pro Jahr.

Sibneft präsentierte diese rekordverdächtige Abmachung als folgerichtige Fortsetzung seines traditionellen Engagements für den Sport in den Regionen, in denen das Unternehmen aktiv ist. Dabei verwies es auf seine Ausgaben von jährlich 10 Millionen Dollar für die Eishockeymannschaft Omsker Avantgarde und sein Sponsorship in Höhe von 350 000 Dollar für die internationalen Biathlon-Meisterschaften in Chanty-Mansisk. Jewgeni Schwidler betonte, solche Aktivitäten seien Teil der »sozialen Verantwortung« des Unternehmens, und er hoffe, dass ZSKA die Präsenz des russischen Fußballs auf der europäischen Bühne erhöhen werde

Das Team des ZSKA Moskau mit Trophäe, nachdem es am 18. Mai 2005 Sporting Lissabon im UEFA-Cup-Finale besiegt hat.

(die wachsende Stärke von ZSKA zeigte sich im August 2004 durch den Sieg über die Glasgow Rangers in der Qualifikationsrunde der Champions League – ein Sieg, der dazu führte, dass der Moskauer Verein im eigentlichen Wettbewerb für dieselbe Gruppe wie Chelsea ausgelost wurde).

Selbstverständlich handelte es sich dabei vor allem um eine Imagekampagne. Zu dem Zeitpunkt, als Abramowitsch mit einiger Verspätung auf dem russischen Fußballmarkt erschien, wurden bereits fünf der sechzehn Teams in der ersten Liga von Großunternehmen unterstützt, darunter Spartak Moskau (durch Lukoil) und Dynamo Moskau (durch Jukos). Dieses unternehmerische Interesse hilft dem russischen Fußball auf die Sprünge. Millionen Dollar werden aufgewandt, um Stadien und Trainingsanlagen umzubauen. Zum Beispiel will Dynamo die Zuschauerkapazität seines Stadions auf 60 000 erhöhen. Auch Nachwuchsprogramme werden wieder aufgelegt, und zum ersten Mal seit Jahren ist man in der Lage, ausländische Spieler anzuziehen. Sensationelle Importe – jedenfalls nach russischen Maßstäben – wie der tschechische Nationalspieler Jiří Jarosík, Winston Parks aus Costa Rica (bei der Weltmeisterschaft von 2002 schoss er ein Tor) und sogar Brasilianer wie José de Sousa verleihen dem russischen Fußballsport neuen Auftrieb. Die Fernsehsender sind wieder interessiert, und während der Saison des Jahres 2003 zeigten nicht weniger als vier Kanäle sowohl Live-Übertragungen als auch aufgezeichnete Höhepunkte.

Heutzutage verfügt ein Verein der russischen Premier Liga über ein durchschnittliches Budget von 15 Millionen Dollar und die Liga insgesamt über mehr als 200 Millionen Dollar. Dadurch ist sie mit den entsprechenden Verbänden in den Niederlanden, in Schweden und Norwegen vergleichbar geworden. Allerdings kann keiner der Investoren in dieser Branche Geld verdienen. Wie Sibneft betrachten die meisten beteiligten Firmen Investitionen in den Fußball als Teil ihrer »gesellschaftlichen Verpflichtung«. Ein Jukos-Sprecher bezeichnete die Ausgaben für Dynamo einmal sogar als »wohltätig«. Ähnlich handhabt es RusAl: Unternehmenschef Oleg Deripaska erwarb im Januar 2004 einen Anteil am Premier-Liga-Verein Kuban, und German Tkatschenko, Vizepräsident einer Tochtergesellschaft von RusAl sowie Verbindungsmann zwischen seinem Freund Abramowitsch und Pini Zahavi, ist gleichzeitig Vorsitzender von Krylja Sowetow in Samara.

Die russischen Oligarchen wollen jedoch nicht nur die einzelnen inländischen Vereine stärken, sondern auch der Nationalmannschaft Auftrieb geben. Nach der kläglichen Vorstellung Russlands bei der Weltmeisterschaft 2002 boten der Lukoil-Vizepräsident und der Jukos-Moskwa-Präsident Wassili Schachnowski dem Vorsitzenden des russischen Fußballbundes in einem Schreiben an, einen ausländischen Trainer zu finanzieren. Das russische Team war nach Niederlagen gegen Japan und Belgien nicht einmal in die zweite Runde vorgedrungen, obwohl es von Oleg Romanzew geleitet wurde, der eine erfolgreiche Karriere als Trainer in der russischen Premier Liga vorzuweisen hatte und allgemein als talentiertester Coach des Landes galt. Wenn er gescheitert sei, so folgerte man, dann würden dies auch alle anderen russischen Trainer tun. Trotzdem löste man ihn schließlich durch Valeri Gassajew ab, einen weiteren Russen, aber nach einer schwachen Leistung in der Qualifikation zur Europameisterschaft musste auch er gehen.

12 Das Dream-Team

Der Chelsea-Mittelfeldspieler Frank Lampard wird vielleicht nie wieder unter einem so großen Druck bei einem Elfmeter stehen wie an jenem Sonntagnachmittag des 30. November 2003. Chelsea trat gegen den damaligen Premiership-Spitzenreiter Manchester United an, und Abramowitsch hatte 100 seiner engsten russischen Bekannten zu dem Spiel eingeladen, das er offensichtlich für den Höhepunkt der Saison hielt. Seine wichtigsten Gäste erhielten Plätze in einer der Millenniums-Logen, wo sie mit Prominenten wie Boris Becker, der Schauspielerin Minnie Driver oder dem Romanautor und Komiker David Baddiel zusammentrafen. Andere saßen auf der Tribüne. Die ohnehin hohe Erwartung wurde noch gesteigert, als Sir Clive Woodward, der englische Rugby-Nationaltrainer, und Lawrence Dallaglio, ein Mitglied des Teams, das im selben Monat die Weltmeisterschaft gewonnen hatte, unter dem rasenden Applaus der 42 000 Zuschauer auf der Spielfläche des ausverkauften Stadions erschienen.

Siebenundzwanzig Minuten einer überaus nervösen Begegnung waren verstrichen, als Lampard Hernán Crespo den Ball zuspielte. Dieser schlug eine für Joe Cole gedachte Flanke in den Strafraum. Als Cole von Roy Keane, dem notorisch aggressiven Mittelfeldspieler von United, umgestoßen wurde und der Schiedsrichter einen Elfmeter pfiff, protestierte United mit der rechtschaffenen Entrüstung eines ertappten Einbrechers. Der amerikanische Torhüter Tim Howard setzte das Spektakel bis zum letztmöglichen Moment fort, um den Druck auf den Elfmeterschützen zu verstärken. Aber ohne Erfolg: Lampard jagte den Ball mit einem scharfen Flachschuss ins Netz, und die Fans am Shed End rasten vor Begeisterung.

United belagerte das gegnerische Tor während der restlichen Spielzeit, und vier Chelsea-Akteure wurden verwarnt, während sie versuchten, ihre Führung zu verteidigen. Den Gästen gelang jedoch kein Treffer, und Chelsea setzte sich durch einen denkwürdigen Sieg an die Spitze der Premiership.

Bis dahin hatte Abramowitschs Chelsea nur ein einziges Spiel verloren – auswärts gegen Arsène Wengers hervorragende Arsenal-Mannschaft. Die Dinge entwickelten sich so günstig, dass ein geachteter Zeitungskolumnist das Geheimnis des fußballerischen Erfolgs mit drei Worten zusammenfasste: »Sehr. Reicher. Besitzer.« Sämtliche Zweifel, ob es möglich sei, eine Gruppe hochbezahlter ausländischer Stars kurzfristig zu einer Einheit zusammenzuschweißen, schienen unbegründet gewesen zu sein. Aber dann kam der Dämpfer: Von den folgenden sechs Spielen verlor Chelsea drei und erzielte ein Unentschieden. Plötzlich machten sich die Nörgler wieder lautstark bemerkbar.

Sich auf einen derart großen Zustrom von neuen Spielern unterschiedlicher Nationalität aus einer Vielfalt europäischer Ligen einzustellen strapaziert die organisatorischen Möglichkeiten eines Clubs. Adrian Mutu*, 26, ist Rumäne und spielte früher für den FC Parma; Hernán Crespo**, 30, ist Argentinier und wurde Inter Mailand abgekauft; Geremi, 26, stammt aus Kamerun und war zuvor bei Real Madrid, nachdem Middlesborough ihn in der Vorsaison ausgeliehen hatte; Claude Makelele, 30, ist Franzose und kam ebenfalls von Real Madrid nach London. Auch britische Spieler wie Wayne Bridge, der von Southampton, und Damien Duff, der von Blackburn Rovers geholt wurde, waren allen mit einem Wechsel verbundenen Spannungen ausgesetzt.

Die Fans sehen meist nur die Riesengehälter der neuen Spieler, doch die Neuankömmlinge sind mit den gleichen Herausforderungen konfrontiert wie jeder andere, der eine Arbeit in einem fremden Land antritt. Vor allem für Spieler mit Partnerinnen und Kindern ist die Belastung groß. Wenn Chelsea innerhalb einer Woche drei Auswärtsspiele bestreitet, kann es vorkommen, dass Ehefrauen und Freundinnen fünf Tage

---

* Inzwischen bis Mai 2005 international wegen Dopings gesperrt; von Juventus Turin bis 2009 unter Vertrag genommen. *(Anm. d. Übers.)*
** Mittlerweile für ein Jahr an den AC Mailand ausgeliehen. *(Anm. d. Übers.)*

lang in einer ihnen unbekannten Stadt auf sich gestellt sind. Solche Faktoren – dazu Familienprobleme wie die Suche nach einem Haus oder nach einer Schule für die Kinder sowie möglicherweise die Notwendigkeit, eine neue Sprache zu lernen – führen manchmal dazu, dass ausländische Spieler von den Ereignissen außerhalb wie innerhalb des Stadions in Anspruch genommen werden. Mark Lawrenson weist darauf hin, dass die Umstände bei Chelsea besonders kompliziert sind:

> Die meisten Teams haben ein oder zwei Spieler in dieser Situation. Bei Manchester United sind es Howard, der aus New York verpflichtet wurde, und [der Brasilianer] Kleberson. Wenn die beiden ein Problem haben, können sie das gesamte Personal auf die Lösung ansetzen, aber bei Chelsea sind acht oder neun Spieler in einer ähnlichen Lage, und wenn Schwierigkeiten auftauchen, kann es recht lange dauern, sie auszuräumen.

Auch die Anpassung an eine andere Spielweise kann sich auf die Form auswirken. Gegenüber der italienischen Serie A oder der spanischen Liga ist die Premiership durch einen stärkeren physischen Einsatz und ein viel höheres Tempo gekennzeichnet. Eine der Folgen besteht darin, dass sogar Vereine, die sich am Tabellenende abquälen, zu Überraschungen gegenüber den Spitzenreitern fähig sind. Zum Beispiel erlitt Chelsea die erste von drei Niederlagen während eines Durchhängers um die Jahreswende gegen die Bolton Wanderers, die damals nicht weit vom Schlusslicht der Tabelle entfernt waren.

Aber nur wenige Kommentatoren waren bereit, dem italienischen Trainer von Chelsea, Claudio Ranieri, Zugeständnisse zu machen. Als Sohn eines Metzgers in Rom geboren, ist Ranieri weit von der Extravaganz vieler seiner Kollegen entfernt. Elegant und würdevoll und mit einem trügerisch lockeren Stil auftretend, erhielt er in den späten neunziger Jahren als Trainer des spanischen Vereins FC Valencia überraschenderweise den Spitznamen »Mann aus Stahl«. Er errang den Titel, nachdem er seinen temperamentvollen argentinischen Star Ariel Ortega zur Ordnung gerufen und den brasilianischen Stürmer Romario, dessen Vorliebe für Nachtclubs er missbilligte, abgeschoben hatte. Bei einer anderen Gelegenheit marschierte er in Jimmy Floyd Hasselbainks Hotelzimmer und riss die Verbindungskabel aus dem Fernsehapparat, damit der Spieler am Abend vor einem Match nicht in Versuchung geriet, zu lange aufzubleiben.

Die englische Presse jedoch bezeichnete Ranieri nicht als Mann aus Stahl, sondern vielmehr als »The Tinkerman« (Bastler). Die Wurzel des Problems sei seine Neigung, Spieler umzustellen und dauernd die Formation des Teams zu ändern. Manche meinten, dies sei ihm durch die Kauforgie seines neuen Arbeitgebers aufgezwungen worden, doch in einem Zeitungsinterview kurz vor dem Heimspiel gegen Manchester United im November 2003 betonte Ranieri, er selbst sei für all die Neuerwerbungen verantwortlich. »Die Wahrheit ist, dass ich die Spieler auswählte und der Verein dann versucht hat, sie zu kaufen.« In einem seiner ersten Gespräche mit Abramowitsch habe dieser gesagt: »Ich möchte Chelsea zu einem der größten Teams der Welt machen. Was benötigen Sie dafür?« Ranieris Antwort klang angemessen ehrgeizig. »Ich erwiderte, wir hätten gute Spieler, da wir gerade die Qualifikation für die Champions League geschafft hätten. Aber am glücklichsten wäre ich, wenn ich für jeden Posten jeweils zwei Spieler hätte, die um einen Stammplatz kämpfen.«

Der Wunsch des Italieners wurde erfüllt, und im Laufe der Monate mussten vorzügliche Spieler wie Joe Cole, der in praktisch jeder anderen Premiership-Mannschaft erste Wahl gewesen wäre, feststellen, dass sie kaum je ein ganzes Match hindurch eingesetzt wurden. Sogar der Mittelfeldspieler, den viele für einen der Besten in der englischen Liga hielten, Damien Duff, wurde zum Opfer einer Methode, die an ein Rotationssystem erinnert. Das Argument für ein solches Vorgehen lautete, dass jeder Verein, der während der Saison – bestehend aus Ligaspielen sowie aus zwei inländischen Pokalwettbewerben und europäischen Begegnungen – wettbewerbsfähig bleiben wolle, ein Übermaß an Spielerpersonal benötige. Denn dann werde die Qualität des Teams, auch wenn sich die Verletztenliste verlängere, kaum beeinträchtigt. Der Nachteil ist, dass junge Stars, die einen Platz im Startaufgebot für sich beanspruchen, frustriert sind, wenn sie nicht berücksichtigt werden. Cole gehörte zu denen, die, wie häufig berichtet wurde, über ihre Warterunden auf der Ersatzbank verärgert waren.

Auch Abramowitsch wirkte auf den Mannschaftsgeist ein. »Ich werde Ihnen sagen, was er fertiggebracht hat«, sagt ein gut informierter Insider. »Alle Spieler legen nun ihr bestes Benehmen an den Tag. Diejenigen, die normalerweise in Clubs wie das Wellington [ein Lieblingstreff für Prominente in Knightsbridge] gegangen sind, um ein paar Gläschen zu trinken und sich zu amüsieren, bleiben nun entweder zu Hause, oder sie trinken nichts oder sehr wenig, wenn sie dort vorbeischauen. Jedenfalls treiben sie sich nicht mehr wie früher herum. Einer der Spieler ist mein bester Kumpel, und er meint zu diesem Thema: ›Ich möchte nicht rausgeworfen werden. Wir alle wissen sehr gut, dass Roman nicht trinkt und nicht über die Stränge schlägt und ärgerlich wäre, wenn wir es täten. Und er würde es erfahren, denn er verfügt über ein erstklassiges Nachrichtensystem.‹«

Mannschaftskapitän John Terry jedenfalls scheint seinen Lebensstil drastisch geändert zu haben. Der junge Innenverteidiger erwies sich in der Saison 2003/04 als einer der wichtigsten Spieler von Chelsea, denn er sorgte dafür, dass das Zentrum der Abwehr steinhart war. Aber früher hatte er seine Kräfte vergeudet: Er wurde verhaftet, nachdem er außerhalb des Wellington Club einen Streit mit einem der Türsteher angefangen hatte.

Abramowitschs aus dem Hintergrund wirkender Einfluss wurde durch ein direktes Auftreten ergänzt: Nach jedem Match suchte er die Umkleidekabine auf – allerdings nie in der Halbzeitpause, wenn der Trainer sein Team zu motivieren versuchte. »Er sagt kaum etwas«, war einmal von Eidur Gudjohnsen zu hören, »sondern geht nur herum und schüttelt Leuten die Hand. Er hat nie versucht, sich in das Mannschaftsgespräch einzumischen oder Claudio Ranieri vorzuschreiben, was getan werden muss. Das ist nicht seine Aufgabe und nicht der Grund für sein Erscheinen. Ich glaube, er will uns nur zeigen, dass er sich für das Team interessiert und uns Erfolg wünscht.« Ein anderer Insider bemerkt: »Er scheint dem Trainer die Leitung des Clubs zu überlassen, aber er ist fähig, seine Gefühle zum Ausdruck zu bringen, ohne am Spielende viel zu sagen.«

Mark Lawrenson bezweifelt jedoch die Wirkung solcher Besuche. »Er gibt sich einfach nur umgänglich. Schließlich ist der Verein sein Spielzeug. Wahrscheinlich lässt er sich gern bei den Spielern blicken, damit er seinen Freunden mitteilen kann: ›Letzte Woche habe ich mit Hernán Crespo gesprochen.‹ Ich kann mir nicht vorstellen, dass er nach dem Spiel gegen Liverpool [das Chelsea zu Hause 0:1 verlor] hineinging und sagte: ›Wir müssen besser werden.‹ Das kann ich nicht glauben. Wenn er so was täte, würden die Spieler nur knurren: ›Schon gut. Wir kriegen genug Zunder vom Trainer, da können wir auf Ihr Gemecker verzichten.‹ Bei Liverpool waren wir bei solchen Gelegenheiten immer sehr reserviert. Wir sagten: ›Jawohl, Chef.‹ Und dann verschwand er, und die Spieler meinten: ›Hauptsache, er zahlt mein Gehalt weiter.‹«

■ ■ ■

Nach der Niederlage gegen Liverpool Anfang Januar kursierten verstärkt Gerüchte, dass Ranieris Stuhl wackele. Abramowitsch und er verbrachten nach Spielende 40 Minuten hinter verschlossenen Türen, während die Journalisten darauf warteten, dass Ranieri zu seiner traditionellen Pressekonferenz auftauchte. Allmählich gewöhnte er sich an die Prophezeiungen seines bevorstehenden Untergangs.

Der Klatsch darüber, dass Abramowitsch auf der Suche nach einem neuen Trainer sei, hatte schon Tage nach seinem Kauf des Vereins begonnen. Ranieri weilte im Urlaub, als Abramowitsch im Juli 2003 seine Vereinbarung mit Bates traf. Der Italiener hörte erst von dem Geschäft, als Trevor Birch ihn über Handy anrief, während Ranieri und seine Frau durch Frankreich fuhren. Vier Tage später führte er sein erstes persönliches Gespräch mit dem neuen Besitzer. Vorher war Abramowitsch allerdings schon bei geheimen Unterredungen mit dem Mann ertappt worden, den er sich offensichtlich als Ranieris Nachfolger wünschte: mit Sven-Goran Eriksson, dem Trainer der englischen Nationalmannschaft.

Der 56-jährige Eriksson hatte die nationale Psyche stärker geprägt als jeder andere Trainer des englischen Teams. Dies mochte teilweise mit der Tatsache zu tun haben, dass er der erste Ausländer in diesem Amt war und von den Fans als unbekannte Größe empfunden wurde. Der grauhaarige, bebrillte Schwede, der erhöhte Schuhsohlen trug, um größer zu wirken, ließ im Unterstand kaum je Emotionen erkennen. Nur in Momenten höchster Aufregung erhob er sich, um zu klatschen. Wenn sein

Team ein besonders spektakuläres oder für das englische Fortschreiten in einem Wettbewerb wichtiges Tor erzielte, ließ er manchmal sogar eine verborgene Leidenschaftlichkeit erahnen, indem er ein oder zwei Meter vortrat.

Sein erstaunlich kompliziertes Privatleben trug dazu bei, dass er zu einem nationalen Symbol wurde. Für Fans, die ihn stets in einem Zustand kühler Ruhe erlebten, war sein Liebesleben eine prickelnde Überraschung. Er hatte eine Affäre mit der verheirateten Nancy Dell'Olio begonnen und sich dann zu dem ungewöhnlichen Schritt entschlossen, Nancy und den betrogenen Ehemann zum Mittagessen einzuladen. Bei der Mahlzeit überredete Eriksson den Mann seiner Geliebten, sie freizugeben.

Nachdem er England geholfen hatte, sich für die Weltmeisterschaft von 2002 zu qualifizieren – die Situation war nach einer Reihe kläglicher Resultate unter dem früheren Trainer Kevin Keegan hoffnungslos erschienen –, stieg er in den Rang eines Gurus auf. Seine Würde mochte gelitten haben, als er sich mit der anderen schwedischen Berühmtheit Großbritanniens, der Fernsehmoderatorin Ulrika Jonsson, auf ein kurzes Liebesabenteuer einließ, doch dadurch wurde er bei den Fans nur noch populärer.

Vor allem aber wusste man Erikssons beruhigenden Einfluss auf die Mannschaft zu schätzen, und die Leistungsschwankungen des englischen Teams unter früheren Trainern gehörten nun, abgesehen von einer unglücklichen Niederlage gegen Australien in einem Freundschaftsspiel, offenbar der Vergangenheit an. Doch sein Flirt mit Chelsea sollte seine Beliebtheit erheblich untergraben. Zur Verlegenheit aller Beteiligten wurde er Anfang Juli 2003 zusammen mit Pini Zahavi fotografiert, während sie gerade Abramowitschs Wohnung am Lowndes Square betraten. In dem sich anschließenden Medienaufruhr bezeichnete Eriksson das Treffen als reinen Höflichkeitsbesuch. Abramowitsch war gezwungen, Ranieri zu versichern, dass dessen Posten nicht gefährdet sei, und Birch erklärte der Presse, die Gerüchte, dass Chelsea Eriksson abwerben wolle, seien völlig unbegründet. Das beendete die Mutmaßungen jedoch nicht, und einen Monat später versuchte der Schwede, sie wenigstens zu dämpfen, indem er einräumte, sich häufig mit Abramowitsch getroffen zu haben, ohne dass ihm der Trainerposten bei Chelsea angeboten worden sei.

Nichts davon konnte den Eindruck beseitigen, dass Ranieris Tage gezählt waren. Ende November war die Football Association so beunruhigt, dass sie Eriksson öffentlich eine Vertragsverlängerung vorschlug, um ihn dadurch zu zwingen, sich eindeutig zur Nationalmannschaft zu bekennen. Eriksson ärgerte sich darüber, dass dieses Angebot an die Öffentlichkeit gelangt war, und erklärte, er sei geschmeichelt, ließ sich jedoch nicht auf Verhandlungen ein. Das löste weitere Schlagzeilen aus.

Im März 2004 war das Ganze zur Posse geworden. Trotz ständiger Berichte über die bevorstehende Entlassung des Trainers stellte sich Chelsea nicht unzweideutig hinter ihn, und Ranieri gelangte zu dem Schluss, er habe in London keine Zukunft mehr. Es hieß, er habe seinen Spielern nach einem Training unter Tränen mitgeteilt, ihm sei klar, dass er am Ende der Saison abtreten werde. Er bat sie sogar, sich nicht öffentlich für ihn einzusetzen. Daraufhin kam es zu einer bemerkenswerten Demonstration durch das Heimpublikum, als Chelsea am 24. März 2004 das Hinspiel im Viertelfinale der Champions League gegen Arsenal bestritt. Immer wieder brüllten die Zuschauer: »Es gibt nur einen Ranieri!« Einige Fans entrollten sogar Spruchbänder, auf denen sie sich für ihren bedrängten Trainer einsetzten. Diese Botschaften wurden von den Fernsehkameras während des Spiels gezeigt und am folgenden Tag an prominenter Stelle von den Zeitungen wiedergegeben. Der einflussreiche Londoner *Evening Standard* fiel in den Lärm ein und begann eine »Rettet Ranieri für London«-Kampagne.

Plötzlich lief Abramowitsch, den man gerade noch als Retter des Clubs gefeiert hatte, Gefahr, in die Rolle des Schurken gedrängt zu werden. Der Mann, der seine Karriere laut Beresowski auf seinem Talent, »persönliche Beziehungen« zu knüpfen, aufgebaut hatte, schien seine soziale Kompetenz verloren zu haben. Man behauptete, er habe sein Vertrauen in Ranieri verloren, weil dieser eine negative Spielweise pflege und keine stabile Mannschaft zustande bringe.

Eines jedenfalls traf zu: Die Verteidigung von Chelsea bildete das Rückgrat des Teams. Ihr war die höchste Zahl gegentorloser Spiele in der

Premiership zu verdanken, und zur Zeit der Begegnung mit Arsenal hatte sie keinen einzigen Gegentreffer in den Auswärtsspielen der Champions League hinnehmen müssen. Weniger imposant war jedoch die Zahl der erzielten Treffer. Im Gegensatz zu Wenger von Arsenal, der von Woche zu Woche ein kaum verändertes Team aufbot, erweckte Ranieri manchmal den Eindruck, selbst nicht genau zu wissen, wie seine beste Mannschaft aussah.

Nachdem das Spiel gegen Arsenal mit einem 1:1 geendet hatte, gab Ranieri sich staatsmännisch: »Ich habe mich über die Unterstützung [durch die Fans] gefreut, aber sie brauchen nur Chelsea und die Spieler zu unterstützen. Vorsitzende und Trainer kommen und gehen, doch Chelsea wird bleiben.« Eine kleine Stichelei gegen seine Arbeitgeber konnte er sich allerdings nicht verkneifen: »Wir stehen an zweiter Stelle in der Liga hinter einem prächtigen Team wie Arsenal, und wir haben das Viertelfinale der Champions League erreicht. Was will man denn mehr?«

Abramowitschs Antwort hätte wahrscheinlich gelautet: »Etwas Silbernes.« Jedenfalls setzte er die Suche nach einem Ersatz für Ranieri unvermindert fort. Schon am folgenden Tag hielt Erikssons von einem Chauffeur gefahrener Mercedes vor einem eleganten Apartmentblock namens Gloucester Park in London. Es war 18:30 Uhr, und Eriksson war mit dem neuen Geschäftsführer des Vereins, Peter Kenyon, verabredet, der in der zweiten Etage wohnte. Der Nationaltrainer unterhielt sich zwei Stunden lang mit Kenyon und Stuart Higgins, einem früheren Chefredakteur der Boulevardzeitung *Sun*, den Chelsea als PR-Berater angestellt hatte.

Der Treffpunkt war vermutlich gewählt worden, weil Eriksson im Stadion Stamford Bridge oder in einem Restaurant eher entdeckt worden wäre. Aber beide Seiten hätten aus Erikssons vorheriger Erfahrung am Lowndes Square lernen sollen, dass größere Vorsichtsmaßnahmen erforderlich waren. Am Samstag nach dem Gespräch, das an einem Donnerstagnachmittag stattgefunden hatte, stellten sie fest, dass man ihnen erneut auf die Schliche gekommen war. Es hätte kaum katastrophaler sein können, denn die *Sun* widmete ihre Titelseite einem Foto von Eriksson, der gerade Kenyons Wohnung verließ. Die Schlagzeile lautete: »Der hinterhältige Sven«, und darunter stand: »Elf Wochen bis Euro 2004…

Wir haben ihn erwischt, wie er nach einem zweistündigen Gespräch aus der Wohnung des Chelsea-Chefs schleicht.« Im Innern der Zeitung sah man ein Bild von Eriksson, Kenyon und Higgins, das durch die transparenten Vorhänge der Gloucester-Park-Wohnung aufgenommen worden war. Die Zeitung behauptete, Chelsea biete dem englischen Nationaltrainer einen Fünfjahresvertrag über 100 000 Pfund pro Woche, dazu eine Prämie von jeweils einer Million Pfund, wenn Chelsea den Meistertitel gewann, und zwei Millionen Pfund, wenn sich der Verein in der Champions League durchsetzte. Dieses Paket mit einem Grundgehalt von 5,2 Millionen Pfund pro Jahr war weitaus höher als die 3 Millionen, die ihm die Football Association zahlte.

Das Image Erikssons als eines verschlagenen Opportunisten, der nur an sein eigenes Wohl dachte, wurde durch ein weiteres Foto auf derselben Seite verstärkt. Es stammte vom Vorabend und zeigte ihn mit seiner Partnerin Nancy Dell'Olio im Fond einer Limousine, als sie zum Dinner mit dem verantwortlichen Direktor der FA, David Davies, und dessen Frau eintrafen. Durch die Gegenüberstellung der Bilder wurde der klare Eindruck erzeugt, dass Eriksson nicht die geringsten Skrupel kannte.

Die Exklusivmeldung der *Sun* wurde sogleich von allen anderen Medien aufgegriffen, und die Angelegenheit entwickelte sich rasch zu einem PR-Desaster für beide Parteien. Chelsea, das bereits für die schamlose Untergrabung von Ranieris Autorität verantwortlich gemacht wurde, wirkte nun noch rücksichtsloser, da es den Nationaltrainer in einem wichtigen Stadium seiner Vorbereitungen auf die Europameisterschaft ablenkte. Und Eriksson selbst wurde als habgierig und illoyal dargestellt. Er hatte dem Sturm getrotzt, der durch das vorherige heimliche Treffen ausgelöst worden war, doch diesmal stand fest, dass sich eine Entscheidung nicht mehr umgehen ließ. Wenn er nicht England die Treue schwor, würde er die englische Mannschaftsmoral im Vorfeld der Europameisterschaft sabotieren, und Ranieris Position würde noch stärker untergraben werden.

Falls Chelsea gehofft hatte, dass die Enthüllung der Gespräche mit Eriksson ihn bewegen würde, sich zu einer Entscheidung durchzuringen, dann wurde es bestätigt. Allerdings entschied sich Eriksson gegen den Club. Um seinen Ruf nicht unwiederbringlich zu ruinieren, indem er sich zu einem derart heiklen Zeitpunkt vom englischen Lager abwandte, begann er sofort die gewünschten Gespräche mit der FA-Leitung. Eriksson und der damalige FA-Geschäftsführer Mark Palios verhandelten am Samstag, dem 27. März, bis spät in die Nacht. Am Sonntagmorgen um 11 Uhr verkündeten sie auf einer Pressekonferenz, dass der Trainer einen neuen Vertrag unterzeichnet habe, durch den er bis 2008 an seinen Posten gebunden sei – mit einem erhöhten Gehalt von 4 Millionen Pfund pro Jahr. Eriksson versicherte den Medien, ein Wechsel zu Chelsea sei nun »undenkbar«.

Noch peinlicher wurde die Situation für Abramowitsch dadurch, dass dem Trainer, den Kenyon und er als destruktiv und unschlüssig eingestuft hatten, am Vortag ein berauschender Sieg gelungen war. Unter »Wir wollen Eriksson nicht«-Zuschauerchören schlug Chelsea Wolverhampton 5:2 in einem mitreißenden Match, nachdem Ranieri eine kluge Auswechslung vorgenommen hatte. Er schickte einen seiner alten Favoriten, den Holländer Jimmy Floyd Hasselbaink, aufs Feld. 1999, während seines kurzen Intermezzos als Trainer von Atletico Madrid, hatte er ihn schon einmal von Leeds United gekauft. Im Moment lag Chelsea 1:2 zurück, und es blieben nur noch 30 Minuten Spielzeit, als Hasselbaink auf den Rasen lief. Innerhalb von 12 Minuten feierte er seinen 32. Geburtstag mit einem Hattrick. In seiner Loge sprang Abramowitsch jubelnd auf.

Nach dem Match war Ranieri nicht in der Stimmung, sich zu brüsten. Weder er noch seine Spieler erschienen zur Pressekonferenz, und diesmal machten die Medien ihm ausnahmsweise keine Vorwürfe. Ein Journalist schrieb: »Seit acht Monaten trainiert er Chelsea mit dem Verdacht, dass sein Posten fast allen außer dem örtlichen Briefträger angeboten worden ist. Trotzdem hat er sich nie vor schwierigen Fragen gedrückt. Seine ruhige Würde und seine unerschütterliche Loyalität gegenüber den Spielern haben ihm überall im Land Bewunderung eingebracht.«

Während Ranieri zur Kultfigur wurde, machte sein Hauptpeiniger Peter Kenyon einen Albtraum durch. Nach sechsmonatiger Auszeit im Anschluss an seine Tätigkeit für Manchester United trat er in der ersten Februarwoche 2004 seine Stelle bei Chelsea an. Auf dem Platz an der Stamford Bridge strahlte er in die Kameras, streckte die Arme vor der imposanten Osttribüne aus und erweckte den Eindruck, dass er der kommenden Herausforderung freudig entgegensah. Von Beginn an machte er deutlich, dass er auf niemanden Rücksicht nehmen werde.

Ken Bates war verdrossen, als der neue Chairman von Chelsea Village, Bruce Buck, seine traditionelle Kolumne im Programm für das Spiel gegen Charlton Athletic innerhalb von Tagen nach Kenyons Ankunft strich und den Platz dem neuen Geschäftsführer einräumte, damit sich dieser den Fans vorstellen konnte. Es war eine kaum verhüllte Brüskierung von Bates, der nach Abramowitschs Übernahme den weitgehend ehrenamtlichen Titel des Vereinsvorsitzenden erhalten hatte, und Bates reagierte so heftig, wie sich hatte absehen lassen. »Keinen Artikel für dieses Spiel; dann also überhaupt keine Artikel mehr«, soll er Buck beschieden haben. Die wachsende Entfremdung zwischen Bates und den neuen Männern verstärkte sich durch seine Entscheidung Ende Februar, nicht mit der Vereinsleitung nach Deutschland zu fliegen, um sich mit ihr zusammen Chelseas Champions-League-Spiel gegen Stuttgart anzusehen. In seinen über zwei Jahrzehnten bei Chelsea war Bates bisher nur einmal einer europäischen Begegnung ferngeblieben – ein deutlicher Hinweis darauf, dass sich die Beziehung zwischen ihm und den Thronräubern weiter abgekühlt hatte.

Zudem reizten ihn kleinliche Eingriffe in sein Vermächtnis, etwa die Entfernung motivierender Parolen, die er überall an den Wänden hatte anbringen lassen. Eine im Empfangsbereich lautete: »Die Römer haben kein großes Reich aufgebaut, indem sie Konferenzen organisierten, sondern indem sie alle töteten, die sich ihnen in den Weg stellten.« Abramowitschs Team ließ die Parolen beseitigen, obwohl ihr Tenor ihren eigenen Überzeugungen entsprach.

Das war der Tropfen, der das Fass für Bates zum Überlaufen brachte, und er beschloss, sich mit lautem Getöse zurückzuziehen. Für seinen dramatisch inszenierten Rücktritt wählte er das letzte der traditionellen Abendessen, zu dem die Geschäftsführung lud. Den 260 an der Stamford Bridge versammelten Freunden, Fans und Journalisten rief er zu:

Als ich den Vertrag mit Roman Abramowitsch unterzeichnete, wurden gewisse Dinge vereinbart. Es war ein stufenweiser Übergang vorgesehen, aber die Situation hat sich nicht so entwickelt, wie ich es erwartet hatte. Ohne einer der beiden Seiten die Schuld zuweisen zu wollen, bin ich zu dem Schluss gekommen, dass es sich um einen Konflikt zwischen der östlichen und der westlichen Kultur handelt. Ihre Werte sind nicht meine Werte. Ihre Maßstäbe sind nicht meine Maßstäbe. Für den Verein ist es das Beste, wenn Peter Kenyon ihn auf seine Weise führt, ohne dass ich am Spielfeldrand stehe.

Eines der Probleme bei Manchester United bestand darin, dass Matt Busby nie zurücktrat. Ich habe mich juristisch beraten lassen und meine, dass die im Juli getroffene Vereinbarung nicht erfüllt worden ist. Heute Abend bin ich als Vorsitzender des Chelsea Football Club zurückgetreten. Ich hatte gehofft, Bruce Buck, der zwei Plätze reserviert hat, würde hier sein, damit ich ihm meine Rücktrittserklärung überreichen kann. Leider ist er nicht erschienen.

Bates fügte theatralisch hinzu: »Der König ist tot – na ja, der König ist im Ruhestand –, lang lebe der König. Ich wünsche euch allen das Beste. Es war großartig.«

Es handelte sich um einen für Bates typischen Eröffnungszug: Er äußerte sich kritisch, freimütig und temperamentvoll, und bald wurde klar, dass er nicht mit leeren Händen abtreten wollte. Unter Berufung auf die Vereinbarung zu seiner Übernahme des Vereinsvorsitzes, die ihm Spesen in Höhe von jährlich 200 000 Pfund sowie die Benutzung eines gemieteten Bentley mit Fahrer gewährt habe, verklagte er den Verein auf Zahlung von 2 Millionen Pfund. Abramowitschs Lager gab sofort bekannt, dass man Bates' Forderung »energisch zurückweisen« werde. Dazu John Mann: »Herr Abramowitsch war nicht direkt an den Vertragsverhandlungen beteiligt, und vor der Unterzeichnung kam es nur zu einem sehr kurzen Treffen zwischen ihm und Ken Bates. Dabei wurden jedoch keine Vertragsfragen besprochen.«

Bates' Position wurde dadurch gestärkt, dass seine zweite Frau Susannah und er das Penthouse über dem Chelsea Village Hotel mitten im Gebäudekomplex Stamford Bridge bewohnten. Und dort wollte Bates bleiben, um wie Banquos Geist über den Männern zu schweben, die ihm Unrecht getan hatten. Auf die Frage, welchen Preis Abramowitsch aufbringen müsse, um ihn auszukaufen, erwiderte Bates: »Halb Sibirien.« Da Abramowitsch das Hotel abreißen lassen wollte, um die Zuschauerkapazität des Stadions zu erweitern, befand sich Bates in einer starken Verhandlungsposition. Trevor Birch, der wusste, über welches Potenzial zum Unruhestiften Bates verfügte, soll diesem ein besonders gutes Angebot für seine Aktien unterbreitet haben, doch die kompromisslose Haltung von Birchs Nachfolger hatte Bates verärgert, und nun musste Abramowitsch die Folgen tragen.

Der Nächste, den Kenyon aufs Korn nahm, war der Trainer. Eine von Bates' Bemerkungen bei dem Aufsehen erregenden Abschlussabendessen des Vorsitzenden schien Ranieri gegolten zu haben. »Roman Abramowitsch hat den Spielzeugladen gekauft«, sagte er. »Wir wollen hoffen, dass er die Spielsachen respektiert, die er mit der Übernahme des Vereins erworben hat.« Bates brachte seinem italienischen Trainer viel Respekt entgegen und hatte dessen Vertrag bis 2007 verlängern lassen. Doch zur Zeit von Bates' Rücktritt drohte Kenyon dem Italiener bereits mit Kündigung. Nach dem Großeinkauf neuer Spieler hatte Ranieri betont, dass Chelsea der Gewinn der Premiership – oder irgendeiner anderen Trophäe – keineswegs sicher sei, aber Kenyon war anderer Meinung. In dem ersten Interview nach seinem Amtsantritt an der Stamford Bridge erklärte er:

> Ohne Berücksichtigung der Investitionen wäre es eine gewaltige Enttäuschung, nichts zu gewinnen, und ich bin sicher, dass mir die Fans darin zustimmen. Mit Berücksichtigung der Investitionen wäre es hingegen ein Versagen, nichts zu gewinnen. So wird der Trainer die Lage einschätzen, und so schätzen wir sie ein, denn es wird erwartet, dass wir Erfolg haben – das ist unsere Aufgabe.

Dies war offensichtlich die erste Salve in einer Zermürbungskampagne, die Ranieri als jemanden darstellen sollte, der den Anforderungen nicht gewachsen war. Bates hatte ihn engagiert, weil er von Ranieris Biografie beeindruckt war: Der Italiener hatte in relativ rückständigen Vereinen Teams aufgebaut, die sich mit den glänzendsten Namen im europäischen Fußball messen konnten. Abramowitsch dagegen wünschte sich jemanden, der sich bei der Leitung eines europäischen Spitzenteams bewährt hatte. Seit seiner Übernahme von Chelsea lautete die Frage nicht, ob Ranieri gehen würde, sondern nur, wann.

Kenyons Handikap bestand darin, dass es ihm in einer beispiellosen, großes Aufsehen erregenden Umwerbungsaktion nicht gelungen war, Eriksson einzukaufen. Er hatte sich als Geschäftsführer von Manchester United ausgezeichnet, doch wie der Industrielle Jarvis Astaire ahnungsvoll bemerkte, bevor die Eriksson-Episode ihr unglückliches Ende nahm: »Rolls-Royce lassen sich ziemlich leicht steuern.« Bei Chelsea saß Kenyon am Lenkrad eines weniger berechenbaren Fahrzeugs.

Das Ausmaß des Ansehensverlustes, den Kenyon durch das Eriksson-Fiasko in den Augen von Abramowitsch erlitt, lässt sich kaum abschätzen. Schließlich war Kenyons vermeintliche Fähigkeit, den Nationaltrainer für Chelsea zu gewinnen, einer der entscheidenden Gründe für seine Anstellung gewesen. Man vermutet, dass Kenyon den Schweden als Nachfolger von Sir Alex Ferguson in seinem früheren Verein, Manchester United, vorgesehen hatte, bevor Ferguson seine Meinung änderte und sich entschloss, im Amt zu bleiben. Der Schotte jedenfalls zweifelte nicht daran. »Ich glaube, dass sie das Geschäft bereits abgeschlossen hatten«, sagte er einmal. »Wahrscheinlich hatten sie einander schon die Hand geschüttelt.«

Abramowitsch schien der Ansicht gewesen zu sein, dass Kenyon Eriksson ein zweites Mal anwerben könne, diesmal eben für Chelsea. Im September 2003 war Kenyon davon überzeugt, dass Eriksson nach der Europameisterschaft 2004 in Portugal zum Verein stoßen werde – rechtzeitig, um das Team in die neue Saison zu führen. Eriksson hatte offenbar eine mündliche Zusicherung abgegeben, weigerte sich jedoch hartnäckig, einen Vertrag zu unterzeichnen, da ihn die Reaktion der Fans auf die kursierenden Gerüchte über seine Fahnenflucht zunehmend beunruhigte. Das warf die Frage auf, ob die Aufdeckung des Treffens in Kenyons Wohnung ein Versehen oder Teil einer Verschwörung war.

Die Vermutung, dass es sich um ein Versehen gehandelt habe, stützte sich auf folgende Annahmen: Irgendjemand – ein Angehöriger des Personals in dem elfstöckigen Luxusgebäude, ein anderer Bewohner oder ein Passant – hatte beobachtet, dass der Nationaltrainer das Haus betrat, und die *Sun* angerufen, um die Geschichte zu verkaufen – schließlich konnte Erikssons Besuch nur einem einzigen Zweck dienen. Diese Version wird durch den späteren Zeitungsartikel bestätigt. Der Autor zitiert einen anonymen Informanten mit der Aussage, Eriksson sei bereits früher im selben Monat in dem Gebäude gesehen worden. Der Informant fügte hinzu: »Es gibt hier ein paar Chelsea-Fans unter dem Personal, und die Nachricht, dass Sven bei Mister Kenyon vorsprach, hat für allerlei Gerede gesorgt.« Da sich die Begegnung über zwei Stunden hinzog, hätte der *Sun*-Fotograf Scott Hornby reichlich Zeit gehabt, zum Gloucester Park zu fahren und die Verhandelnden in flagranti abzulichten.

Diese Version erklärt allerdings nicht, wie die *Sun* so viele Einzelheiten über die Eriksson angebotenen Bedingungen erfahren konnte – vorausgesetzt, diese Details treffen zu.

Die Verschwörungstheorie ist weitaus verworrener. Danach hatten Kenyon und Higgins, über Erikssons Unschlüssigkeit erbittert, einen Plan geschmiedet, um ihn zu einer Entscheidung zu zwingen. Higgins brauchte nur seine alten Freunde bei der *Sun* zu informieren, um sicherzustellen, dass es zu einer umfassenden Berichterstattung über das Treffen kam und dem Nationaltrainer nichts anderes übrig blieb, als endlich in das Geschäft einzuwilligen. Um ihre Quelle zu vertuschen, sollte die *Sun* einen Unbekannten zitieren und nur Fotos von Eriksson beim Verlassen der Wohnung zeigen, denn ein Bild von seiner Ankunft hätte vermuten lassen, dass die Zeitung im Voraus einen Tipp erhalten hatte. Der PR-Mann Higgins behauptet jedoch: »Die Sache mit dem Foto wurde von niemandem eingefädelt.«

Da Eriksson jetzt für den Trainerposten ausschied, war Kenyon in der erniedrigenden Situation, sich unter erheblich ungünstigeren Bedingungen nach jemand anderem umsehen zu müssen: Jeder Kandidat würde wissen, dass er lediglich die zweite (oder dritte oder vierte oder fünfte ...) Wahl war, und außerdem würde er darüber informiert sein, welches Honorar Chelsea zahlen wollte. Nachdem Eriksson seinen neuen Vertrag mit der Football Association unterzeichnet hatte, meinte ein Kommentator: »Kenyon, der einen früheren Chefredakteur der *Sun* als Presseberater beschäftigt, ist zurzeit entblößter als ein Pin-up-Girl.«

13 Dolce Vita

Am 9. September 1999 war das eindrucksvollste Besitztum, das in der Zeitschrift *Country Life* zum Kauf angeboten wurde, »ein wunderbares Anwesen mit erstklassiger Ausstattung in einer außergewöhnlichen Waldlandschaft«. Die doppelseitige Anzeige enthielt Aufnahmen von Wäldern, Feldern, mehreren Wirtschaftsgebäuden, einem prachtvollen Garten und einem See mit spektakulären Wasserspielen. Die Maklerfirma Knight Frank verschwieg den Namen und den Preis des 172 Hektar großen Landguts, aber Grundstücke von solchen Dimensionen sind selten. Deshalb dauerte es nicht lange, bis die vermögenden Angehörigen der Klatschkreise es als Fyning Hill, ein Pseudo-Tudor-Herrenhaus in West Sussex, identifiziert hatten.

Der Verkäufer war der australische Milliardär Kerry Packer, ein 61-jähriger Medienmagnat, der vor allem durch seinen umstrittenen Versuch bekannt geworden ist, eine internationale Cricket-Turnierserie ins Leben zu rufen, nachdem er sich im Polo einen Namen gemacht hatte. Mit seinem auf 3,7 Milliarden Dollar geschätzten Vermögen war er in der Lage gewesen, Polotalente auf ähnliche Weise einzukaufen, wie Abramowitsch Fußballstars verpflichtet, und sein Ellerston-White-Team beherrschte den britischen Polosport ein Jahrzehnt lang. Kurz vor dem Beginn des neuen Millenniums hatte er nun beschlossen, nach Australien zurückzukehren, weshalb er seinen englischen Landsitz für 12 Millionen Pfund auf den Markt brachte.

Fyning Hill liegt ganz in der Nähe des Dorfes Rogate an der Grenze von Hampshire und West Sussex. Von hohen Zäunen und üppigen Wäldern umgeben, war es einst der heimliche Unterschlupf König Husseins von Jordanien. Doch der verkaufte das Anwesen in den neunziger Jahren, nachdem Juwelen im Wert von einer Million Pfund aus dem Haus gestohlen worden waren, was die unwillkommene Aufmerksamkeit der Presse erregt hatte. Für Abramowitsch bot es jedoch genau die Art Abgeschiedenheit, die er sich wünschte. Das Grundstück ist so groß, dass das Haus von der Straße her nicht gesehen werden kann. Das Haupttor ist mit zahlreichen Überwachungskameras bestückt, und da Fyning Hill einen Hubschrauberlandeplatz besitzt, kann Abramowitsch an- und abreisen, ohne einer Menschenseele zu begegnen (und ohne sich auf einer einsamen Landstraße einem Anschlag durch die Unterwelt auszusetzen). Außerdem bietet Fyning Hill zahlreichen Gästen Platz. Es ist nämlich in Wirklichkeit eine Ansammlung aus mehreren kleinen Gütern, zu denen jeweils ein größeres Haus und ein paar Cottages gehören. Dazu verfügt es über zwei der besten Polofelder des Landes, Stallungen für 100 Pferde, einen Swimmingpool, einen Tontauben-Schießstand, einen Gewehr-Schießplatz, einen Forellensee und eine Gokart-Bahn. Für einen einsiedlerischen Milliardär, der höchstens seine Freunde um sich haben wollte, war das genau der richtige Ort.

Aber bevor Abramowitsch ein Angebot machte, wollte er die Gewissheit haben, dass er Umbauten vornehmen durfte. Im Februar 2000 beantragte ein Unternehmen namens Conpress (Hong Kong) Ltd., das bereits während Packers Aufenthalt aktiv gewesen war, beim Regionalrat von Chichester die Erneuerung einer entsprechenden, bis dahin ruhenden Genehmigung. Sie war 1995 erteilt worden und betraf den Ausbau der ersten Etage über dem Autostellplatz und der Personalwohnung. Die Pläne sahen für Abramowitsch und seine Frau zwei große Schlafzimmer mit Verbindungshalle, zwei Badezimmer, zwei Ankleideräume und zwei große Wandschränke vor.

Nachdem die Genehmigung erneuert worden war, konnte man den Verkauf abwickeln. Knight Frank gab den Preis, den Abramowitsch für Fyning Hill zahlte, nie bekannt, bestätigte jedoch, dass das Anwesen »im ersten Halbjahr 2000« veräußert wurde. Innerhalb von 18 Monaten begann Abramowitsch, seinen Wohnsitz umzugestalten. Im November 2001 beantragte er beim Regionalrat die Erlaubnis, einen kleinen Anbau für ein Garten- und Frühstückszimmer errichten zu lassen. Der Personalbereich des Hauses sollte verkleinert werden, und Abramowitsch beauftragte die Douglas Briggs Partnership mit der Beaufsichtigung der Arbeiten. Das lokale Architekturbüro ist auf die Erhaltung historischer Gebäude und die ländliche Bodennutzung spezialisiert. Als Antragsteller für diese und andere Baugenehmigungen wurde Rosle Estates Ltd. genannt, ein auf den Britischen Jungferninseln eingetragenes Unternehmen, das von Eugene Tenenbaum, dem Leiter Finanzen bei Sibneft, geführt wird.

Ein ehrgeizigerer Plan betraf einen privaten Freizeitkomplex. Die Anlage sollte 50 mal 100 Meter messen und eine Bowlingbahn, einen überdachten Swimmingpool, einen Fitnesssaal, ein Familienzimmer, eine Sauna, ein Dampfbad, ein Gewächshaus und eine Küche enthalten. Es überrascht nicht, dass man dem mächtigen, 2,5 Millionen Pfund teuren Gebäude bald den Spitznamen »The Roman Empire« verlieh. Im Juli 2002 wurden die Pläne geringfügig geändert: Im Innern sollten ein Whirlpool und ein Zwischendach über dem Swimmingpool hinzugefügt werden, um zu verhindern, dass tagsüber die Benutzer geblendet wurden und nachts die Lichter die Umgebung durchfluteten; außerdem wollte der Besitzer das Oberdach ein wenig erhöhen lassen, um Kopffreiheit für eine Wasserrutsche zu schaffen. Als die Bauarbeiten begannen, hatte Abramowitsch seine erste Auseinandersetzung mit den Nachbarn. Für ein Projekt solchen Ausmaßes mussten große Mengen an Baumaterial angeliefert werden, und da nun ein Laster nach dem anderen durch das einst schläfrige Dorf rumpelte, beschwerten sich verärgerte Anwohner bei der Presse. Einer schimpfte: »Er hat nichts für uns oder das Dorf getan, aber wir sollen uns mit all den Lastwagen abfinden.«

Abramowitsch ist tatsächlich ein recht ungeselliger Gutsherr. Packer besuchte Pubs wie das White Horse oder die Sun, und sein Interesse an der Dorfgemeinde bewog ihn, den örtlichen Fußballplatz mit aus Australien eingeflogenem Gras erneuern zu lassen. Abramowitsch hingegen ist eher zurückhaltend. Er beschäftigt 28 Personen auf seinem Anwesen, darunter vier ganztägig arbeitende Piloten, die dafür sorgen, dass seine beiden Hubschrauber jederzeit startbereit sind. Doch über das Leben auf dem Gut sickert kaum eine Nachricht ins Dorf durch. »Wer dort angestellt werden will, muss eine Geheimhaltungsklausel unterzeichnen«, sagt ein Dorfbewohner.

Als man erfuhr, dass ein neuer Milliardär eingetroffen war – dazu einer, der über einen noch sagenhafteren Reichtum verfügte als seine Vorgänger –, hoffte man im Dorf natürlich auf finanzielle Wohltaten. Die größten Aussichten auf eine Spende glaubte der Rogate Football Club zu haben. Mit Chelsea hat er nicht viel gemeinsam, denn Heimspiele werden vor ein paar unverwüstlichen Fans auf einem Platz direkt hinter dem White Horse ausgetragen. Dort findet man keine Bänke, geschweige denn eine Tribüne, und nach einem Match gegen beispielsweise Chichester Hospital begeben sich die Rogate-Spieler und ihre Gäste in eine Clubbar, die ungefähr die Größe eines Wohnzimmers hat. Der klägliche Zustand des Rogate FC fiel umso stärker ins Auge, als der große Mann des Dorfes Chelsea mit Millionen überschüttete. Es dauerte nicht lange, bis der lokale Rundfunksender auf diese Diskrepanz einging. Verschiedene Mitglieder der Vereinsführung ergriffen das Wort, doch sie merkten bald, dass Abramowitsch nicht daran dachte, sich unter Druck setzen zu lassen und seinen Geldbeutel zu öffnen. Nach einer Warnung durch den örtlichen Taxifahrer wurden die Kontakte zu den Medien dann abgebrochen. Dieser hatte Abramowitschs Haushälterin am Flughafen Heathrow abgeholt und von ihr erfahren, dass die Vereinsfunktionäre keinen Penny bekommen würden, wenn sie sich weiterhin öffentlich äußerten. Wenn sie hingegen den Mund hielten, hätten sie gewisse Aussichten auf eine Spende.

Ferner hieß es, Abramowitsch werde möglicherweise Geld für die Renovierung des Gemeindesaals bereitstellen. Aber der Vikar von Saint Bartholomew's in Rogate, Reverend Edward Doyle, widerspricht diesem Gerücht:

> Nein, ich muss gestehen, dass ich noch nicht das Vergnügen hatte, mit unserem berühmtesten Gemeindemitglied zusammenzutreffen, und ich kenne niemanden im Dorf, dem es anders erging. Wir haben ihm einen Lehrplan unserer Grundschule für den Fall geschickt, dass er seine Kinder dorthin schicken will, doch wir haben keine Antwort erhalten. Wahrscheinlich ist unsere Schule nicht imposant genug für einen so bedeutenden Mann. Natürlich wäre es uns lieb, wenn er eine Spende für die Kirche leisten könnte, also sollte ich vielleicht dort vorsprechen. Ich kenne zwei oder drei Leute, die im Haus arbeiten, aber

sie sagen nichts über ihn oder über das, was sich dort abspielt. Ich glaube, sie haben Angst, ihre Stelle zu verlieren, wenn sie den Mund aufmachen. Es ist alles sehr geheim dort oben in Fyning Hill.

Abramowitsch mag beschlossen haben, der Dorfmannschaft nicht zu helfen, doch es gibt einen Sport, mit dem er sich nun in West Sussex beschäftigt, und das ist das weitaus vornehmere Polospiel. Da das Grundstück zwei Poloplätze umfasste, die der poloverrückte Packer liebevoll hatte pflegen lassen, wäre es ein Frevel gewesen, sie nicht mehr zu nutzen. Außerdem war Abramowitsch nur ein paar Meilen vom Cowdray Park, der geistigen Heimat des englischen Polosports, entfernt. »Cowdray Park ist der beste Ort, um Polo zu spielen«, meint ein Insider. »Dort kommen Mitglieder des Königshauses und Aristokraten mit den wichtigsten Größen des Geschäftslebens zusammen, und dort nennen sich alle beim Vornamen. Es wäre das ideale Entree für Abramowitsch.«

Das dürfte Abramowitschs Aufmerksamkeit nicht entgangen sein. Wenn irgendein Sport den Schlüssel zur englischen High Society liefert, dann ist es Polo. Abgesehen davon, dass Prinz Charles und seine Söhne William und Harry begeisterte Spieler sind, gleicht die Gästeliste beim jährlichen Cartier International einem Verzeichnis der britischen Aristokratie und der internationalen Prominenz. Daher verwundert es nicht, dass Abramowitsch niemand Geringeren als Alan Kent, den englischen Polo-Nationalspieler und Mitarbeiter des Cowdray Park, um Trainingsstunden bat.

Der normale Einstieg für einen vermögenden Mann besteht darin, zunächst die erforderliche Qualifikation und Geschicklichkeit zu erwerben, damit er sich beim High-Goal-Polo nicht blamiert, und dann drei Spitzenprofis in sein Team einzuladen. Die Profis werden nicht nur von der Aussicht angelockt, für die Teilnahme an ihrem Lieblingssport bezahlt zu werden, sondern auch durch das Wissen, dass ihr Gönner ihnen die Wahl unter einer Reihe besonders leistungsfähiger Polo-Ponys lassen und sämtliche Stallkosten bestreiten wird.

Die Dinge entwickelten sich jedoch nicht ganz glatt, denn Abramowitschs mangelnde Englischkenntnisse sind ein Problem. »Als er anfing, musste ein Dolmetscher ihm über das Spielfeld folgen und das Gespräch mit Kent übersetzen«, erklärt ein Insider. »Polo ist ohnehin nicht die leichteste Sportart, und wenn ein solches Element hinzukommt, wird es wirklich sehr schwierig.« Vielleicht sollte Abramowitsch besser beim Fußball oder Tennis bleiben. Gerüchten zufolge schickt er sich an, eines seiner Polofelder in einen Fußballplatz – den man bereits »Abramopitch« (Abramofeld) nennt – umzuwandeln. Und er besitzt die beste Tennisanlage, die man für Geld kaufen kann. Im Jahre 2001 verlegte ein Unternehmen namens Sports Surfaces Technologies zwei poröse »Kushion Kourt«-Böden auf den Tennisplätzen von Fyning Hill.

■ ■ ■

Nachdem sich Abramowitsch seinen Landsitz eingerichtet hatte, hielt er Ausschau nach einer Bleibe in der Londoner Innenstadt. 2001 zahlte er 1,2 Millionen Pfund für das Keller- und Erdgeschoss von Lowndes Square 39 in Knightsbridge. Der Platz liegt an der Sloane Street und ist nicht weit von Harrods entfernt. Solange seine Familie den größten Teil ihrer Zeit in Moskau verbrachte, war die Wohnung am Lowndes Square groß genug für Abramowitschs Bedürfnisse, doch die Situation änderte sich bald. Genau wie die anderen Oligarchen war er seit langem mit dem Ausbildungsniveau in der russischen Hauptstadt unzufrieden, und da Gespräche über die Gründung einer eigenen Schule scheiterten, beschloss er, seine Kinder irgendwann ins Vereinigte Königreich umziehen zu lassen. »Ich möchte, dass meine Kinder in England zur Schule gehen«, sagte er im August 2003. »Ich bin sicher, dass sie dort die beste Erziehung der Welt erhalten werden.«

Also ließ er die Wohnung durch seine alten Freunde bei der Maklerfirma Knight Frank zum Verkauf anbieten. Als »große Parterre-Doppelwohnung« beschrieben, zog sie bei einem Preis von 5 Millionen Pfund nicht sofort einen Käufer an – trotz ihrer erstklassigen Lage und Ausstattungsmerkmalen wie einer »Komfortkühlung«. Das Interieur ist luxuriös, doch überraschend farblos, ohne jeden Hinweis auf ein Familienleben, mit minimalistischem Dekor und praktischem statt schönem Mobiliar. Die Farben bewegen sich zwischen deprimierenden Beige- und sowjetischen Grautönen, die hin und wieder durch etwas Burgunderrot aufgelockert werden. Die Eingangshalle führt in einen Salon und ein Speisezimmer mit auf den Platz hinausweisenden Fenstern. Im hinteren Teil befinden sich ein Wohnzimmer, ein Arbeitszimmer und eine Küche mit Geräten aus rostfreiem Stahl, Arbeitsplatten aus schwarzem Granit und einem gläsernen Esstisch. Über eine Treppe erreicht man die unten liegenden Schlafräume. Abramowitschs großes Bett beherrscht das Elternschlafzimmer, das auf einen versenkten Innenhof mit verschiedenen Bambuspflanzen hinausführt.

Die Unpersönlichkeit der Einrichtung ist nicht das Einzige, was den Eindruck aufkommen lässt, dass die Wohnung kaum benutzt wird. Man sieht keine frischen Blumen in den Vasen und keine frischen Früchte in der Obstschüssel. Ein scharfer Beobachter bemerkte neben einer der wenigen Topfpflanzen abgefallene Blätter, welche die Atmosphäre der Kargheit milderten. Auch die vorhandenen Kunstwerke sind dunkel und freudlos. Im Arbeitszimmer hängt das Gemälde eines traurigen jungen Mädchens in einem leeren Raum, und ein großes einfarbiges Bild einer Wildkatze dominiert das Speisezimmer. Die Wohnung wirkt hochwertig, doch wenig einladend, und den einzigen Hinweis auf die Identität des Besitzers liefern zwei Fußbälle auf dem Kamin des Salons.

Als Abramowitsch die Wohnung kaufte, war sie gerade von der Immobilienfirma Octagon umgebaut und renoviert worden. Er betrachtete sie in erster Linie als Kapitalanlage, aber wir wissen, dass er sie für wenigstens eine Geschäftsbesprechung benutzte, welche die Spekulationen in den Medien anheizte: für seine Begegnung mit dem Trainer der englischen Nationalmannschaft, Sven-Goran Eriksson, kurz nach der Übernahme von Chelsea.

Nachdem er Lowndes Square zum Verkauf angeboten hatte, machte sich Abramowitsch auf die Suche nach einem Londoner Familiensitz, der groß genug für ihn, seine Frau, ihre fünf Kinder und ihr Personal war. Im Oktober 2003 wurde gemeldet, er habe für 28 Millionen Pfund eine sechsstöckige Villa in Belgravia gekauft. Hugh House am Eaton Square war die Londoner Residenz von Lily Safra, der Witwe eines vermögenden Bankers, welcher 1999 durch ein Feuer in ihrem Apartment in Monaco umgekommen war. Das Geschäft scheiterte jedoch – möglicherweise wegen einer zu kleinen Garage –, aber vielleicht ist es auch nur hinausgeschoben worden, weil Abramowitsch, wie es heißt, auch die Nachbarvilla kaufen möchte. Wie auch immer, da sich die Haussuche als so problematisch erwies, nahm Abramowitsch die Wohnung am Lowndes Square im März 2004 wieder vom Markt.

■ ■ ■

Während sich Abramowitsch in England aufhält, um sein immer größer werdendes Portfolio von Hedgefonds zu überwachen, gibt er sich in Frankreich der Sonne und dem Vergnügen hin. Dazu pendelt er zwischen London und Nizza in seiner Boeing 737 hin und her. Der Besitz eines Düsenflugzeugs bedeutet zwar, dass er bei seinen Reisen nicht auf eine Fluggesellschaft angewiesen ist, doch es handelt sich um einen teuren Spaß. Ein Boeing 737 Business Jet kostet 40 Millionen Pfund, und Abramowitsch beschäftigt die Firma Global Jet Concept, die Mannschaften stellt und die Flugzeuge der Kunden wartet. An Bord kann er entweder arbeiten oder sich erholen, denn das Flugzeug enthält sowohl ein Büro mit einem riesigen Mahagonischreibtisch als auch ein großes Schlafzimmer, in dessen Decke übrigens ein Spiegel eingelassen ist. Die Maschine, die in Aruba auf den Niederländischen Antillen registriert ist, wurde im Jahre 2002 erworben. Wenn das Flugzeug nicht in Nizza gebraucht wird, steht es in Moskau.

An der Côte d'Azur wohnt Abramowitsch in einer Villa, die er sich vermutlich Anfang 2003 für 40 Millionen Euro zugelegt hat. Aber das drei Jahre davor gekaufte Anwesen, das Château de la Croe am Cap d'Antibes, ist architektonisch reizvoller, denn es verkörpert ein Stück Geschichte. Einst Wohnsitz des im Exil lebenden Herzogs von Windsor und seiner Gattin, wurde es in den achtziger Jahren durch ein Feuer verwüstet. Obwohl es den Kaufpreis von 23 Millionen Euro wert war, dürfte mindestens die gleiche Summe erforderlich sein, um es zu restaurieren. Sogar in seinem baufälligen Zustand prunkt das weiß getünchte Schlösschen mit einer majestätisch wirkenden Fassade, und im Innern lassen sich noch einige Spuren des königlichen Vermächtnisses finden.

Der ehemalige König Edward VIII. und die geschiedene Amerikanerin Wallis Simpson heirateten 1937 in Frankreich und mieteten das Château im folgenden Jahr. Es war unzweifelhaft einem einstigen König angemessen. Neben zwölf Schlafzimmern, einem Swimmingpool, zwei Badepavillons und einem Tennisplatz verfügte La Croe über einen Speisesaal mit 24 Plätzen und einen Salon, der mit teuren Gobelins und bemalten Paneelen ausgestattet war. Die Krönung bildete jedoch ein Badezimmer, in dem eine mit 24-karätigem Gold überzogene Wanne in Form eines Schwanes stand. Die Möbel, das Silber und das Porzellan des Herzogs wurden aus England herbeigeschafft, und die Herzogin erinnerte sich in ihren Memoiren an die »Lawine aus Kisten, Wäschekörben, Möbeln, Kleidertruhen, Tuchballen und Silbertruhen«, welche sich beim Einzug über die Einfahrt und die weiten Rasenflächen ergoss.

Die frühere Mrs. Simpson und ihre Innenarchitektin Lady Mendl scheuten bei der Renovierung keine Kosten. Bald konnte sich das Château mit seinen kunstvollen Spiegeln, den goldenen und weißen Verzierungen sowie den gelben, blauen und weißen Drapierungen in den Zimmern mit dem Buckingham Palace messen. Die Herzogin suchte monatelang in Läden und Auktionssälen nach geeigneten Antiquitäten für die Einrichtung des Schlösschens. Dabei häufte sie eine erstaunliche Sammlung aus Gemälden, Ornamenten, bestickten Tüchern, Seidenlaken und Kissenbezügen an, die sie mit ihrem gemeinsamen Monogramm versehen ließ. Die reichen Müßiggänger der Riviera waren begierig darauf, mit einem früheren König umzugehen, und machten ihm nur zu gern ihre Aufwartung. Winston Churchill allerdings hatte nach einem Diner in La Croe gemischte Gefühle. Später schrieb er: »Die Windsors sind bedauernswert, aber sie scheinen glücklich zu sein … Der arme Herzog, fröhlich und charmant, muss nun um seinen Platz in der Konversation kämpfen.«

Nach dem Ausbruch des Zweiten Weltkriegs wurden die Windsors, denen man nationalsozialistische Sympathien nachsagte, aufgefordert, die europäische Bühne zu verlassen. Sie warteten das Ende des Krieges auf den Bahamas ab, wo der Herzog den Titel eines Gouverneurs erhielt. Dann kehrte das Ehepaar nach La Croe zurück, wo die beiden bis 1949 die Stars der Riviera blieben. Trotz ihres luxuriösen Lebensstils lauerte jedoch eine Schlange im Paradies: die Langeweile. Der durch keine offizielle Rolle in Anspruch genommene Herzog beschwerte sich über die geringe Zahl von Golfplätzen in Südfrankreich, und schließlich zog das Paar wieder nach Paris, wo es sich erneut von der High Society feiern ließ.

La Croe sollte noch eine Reihe von Monarchen beherbergen. Nacheinander wohnten dort Leopold III. von Belgien, Umberto, der Ex-König von Italien, und der ägyptische König Faruk. Danach zog der Reeder Aristoteles Onassis ein, gefolgt von seinem Schwager Stavros Niarchos. Nach dem verheerenden Feuer in den achtziger Jahren wurde La Croe an eine Offshore-Holdinggesellschaft verkauft und 1998 wieder auf den Markt gebracht. Angesichts des Ausmaßes der erforderlichen Renovierungen kam nur eine äußerst vermögende Person – die dazu noch die Fantasie besaß, sich das Schlösschen nach seiner Restaurierung vorzustellen – als Interessent in Frage. Der Käufer erwies sich denn auch als einer der Reichsten von allen. Abramowitsch besitzt sowohl das Geld als auch die nötige Vorstellungskraft, um La Croe seinen früheren königlichen Glanz zurückzugeben.

Damit Abramowitsch und seine Familie während der Renovierungsarbeiten einen Wohnsitz an der Riviera hatten, kaufte er eine Villa in St. Tropez. Dadurch verbindet ihn nun noch etwas mit Mohamed Al Fayed: Der Harrods-Eigentümer besitzt nämlich ebenfalls sowohl ein Haus, das der Herzog und die Herzogin von Windsor einst bewohnten – die »Villa Windsor« in Paris –, als auch eine luxuriöse Villa in St. Tropez.

Die Côte d'Azur zwischen Nizza und Cannes ist inzwischen zu einer Art Kolonie russischer Geschäftsleute geworden. Zum Beispiel gehört Boris Beresowski die Villa Le Clocher, was Abramowitschs einstigen Freund zu einem unbehaglich nahen Nachbarn am Cap d'Antibes macht. Viele der teuren Villen der Gegend sind von Russen gekauft worden, und die Anwohner haben sich an die Kolonnen aus schwarzen Limousinen gewöhnt.

Abramowitsch steht in dem Ruf, enthaltsam zu sein, doch viele seiner Landsleute sind weit von seiner Askese entfernt. Nachdem sie am Morgen mit ihren Jachten umhergekreuzt sind, vertäuen sie ihre Boote um 15 Uhr und versammeln sich in der Voile Rouge Bar an der Plage de Pampelonne in St. Tropez. La Voile Rouge wurde in den sechziger Jahren von Paul Tomaselli eröffnet. Der inzwischen 66-Jährige sitzt zuweilen immer noch in weißem Rüschenhemd und G-String auf seinem Stammplatz unter einem mit Schwingen verzierten Stuckpenis. Ein Beobachter verglich die Szenerie in der Bar mit »einer zur Feier von Dexedrin und Viagra von Fellini geschmissenen Party«.

Russische Millionäre sind selten von liebreizender Gestalt, im Gegensatz zu den Frauen, von denen sie begleitet werden – viele im Voile Rouge könnte man allerdings für Prostituierte halten. In den folgenden Stunden geben sich die Gäste der Prahlerei hin. »Die Leute geraten außer Rand und Band«, sagt ein Zuschauer. »Die Kellner bringen Magnum-Flaschen Champagner, und die Russen holen Säbel hervor, mit denen sie die Flaschenhälse abschlagen. Darauf legen sie Wert.« Wenn die Rechnung bezahlt werden muss, treten Leibwächter mit kleinen schwarzen Koffern voll Geld an die Kasse. Nach dem Essen begibt man sich zur Cave du Roi, dem Nachtclub im Keller des Hotels Byblos. Er wird um 23.30 Uhr geöffnet und schließt erst, wenn der letzte Gast im Morgengrauen verschwunden ist. Diejenigen mit einer besonders guten Kondition finden sich zum Frühstück in der Bar Le Gorille ein. St. Tropez wird manchmal als »Sodom und Gomorrha des 21. Jahrhunderts« bezeichnet. Seine Verruchtheit geht auf das Jahr 1956 zurück, als der Regisseur Roger Vadim mit der jungen Brigitte Bardot *Und immer lockt das Weib* drehte. Die relative Deutlichkeit des Films schockierte Frankreich so sehr, dass die katholische Kirche den Gläubigen befahl, sämtliche Filme mit der Bardot zu boykottieren. Aber als sie sich in St. Tropez niederließ, zog das von ihr verkörperte Leben der sexuellen Befreiung und der Wonne am Meeresstrand die internationale Demimonde an, und in den sechziger Jahren wurde der Ort zum Treffpunkt der Prominenz. Heutzutage steht er für Ausschweifungen aller Art. Wie Evgenia Peretz in der Juliausgabe 2004 von *Vanity Fair* schrieb:

> An einem typischen Abend muss ein Mann, der etwas auf sich hält, mit Ausgaben zwischen 3000 und 8000 Dollar rechnen. Wahrhaft männliche Zechen summieren sich allerdings auf sechsstellige Beträge. Es ist einfach unmöglich, einen Club ohne einen Schwarm Mädchen (die natürlich alle kein Geld bei sich haben) zu betreten, und jeder Gastgeber muss kistenweise Cristal bestellen. Eine Flasche dieser Champagnermarke kann 400 bis 30 000 Dollar kosten. Manchmal wird der Champagner getrunken, doch in St. Tropez ist es üblich geworden, die Flasche zu schütteln und Freunde mit dem Inhalt zu

besprühen. Der Künstler und regelmäßige St.-Tropez-Besucher Peter Tunney erklärt den inneren Sinn dieses reizenden Volksrituals, während er auf einer Zigarre kaut: »Ich schmeiße Geld in den Orkus. Nun fick mich, du Schlampe.«

Das nicht zu übertreffende Aphrodisiakum dieser Gegend ist jedoch nicht eine Flasche Cristal, sondern ein gigantischer Luxuskreuzer. Es kostet ungefähr 100 000 Dollar pro Woche, eine Jacht an einem der besten Plätze des Quai Frédéric Mistral ankern zu lassen, was ein noch verlässlicherer Hinweis auf Vermögen und gesellschaftliche Stellung ist als ein Bentley mit Chauffeur. Dazu Peretz: »St. Tropez und Ehe vertragen sich nicht – jedenfalls nicht sehr lange.«

»Ich weiß von drei Ehen, die wegen St. Tropez zerbrochen sind«, bestätigt der Mitte 40-jährige Joel Silverman, einer der vielen dankbaren Logiergäste von Jeffrey Steiner, dem CEO des Raumfahrtunternehmens Fairchild. Die Ehemänner, die sich in St. Tropez aufhalten, sind entweder offiziell »geschäftlich in Mailand«, oder ihre Frauen haben sich bereits mit der Situation abgefunden. »Die meisten Frauen wissen bestimmt, dass ihre Männer hier Freundinnen haben«, vermutet Tunney. »St. Tropez ist eine ›Du kommst aus dem Gefängnis frei‹-Karte.«

Was Abramowitsch an dem Ort gefällt, lässt sich nur erahnen. Jedenfalls hat er nie den Eindruck eines Wüstlings erweckt. Alexej Wenediktow sagt über ihn: »Ich weiß, dass er im Familienleben ein ausgesprochen moralischer Mann ist. Er kümmert sich sehr intensiv um seine Familie, und er gesteht, dass ihm das in seiner eigenen Kindheit gefehlt hat.« Seine Vorliebe für St. Tropez lässt sich am ehesten damit erklären, dass es während der Hochsaison für einen vermögenden Russen so etwas wie eine zweite Heimat ist.

Trotz der Gelage und der Affären hört das Networking nie auf. In einem Restaurant in St. Tropez wurde Abramowitsch von Boris Beresowski mit Simon Reading bekannt gemacht, dem Marquis, der ihm den Zugang zur eleganten Welt von London erleichterte.

■ ■ ■

Abramowitsch und seine Frau Irina beim Sonnenbaden an Deck einer seiner Jachten.

Einen wirklichen Einblick in Abramowitschs luxuriösen Lebensstil erhält man jedoch nicht in den Restaurants von St. Tropez mit ihren Michelin-Sternen, sondern durch die Jachten, die in einem weniger als 50 Kilometer entfernten Hafen an der Küste vertäut sind. Täglich ankern einige der teuersten schwimmenden Ginpaläste der Welt am internationalen Yacht Club d'Antibes.

Am 12. November 2003 war dort auch Mohamed Al Fayeds »Sokar« vertäut, die 63 Meter lange Jacht, die früher unter dem Namen »Jonikal« lief. Auf ihr hatte Al Fayeds Sohn Dodi seine letzte Kreuzfahrt mit Prinzessin Diana unternommen. Nicht weit entfernt von der »Sokar« lag die »Montkaj«, ein 78 Meter langes Gefährt, das Prinz Mohamed bin Fahd, dem zweiten Sohn des Königs von Saudi-Arabien, gehört; außerdem ein noch größeres Schiff, die »Kingdom 5KR«, die Prinz Alwaleed bin Talal bin Abdulaziz Alsaud, einer der Hauptinvestoren von Euro Disney, sein Eigen nennt. Die Jacht hieß früher, als sie noch Adnan Khashoggi gehörte, »Nabila«, und« nachdem Khashoggi sie an Donald Trump verkauft hatte, »Trump Princess«.

Doch selbst die welterfahrenen Besatzungsmitglieder dieser Kreuzer unterbrachen ihre Tätigkeit, um den Hals zu renken und den Riesen zu bestaunen, der an jenem Wintertag um 16 Uhr aus dem verblassenden Licht ins Blickfeld rückte. Mit 115 Metern war die »Pelorus« wahrscheinlich rund 30 Meter länger als jedes andere der Schiffe, die an jenem Tag im Hafen lagen. Nachdem der vanillefarbene Rumpf eine perfekte 180-Grad-Drehung vollzogen hatte, um sich in den Ankerplatz Nr. 2 hineinzuschieben, wirkte Sir Anthony Bamfords 62 Meter lange, nebenan vertäute »Virginian« geradezu zwergenhaft. In der Welt der Jachten kann Abramowitsch, ohne viel Widerspruch befürchten zu müssen, behaupten, dass sein Eigentum viel größer ist als das der meisten anderen.

Seine Faszination vom ultimativen Spielzeug der Plutokraten hatte vier Jahre zuvor begonnen, als er zwei relativ bescheidene Jachten namens »Stream« und »Sophie's Choice« von Beresowski erwarb. Im Frühjahr 2003 erregte er dann in einschlägigen Kreisen großes Aufsehen, als gemeldet wurde, er sei der neue Eigner der 108 Meter langen Superjacht «Le Grand Bleu». Das Schiff hat eine durchwachsene Vergangenheit. Von dem Mobiltelefon-Magnaten John McCaw in Auftrag gegeben, war es bei seinem Stapellauf im Jahre 2000 das größte amerikanische Seefahrzeug in Privatbesitz. Aber da die Unterhaltungskosten für ein solches Gefährt ungemein hoch sind, entschied sich McCaw, es abzustoßen. Zu seinem Glück kam ihm sein enger Freund, der Microsoft-Mitbegründer Paul Allen, im Juli 2003 zu Hilfe. Manche meinen, er habe die Jacht ohne Umschweife gekauft, andere hingegen, er habe nur die Betriebskosten übernommen, bis ein Interessent gefunden werden konnte.

Die Liste der Personen, die sich den Erwerb und dann die Unterhaltung einer 90 Millionen Dollar teuren Luxusjacht leisten konnten, war sehr kurz, aber eine diskrete Gruppe von Jachtmaklern kannte ihre Namen. In den späten neunziger Jahren war eine Reihe zurückhaltender und unglaublich reicher Russen, darunter Abramowitsch, dem Verzeichnis hinzugefügt worden, und im Jahre 2002 legte der angesehene britische Makler Cavendish White sogar eine russische Ausgabe seiner Broschüre auf.

Der Mann, der Abramowitsch »Le Grand Bleu« verkauft haben soll, ist jedoch nicht Cavendish White, sondern Nicholas Edminston, der wegen seiner zahlreichen russischen Kunden den Spitznamen »Roter Baron« trägt. Edminston ist die Verkörperung des rotgesichtigen, wohlgenährten Bonvivants. Er hat 35 Jahre im Jachtgeschäft verbracht und 1995 die nach ihm benannte Maklerfirma gegründet. Ein Jahr später stieß Christopher Cecil-Wright zu ihm, dem er die Umsatzsteigerung des Unternehmens zugute hält.

Heute beschäftigt Edminston ein vielsprachiges Team von 26 Personen, das in London, Monaco, Golfe-Juan und Los Angeles tätig ist. Seine Mitarbeiter pflegen enge Beziehungen zu den international führenden Designern, Werften und Brokern der Jachtbranche. Edminston erläutert: In den letzten Jahren hat sich nicht nur die Besitzerzahl, sondern auch die Größe und Vielfalt der Jachten selbst beträchtlich gesteigert. Deshalb spielt die Professionalität der Makler die entscheidende Rolle, denn in einer komplexen, technisch orientierten Branche kommt es auf eine erstklassige Beratung an. Unsere Makler sind mit allen Details des Jachtkaufs vertraut: mit den Verträgen, Gutachten, Hochseetests, technischen Überlegungen, neuen Registrierungsvorschriften und den finanziellen Möglichkeiten, ganz zu schweigen von der völligen Subjektivität beim Kauf eines neuen, viele Millionen Dollar kostenden »Heimes«.

Edminston vertrat nicht nur Abramowitsch, sondern er besorgte auch dessen rechter Hand Jewgeni Schwidler eine Luxusjacht. Die auf 43 Millionen Euro geschätzte »Olympia« ist allerdings lediglich 38 Meter lang.

Mit dem Kauf des Allen/McCaw-Schiffes war Abramowitsch zweifellos an die Spitze gelangt. Diese sechstgrößte Jacht der Welt ist derart seetüchtig, dass sie selbst die tückischsten Meere der Welt befahren kann. Sie besitzt nicht einen, sondern zwei Hubschrauberlandeplätze und hält den Rekord für den größten bordeigenen Tender, eine 23 Meter lange Sunseeker. Kurz nach dem Kauf ließ Abramowitsch »Le Grand Bleu« von einer deutschen Werft generalüberholen. In der Zwischenzeit zeigte er ein sehr persönliches Interesse an der Rekrutierung eines Kapitäns und lud eine Reihe von Kandidaten zu Vorstellungsgesprächen in die Wohnung am Lowndes Square ein. Nachdem er eine überwiegend australische Mannschaft angeheuert hatte, fuhr die Jacht zu einer Taufparty nach Rio de Janeiro. Aber Abramowitsch bewies bald, dass er kein Schönwettersegler war, denn die *Komsomolskaja prawda* veröffentlichte am 10. Juli

Eine von drei Luxusjachten, die Abramowitsch sein Eigen nennt.

2003 ein Foto der »Le Grand Bleu«, wie sie in Wladiwostok, einem gottverlassenen Hafen an der fernen Ostküste Russlands, vor Anker lag.

Das »Pelorus«-Epos begann im März 2003, ungefähr zur selben Zeit, als die ersten Berichte über Abramowitschs Kauf von »Le Grand Bleu« erschienen. Da die Mannschaften der »Le Grand Bleu« und der »Pelorus« denselben Feuerbekämpfungs- und Hubschrauberlehrgang im International Firefighting Centre in Teesside absolvierten, begannen Jachtbeobachter, Mutmaßungen anzustellen. Hatte Scheich Modhassan, der geheimnisvolle Besitzer der »Pelorus«, nicht eine andere seiner Jachten, die »Tugatsu«, zum Verkauf angeboten? War die »Pelorus« als Nächste an der Reihe?

Im November kam die Wahrheit ans Licht. Abramowitsch wurde an Bord seines neuen Spielzeugs entdeckt, nachdem er damit nach Italien gereist war, um in Rom dem 4:0-Kantersieg von Chelsea über Lazio in der Champions League beizuwohnen. Wenn »Le Grand Bleu« eine Superjacht ist, so kann man die 100 Millionen Dollar teure »Pelorus« nur als Megajacht bezeichnen. Das Interieur wurde von Terence Disdale, einem Spitzendesigner aus Richmond, Surrey, entworfen, und die »Pelorus« ist mit kugelsicherem Glas, Raketenerkennungssystemen, zwei Hubschraubern und einem U-Boot ausgerüstet. Sie hat eine Reichweite von 6000

Seemeilen und ist zu einer Dauergeschwindigkeit von 16 Knoten fähig. Neben der 41-köpfigen Besatzung bietet sie 20 Gästen und 5 weiteren Mannschaftsangehörigen Platz. Zur Crew gehören nicht weniger als drei Köche, acht Ingenieure, zwei ganztägig arbeitende Wäschereihelfer und eine Krankenschwester. Die Freizeiteinrichtungen umfassen ein geräumiges Kino und ein Dampfbad mit einem benachbarten Kühlbecken. Aber war das alles genug für Abramowitsch?

Kaum war die nach dem Kauf übliche Generalüberholung der »Pelorus« abgeschlossen, als Gerüchte auftauchten, der neue Eigner habe ein 86 Meter langes Schiff bestellt, das von der niederländischen Werft Feadship van Lent gebaut werde. Nur bekannt als »Projekt 790«, wurde es nach einem radikalen Entwurf konstruiert, der fünf Motoren – dadurch erreichte es 28 Knoten und damit eine für eine derart große Jacht beispiellose Geschwindigkeit – sowie einen Hubschrauberhangar vorsah, der sich auf Knopfdruck öffnen und schließen lässt.

Weshalb Abramowitsch den Drang verspürte, drei seetüchtige Jachten zu besitzen, ist schwer zu ergründen. Natürlich ist es recht bequem, Schiffe in verschiedenen Häfen rund um den Globus zu haben, aber gibt es nicht noch eine fundiertere Erklärung? Mit ihrer großen Reichweite, ihren hochmodernen Kommunikationssystemen und ihren Hubschrauberlandeplätzen bietet seine wachsende Jachtflotte Abramowitsch die Möglichkeit, sein Imperium wie ein gütiger Dr. No von internationalen Gewässern aus zu lenken. Zu einem Zeitpunkt, da Putins Haltung gegenüber den Oligarchen immer aggressiver zu werden scheint, könnte ein Leben auf dem Meer seine Vorzüge haben.

Übrigens ist Abramowitsch trotz seiner eindrucksvollen Sammlung bereits dabei, auf der Tabelle der Megajachtbesitzer abzurutschen. Nach dem Verkauf der »Pelorus« hatte Paul Allen noch drei Schiffe: die 60 Meter lange »Meduse«, die über ein eigenes Aufnahmestudio verfügt, die 50 Meter lange »Hanse«, die einst dem verstorbenen Magnaten Tiny Rowland gehörte, und die 47 Meter lange »Charade«, die normalerweise von Allens Schwester Jody benutzt wurde. Er verkaufte die »Charade« 2003 für 19 Millionen Dollar, ersetzte sie jedoch im folgenden Jahr durch die gewaltige, 127 Meter lange »Octopus«, die nicht weniger als 27 Decks hat. Im November 2004 sollte Allens Ungetüm durch ein noch größeres Schiff übertroffen werden. Larry Ellison, der CEO des Mediengiganten Oracle, bot seine Jacht »Katana« im Jahre 2003 für 68 Millionen Dollar zum Verkauf und gab die »Rising Sun« in Auftrag, die mehr als 134 Meter lang sein soll.

■ ■ ■

Wenn der Winter beginnt, macht sich die Elite des russischen Jetsets nach Courchevel auf. Der französische Skiort scheint für Abramowitsch das geworden zu sein, was Klosters für Prinz Charles ist. Courchevel liegt in den Trois Vallées an der Grenze zu Italien und der Schweiz und besteht aus vier Dörfern auf 1300, 1500, 1650 und 1850 Meter Höhe. An der höchsten Stelle ist die Luft dünner, und das gesellschaftliche Umfeld wird erlesener, denn Courchevel 1850 zieht einige der vermögendsten und über die besten Beziehungen verfügenden Skifahrer an. Der Lieblingsort von Prinz Michael von Kent, einem Zarenabkömmling, und König Juan Carlos von Spanien ist nun auch Treffpunkt der russischen Neureichen. Man schätzt, dass jeden Winter 15 000 Russen Courchevel besuchen. Das sind weitaus weniger als die 40 000 französischen Urlauber, die ebenfalls dort hinströmen, doch die Russen geben anscheinend zehnmal so viel aus wie die Einheimischen. »Januar war früher immer Nebensaison, aber heute ist der Monat dank der Russen zur Hauptsaison geworden«, meint der Geschäftsführer des Ortes, René Montgrandi. Und sie kommen nicht nur zum Après-Ski. Die Russen stehen im Ruf, das Skilaufen sehr ernst zu nehmen, und sie verbringen täglich bis zu acht Stunden an den Hängen.

Abramowitsch war so begeistert vom Skisport und von der Atmosphäre des Ortes, dass er sich vornahm, hier einen ständigen Stützpunkt einzurichten. Im Oktober 2003 machten seine Frau Irina und er sich im Hubschrauber auf die Haussuche. Unter ihren Zielen befanden sich Chalets, die Mansour Ojjeh, dem Mitbesitzer des McLaren-Formula-One-Rennstalls, und der irischen Familie Smurfit gehörten, die in der Papier- und Verpackungsbranche ihr Vermögen gemacht hat. Ihr Führer bei der Besichtigung der schönsten Landhäuser der Gegend war Montgrandi. Er verbrachte zwei Tage damit, das russische Ehepaar zu den besten Immobilien zu begleiten, und redete den Besitzern über Handy zu, ihr Chalet zu verkaufen. Doch obwohl die Abramowitschs das Doppelte oder Dreifache des mutmaßlichen Marktwertes boten, ließ sich niemand auf ein Geschäft ein. Der verfügbare Boden in der Gegend ist entweder bereits bebaut oder zur Erschließung verkauft worden, und wer das Glück gehabt hatte, ein Chalet oder ein Grundstück zu ergattern, war nicht bereit, sich davon zu trennen.

Als Abramowitsch seine Pläne durchkreuzt sah, reservierte er 40 Suiten, die jeweils bis 2000 Euro pro Nacht kosteten, in den führenden Hotels von Courchevel 1850 für sich selbst und eine Gruppe von Freunden. Eines dieser Hotels war das Byblos des Neiges, das Abramowitsch sehr vertraut vorkam, denn das Personal pendelt je nach Saison zwischen dem Byblos unweit seiner Villa in St. Tropez – Abramowitsch versuchte einmal es zu kaufen – und dem in Courchevel hin und her.

14 Eine Audienz beim Grauen Kardinal

Von zwei schwarz gekleideten Leibwächtern begleitet, eilte Boris Beresowski durch die Drehtür des Bürogebäudes in der Down Street in Mayfair, umrundete das Heck seines Mercedes (natürlich schwarz mit getönten Fenstern), öffnete den Schlag und glitt hinein. Innerhalb von Sekunden setzte sich der Wagen in Bewegung, dicht dahinter ein schwarzer Range Rover mit weiteren Bewachern.

Das war eine unerfreuliche Entwicklung für die Autoren, die gerade die Straße hinuntergingen und sich seinem Büro näherten. Um 12 Uhr, das heißt zehn Minuten später, hatten wir eine Verabredung mit dem Mann, der mehr über Abramowitschs Aufstieg weiß als jeder andere. Während der Portier in seiner goldbetressten Uniform unsere Namen überprüfte, verließ Harold Elletson, den wir vier Monate zuvor zum Lunch getroffen hatten, den Lift und kam herüber, um uns zu begrüßen. Elletson, der frühere Tory-Abgeordnete für Blackpool und langjährige Russlandexperte, war Beresowski kurz vorher bei einer Debatte über die russischen Medien begegnet und zu einer Plauderei eingeladen worden. Offensichtlich knüpfte der im Exil lebende Milliardär weiterhin eifrig Kontakte.

Einen wichtigen Platz auf dem Kaffeetisch im Empfangsbereich von Beresowskis Büro im zweiten Stock nahm ein schmuckvolles Schachbrett ein. Es kam uns irgendwie angemessen vor, dass das beliebteste Spiel Russlands im Büro eines seiner Oligarchen ausgestellt war, aber Boris Beresowski ist kein Boris Spasski. Wie oben beschrieben, war er im Spiel der russischen Politik drei Jahre zuvor schachmatt gesetzt und zur Flucht gezwungen worden, zuerst nach Frankreich und dann nach London, wo man ihm Asyl gewährte.

Nachdem wir ein paar Minuten gewartet hatten, erschien ein lächelnder bebrillter Mann in braunem Wollpullover. Er stellte sich als Wladimir vor, Beresowskis Berater. Sein Chef sei leider aufgehalten worden. Kurz darauf führte uns ein jüngerer Büromitarbeiter in den Sitzungssaal. Den einzigen Hinweis auf Beresowskis Geschmack lieferte eine Metallstatuette Picassos, der einen Pinsel in der einen und eines seiner Gemälde in der anderen Hand hielt. Die Weste der Figur war geöffnet und enthüllte das Tattoo einer nackten Frau. Es handelte sich um eine Arbeit des israelischen Bildhauers Frank Meisler, eines Lieblingskünstlers von Beresowski. Der einzige andere Schmuck im Sitzungssaal bestand aus einer Glasvase mit einem Strauß roter und goldgelber Tulpen.

Eine halbe Stunde später erschien Beresowski dann doch noch und entschuldigte sich überschwänglich für seine Verspätung. Der elftreichste Mann Großbritanniens war nicht fortgerufen worden, um über ein Problem der Hochfinanz zu sprechen, sondern um irgendeine häusliche Krise zu lösen. Er hatte graue Strähnen in seinem schwarzen Resthaar und wirkte gepflegt in einem schwarz-grau gestreiften Jackett, einer schwarzen Hose und einem am Hals offenen schwarzen Hemd. Als die Formalitäten beendet waren, ging er stracks auf den Stuhl mit der hohen Lehne am Kopf des Tisches im Sitzungssaal zu.

Wie bald deutlich wurde, sind sein früherer Partner und er einander nun völlig entfremdet. Abramowitsch und er hatten, wie Beresowski uns mitteilte, seit fast drei Jahren kein Wort mehr miteinander gewechselt – seit dem Tag, als sie in Frankreich zusammentrafen, um die Veräußerung seiner Anteile an Sibneft und ORT zu besprechen. Beresowski war, wie der folgende Austausch zeigt, immer noch verbittert über den Handel, auf den er sich damals einlassen musste.

Was können Sie über den Verkauf Ihrer Sibneft-Aktien sagen?
  Ich bin unzufrieden, weil er unter Druck zustande kam. Abramowitsch ließ mich wissen, dass Putin das Unternehmen zerstören werde, wenn ich nicht verkaufte.
Also haben Sie ihm die Aktien abgetreten?
  Ja, mein Partner Badri [Beresowski lernte Badri Patarkatsischwili, der früher ebenfalls Autohändler war, vor mehr als einem Jahrzehnt ken-

nen. Patarkatsischwili lebt weiterhin in Georgien, doch die beiden sind noch enge Freunde und kommen regelmäßig zusammen] und ich. Uns gehörten 50 Prozent ... Abramowitsch hatte ebenfalls 50 Prozent. Es überrascht mich zu lesen, dass es Ölgesellschaften gibt, die Sibneft zu kaufen versuchen, ohne sich dessen bewusst zu sein, dass Abramowitsch nicht der legale Eigentümer ist, denn ich musste ihm meine Aktien unter Druck überlassen.
Werden Sie ihn verklagen?
Nein, das halte ich für sinnlos, weil wir in Russland keine Gerichte haben *[sic!]*. Ich will meine Zeit nicht verschwenden, aber ich möchte auf eines hinweisen: Diejenigen, die Sibneft kaufen wollen, wissen nicht, dass Abramowitsch nicht der legale Besitzer ist. Er hat mir die anderen 50 Prozent unter Druck abgenommen.
Zu welchem Preis haben Sie Ihren Anteil verkauft? Können Sie uns die Zahl nennen?
Etwa 1,3 Milliarden [Dollar].
Und was waren die Aktien Ihrer Meinung nach wert?
Zwei- oder dreimal mehr. Er bezahlte über zwei Jahre hinweg, und der Betrag entspricht genau der Dividende, die das Unternehmen in diesem Jahr ausgeschüttet hat.

Natürlich sieht man die Dinge in Abramowitschs Lager etwas anders. Einer seiner engsten Mitarbeiter entgegnete, die Höhe von Beresowskis Aktienanteil sei nie ganz klar gewesen, denn »er war immer eher Politiker als Geschäftsmann«. Abramowitsch habe seinen ehemaligen Partner »großzügiger« behandelt »als jeden anderen«. »Boris wäre ohne Abramowitsch nicht dort, wo er heute [finanziell] steht.«

Tatsächlich wirkte Beresowski ziemlich gelassen für einen Mann, der meinte, um mehr als 2,6 Milliarden Dollar betrogen worden zu sein. Er betonte sogar: »Ich bin nicht sein [Abramowitschs] Feind.« Zwischen den beiden hatte sich schon einige Zeit vor ihrer letzten Begegnung Anfang 2001 eine gewisse Distanz herausgebildet. Auf unsere Frage, was er davon halte, dass Abramowitsch sämtliche Kandidaten für Putins erstes Kabinett im Jahre 1999 in Gesprächen überprüft hat, erwiderte Beresowski aufrichtig überrascht: »Davon wusste ich überhaupt nichts.« Das ist schon deshalb erstaunlich, weil Beresowski behauptet, Jelzin habe ihn zu Putin geschickt, um dem damaligen FSB-Chef das Amt des Ministerpräsidenten anzubieten. Zu jenem Zeitpunkt kannten Putin und er einander seit fast zehn Jahren. Und doch war es der Juniorpartner Abramowitsch, der die Kabinettsmitglieder hinter Beresowskis Rücken überprüfte. »Ich weiß, dass Abramowitsch gut mit Putin bekannt war«, sagte Beresowski ein wenig gedankenverloren, »aber ich hatte keine Ahnung, dass Abramowitsch alle Kandidaten unter die Lupe genommen hat.«

Der Kontrast zwischen dem politischen Vorgehen der beiden Männer ist kaum zu übersehen. Während Beresowski seinen Einfluss geltend machte und zwei wichtige Regierungsposten bekleidete, blieb Abramowitsch ganz bewusst im Hintergrund. Beresowski versuchte, die Ereignisse durch seinen Fernsehsender zu manipulieren, und Chodorkowski finanzierte die Oppositionspartei. Abramowitsch hingegen arbeitete unauffällig hinter den Kulissen und machte sich weder bei Jelzin noch bei Putin unbeliebt – im Gegenteil. Dazu Beresowski:

> Wir haben eine sehr unterschiedliche Auffassung über die Teilnahme am politischen Leben. Trotz der in Russland und im Westen kursierenden Spekulationen, Beresowski sei der »Graue Kardinal« [er sprach die beiden Worte mit komödiantischer Feierlichkeit aus], mache ich nie einen Hehl aus meiner Position. Das ist bei Abramowitsch anders. Ganz anders. Und Abramowitsch ist nicht bereit, seine Karten aufzudecken, so wie ich. Er will nicht diskutieren oder debattieren. Das soll nicht heißen, dass er böse ist und ich gut bin. Meine Grundhaltung als Politiker … [war], der Gesellschaft meinen Standpunkt darzulegen und dafür zu kämpfen. Abramowitsch schwebt etwas anderes vor. Er glaubt, dass es besser ist, hinter den Kulissen Politik zu machen, und ist damit sehr erfolgreich.

Während Beresowskis Kritik an Abramowitsch gedämpft war, ließ er keinen Zweifel an seinem Zorn über Putin, den alten Freund, der sich gegen ihn gewandt hatte. Die Verunglimpfung der Oligarchen beruhe auf einem Komplott des FSB und auf der Leichtgläubigkeit der westlichen Medien. Darauf angesprochen, was Chodorkowskis Verhaftung für die Zukunft anderer Oligarchen wie Abramowitsch bedeute, kritisierte er das unserer

Frage innewohnende »sehr reduzierte und sehr begrenzte Verständnis«. »Putin kämpft nicht gegen reiche Leute«, sagte er mit großer Verve, »sondern gegen unabhängige Leute. Sicher, Geld trägt zur Unabhängigkeit bei – aber andererseits gibt es etliche Menschen ohne Geld, die auch nach Unabhängigkeit streben.«

Putin habe zunächst einmal alle Machtzentren, die seine Autorität bedrohten, ausgeschaltet. Deshalb seien die Spielräume der Regionalgouverneure ebenso wie die des Parlaments eingeschränkt worden. Danach habe Putin die Massenmedien aufs Korn genommen und zuerst Beresowskis Fernsehsender ORT sowie später die beiden anderen wichtigen Kanäle, NTV und TV6, vernichtet.

Auch dies war kein Kampf gegen Journalisten oder Politiker, sondern gegen unabhängige Journalisten und Politiker. Dann folgte der logische dritte Schritt. Wie kann man das politische Leben und die Massenmedien kontrollieren, wenn man keine Kontrolle über das Geld hat? Also besteht der logische dritte Schritt darin, das unabhängige Geschäftsleben zu kontrollieren, und durch Chodorkowskis Inhaftierung ließ er der gesamten Wirtschaftswelt eine klare Botschaft zukommen: »Ich erlaube euch nicht, das politische Leben dieses Landes anzurühren.« Aber das ist unmöglich, denn Geschäftsleute haben ein reges Interesse am politischen Leben eines Landes. Naturgemäß.

Während der Präsidentschaftswahl im März 2004 habe Putin seinen Einfluss auf die Medien und den Justizapparat genutzt und dafür gesorgt, dass seine Gegner keine faire Chance erhielten, ihre Argumente vorzutragen. Außerdem seien seine Opponenten durch rechtliche Schritte schikaniert worden, die sich der Staatsanwalt ausgedacht habe. Sogar die Stimmabgaben seien verfälscht worden, wie Beobachter der Organisation für Sicherheit und Zusammenarbeit in Europa (OSZE) belegten, die von einer »freien, aber nicht fairen« Wahl sprachen. Wie sehr Beresowski diese Strategie auch missbilligte – er räumte ein, dass sie ungemein wirkungsvoll war. Nachdem er selbst und Gussinski im Ausland seien und Chodorkowski im Gefängnis sitze, arbeite Putin nun mit einem kleinen Kreis eingeschüchterter Oligarchen zusammen, die es nicht wagten, sich seinen Anweisungen zu widersetzen. Am »sichtbarsten« in diesem inneren Kreis seien Abramowitsch, Oleg Deripaska, Michail Friedman, Pjotr Awen und Wladimir Potanin.

Nach Beresowskis Auffassung beeinträchtigt diese Situation Russlands Zukunftsaussichten, da es völlig normal für Geschäftsleute sei, sich am politischen Leben zu beteiligen. Er verwies auf das Beispiel des Wettbewerbs um die Führung der Demokratischen Partei in den USA: »Ich finde es ganz natürlich, dass sich zum Beispiel Bill Gates mit [John] Kerry und den anderen Kandidaten trifft, um ihre Beweggründe zu verstehen. Was daran ist erstaunlich?« Seiner Ansicht nach leisten Geschäftsleute überall auf der Welt einen größeren Beitrag zur demokratischen Stabilität als Politiker, die stets nur bis zur nächsten Wahl denken würden.

Trotz seines großen Interesses an der russischen Politik weiß Beresowski, dass zumindest im Augenblick das Spiel gelaufen ist. Nachdem er sich in den letzten Jahren auf die Frage der Regierung in seiner Heimat konzentriert habe, sei er nun bereit, sich wieder dem Geschäftsleben zuzuwenden. Allerdings werde er nicht wie in Russland nun auch in Großbritannien in die Medien investieren. Sein Interesse an den Medien sei stets lediglich dem Wunsch nach Einflussnahme entsprungen. Es sei ihm darum gegangen, seinen Feinden – seien es nun die Kommunisten oder ihm verhasste Männer wie Jewgeni Primakow oder Juri Luschkow – Einhalt zu gebieten.

Aber es ist schwer vorstellbar, dass Beresowski dem politischen Getümmel lange fernbleibt. Sein alter Sparringspartner Wladimir Gussinski sagte einmal über ihn: »Beresowski muss überall die Nummer eins sein. Er möchte bei jeder Hochzeit als Trauzeuge und bei jeder Beerdigung als Totengräber auftreten. Wenn irgendwo etwas ohne Beresowski geschieht, ist er sehr besorgt.«

Bald klingelte das Telefon auf dem Barschrank, und nach einem kurzen Gespräch auf Russisch kehrte Beresowski an den Tisch zurück, um uns äußerst charmant mitzuteilen, dass unser Termin vorbei sei. Als wir hinausgingen, fragte er, wann das Buch erscheinen werde, damit er sich ein Exemplar besorgen könne. »Keine Bange, wir schicken Ihnen eines«, sagten wir. Das war das Mindeste, was wir tun konnten.

15 Gesellschaftsleben

Die Kleiderordnung für die Party, die der Geschäftsmann Oleg Boiko anlässlich seines 37. Geburtstags gab, sah Straßenanzüge für die Männer und Kleider im Stil der dreißiger Jahre für die Frauen vor. Der Veranstaltungsort, eine stillgelegte Fabrik am Rand von Moskau, war für diesen Abend in eine illegale Chicagoer Kneipe umgewandelt worden, und um die Mafia-Thematik zu unterstreichen, wurden den männlichen Gästen bei ihrer Ankunft Filzhüte und weiße Schals ausgehändigt. Als Partyspielerei war das ziemlich gewagt für eine neue Elite, die aus dem Gangsterkapitalismus hervorgegangen ist, doch die Tatsache, dass die »neuen Russen gelernt haben, über sich selbst zu lachen, ist ein Zeichen für ihre wachsende Reife.« Vor Jahren hätte es auf einer Feier wie dieser vor Begleithostessen gewimmelt, aber das ist heute nicht mehr akzeptabel«, meint Boikos Partyveranstalter Dmitri Fjodorow. »Allerdings darf man nicht zu streng sein. Wer heute ein gemietetes Model ist, kann morgen schon die Ehefrau werden. Wenn sich eine Frau auf einer Party wie eine Freundin benimmt, ist alles in Ordnung.«

Roman und Irina Abramowitsch nehmen eine führende Stellung in diesem sozialen Universum ein, doch sie gehen zunehmend auf Distanz. Die Ironie des Lebens von Superreichen besteht darin, dass ihre Bewegungsfreiheit geringer wird. Um Tolstois bekanntes Zitat abzuwandeln: Alle armen Russen sind auf ihre eigene Art arm, doch die reichen sind auf dieselbe Art reich. Die ständige Furcht vor einem Attentat oder einer Entführung, in der ein Mann schwebt, der in so kurzer Zeit so viel Geld gemacht hat, bedeutet zumindest in Moskau eine starke Einschränkung seines Gesellschaftslebens. Man mag in der Lage sein, als Gastgeber von Zusammenkünften im eigenen schwer bewachten Wohnsitz aufzutreten oder Partys auf den Datschas von Freunden zu besuchen. Aber es verbietet sich von selbst, durch die Stadt zu flanieren, die Vorführung neuer Designerhandtaschen zu besuchen oder auf dem Tanzboden von Nachtclubs umherzuhüpfen.

Eines der wenigen Restaurants, die Abramowitsch in Moskau häufig besuchte, war der Club Vanil, eine, wie es in einer Beschreibung heißt, »glamouröse Mischung aus industriellem Chic und Rokoko-Herrlichkeit, mit nackten Ziegelwänden und riesigen vergoldeten Spiegeln«. Der Besitzer Fjodor Bondartschuk ist der Sohn des verstorbenen Filmregisseurs Sergej Bondartschuk, der für *Krieg und Frieden* mit einem Oscar ausgezeichnet wurde. Als er im Herbst 2003 sein neues chinesisches Nobelrestaurant Wertinski eröffnete, erschien am ersten Abend alles, was Rang und Namen hatte. »Die einzige bedeutende Person, die nicht zur Eröffnung kam, war Präsident Putin«, ließ er *Harpers & Queen* wissen. Jemand anders, der durch seine Abwesenheit auffiel, war Abramowitsch.

■ ■ ■

Mittlerweile verbrachte Abramowitsch immer mehr Zeit außerhalb des Landes: entweder in London oder in Südfrankreich. Während der allgemeine Lebenswandel in St. Tropez eher groteske Züge trägt, ist Abramowitschs gesellschaftliches Umfeld in London erlesener. Und vieles davon dreht sich überraschenderweise um den FC Chelsea. In Italien sind die meisten Politiker und Geschäftsleute, Künstler und Schriftsteller leidenschaftliche Fußballfans. In Großbritannien dagegen, wo viele Angehörige der Elite mit dem Rugbyspiel aufgewachsen sind, besteht das Fußballpublikum traditionsgemäß vorwiegend aus Arbeitern. Bei Chelsea hat sich allerdings seit langem ein anderer Trend herausgebildet. Zu den prominenten Anhängern gehören Politiker wie der frühere Premierminister John Major, der ehemalige konservative Kunstminister David Mellor sowie Tony Banks, einst Staatssekretär für Sport unter Tony Blair. Außerdem gibt es ein Künstlerkontingent mit dem Regisseur Lord »Dickie« Attenborough an der Spitze. Die meisten dieser Fans gehören jedoch der alten Clique an und fühlen sich dem abgetretenen König Ken Bates verbunden.

Einer der wichtigsten Russophilen ist Lord Jacob Rothschild, Geschäftspartner des inhaftierten Michail Chodorkowski. Er ist ein regelmäßiger Gast in Abramowitschs Loge im Stadion Stamford Bridge und könnte ihm irgendwann den Dienst erweisen, von dem alle emporgekommenen Milliardäre träumen: bei Hofe eingeführt zu werden. Da die Russen ihre Aristokratie in der Revolution von 1917 ausgerottet haben, sind viele von ihnen geradezu versessen auf englische Titel. Abramowitsch mag nicht bereit sein, sich anzubiedern, doch er würde das gesellschaftliche Ansehen, das der freundschaftliche Kontakt zu einem Mitglied der Königsfamilie mit sich bringt, sicher zu schätzen wissen. Lord Rothschild hat die Möglichkeit, andere mit Prince Charles bekannt zu machen. Die beiden Männer sind alte Freunde, und als Rothschild in Spencer House, seinem prächtigen Wohnsitz in St. James's, eine Geburtstagsparty für König Konstantin von Griechenland veranstaltete, war sogar die Königin zugegen. Rothschild hat auch Lily Safra, der milliardenschweren Witwe des Bankers Edward Safra, die Tür zu den höchsten Kreisen der Gesellschaft geöffnet, indem er sie dem Prinzen vorstellte. Als früherer Kuratoriumsvorsitzender der National Gallery und großzügiger Unterstützer jüdischer Wohltätigkeitsorganisationen ist er in der Lage, Abramowitschs gesellschaftlichen Horizont zu erweitern.

Rothschilds Sohn Nat, ebenfalls ein regelmäßiger Besucher von Chelsea-Spielen, hat womöglich eine noch engere Beziehung zu Abramowitsch als sein Vater. Wie der Oligarch ist Nat in den Dreißigern, und beide sind von den Einzelheiten der russischen Finanzwelt fasziniert. Sein Vater und er sind die Gründer von JNR (Jacob and Nat Rothschild), einem auf den russischen Markt spezialisierten Finanzberatungsunternehmen.

Ein überraschenderer Gast in Abramowitschs Loge ist der isländische Präsident Olafur Ragnar Grimsson. Als Abramowitsch Island besuchte, um dort Geschäftskontakte zu knüpfen, wurde er nicht nur dem Außenminister, sondern auch dem Präsidenten vorgestellt. Die beiden entdeckten allerlei Gemeinsamkeiten, und bei einem der ersten Chelsea-Spiele der Saison war Grimsson Ehrengast. Recht häufig erscheinen auch Gregory Barker, der konservative Parlamentsabgeordnete und ehemalige Investor-Relations-Manager bei Sibneft, sowie German Tkatschenko in der Loge.

Nat Rothschild ist nicht nur in das Allerheiligste vorgedrungen, sondern hat sich sogar eine eigene Loge gemietet. Dort bewirtet er ausgewählte Gäste wie Lucas White, Sohn des verstorbenen Lord White, Tamara Mellon, Creative Director des Schuhproduzenten Jimmy Choo, Tamzin Greenhill, Model und ehemalige Freundin des Popstars Jay Kay, und – vielleicht am erstaunlichsten – den ehemaligen Minister und heutigen EU-Kommissar Peter Mandelson. Roy Keane von Manchester United sprach einmal verächtlich von der »Krabbensandwich-Brigade« im Publikum des Stadions Old Trafford, womit er die mittelständischen Fans meinte, die weder singen noch jubeln. Was er über die Besucher der Chelsea-Logen sagen würde, mag man sich kaum ausmalen. Hier sind Gourmetbüfetts an der Tagesordnung, und Krabbensandwiches würden

Gesellschaftsleben

als recht ordinär gelten. Abramowitsch ist besonders angetan von den Sushis, die Mark Edwards, Chefkoch des Nobu, eines derzeit gefragten japanischen Restaurants an der Park Lane, zubereitet.

Es überrascht nicht, dass sich im Stadion Stamford Bridge eine gewisse Distanz zwischen den Besuchern der Millenniums-Logen und dem übrigen Publikum entwickelt hat. Die mit Glasscheiben versehenen Boxen dienen eigentlich dem Zweck, den Besuchern vor dem Match Drinks – während eines Spieles dürfen keine alkoholischen Getränke ausgeschenkt werden – und in der Halbzeit Tee oder Kaffee zu verkaufen. Beim Anstoß sollen sich dann alle nach draußen auf ihre Plätze begeben, um die Atmosphäre auf sich einwirken zu lassen und sich das Spiel anschauen. Abramowitsch und seine Gäste achten darauf, genau das zu tun. Leider widerstrebt es manchen Pseudofans in den Logen, sich der kühlen Luft auszusetzen, weshalb sie das Match von innen verfolgen.

Manch einer will auch eine Trennung der Prominenz zwischen Society-Fans und Dauerkartenbesitzern erkennen, die für einen Platz auf der Tribüne jährlich 1500 Pfund bezahlen und sich vor allem für das Geschehen auf dem Rasen interessieren. Zu Letzteren zählen etwa Ben Goldsmith, der jüngste Sohn des verstorbenen Magnaten Sir James Goldsmith, der Rockstar Bryan Adams oder der Impresario Nick Allott. Einigen der feinen Pinkel täte etwas fußballerischer Benimmunterricht jedoch gut. Nachdem zum Beispiel einmal eine Entscheidung gegen die Heimmannschaft gefallen war, sprang ein früherer Eton-Schüler auf und rief: »Schiedsrichter, ich muss doch *sehr* bitten!« Wie alle wahren Fußballfans wissen, ist es in solchen Fällen eher üblich, den Gesang anzustimmen: »Schiri, wir wissen, wo dein Auto steht!«

Während die anderen Zuschauer nach dem Schlusspfiff heimkehren oder auf ein Bier in die nahe Shed Bar drängen, steht den Society-Fans der Sinn nach einer Mahlzeit. Deshalb winken sie sich ein Taxi heran und lassen sich zu einem West-Londoner Restaurant fahren, etwa zum Riva oder zum San Lorenzo, dem Lieblingsrestaurant der verstorbenen Prinzessin Diana. Abramowitsch hingegen bevorzugt das River Café, das Nobu oder das Zuma.

■ ■ ■

Chelsea befindet sich im Mittelpunkt des Londoner Gesellschaftslebens, doch Abramowitsch hat auch durch seine Geschäfte wertvolle Kontakte geknüpft. Das galt etwa für den Verkauf einer Goldmine an Highland Gold, ein Unternehmen, unter dessen Aktionären man eine Reihe prominenter englischer Investoren findet, beispielsweise den Executive Chairman Lord Daresbury, den Earl of Derby oder Christopher Palmer-Tomkinson, den Onkel der mit Prinz Charles befreundeten Tara Palmer-Tomkinson. Eingefädelt hatte das Geschäft Roddie Fleming, ein Handelsbanker und Verwandter von Ian Fleming, dem James-Bond-Schöpfer. Nachdem Fleming im Jahre 2000 den Verkauf der Familienbank Robert Fleming Holdings für 5 Milliarden Pfund an die Chase Manhattan Bank abgewickelt hatte, gründete er Fleming Family and Partners und begann, in russische Bodenschätze zu investieren.

Er wurde in den Highland-Deal einbezogen, nachdem Iwan Kulakow, ein ehemaliges Mitglied der Geschäftsführung von Sibneft, das Moskauer Büro von Fleming Family and Partners um Unterstützung bei einem Management-Buy-out des Bergwerks Mnogowerschinnoje in Chabarowsk gebeten hatte. Die Mine gehörte Oil Finance, einer mit Sibneft verflochtenen Firma, und Kulakow hatte offenkundig Abramowitschs Segen. Im Frühjahr 2002 kam eine Vereinbarung zustande, in deren Rahmen das Bergwerk Mnogowerschinnoje mit 40 Millionen Pfund bewertet wurde. Man überschrieb Kulakow einen 23-prozentigen Anteil an Highland, und das Konsortium der Flemings erhielt 34 Prozent. Im selben Jahr, in dem Highland seine Investition tätigte, war die Mine laut der Website des Unternehmens »das drittgrößte in Betrieb befindliche Goldbergwerk Russlands«.

Bald wurde deutlich, dass die blaublütigen Investoren von Highland ein sehr gutes Geschäft gemacht hatten. In den folgenden 18 Monaten zog der Weltgoldpreis stetig an, und im August 2003 war die Marktkapitalisierung des Unternehmens laut *Mail on Sunday* auf 200 Millionen Pfund gestiegen. Weitere gute Nachrichten blieben nicht aus, und der Kurs von Highland erhielt wenig später neuen Auftrieb. Aber nachdem Highland am 4. September 2003 eine ferne russische Goldmine namens Maiskoje erworben hatte, stellte man Fragen nach der Rolle, die Abramowitsch bei diesen Geschäften spielte. Südlich des Arktishafens Pewek gelegen, soll

Maiskoje abbaufähiges Gold im Wert von 1,6 Milliarden Dollar (nach heutigem Kurs) bergen. Christine Coignard, die Investor-Relations-Managerin von Highland, erklärte dem Moskauer *Russia Journal*, dass mit dem Kauf von Maiskoje verschiedene Anreize verbunden gewesen seien. Abramowitsch habe in seiner Funktion als Gouverneur von Tschukotka angeboten, »die staatlich verhängten Produktionsziele [für das Bergwerk] zu streichen«. Außerdem war er laut Coignard bereit, auf Kosten von Tschukotka eine 180 Kilometer lange Straße zwischen Pewek und Maiskoje bauen zu lassen. Davon brauchte Highland nur die letzten 10 Kilometer zu übernehmen.

Der Aktienkurs von Highland Gold stieg durch die Publicity um das Maiskoje-Geschäft. Als Harmony Gold, ein südafrikanisches Bergwerksunternehmen, sechs Wochen nach der Vertragsunterzeichnung seinen 31,7-prozentigen Anteil an Highland für 137 Millionen Pfund verkaufte, machte es einen stattlichen Gewinn von 118 Millionen Pfund gegenüber dem Kaufpreis.

So weit, so gut. Als Gouverneur ist Abramowitsch berechtigt, Auslandsinvestitionen in Tschukotka zu fördern. Die Angelegenheit wird jedoch trübe, wenn man die Identität des Verkäufers von Maiskoje zu ermitteln versucht. Offiziell war dies eine Firma namens Deerfield Universal, doch während Abramowitschs Sprecher John Mann am Tag nach der Transaktion erklärte, Deerfield habe »nicht das Geringste mit Abramowitsch zu tun«, machte Coignard dem *Russia Journal* später eine ganz andere Mitteilung. »Der offizielle Verkäufer war Deerfield Universal«, sagte sie.» Dahinter steckte Abramowitsch. Er war der begünstigte Eigner [von Deerfield] und der Verkäufer.« Das bedeutet, dass Abramowitsch einen finanziellen Vorteil aus dem Einsatz von Staatsmitteln zog, die Maiskoje zu einer noch attraktiveren Anlage werden ließen.

All das dürfte die Aktionäre von Highland jedoch kaum beunruhigen, denn der Wert ihrer Investition ist seit der Gründung des Unternehmens um ein Mehrfaches gestiegen.

Da Abramowitsch als abgebrühter Geschäftsmann gilt, lässt seine Entscheidung, die Goldmine bei steigenden Kursen abzustoßen, den Verdacht aufkommen, dass er damit gesellschaftliches Prestige habe erkaufen wollen. Wenn das der Fall ist, scheint er kaum einen Vorteil aus seiner offenbaren Freigebigkeit gezogen zu haben. Lord Daresbury behauptet, ihm nie begegnet zu sein, und Roddie Fleming sagt: »Wir luden ihn ein, und das war unser einziges Treffen. Er ist ein sehr sympathischer Mann. Ein schüchterner, nachdenklicher, umsichtiger Mann. Aber bei gesellschaftlichen Anlässen bin ich nie mit ihm zusammengekommen.« Fleming verwirft den Gedanken, dass Abramowitsch die Mine billig verkauft habe, um sich in der britischen Gesellschaft beliebt zu machen. »Das halte ich für völligen Unsinn. Er ist ein cleverer russischer Geschäftsmann, und ich bin froh, dass er London zu seinem gegenwärtigen Stützpunkt gemacht hat.« Fleming fährt fort: »Sagen Sie nichts Schlechtes über ihn. Er ist ein sehr netter, anständiger Mensch, und es ist gut für dieses Land, wenn wir ihn hier halten können. Russen sind sehr sensible Leute mit Herz und Gemüt. Es wäre unfair, wenn die Presse ihm das Leben so schwer machte, dass er beschließt weiterzuziehen.«

Doch alle Anzeichen deuten darauf hin, dass Abramowitsch nicht nur nach Achtbarkeit strebt, sondern sich auch eine gesellschaftliche Stellung aufbauen möchte, wobei seine Frau die treibende Kraft zu sein scheint. Nach seiner Meinung über Irina befragt, sagt einer von Abramowitschs Mitarbeitern: »Es entspricht dem, was auf der Packung steht: hübsch und äußerst pflegebedürftig.« Aber sie hat auch intellektuelle Ambitionen, wie sich an ihrer Entscheidung, Kunstgeschichte zu studieren, ablesen lässt. Das kann dem Ruf der Russen auf dem internationalen Kunstmarkt nur zuträglich sein. Seit der Jahrtausendwende sind die Auktionspreise für russische Kunst in London und New York in die Höhe geschnellt. Allein die Versteigerung russischer Werke bei Sotheby's am 21. Mai 2003 brachte fast 5 Millionen Pfund ein. Das teuerste Stück war eine üppige Nackte von Stalins Lieblingskünstler Boris Kustodijew. Man erwartete, dass das Bild 250 000 bis 300 000 Pfund einspielen würde, doch es wurde schließlich für 844 000 Pfund versteigert. Überhaupt sind die für Kustodijew-Werke gezahlten Preise das Gesundheitsbarometer des russischen Kunstmarktes. Noch vor 20 Jahren brachten selbst seine bedeutendsten Bilder kaum mehr als 30 000 Pfund ein. 1989 stellte »Die Kaufmannsfrau« mit 73 000 Pfund einen neuen Rekord auf. Er wurde gebrochen, als »Dorffest«, das 1995 für 41 000 Pfund verkauft wurde, nur 5 Jahre später 325 000 Pfund erzielte. Und am Tag der Auktion bei Sotheby's gelang es Christie's

in New York, ein Paar russische Kommoden mit vergoldeten Bronzebeschlägen für 400 000 Pfund zu versteigern. Es war der zweithöchste Preis, der je für russische Möbel gezahlt wurde. Der russische Kunstsammler Fürst Nikita Lobanow-Rostowski teilte *Art Newspaper* mit:
Es ist ein interessantes gesellschaftliches Phänomen. Diese Leute verstehen nichts von Kunst. Sie haben ihr Geld so mühelos verdient, dass sie es bedenkenlos ausgeben können. Stellen Sie sich vor, in Moskau gibt es einen Nachtclub, wo allein der Eintritt 500 Dollar kostet. Bevor man Getränke bestellt! Im Auktionsraum halten die russischen Neureichen einfach die Hand hoch, bis sie bekommen, was sie haben wollen. Sie sind jung und konzentrieren sich darauf, Geld zu machen. Deshalb haben sie keine Zeit, sich Wissen anzueignen.

Abgesehen davon, dass Irina lernte, einen Kustodijew von einem Kandinsky zu unterscheiden, brachte sie wie alle guten Oligarchenfrauen rasch in Erfahrung, wo man am besten einkaufen kann. Sie entdeckte, dass man ein neues Service für den Privatjet am besten im Porzellangeschäft Thomas Goode in Mayfair erwirbt. Aber ihre geistige Heimat ist Harrods geworden, und dort kümmerte sich der überschwängliche Besitzer des Warenhauses, Mohamed Al Fayed, bald um sie. Der 74-Jährige kann bei der ersten Begegnung einen irritierenden Eindruck machen. Klein, kahl und burschikos, neigt er dazu, seine Aussprüche mit Unflätigkeiten zu würzen und gegen die königliche Familie zu wettern, da sie angeblich an einem Mordkomplott gegen Prinzessin Diana und seinen Sohn Dodi beteiligt gewesen sei. Außerdem schimpft er auf das Innenministerium, weil es ihm einen britischen Pass vorenthält. Er kann jedoch auch äußerst charmant und gewinnend sein. Da Irina eine seiner besten Kundinnen zu werden versprach, dürfen wir annehmen, dass er ihr gegenüber seinen Charme spielen ließ. Die beiden müssen etliche Gemeinsamkeiten gefunden haben, etwa die Sorge um die Schulausbildung in einem fremden Land, die Beschaffung eines britischen Passes und eine durchaus begründete Verfolgungsangst. Al Fayed trägt sogar nach Polizeiart zusammengeklammerte Krawatten, damit es einem potenziellen Berufskiller schwerer fällt, ihn zu erdrosseln.

Über Irina lernte Al Fayed, dem der Erstligaclub Fulham FC gehört,

Abramowitsch kennen, und die beiden Männer führten ein langes Gespräch in der Vorstandsetage an der Loftus Road, nachdem ihre Teams kurz vor Weihnachten 2003 aufeinander getroffen waren (Chelsea siegte 1:0). Anscheinend war es eine sehr freundschaftliche Plauderei. Schon am Tag vor dem Spiel hatte sich Al Fayed sehr lobend über Abramowitsch geäußert. »Was bei Chelsea geschieht, ist ein großartiges Schauspiel und wirklich wunderbar für die Fans«, sagte er in einer Presseerklärung, aus der die Kraftausdrücke offenbar gestrichen worden waren. »Natürlich freut es mich, dass ein weiterer erfolgreicher Unternehmer einen Premiership-Club gekauft hat. Der Fußball braucht Leute wie uns, denn sonst würden viele Vereine untergehen.« Daneben hatte er ein paar väterliche Ratschläge zu bieten:

Lassen Sie nicht zu, dass andere Vorteile aus Ihrem Reichtum ziehen. Dulden Sie insbesondere nicht, dass andere Vereine und Agenten Ihnen Spieler über Marktwert verkaufen. Lassen Sie sich nicht von Agenten dazu verleiten, längere Verträge abzuschließen und höhere Gehälter zu zahlen, als Ihnen lieb ist, denn Spieler können aus allen möglichen Gründen unfähig sein, für die gesamte Vertragsdauer auf dem Rasen erstklassige Leistungen zu bringen.

Da Irina besser Englisch spricht als ihr Mann, soll sie als Erste erwähnt haben, dass Chelsea möglicherweise ein Angebot für Louis Saha, den damaligen Stürmerstar von Fulham, machen würde. Saha ging letztlich zu Manchester United, aber bei der wachsenden Vertrautheit zwischen Al Fayed und Abramowitsch würde es niemanden wundern, wenn die beiden eines Tages miteinander ins Geschäft kämen. Wie könnte man sich beispielsweise besser im britischen Bewusstsein verankern als durch den Kauf von Harrods? Andererseits könnte Al Fayed seinen neuen Freund verärgert haben, als er Piers Morgan, dem früheren Chefredakteur des *Daily Mirror*, in einer Fernsehserie mit dem Titel »Tabloid Tales« anvertraute: »Ich glaube nicht, dass er schwer für sein Geld gearbeitet hat.«

■ ■ ■

Abramowitsch und seine Frau haben zwar englische Freunde gefunden, aber das heißt nicht, dass sie ihre Bande zur Heimat vernachlässigen würden. London hat eine blühende russische Gemeinde, und die Familie Abramowitsch ist eng mit ihr verknüpft. Abramowitschs gute Freundin Tatjana, die Tochter des ehemaligen Präsidenten Jelzin, lebt nun mit ihrem dritten Mann Valentin Jumaschew, dem einstigen Stabschef ihres Vaters, in London. Jumaschews Tochter aus erster Ehe, Polina, die heute mit Abramowitschs Freund und Geschäftspartner Oleg Deripaska verheiratet ist, reist regelmäßig nach London und kam sogar eigens nach England, um ihr erstes Kind in einer dortigen Privatklinik zur Welt zu bringen. Andere Anglophile sind Ralif Safin, der Gründer von Lukoil, einem weiteren führenden russischen Ölkonzern (sein Versuch, das Gouverneursamt von Baschkortostan zu erlangen, wurde in Kapitel 7 beschrieben); ferner der Aluminiummagnat Michail Tschernoi und der tschetschenische Hotelkönig Umar Dschabrailow, der mit dem Supermodel Naomi Campbell liiert ist.

Abramowitsch unterhält jedoch keine weiteren Kontakte zum Lanesborough-Hotel-Kreis. Das ist eine russische Clique um Boris Beresowski, die sich regelmäßig in der Library Bar des Luxushotels, kaum eine Meile von Beresowskis Londoner Büro in Zentral-London, zusammenfindet. Die beiden Milliardäre sprechen nicht mehr miteinander, wie Abramowitsch bekundet hat, und Putins Abscheu vor Beresowski ist sogar derart ausgeprägt, dass er im April 2004 nicht am Russischen Wirtschaftsforum in London teilnahm, weil man im Vorjahr Beresowski eingeladen hatte.

Wir wissen, dass Abramowitsch seine Kinder in England erziehen lassen möchte, und seine russischen Freunde könnten Anhaltspunkte dafür liefern, wohin er seine Sprösslinge schicken wird. Polina Deripaska besuchte Millfield, das sportlich orientierte Internat in Sommerset, während Tatjana ihren Sohn Boris junior nach Winchester brachte. Angesichts des Ehrgeizes von Abramowitsch wäre es jedoch erstaunlich, wenn er für seine Söhne nicht noch höhere Ziele anstrebte. Zum Beispiel könnte er den elfjährigen Arkadi und den einjährigen Ilja in Eton anmelden.

16 Juksi

Am 25. Oktober 2003 landete um 5 Uhr morgens ein Privatjet vom Typ Tupolew 154 auf dem Flughafen Nowosibirsk in Zentralsibirien, um aufzutanken. An Bord war der reichste Mann Russlands. Während das Flugzeug ausrollte, rasten zwei Mehrzweckfahrzeuge mit verdunkelten Scheiben durch die Nacht über die Landebahn. Die Passagiere bemerkten die Ankunft der Fahrzeuge erst, als die Kabinentür der Tupolew mit einem Knall aus den Angeln gesprengt wurde. Rauch waberte durch die Kabine, während mehr als ein Dutzend Männer in Gefechtsanzügen an Bord kletterten und alle Personen im Flugzeug anschrien, die Hände über den Kopf zu legen. Die Männer vom Russischen Föderalen Sicherheitsdienst (FSB) waren gekommen, um Michail Chodorkowski zu verhaften. Der angebliche Grund für die dramatische Aktion bestand darin, dass er es versäumt hatte, kurzfristig als Zeuge bei einem Strafprozess zu erscheinen, aber das glaubte niemand. Chodorkowski hatte sich einfach zu weit in die Politik, das heißt in Putins Sphäre, vorgewagt.

Es dauerte nicht lange, bis die Nachricht von Chodorkowskis Verhaftung den zweitreichsten Mann Russlands, Abramowitsch, erreichte. Schließlich hatten sich die beiden erst ein paar Wochen zuvor darauf geeinigt, ihre beiden Ölgiganten, Sibneft und Jukos, zu fusionieren, und sie standen in regelmäßigem Kontakt über die Einzelheiten des Zusammenschlusses. Abramowitsch hielt sich gerade in London auf, um sich das Match zwischen Chelsea und Manchester City anzusehen, und als er die Neuigkeit erfuhr, rief er als Erstes seinen Freund Alexej Wenediktow an, den unkonventionellen politischen Kommentator. Ihm war eingefallen, dass Wenediktow Chodorkowski bereits im Juni vor einer Verhaftung gewarnt hatte, doch beide Oligarchen hatten sich über die Prophezeiung lustig gemacht. Nun jedoch bestand kein Zweifel daran, dass Abramowitsch den Rat des klugen Journalisten benötigte. Er teilte Wenediktow mit, er werde am folgenden Tag nach Moskau fliegen, um mit ihm über Chodorkowskis Verhaftung zu sprechen. Der Journalist wollte die »grässliche Fahrt« zu Abramowitschs Datscha außerhalb Moskaus vermeiden, aber der Oligarch bekräftigte seinen Wunsch: Er werde nur für einen Tag in Russland sein und müsse unbedingt mit Wenediktow reden. Dieser gab nach, und bei seiner Ankunft fand er ein Blumenmeer in Abramowitschs Haus vor. Es war der 37. Geburtstag des Milliardärs. Wenn ein so reicher und mächtiger Mann Geburtstag feiert, können die Blumengeschenke erstaunliche Dimensionen annehmen. Wenediktow schlug ihm vor, die Sträuße auf der Straße verkaufen zu lassen und das Geld, von dem eine Familie einen ganzen Monat lang leben könne, den Armen zu spenden. Aber Abramowitsch war nicht zu Scherzen aufgelegt. Wenediktow berichtet:

Die Nachricht schien Abramowitsch geradezu betäubt zu haben. Er war von Chodorkowskis Immunität überzeugt gewesen – eine seiner wenigen Fehleinschätzungen.

Er hatte mich zu sich gerufen, um mir zu versichern, dass Chodorkowski nicht durch ihn im Gefängnis gelandet sei. Ich glaubte ihm nicht so recht, woraus ich kein Hehl machte. Er fragte: »Wie kann ich dich überzeugen?« Ich erwiderte, er solle es versuchen. Ich würde mir seine Ausführungen anhören, aber ich hätte meinen eigenen Willen und würde mir selbst eine Meinung bilden.

Während sich die beiden noch unterhielten, war Chodorkowski bereits unter bewaffneter Aufsicht nach Moskau geflogen und in eine Furcht erregende Haftanstalt gebracht worden, die den irritierenden Namen Matroskaja Tischina (Seemannsruhe) trug. Hier wurde der Mann, dessen Vermögen sich, vorsichtig geschätzt, auf 8 Milliarden Dollar belief, mit fünf anderen Häftlingen in eine Zelle gesperrt. Zum Frühstück musste er sich mit dünner Fischsuppe und Tee und zum Mittagessen mit einer Buchweizensemmel und Butter zufrieden geben. Es war ein kalkulierter Akt der Bosheit von Putin, der für andere Oligarchen, die vielleicht daran dachten, sich in die Politik einzukaufen, ein abschreckendes Exemplum statuieren wollte. Die Generalstaatsanwaltschaft verkündete denn auch wenig später, man werde Chodorkowski der massiven Steuerhinterziehung, des Betrugs und des Diebstahls in einer Gesamthöhe von einer Milliarde Dollar anklagen. Eingeweihte meinen jedoch, er sei verhaftet worden, weil er sich für die am 7. Dezember anstehende Wahl die Unterstützung von rund 150 Duma-Kandidaten für jeweils 30 0000 bis 50 000 Dollar erkauft habe.

Nun saßen bereits vier hohe Jukos-Vertreter hinter Gittern. Im Sommer 2003 war Platon Lebedew, Chodorkowskis rechte Hand, angeklagt worden, 1994 im Zusammenhang mit der Privatisierung des Düngemittelkonzerns Apatit 280 Millionen Dollar unterschlagen zu haben. Der Generalstaatsanwalt verschärfte die Situation noch, indem er zwei weitere Jukos-Manager der Steuerhinterziehung und des Mordes bezichtigte. Später wurde auch noch Alexej Pitschugin, der Sicherheitschef des Konzerns, verhaftet.

Putins Vorgehen entsprach der Methode, die er bereits bei seiner Jagd auf Beresowski und Gussinski angewandt hatte: Mach einen Betrug ausfindig, verhafte den zweiten Mann und verlass dich darauf, dass der erste Mann klug genug ist, aus Russland zu verschwinden. Chodorkowski schien sich jedoch für unangreifbar gehalten zu haben, und statt zu kapitulieren, hatte er den Präsidenten noch mehr gereizt. Das dürfte, zumindest kurzfristig, ein kolossaler Fehler gewesen sein.

Mit Chodorkowskis Inhaftierung waren die Schikanen allerdings noch nicht beendet. Polizisten durchsuchten die Büros einer politischen Beraterfirma, die für die Partei Jabloko arbeitete (vier Jukos-Manager kandidierten als Mitglieder dieser Partei für die Duma), und beschlagnahmten Datenbanken, Mitgliederlisten und Wahlkampfpläne. Jabloko scheiterte schließlich an der 5-Prozent-Hürde für die Aufnahme ins Parlament. Ungefähr zur selben Zeit sprachen FSB-Beamte in der Schule von Chodorkowskis zwölfjähriger Tochter vor und verlangten eine Liste ihrer Klassenkameraden. Sogar ein von Jukos finanziertes Waisenhaus wurde durchsucht. Zwar hätte all das auch ohne die Autorisierung durch den Präsidenten geschehen können, aber es ist schwer vorstellbar, dass der von Putins alten Kollegen im St. Petersburger FSB gesteuerte Staatssicherheitsapparat ohne sein Wissen gehandelt hat.

Putin musste allerdings einige Proteste hinnehmen. Die internationale Gemeinschaft war entsetzt über die Willkür der Verhaftung, und der amerikanische Botschafter Sandy Vershbow meinte, dass die Inhaftierung eines derart mächtigen Oligarchen »negative Folgen« für Auslandsinvestitionen in Russland haben werde. Bereits nach Lebedews Verhaftung im Vorjahr hatte die russische Börse innerhalb von drei Wochen 90 Milliarden Dollar oder 13 Prozent eingebüßt. Investoren hatten ihre Gelder überstürzt ins Ausland abgezogen, und die Zentralbankreserven waren innerhalb von zwei Wochen um 900 Millionen Dollar gesunken. Die Maßnahmen gegen Chodorkowski hatten natürliche erst recht eine dramatische Wirkung. Der Aktienmarkt verlor an einem einzigen Tag 10 Prozent seines Wertes, und der zornige Putin verlangte »ein Ende der Hysterie«. Aber der Schritt, der die Kapitalisten erzürnte, zeigte bei den Wählern die erwünschte Wirkung. Die Unterstützung für die Pro-Putin-Partei Jedinstwo schnellte innerhalb von zwei Wochen um 4 Prozent in die Höhe, und seine eigene Zustimmungsrate stieg in einem Monat um 2 Prozent.

Um den Druck auf die Jukos-Aktien zu mildern, trat Chodorkowski am 3. November als Konzernchef zurück. Daraufhin zogen die Kurse um 4,1 Prozent an. Ohnehin hätte Chodorkowski kaum anders vorgehen können, denn vom Gefängnis aus, wo man ihm sämtliche Unterlagen und Kontakte vorenthielt, konnte er Jukos nicht leiten.

Es schien das Ende einer vielversprechenden Karriere zu sein. Sie begann damit, dass sich Chodorkowski im Komsomol (Kommunistischer Jugendbund) bis zum stellvertretenden Vorsitzenden hochdiente. Noch während er Mitte der achtziger Jahre am Mendelejew-Institut studierte, bot sich ihm dann eine Möglichkeit, an Startkapital zu kommen und die sich durch die Perestroika bietenden Chancen zu nutzen. Die Parteibosse waren bereits auf das Potenzial dieses intelligenten jungen Mannes mit der Falsettstimme aufmerksam geworden und hatten ihm die Mittel für eine Reihe von Aktivitäten geliefert – vom Verlagswesen bis hin zum Diskogeschäft. Aber erst als ihm das kaum bekannte Institut für Hochtemperaturen 170 000 Rubel für wissenschaftliche Recherchen zur Verfügung stellte, bot sich ihm die ersehnte Gelegenheit. Statt das Geld für den vorgesehenen Zweck zu verwenden, investierte er es in einträgliche Pro-

Der inzwischen wegen Steuerhinterziehung und Betrug verurteilte ehemalige Jukos-Vorstandsvorsitzende Michail Chodorkowski bei einer Unterredung im Kreml mit Präsident Wladimir Putin im Dezember 2002.

jekte. Beispielsweise vermarktete er die von einem jungen Programmierer namens Leonid Newslin (der später sein Partner bei Jukos werden sollte) entwickelte Buchhaltungs- und Vertriebssoftware und verdiente so ein kleines Vermögen. Als Nächstes stieg er ins Computergeschäft ein: Er importierte billig eingekaufte Rechner und verkaufte sie mit einem beträchtlichen Aufschlag.

Den entscheidenden Schritt machte Chodorkowski, nachdem er eine Bank um einen Kredit gebeten und erfahren hatte, dass diese nur anderen Banken Geld leihen dürfe. Kurz entschlossen gründete er die MENATEP Bank und machte sich durch Fernsehauftritte, bei denen er für den Kauf seiner Aktien warb, in der Öffentlichkeit bekannt. Damit weckte er die Aufmerksamkeit des damaligen Ministerpräsidenten Putin, der ihn bald als Sonderberater beschäftigte.

Das Gehalt für diesen Posten war wohl eher bescheiden, doch Chodorkowski hatte nun Zugang zu den von ihm benötigten Kontakten, und kurz darauf wurde seine Bank mit der Verteilung von Regierungsmitteln an Staatsbetriebe betraut. Auch diese Chance wusste Chodorkowski zu nutzen: Er buchte die Gelder zum Fälligkeitstermin ab und leitete sie erst mit Verspätung weiter. In der Zwischenzeit setzte er sie ein, um sein Imperium auszuweiten. Fortan war er nicht mehr aufzuhalten, und als sich die Kredite-gegen-Aktien-Chance bot, erwarb er einen Mehrheitsanteil an Jukos und machte sich damit zum Milliardär.

Leider war ihm entgangen, dass der Präsident die Oberaufsicht über die Gefängnisse hat. Es heißt, ein Wendepunkt sei erreicht worden, als Chodorkowski zu einem Treffen mit Putin nicht mit Hemd und Krawatte, sondern mit einem Rollkragenpullover unter dem Jackett auftauchte. Offenbar verstand der Präsident dieses Verhalten als typischen Ausdruck für den wachsenden Mangel an Respekt des Oligarchen vor seinem Amt. Es war ein Verstoß gegen die Kleideretikette, der schwere Folgen haben sollte.

■ ■ ■

Chodorkowskis Verhaftung erwies sich für Abramowitsch als Problem und Chance zugleich. Anfang 2003 hatte Abramowitsch die Fusionierung von Jukos und Sibneft zu Juksi vorgeschlagen und sich verpflichtet, im Falle eines Rückziehers eine Strafe in Höhe von einer Milliarde Dollar zu zahlen. Aber die treibende Kraft des Unternehmens, der er seine Zukunft anvertrauen wollte, befand sich nun im Gefängnis. Fünf Jahre zuvor war Abramowitsch in einem weniger fortgeschrittenen Stadium von einer Fusion zwischen den beiden Konzernen zurückgetreten, und nun musste er erwägen, ob er erneut das Gleiche tun sollte.

Inzwischen hatte Chodorkowskis Inhaftierung hohe Wellen geschlagen, die bis in die Spitzen des Kreml hinein spürbar waren. Innerhalb von Tagen trat Alexander Woloschin zurück – also der Mann, der während der sich dauernd wandelnden politischen Verhältnisse ein seltenes Symbol der Stabilität gewesen war. Ebenfalls Mitglied »der Familie«, hatte er sowohl Jelzin als auch Putin als Stabschef gedient und war einer von Abramowitschs ältesten Freunden im Kern der Regierung. Sein Abgang markierte eine Verschiebung des Machtgleichgewichts zwischen den von Woloschin umsorgten Oligarchen und einem Präsidenten, der offenkundig aus dem Schatten seines Vorgängers treten wollte. Das war eine für Abramowitsch besonders beunruhigende Entwicklung. Andererseits benötigte Putin nun jemanden, der sich eines der größten russischen Konzerne annahm, nämlich der viertgrößten Ölgesellschaft der Welt.

Im Rahmen des Fusionsvertrags hatte Jukos 20 Prozent der Sibneft-Aktien für 3 Milliarden Dollar gekauft, womit das Unternehmen auf 15 Milliarden Dollar bewertet wurde, und Sibneft als Gegenleistung für den Rest einen 26-prozentigen Anteil an dem fusionierten Unternehmen überlassen. Somit befand sich Abramowitsch als Mehrheitsaktionär von Sibneft in der für ihn ungewohnten Position des Juniorpartners, und nachdem Chodorkowski nun ausgeschaltet war, hatte nicht Jewgeni Schwidler, der CEO von Sibneft, die Führung von Juksi übernommen, sondern vielmehr einer von Chodorkowskis Partnern, Simon Kukes. Natürlich wollte Abramowitsch das unbedingt ändern, denn mit Schwidler auf dem Chefsessel hatte Abramowitsch nicht nur mehr Einfluss, sondern konnte Juksi – und folglich seinen Anteil – auch in der politischen Arena erheblich leichter vor schädlichen Ermittlungen schützen. Es gab noch einen anderen Gesichtspunkt: Nach Chodorkowskis Verhaftung war der Kurs von Jukos auf 12,50 Dollar abgestürzt, wodurch das einst verlockende Geschäft nun ganz anders aussah.

Am 28. November, Minuten vor dem Beginn einer Aktionärssitzung, die sich auf einen neuen Vorstand für Juksi einigen sollte, erklärte Abramowitsch die Fusion für ungültig. Man stellte ausgiebige Spekulationen über seine Motive an. Die plausibelsten Erklärungen hatte der *Economist* zu bieten, nämlich die »Mitgift-Theorie«, die »Wütender-Vater-Theorie« und die »Ärztegeheimnis-Theorie«. Die erste besagte, Abramowitsch verhalte sich schlicht berechnend und wolle die plötzliche Schwäche von Jukos nutzen, um bessere Bedingungen für sich herauszuschlagen. Die zweite lief darauf hinaus, dass er den Befehlen des Kreml folge; und die dritte lautete, Abramowitsch schätze die Zukunft von Jukos als trübe ein und wolle dieses Schicksal nicht teilen.

Die Jukos-Aktionäre reagierten zunächst hysterisch auf Abramowitschs schockierenden Rückzug. Mitte Dezember erklärte Leonid Newslin, dem 8 Prozent der Holdinggesellschaft von Jukos, Group MENATEP, gehören und der in Chodorkowskis Abwesenheit der Hauptentscheidungsberechtigte der Gruppe war, dass die Aktionäre von Sibneft bis zu

5 Milliarden Dollar für den Rücktritt von der Fusion zahlen sollten. Sie müssten nämlich nicht nur auf ihren 26-prozentigen Anteil an Jukos verzichten, sondern auch die Barzahlung von 3 Milliarden Dollar mit Zinsen zurückerstatten und einen Schadenersatz einschließlich der Vertragsstrafe in Höhe von bis zu zwei Milliarden Dollar leisten.

Die Schwäche von Newslins Position war sofort klar. Der russische Generalstaatsanwalt hatte Chodorkowskis 40-prozentigen Jukos-Anteil beschlagnahmt, und Newslin war zwar autorisiert, über seine Stimmrechte zu verfügen, aber er war im Laufe des Jahres nach Israel geflohen, um nicht aufgrund fingierter Anklagen verhaftet zu werden. Kurz nachdem Newslin seine Forderung von 5 Milliarden Dollar erhoben hatte, wurde Abramowitsch zu einem Treffen mit Putin in den Kreml beordert. Eine Woche später flog er nach Israel, um mit Newslin zu reden. Es wird vermutet, dass er ihn über Putins Entscheidung, die Fusion offiziell für ungültig zu erklären, in Kenntnis gesetzt hat.

Unterdessen schmachtete Michail Chodorkowski noch immer im Gefängnis. Die Verhandlung gegen ihn hatte Ende Dezember beginnen sollen, und bei einer Anhörung im selben Monat hatte man ihm die Freilassung gegen Kaution verweigert und seine Untersuchungshaft verlängert. Er durfte nicht einmal persönlich vor Gericht erscheinen, sondern nur per Videoverbindung. Auf dem Schirm gab er eine klägliche, bebrillte Gestalt ab, die, bekleidet mit einem Pullover mit Rundhalsausschnitt, durch die Gitter einer winzigen Zelle spähte. Bei einer weiteren Anhörung im Januar lehnte der Richter einen Antrag von Chodorkowskis Anwälten ab, ihn unter Hausarrest zu stellen, und sein nächster Auftritt wurde für den 25. März anberaumt, dann jedoch erneut verschoben.

Gerüchten zufolge plante der Staatsanwalt, die Anklage wegen des Verdachts der Steuerhinterziehung gegen Chodorkowski auf 10 Milliarden Dollar zu erhöhen. Wäre er erfolgreich gewesen, hätte die Regierung Chodorkowskis gesamten Besitz beschlagnahmen und wieder verstaatlichen können. Später stellte sich jedoch heraus, dass dies der Betrag war, den er laut Berechnungen der Steuerprüfer durch die ganz legale Nutzung von Gesetzeslücken erwirtschaftet hatte. Die Regierung mag versucht gewesen sein, rückwirkende Gesetze zu verabschieden, um dennoch der Gelder habhaft zu werden, doch eine solche Aktion hätte zu einem zusätzlichen Vertrauensverlust bei ausländischen Investoren geführt und höchstwahrscheinlich katastrophale Folgen für die Börsenkurse aller russischen Unternehmen gehabt.

Die MENATEP-Aktionäre wurden zunehmend nervös. Im Februar schlug der zunächst optimistische Newslin ein »Aktien für den Häftling«-Geschäft vor: Er, Wladimir Dubrow und Michail Brudno, die zusammen 14 Prozent der MENATEP-Anteile besaßen, waren bereit, ihre Aktien für Chodorkowskis Freiheit abzutreten. Ihre gemeinsamen 22 Prozent ergaben ein stattliches Lösegeld von 3,2 Milliarden Dollar, doch zumindest zwei von ihnen – Newslin und Dubrow – standen bereits auf der »Fahndungsliste« des russischen Innenministeriums. Das bedeutete, dass ihre Anteile ganz oder teilweise konfisziert werden konnten. Angesichts dieser Tatsache ist es fraglich, ob der Kreml ihren Vorschlag, Aktien für ihren Freund zu opfern, überhaupt erwägenswert fand. Ohnehin lehnte Chodorkowski ein derartiges Geschäft ab, und der verlegene Newslin behauptete später, er sei falsch zitiert worden.

Nach Woloschins Rücktritt war Putins damaliger Ministerpräsident Michail Kasjanow der letzte Freund »der Familie« im Kabinett. Er hatte sein Bestes getan, die Krise zu entschärfen, indem er seine »tiefe Sorge« zum Ausdruck brachte. Doch dafür hatte er eine Rüge seines Chefs einstecken müssen. Als er später im Interesse der Investitionsförderung für einen milderen Umgang mit den Oligarchen plädierte, ermahnte ihn der Generalstaatsanwalt, sich um seine eigenen Angelegenheiten zu kümmern. Kasjanow stand seit langem zur Disposition, und durch seinen mangelnden Eifer in der Chodorkowski-Affäre setzte er seiner Karriere ein Ende. Kurz vor der Präsidentschaftswahl wurde er entlassen und durch Michail Fradkow, einen Albtraum für die Oligarchen, abgelöst. Fradkow war der ehemalige Leiter der Steuerfahndung und hatte seinen Beamten gestattet, Lügendetektoren einzusetzen, um Missetäter zu überführen.

Chodorkowskis Misere wurde nach dem 14. März, als Putin für eine zweite Amtszeit kandidierte, noch aussichtsloser. Am Wahltag war klar, dass der Präsident nicht durch einen anderen Kandidaten bedroht wurde, sondern höchstens einer russischen Variante des Queensland-Effekts zum Opfer fallen konnte: Als sich Wayne Goss, der Premierminister des ostaustralischen Bundesstaates, zur Wiederwahl stellte, galt er als so sicherer Sieger, dass seine Berater Angst hatten, die Wähler könnten der Abstimmung fernbleiben.

Putins Situation war ähnlich, weil er sämtliche Medien im Würgegriff hatte und von allen Fernsehsendern sowie von dem größten Teil der Presse unterstützt wurde. Die einzige ernst zu nehmende Kritik kam von Wenediktows Moskauer Rundfunksender Echo. Da drei der fünf Gegenkandidaten zudem bekanntermaßen Kreml-Marionetten waren, stand der Sieger fest. Also brauchte man nur zu befürchten, dass die Wählerapathie die Stimmabgaben unter 50 Prozent drückte, wodurch die Wahl ungültig geworden wäre. Deshalb wetteiferten willfährige Bürokraten in den Regionen miteinander um die geschickteste Methode, ihre Wähler an die Urne zu locken. An einer Universität in Wladiwostok wurde dem Lehrgang, der als Erster seine Stimmen abgab, eine kostenlose Reise nach China versprochen, und im nahe gelegenen Chabarowsk drohte man Krankenhauspatienten, dass sie ohne vorherige Stimmabgabe kein Bett erhalten würden. Doch am Ende erwies sich die Sorge des Kreml als unbegründet: Die Wahlbeteiligung lag erheblich über dem Minimum, und Putin verzeichnete einen ansehnlichen Sieg.

■ ■ ■

Abramowitsch ist im Laufe der Jahre etlichen Steuerprüfungen unterzogen worden, doch er gehörte zu den wenigen Oligarchen, bei denen man keine Angriffspunkte zu finden schien. Nun jedoch bot sich Putin eine Gelegenheit, etwas gegen Abramowitsch zu unternehmen. Aber er verzichtete wiederum darauf, sie beim Schopf zu ergreifen. Trotz seiner offensichtlichen Nähe zu Putin ist sich Abramowitsch allerdings dessen bewusst, dass ein Mann, der bereit ist, sein gesamtes Kabinett nur Wochen vor einer Präsidentschaftswahl zu feuern, auch ihn fallen lassen wird, wenn es seinen langfristigen Interessen entspricht. Dazu William Browder:

> Je reicher man ist, desto verletzlicher wird man. Wenn sechs Männern 60 Prozent der Vermögenswerte eines Landes gehören, wird man ihnen diesen Besitz nicht auf Dauer lassen. Das war Abramowitschs

große Erleuchtung, und er verkaufte alles, was er abstoßen konnte. Es ist besser, 10 Milliarden Dollar in bar zu haben als 20 Milliarden Dollar in Form von Vermögenswerten, die beschlagnahmt werden können.

Jedenfalls scheint Abramowitsch, wenn er aus der Juksi-Fusion wieder aussteigen kann, nun bereit zu sein, sein Kronjuwel zu verkaufen. Im März 2004 kursierten plötzlich Gerüchte, dass er Sibneft einem westlichen Ölgiganten überlassen wolle. Als mögliche Käufer wurden Texaco, Total, Shell und Exxon Mobil genannt. Nach Putins Wiederwahl war die Rede von einer Überprüfung der Steuersätze und von der Einführung einer »Natursteuer« auf die beim Verkauf von Inlandsrohstoffen wie Erdöl erzielten Gewinne der Förderunternehmen. Die Einnahmen sollten für Sozialprogramme, Regionalentwicklung und die Modernisierung staatlicher Betriebe verwendet werden.

Westliche Ölproduzenten reißen sich um einen Zugang zu den Ölreserven in den Schwellenländern. Der jährliche Weltölverbrauch liegt derzeit um ein Vierfaches über den Neufunden. Da die weltweite Nachfrage mit jedem Jahr steigt, werden heute selbst die Vorräte genutzt, deren Förderung noch vor gut zwei Jahrzehnten als zu mühsam oder zu teuer galt. Vor diesem Hintergrund sind die großen Ölgesellschaften nun auch bereit, in einen Markt einzusteigen, den sie angesichts der anarchischen Verhältnisse des russischen Kapitalismus zu Beginn der postsowjetischen Epoche nach Möglichkeit mieden.

Hinweise darauf, dass sich kaum etwas geändert hat, waren im April 2004 zu erkennen, als Sibir Energy, eine am Londoner Alternative Investment Market (AIM) gelistete Firma, plötzlich beantragte, den Handel mit ihren Aktien auszusetzen. Damals lag der Kurs von Sibir bei 28 Pence, wodurch das Unternehmen, teils dank eines Joint Ventures mit Shell, eine Marktkapitalisierung von 489 Millionen Pfund aufwies. Unglücklicherweise für Sibir und seinen Gründer und Hauptaktionär Schalwa Tschigirinski war es auch ein Joint Venture mit Sibneft eingegangen, dem zufolge es 50 Prozent eines Unternehmens namens Sibneft-Jugra besaß. Diesem gehört das Priobskoje-Ölfeld in Westsibirien, Sibnefts Kernland. Laut Sibir weist Priobskoje Ölvorräte von mehr als 1,3 Milliarden Barrel auf, womit Sibirs Hälfte 111 Millionen Dollar wert war. Als es seinen Anteil an Sibneft-Jugra gegen eine 45-prozentige Beteiligung an der Moskauer Öl- und Gasgesellschaft (MNGK) eintauschen wollte, kam jedoch eine erstaunliche Tatsache ans Licht. MNGK überprüfte den Anteil von Sibir am Joint Venture mit Sibneft und entdeckte – laut Robert Kirchner, dem Leiter Corporate Affairs bei Sibir, »tief in den Unterlagen vergraben« –, dass man die Sibir-Anteile heimlich verwässert hatte, sodass ihm nur noch ein Prozent des Unternehmens gehörte. Unglaublicherweise war dieses Manöver vier Monate lang von niemandem bemerkt worden. Und während Sibir einen katastrophalen Verlust erlitt, hatte Sibneft seine 50 Prozent an dem Joint Venture behalten.

Tschigirinski hegt keinen Zweifel daran, wer verantwortlich ist. »Das Management von Sibneft-Jugra verwässerte in Absprache mit dem Management von Sibneft unseren Anteil durch zwei oder drei Aktienemissionen«, sagte er. »Das war illegal, und wir werden uns an alle zuständigen Behörden wenden, um unser Eigentum zurückzuerhalten.« John Mann von Sibneft wollte keinen Kommentar zu Tschigirinskis Behauptungen abgeben, sondern bestätigte nur, dass der Anteil des Konzerns weiterhin bei 50 Prozent liege. Auf die Frage, ob Sibneft Pläne habe, das geschwächte Unternehmen Sibir aufzukaufen, erwiderte er, er habe von derartigen Absichten »nichts gehört«.

Einer der britischen Investoren in Sibir war Nicholas Berry, ein Mitglied der Familie, der früher die *Telegraph*-Zeitungsgruppe gehörte. Er hatte eine 20-prozentige Beteiligung an Sibir aufgebaut, war jedoch unruhig geworden, als der Geschäftsführer des Unternehmens keine Telefonate mehr entgegennahm. Eine Reihe anderer Investoren und er verkauften die Aktien mit Gewinn, lange bevor der Handel ausgesetzt wurde. Nach der Angelegenheit befragt, distanzierte er sich deutlich von Abramowitsch. »Ich habe nie mit ihm gesprochen«, sagte er. »Ich hatte eine Aktienbeteiligung an Sibir, aber ich habe sie letztes Jahr verkauft und mich, wie gesagt, nie mit dem Mann unterhalten.« Auf die Frage, ob die Gerüchte stimmen, dass er Abramowitschs Unterstützung für ein ganz anderes Projekt erbeten habe, erwiderte er: »Nein, ich lege keinen Wert darauf, etwas mit ihm zu tun zu haben.«

Während Sibir darum kämpft, seine Beteiligung auf dem Gerichtsweg zurückzuerhalten, lohnt es sich, die Beziehung zwischen Tschigirinski und Abramowitsch zu beleuchten. Zwei Jahre zuvor hatten die beiden eine erbitterte Schlacht um eine Ölraffinerie ausgefochten, welche die Hälfte des von Moskauer Autofahrern benutzten Benzins produziert. Der Kampf wurde dadurch beigelegt, dass sich die beiden Seiten auf eine gemeinsame Beteiligung einigten.

■ ■ ■

Unterdessen setzte sich das Juksi-Drama fort. Ungefähr zur selben Zeit, als der Handel mit Sibir-Aktien in London ausgesetzt wurde, fror ein Moskauer Gericht die Vermögenswerte von Jukos (mit Ausnahme des Öls) ein, nachdem die Regierung eine Forderung über 3,4 Milliarden Dollar erhoben hatte – 1,6 Milliarden an Steuerschulden und 1,8 Milliarden an Strafgeldern. Der amerikanische Finanzdienstleister Standard & Poor's stufte die Kreditwürdigkeit von Jukos daraufhin um fünf Stufen auf CCC (ungenügend) herab. »Knapp oberhalb der Zahlungsunfähigkeit«, hieß es im *Economist*. Dann durchsuchten die Steuerprüfer, als wollten sie die Situation noch weiter zuspitzen, die Jukos-Zentrale. Manche Beobachter meinten, die Regierung habe vor, Jukos durch diese neueste Aktion in den Bankrott zu treiben. In Bankkreisen bestätigte man, der Ölgigant werde vermutlich nicht in der Lage sein, seinen Kredit in Höhe von einer Milliarde Dollar zurückzuzahlen, wenn er gezwungen werde, die Steuerforderungen zu begleichen.

Einen Monat später kam es zu einem weiteren ergebnislosen Auftritt Chodorkowskis vor Gericht. Er wurde unter der üblichen schweren Polizeibewachung zum Moskauer Meschtschanski-Bezirksgericht gebracht, wo die Sicherheitsmaßnahmen so streng waren, dass man nicht einmal seine Eltern in den Saal ließ. Seine Freilassung gegen Kaution wurde verweigert, weil die Gefahr bestehe, dass er aus dem Land fliehen oder versuchen werde, die Zeugen der Anklage zu beeinflussen. Er kehrte mit dem Wissen in seine Zelle zurück, dass er im Falle eines Schuldspruchs mit einer zehnjährigen Gefängnisstrafe und dem Verlust seines Vermögens rechnen musste. Das bot Putin gleichzeitig die Möglichkeit, Jukos einem gefügigeren Unternehmen (vielleicht Sibneft) oder einer staatlichen Holdinggesellschaft zu übergeben.

Anfang Mai bezeichnete Abramowitschs Sprecher die Juksi-Fusion als »Schlamassel«. Auf die Frage, weshalb Sibneft nicht einfach die 3 Milliarden Dollar zurückzahlen könne, die es für seine Aktien erhalten hatte, erwiderte er: »Aber sie wollen mehr«, womit er sich vermutlich auf die ein bis zwei Milliarden Dollar an Zinsen und Schadenersatz bezog, die Newslin früher verlangt hatte. Zwei Tage nach Chodorkowskis Erscheinen vor Gericht bot sich Sibneft jedoch eine günstige Chance. Ein Schiedsgericht bestätigte die bei einer früheren Anhörung getroffene Entscheidung, dass die Juksi-Fusion null und nichtig sei. Damit wurde der Weg zur Rücknahme der Jukos-Beteiligung an Sibneft geebnet. Im Anschluss daran kann Abramowitsch seine Abkoppelungsstrategie durch den Verkauf eines Minderheitsanteils an einen westlichen Ölgiganten fortsetzen. Laut *Financial Times* hat der Kreml dem französischen Mineralölkonzern Total bereits die vorläufige Genehmigung erteilt, 25 Prozent der Sibneft-Aktien zu erwerben. Außerdem war denkbar, dass Jukos, das sich durch die Steuerforderung und die Strafgelder in Höhe von insgesamt 3,4 Milliarden Dollar in einer gefährlichen Situation befand, gezwungen sein würde, die Beteiligung, die es gegen 3 Milliarden Dollar Bargeld erhalten hatte, an Sibneft zurückzuverkaufen – allerdings mit einem erheblichen Abschlag. Ein solcher Schritt erforderte jedoch die Kooperation der Regierung, denn er konnte nur unternommen werden, wenn man die Vermögenswerte von Jukos wieder freigab. Sollte dies geschehen, so wäre es eine typisch russische Labyrinthlösung für Abramowitschs Problem, die zeigen würde, dass der raffinierteste Moskauer Oligarch nichts von seiner Fähigkeit verloren hat, das System für seine Zwecke zu nutzen.

■ ■ ■

Mitte Juni, kurz vor der letzten Anhörung für den Einspruch von Jukos, berief der CEO Simon Kukes eine Krisensitzung seiner Führungskräfte im Hauptquartier des Unternehmens ein, das sich in einem 18-stöckigen Bürogebäude in der Moskauer Dubininskaja-Straße befindet. Der Finanzchef Bruce Misamore und der stellvertretende CEO Juri Beilin mussten aus dem Ausland zurückkehren, um an dem Wochenendtreffen mit Steuerberatern und Anwälten teilzunehmen. Am folgenden Freitag würde Jukos die letzte Möglichkeit haben, seinen Einspruch gegen die Steuerforderung in Höhe von über anderthalb Milliarden Dollar vorzutragen, und im Konzern hatte sich eine Atmosphäre mühsam unterdrückter Panik breitgemacht. Kurz vor den Krisengesprächen teilte Kukes der *Sunday Times* mit: »Jukos ist bereit, sich jeder Gerichtsentscheidung zu fügen. Wir würden sogar eine gewaltige Steuerrechnung bezahlen, wenn wir uns umstrukturieren könnten, aber dafür fehlt die Zeit. Falls eine sofortige Zahlung gefordert wird, haben wir keine Chance, das Unternehmen zu verteidigen.«

Als dieses Buch in den Satz ging, war das Schicksal von Jukos noch nicht entschieden. Die vielleicht scharfsinnigste Einschätzung der Situation kam aus dem Jenseits, als die *Iswestija* im Juli 2004 ein Interview mit Paul Klebnikov, dem Chefredakteur der russischen Ausgabe des *Forbes Magazine*, veröffentlichte. Er war ein paar Tage zuvor gestorben, nachdem man ihn auf einer Moskauer Straße mit vier Schüssen niedergestreckt hatte.

»Vergleichen Sie einmal Sibneft mit Jukos«, sagte Klebnikov sieben Stunden vor seinem Tod. »Hinsichtlich der offiziellen und inoffiziellen Anschuldigungen gegen Jukos – Steuerhinterziehung, Mangel an Patriotismus und politische Einflussnahme – ist Sibneft viel schlimmer. Aber es gedeiht und wird vom Kreml unterstützt, während man Jukos zerschlägt.« Klebnikov führte diese unterschiedliche Behandlung auf Abramowitschs Beziehung zu Putin zurück. »Ich glaube, dass der eine ganz einfach der persönliche Freund des Präsidenten und der andere eine unabhängige Person ist. Wenn das Gesetz so streng auf den einen Oligarchen angewendet wird, warum dann nicht auch auf den anderen, der doch viel stärker gegen die öffentliche Moral verstoßen hat?«

17 Der Preis des Reichtums

Es heißt, mit Geld könne man Freiheit kaufen. Aber wer so viel Geld wie Abramowitsch besitzt, wird zu seinem Gefangenen. Die Gefahr einer Entführung oder eines Anschlags ist stets gegenwärtig, und die Vorsichtsmaßnahmen zu ihrer Vermeidung schränken das Leben enorm ein. Das schlichte Vergnügen, in einem öffentlichen Park spazieren zu gehen oder in der Oxford Street einzukaufen, bleibt ihm versagt. Fast überall wird er von Leibwächtern begleitet. Die einzige Gegend, in der er sich ohne sie hinauswagen kann, scheint Tschukotka zu sein. Sogar als sich Abramowitsch und seine Frau in dem französischen Skiort Courchevel mit dem Hubschrauber auf Haussuche begaben, wurden sie von drei Sicherheitsmännern begleitet.

In Großbritannien sind die begehrtesten Leibwächter – oder BGs (Bodyguards) – die »Ex-Herefords«. Damit sind ehemalige Mitglieder des Eliteregiments SAS (Special Air Service) gemeint, das in Herefordshire stationiert ist. Nach Abramowitschs Eintreffen in England wurde er zunächst von einem früheren Major der Royal Military Police namens John Carter geschützt, der eine Personenschutzfirma mit Sitz in Epsom betreibt. Aber als er begann, sich länger im Vereinigten Königreich aufzuhalten, unterzeichnete Eugene Tenenbaum einen Sicherheitsvertrag mit Kroll Associates, einem globalen Sicherheitsunternehmen, das ein Leibwächterteam aus ehemaligen SAS-Angehörigen unter der Leitung eines als »Skippy« bekannten Mannes beschäftigt. Ein Insider beschreibt die neuen Leute als »heruntergekommen und abstoßend«; sie würden dazu neigen, an Flughäfen in Blousons und Jeans aufzutauchen, und führen in »schmierigen« Mercedeswagen der S-Klasse herum.

Abramowitschs Bewegungen – die Leibwächter nennen ihn den

»Prinzipal« – werden von einem Kontrollzentrum aus sorgfältig koordiniert, das nicht nur seinen Standort, sondern auch den seiner Leibwächter und anderer Angestellter dauernd im Auge behält. Dieses Nervenzentrum ist auch für die detaillierte Vorausplanung verantwortlich, denn seit Abramowitsch Chelsea übernahm, sind seine Aufenthaltsorte berechenbarer geworden. Wenn der Verein zum Beispiel ein Auswärtsspiel gegen Birmingham City bestreitet, kann sich jeder potenzielle Attentäter denken, dass Abramowitsch am Tag des Matches zum örtlichen Hubschrauberlandeplatz fliegen wird. Deshalb wird ein Leibwächterteam vorweggeschickt, um vor Ort entsprechende Sicherheitsüberprüfungen durchzuführen und geeignete Maßnahmen zu ergreifen. Dazu gehört etwa, dass man die günstigste Ankunftszeit berechnet, die beste Route vom Heliport zum Stadion ermittelt und jegliche unterwegs vorhandenen Gefahrenquellen abschätzt. Außerdem werden die lokalen Krankenhäuser ermittelt und die örtliche Polizei informiert. Wenn Abramowitsch mit dem Hubschrauber einfliegt, muss das Kontrollzentrum auch dafür sorgen, dass sein Konvoi von gepanzerten Fahrzeugen wartet, um ihn sofort nach der Landung weiterzubefördern.

Nach einem Spiel ist Abramowitsch am verletzlichsten. Wer ein Fußballstadion nach einem Spieltag verlässt, wird unvermeidlich durch den Verkehr aufgehalten, und ein Vereinsbesitzer kann nicht einfach zehn Minuten vor dem Abpfiff verschwinden, um das Gedränge auf der Rückfahrt zu umgehen. Die Risiken der Benutzung eines dahinschleichenden Autos liegen auf der Hand: Beresowskis Erfahrung in Moskau im Jahre 1994, als er beinahe zum Opfer einer ferngesteuerten Bombe wurde, mag als ernüchternde Illustration dienen. Auf den Straßen um das Stadion Stamford Bridge ist das Problem besonders ausgeprägt, was Abramowitschs angeblichen Wunsch erklären mag, einen Hubschrauberlandeplatz auf dem Dach des Chelsea Village Hotel zu bauen. Dadurch könnte er das Stadion innerhalb von Minuten nach Spielende verlassen, statt bis zu einer Stunde im Verkehrsgewühl verbringen zu müssen.

Die Leibwächter halten traditionsgemäß über Walkie-Talkies Verbindung miteinander; außerdem haben sie ein Handy und einen Pager bei sich. Das Gesetz verbietet ihnen allerdings das Tragen von Waffen. Ein Sprecher des britischen Innenministeriums bestätigt:

Abramowitsch verfolgt mit seiner Ehefrau Irina und seinen ältesten Kindern Arkadi und Anna ein Freundschaftsspiel des FC Chelsea gegen Lazio Rom.

Sämtliche Handfeuerwaffen sind in diesem Land verboten. Wer eine Waffe bei sich tragen möchte, muss beim Innenminister eine Sondergenehmigung nach Paragraph 5 des Feuerwaffengesetzes von 1968 beantragen. Ich kann nicht bestätigen oder dementieren, dass die erwähnte Person [Abramowitsch] einen solchen Antrag gestellt hat, doch Privatpersonen wird kein Schutz nach Paragraph 5 gewährt.

Man munkelt weithin, dass eine Reihe von VIPs in Großbritannien dennoch von Bewaffneten beschützt wird. Aber wenn das der Fall ist, setzen sich die betreffenden Leibwächter der Möglichkeit aus, nach dem Strafjustizgesetz von 2003 zu einer Mindeststrafe von fünf Jahren Gefängnis verurteilt zu werden. Die einzigen Personen, die in Großbritannien normalerweise Waffen tragen dürfen, sind Polizeibeamte. Ausnahmen werden nur für Personenschützer ausländischer Staatsoberhäupter oder anderer Politiker gemacht, die einem besonders hohen Risiko ausgesetzt sind.

Die stärkste Waffe, mit der Leibwächter in Großbritannien offiziell ausgerüstet sein dürfen, ist ein kleiner Schlagstock. Deshalb müssen alle Leibwächter umfangreiche Kampfsportlehrgänge absolvieren und ständig ihre körperliche Leistungsfähigkeit und Geschicklichkeit sowie ihre geistige Wachsamkeit trainieren. Daneben sind sie in Erster Hilfe ausgebildet und haben ständig eine medizinische Notfallausstattung bei sich. Ihre Bezahlung ist infolge der mit ihrer Aufgabe verbundenen Gefahren verhältnismäßig hoch. Wer jemanden wie Abramowitsch schützt, dürfte zwischen 400 und 500 Euro pro Tag erhalten.

Auch seine Chauffeure sind entsprechend geschult worden. Alle Fahrzeuge in Abramowitschs Wagenpark sind gepanzert, und man hat die Männer darauf getrimmt, spezielle Ausweichmanöver zu vollführen. Es spricht für die Wirksamkeit seines Sicherheitssystems, dass es selbst der von Prominenten gefürchtetsten und brutalsten Gruppe – den Paparazzi – kaum je gelungen ist, einen Schuss auf ihn abzugeben. Seit seiner Ankunft in Großbritannien ist Abramowitsch sehr selten außerhalb eines offiziellen Rahmens fotografiert worden, es sei denn inmitten eines Fußballpublikums. Wenn er sich bei Spielen unter die Fans mischt und Kindern Autogramme gibt, nimmt er ein kalkuliertes Risiko auf sich. In der Sprache des Sicherheitspersonals: Er muss eine Gratwanderung zwischen »Kontakt und Schutz« vollbringen.

Als Abramowitsch über Nacht berühmt wurde, erhöhte sich jedoch nicht nur sein eigenes Schutzbedürfnis, sondern auch das seiner Familie. Seine Frau Irina konnte nicht mehr in London einkaufen gehen, ohne erkannt und gelegentlich fotografiert zu werden. Sogar seine Kinder hatten plötzlich auf der Hut zu sein. Abramowitschs älteste Tochter war besonders frustriert darüber, dass sie alle zwei Wochen ihre Handynummer ändern musste, was die Pflege ihrer Privatkontakte erschwerte.

Selbst auf hoher See können Sicherheitsfragen nicht außer Acht gelassen werden. Zum Beispiel ist Abramowitschs Jacht »Pelorus« mit kugelsicherem Glas und Raketenerkennungssystemen ausgerüstet. Sollte sich die Situation wirklich zuspitzen, hat er die Wahl zwischen einem Hubschrauber oder einem U-Boot, um schnellstens das Weite zu suchen.

Ohne Zweifel hat Sicherheit auf See für Abramowitsch höchste Priorität, und seine Leute sind gut auf den Ernstfall vorbereitet. Die Besatzungen von »Le Grand Bleu«, »Pelorus« und dem noch nicht vollendeten »Projekt 790« haben, wie erwähnt, gründliche Feuerbekämpfungs- und Hubschrauberlehrgänge hinter sich. »Le Grand Bleu« und »Pelorus« haben außerdem einen Dienstleistungsvertrag mit Heliriviera abgeschlossen. Dieses Unternehmen mit Sitz am Flughafen Cannes hat sich auf Hilfsmaßnahmen für Eigner von Megajachten mit Hubschraubern spezialisiert. Zum Beispiel stellt es der »Pelorus« stets einen Hubschrauberlandungstechniker und mindestens zwei Mitarbeiter für das Helideck an Bord sowie tragbare Feuerlöschgeräte für alle Hubschrauberflüge.

In Russland sind die Sicherheitsvorkehrungen sogar noch ausgefeilter. Abramowitsch gehört zur jüngeren Oligarchengeneration, und zu dem Zeitpunkt, als er die Bühne betrat, erwarb man Vermögen weniger durch Überfälle in Hotelbars und Erschießungen in Seitenstraßen als durch Schmiergelder, die Bestechung von Regierungsfunktionären und das geschickte Nutzen persönlicher Kontakte zu Managern. Das soll allerdings nicht heißen, dass sich Abramowitsch je einer dieser Methoden bediente, um zu Reichtum zu kommen, denn dafür gibt es keinerlei Beweise. Doch in einer Gesellschaft, in welcher der Durchschnittsbürger nur ein paar hundert Dollar im Monat verdient und mehr als 40 Prozent der Bevölkerung offiziell unter der Armutsgrenze leben, muss ein Mann mit einem derart ungeheuren Vermögen auf der Hut sein. Darum beschäftigt Abramowitsch genau wie die anderen Oligarchen eine Art kleiner Privatarmee. Von allen Soldaten in Europa sind die russischen am schlechtesten bezahlt, und für viele ehemalige Angehörige der Streitkräfte ist die Aussicht, als Leibwächter Tausende von Dollars im Monat zu verdienen, äußerst verlockend.

■■■

Abgesehen davon, dass Abramowitsch eine Schutztruppe unterhalten muss, bedeutet sein gewaltiges Vermögen, dass sein Name ständig mit möglichen Käufen in Verbindung gebracht wird. Dies hat ihn anfangs belustigt, doch bald ging es ihm auf die Nerven. Kurz nachdem er Chelsea gekauft hatte, rief er eines späten Abends aus Fyning Hill in Moskau bei seinem Freund, dem Rundfunkjournalisten Alexej Wenediktow, an. »Alexej«, klagte er, »die Zeitungen bringen hier dauernd absurde Artikel darüber, dass ich mir ständig neue Häuser zulege. Es hört sich an, als wollte ich den Buckingham Palace erwerben. Dabei habe ich nur die Erdgeschosswohnung in einem Londoner Haus [das Apartment am Lowndes Square, Knightsbridge] gekauft. Und natürlich mein Landgut – das ich mir übrigens angeschafft habe, bevor Beresowski auf ähnliche Gedanken kam...« An dieser Stelle unterbrach ihn Wenediktow, der wenig Interesse an Klatsch hat: »Warum erzählst du mir das alles? Das ist mir egal. Hier in Moskau ist es nach Mitternacht, und ich möchte schlafen.« Abramowitsch erwiderte verletzt: »Du solltest als Erster wissen, dass es nicht stimmt.« Wenediktow fragte: »Roman, bist du beschwipst?« Abramowitsch antwortete: »Du weißt doch, dass ich nicht trinke.«

Im Nachhinein gibt Wenediktow zu, dass sein Freund, der um den Einfluss von Radio Echo weiß, nicht bloß Smalltalk machte, sondern ihn angerufen hatte, um die Gerüchte zu ersticken, bevor sie sich in Moskau verbreiteten. Obwohl Abramowitsch behauptet, sich nicht im Geringsten für die Medienberichte über ihn, seien sie nun positiv oder negativ, zu interessieren, ist ihm der wachsende Unmut in Russland darüber nicht entgangen, wie er seine Rubel im Westen ausgibt – oder *ihre* Rubel, wie viele seiner Landsleute meinen.

Der Artikel, der Abramowitsch veranlasst hatte, den Schlaf seines Freundes zu stören, war ein Bericht darüber, dass er mit dem Formel-1-Chef Bernie Ecclestone über den Kauf von dessen Prachtvilla in Kensington verhandele, wobei es um einen Preis in Höhe von »85 Millionen Pfund« gehe. Das wäre ein Weltrekord für einen privaten Wohnsitz gewesen. Die Residenz bestand aus zwei früheren Botschaften in den Kensington Palace Gardens, die in der Nachbarschaft als »Milliardärszeile« bekannt waren. In den neunziger Jahren war das Anwesen von dem persischen Kunstsammler und Finanzier David Khalili von Grund auf renoviert worden. Vierhundert Bauarbeiter hatten die Villa mit den zwölf Schlafzimmern um einen Ballsall, mehrere Saunen, eine eichengetäfelte Bildergalerie, einen Frisiersalon und Garagenplätze für 20 Autos erweitert. Ein großer Teil der 835 Quadratmeter Marmor, die für die Renovierung verbaut wurden, stammte aus demselben Steinbruch, der das Material für den Bau des Taj Mahal geliefert hatte. Das Prestige des Anwesens erhöhte sich noch dadurch, dass es nur einen kurzen Spaziergang von Prinzessin Dianas früherem Wohnsitz im Kensington Palace entfernt ist. Die Ecclestones zogen allerdings nie in das Haus ein, weil Bernies Frau Slavica allem Anschein nach meinte, es sei zu groß für einen Familiensitz. Irina Abramowitsch hätte diese Ansicht höchstwahrscheinlich geteilt.

Das Geflüster über die Verkaufsverhandlungen kam auf, kurz nachdem Abramowitsch Ecclestone – der mit einem Vermögen von 2,3 Milliarden Pfund der siebtreichste Mann Großbritanniens ist – eingeladen hatte, sich das Spiel Chelsea–Newcastle United im November 2003 anzusehen. Offenbar war das Gerücht durch lokale Immobilienmakler in Umlauf gebracht worden. Abramowitschs Sprecher John Mann sagt: »Das Problem besteht darin, dass man Abramowitsch erst alle möglichen Prospekte schickt und dann verbreitet, er sei an einem Objekt interessiert, damit das Interesse anderer Leute geweckt wird. Es ist eine ausweglose Situation. Wenn wir etwas dementieren, macht es trotzdem Schlagzeilen. Deshalb verzichten wir in den meisten Fällen darauf.« In Wirklichkeit war Abramowitschs Einladung an Ecclestone, sich ein Spiel im Stadion Stamford Bridge anzuschauen, ein Dankeschön dafür, dass der Formel-1-Boss Abramowitschs Familie bei deren Besuch des europäischen Grand Prix am Nürburgring im Juli 2003 betreut hatte. Dadurch wiederum waren Mutmaßungen aufgekommen, dass Abramowitsch in den Autorennsport investieren wolle. Sven-Goran Eriksson förderte die Spekulation, indem er erklärte, Abramowitsch werde vielleicht in die Formel 1 einsteigen, da der Sohn des Oligarchen in einem der Rennwagen in der Minardi-Box am Nürburgring fotografiert worden war. Doch obwohl der Minardi-Sprecher Graham Jones versicherte: »Mit dem Team haben keinerlei derartige Gespräche stattgefunden«, wurde das Gerücht unter der Schlagzeile »Abramowitsch will Geld in Formel 1 pumpen« publik gemacht.

Trotz der Dementis ließen die Reporter nicht von der Geschichte ab. Der wahrscheinlichste Nutznießer von Abramowitschs Freigebigkeit sei Eddie Jordans Team, weil es Liquiditätsprobleme habe. Nun war Ecclestone an der Reihe, sich über die Mutmaßungen zu ärgern. »Stimmt nicht«, sagte er. »Davon, dass Abramowitsch in die Formel 1 investieren würde, war nie die Rede.« An die Adresse des Mannes gewandt, den er für den Urheber des Gerüchts hielt, fügte er hinzu: »Wenn man mit der Almosenschale herumläuft, wird man für einen Bettler gehalten, und das entspricht nicht unserem Image.«

Ein weiterer spätabendlicher Anruf Abramowitschs bei Wenediktow wäre verständlich gewesen, als er Berichte darüber las, dass er ein Grundstück in Seven Oaks in Kent erworben habe. Diesmal klang die Geschichte noch absonderlicher. Er sollte ein Haus in der wohlhabenden Wilderness Avenue gekauft, eine Bonfire Night für seine Familie und die Nachbarn veranstaltet und am folgenden Morgen alle angerufen haben, um ihnen jeweils 2,5 Millionen Pfund – ungefähr 500 000 Pfund über dem Marktwert – für ihr Haus zu bieten. In der Zeitung, die den Artikel brachte, war zu lesen, er plane, sämtliche Villen abreißen und einen neuen Prachtbau mit einem 5 Hektar großen Garten für sich selbst bauen zu lassen. Sogar bei der lokalen Immobilienfirma war man verblüfft. »Uns ist nicht bekannt, dass er irgendein Grundstück in der Gegend besitzt«, sagte ein Vertreter von Headland Weald. Die Ortszeitung *Seven Oaks Chronicle* versuchte, der Geschichte nachzugehen, doch der zuständige Reporter blieb erfolglos. »Fast alle überregionalen Zeitungen haben sich bei uns gemeldet, aber wir kommen in der Sache nicht weiter«, sagte er. »Die Hausbesitzer dort oben in der Wilderness Avenue sind ein bisschen hochnäsig. Die sprechen nicht gern mit Leuten wie uns.«

Der nächste angebliche Hauskauf wurde im *Sunday Mirror* geschildert. Abramowitsch habe 29 Millionen Pfund bezahlt, um die beiden oberen Etagen eines umgebauten College in Kensington in ein Luxus-Penthouse mit vier Schlafzimmern und einem Swimmingpool umzuwandeln. Außerdem habe er 5000 Pfund an der Bar eines nahe gelegenen Pubs deponiert, damit die »360 Bauarbeiter eine Party feiern können«. Danach war kein weiteres Wort mehr über die Angelegenheit zu lesen.

Die Not leidenden Russen dürften auch nicht gern gehört haben, dass er beabsichtige, noch mehr Millionen, die er angeblich der Heimat geraubt hatte, für ein Einkaufszentrum in der Nähe des Chelsea-Stadions zu verschwenden. In der Woche, nachdem er durch den Verkauf seines RusAl-Anteils 1,8 Milliarden Dollar eingenommen hatte, wurde gemeldet, er überlege, das Fulham-Broadway-Einkaufszentrum mit Kino, Supermarkt, Läden, Bars und Restaurants für 95 Millionen Pfund zu erstehen. In diesem Zusammenhang scheint John Manns Theorie, dass derartige Gerüchte verbreitet würden, »damit das Interesse anderer Leute geweckt wird«, besonders begründet zu sein. Kurz nachdem der Artikel in der Fachzeitschrift *Estate Gazette* erschienen war, forderte der Verkäufer, die Maklerfirma Pillar Property, Abramowitsch und ein Dutzend andere auf, ein Angebot einzureichen. Bisher scheint er nicht darauf reagiert zu haben, auch wenn der Artikel mit der Schlagzeile »Chelski-Boss geht einkaufen« etwas anderes vermuten ließ.

Viele Gerüchte drehten sich natürlich um den Fußballverein selbst. Man las auf »zuverlässige« Quellen verweisende Berichte darüber, dass Abramowitsch bereit sei, 50 Millionen Pfund zu zahlen, um Thierry Henry, den er einmal als seinen Lieblingsspieler bezeichnet hatte, von Arsenal fortzulocken. Wenn ein solcher Versuch je gemacht wurde, so verlief er im Sande. Dann hieß es, er habe 500 russische Freunde auf seine Kosten einfliegen lassen, damit sie sich das Spiel zwischen Chelsea und Manchester United an der Stamford Bridge im November 2003 anschauen konnten. »Ein Rückflugticket kostet 1500 Dollar – das würde er schwerlich für 500 Personen bezahlen«, widersprach John Mann. In Wirklichkeit habe Abramowitsch nur 100 russische Freunde eingeladen. Und nachdem Chelsea Stuart Higgins, einen früheren *Sun*-Chefredakteur, als PR-Berater engagiert hatte, behauptete der *Daily Telegraph*, Abramowitsch habe versucht, den Pressesprecher des Premierministers, Godric Smith, für diese Position zu gewinnen. Ein Gewährsmann wird mit den Worten zitiert, Abramowitsch habe »gehofft, dass Godric ihm Zugang zu Regierungskreisen verschaffen kann.« Dazu meint Higgins, wie nicht überraschen wird: »Das stimmt nicht.«

Nicht, dass sich die Mutmaßungen über irgendwelche Kauforgien auf Großbritannien beschränkt hätten. Während seiner Aufenthalte in Tschukotka besuchte Abramowitsch gelegentlich Städte an der relativ nahen Westküste Kanadas und der Vereinigten Staaten. Sofort brodelte wieder die Gerüchteküche. Nach einem mehrtägigen Aufenthalt in Vancouver meldeten die Lokalzeitungen, er wolle die Canucks, das Eishockeyteam der Stadt, kaufen. Noch bevor John Mann diese Behauptung dementieren konnte, erklärte John McCaw, der Mehrheitsaktionär der Canucks, er werde das Team lediglich einem heimischen Käufer überlassen. Die Meldungen hatten also als Wink an die lokalen Millionäre gedient, ihr Angebot einzureichen.

■ ■ ■

Jenseits all dieser haltlosen Gerüchte gibt es allerdings Auftragnehmer und Berater, die von Abramowitsch profitieren. Wenn ein Multimilliardär eintrifft, können wachsame Geschäftsleute in etlichen Bereichen Geld verdienen. In Russland steht Abramowitsch einem gigantischen Industriekombinat vor, das Zehntausende beschäftigt, doch in Großbritannien gleicht seine Organisation eher einem byzantinischen Hof. Nehmen wir beispielsweise den Bereich Immobilien. Vielleicht inspiriert von Beresowski, der gerade dabei ist, sich eine wertvolle Häusersammlung zuzulegen, darunter den früheren Landsitz des Radiomagnaten Chris Evans, machte sich Abramowitsch ebenfalls daran, ein Immobilien-Portfolio zusammenzustellen. Glücklicher Nutznießer ist die renommierte Maklerfirma Knight Frank, eines der angesehenen Unternehmen in einer teilweise berüchtigten Branche. Sie wickelte den Kauf sowohl seines Anwesens in West Sussex als auch seiner Wohnung in Knightsbridge ab und soll den Auftrag haben, ein prächtiges Londoner Stadthaus zu finden, das Abramowitsch sich nun ebenfalls zulegen möchte.

Der Harrods-Chef Mohamed Al Fayed ist bekanntlich ein Freund der Familie geworden, doch er hat davon auch geschäftliche Vorteile. Seit ihrem Eintreffen in der Hauptstadt ist Irina eine der besten Harrods-Kundinnen, und als Besitzer des Battersea Heliport und von Metro Business Aviation zieht Al Fayed zugleich Nutzen aus Abramowitschs zahlreichen Flügen. Battersea Heliport ist der zentrale Hubschrauberlandeplatz Londons; jeder Start und jede Landung bringen ihm saftige Gebühren ein.

Wann immer Abramowitsch aus Fyning Hill einfliegt, verdient Al Fayed daran. Abramowitsch ist auch ein Kunde von Air Harrods, dem Hubschraubergeschwader, das in dem typischen Salbeigrün des Kaufhauses gehalten ist. Allerdings könnte Al Fayed Abramowitsch als Battersea-Kunden verlieren, wenn der Chelsea-Eigner einen Hubschrauberlandeplatz auf dem Dach von Stamford Bridge bauen lässt.

Auch der Flugplatz Farnborough, mit dem Hubschrauber nur 15 Minuten von Battersea entfernt, profitiert von Abramowitschs Ausgaben. In den Flughäfen Heathrow und Gatwick scheint man der Ansicht zu sein, dass die Abwicklung des privaten Luftverkehrs zu stark vom Kerngeschäft mit kommerziellen Airlinern ablenkt, weshalb man private Nutzer durch überhöhte Forderungen weitgehend abgeschreckt hat. Viele Privatpersonen wandten sich dem Flughafen Luton und später Farnborough zu, der TAG Aviation gehört. Das Unternehmen befindet sich im Besitz der syrischen Familie Ojjeh, deren Vermögen aus dem Waffenhandel mit Saudi-Arabien stammt. Im vergangenen Jahrzehnt hat TAG den einstigen Militärflugplatz in Hampshire, südöstlich von London, völlig umgewandelt. Mit seiner futuristischen Architektur und seinen High-Tech-Hangars liefert er keinen Hinweis mehr auf seine frühere Funktion, und auf dem Parkplatz sieht man heute statt der mit Tarnfarbe gestrichenen Laster schwarze Limousinen.

Im Unterschied zu Heathrow und Gatwick bietet Farnborough zudem den Vorteil der Diskretion. »Wenn man in dieses Land einreisen will, ohne bemerkt zu werden, dann ist Farnborough der richtige Ort«, meint ein Insider. Infolgedessen ist der Flugplatz bei den Russen besonders beliebt, und vor allem ein Mann soll stattliche Gewinne gemacht haben: Mike Savary, CEO der Genfer Firma Global Jet Concept. Zählt man die zahlreichen Restaurants, Catering-Unternehmen, Personalvermittlungsagenturen, Juweliere, Designerboutiquen, Porzellan- und Glaswarengeschäfte hinzu, bei denen Abramowitsch ebenfalls Kunde ist, so lässt sich der Impuls, den er der britischen Wirtschaft allein durch seinen Konsum gibt, auf etliche Dutzend Millionen Pfund beziffern.

18   Ein leerer Trophäenschrank

Abramowitsch saß allein an Deck der »Le Grand Bleu«, der prächtigsten Jacht im Hafen von Monte Carlo, und sah zutiefst bekümmert aus. Es war eine schöne, sternenhelle Nacht, und es gab keinen vermögenderen Mann im Fürstentum. Aber er machte den Eindruck, als wäre seine Welt in sich zusammengebrochen. Das traf in gewissem Sinne auch zu. Am selben Abend war der Traum von Chelsea, ins Finale der Champions League vorzudringen, durch den AS Monaco so gut wie zunichte gemacht worden. Die Niederlage erschien noch deprimierender, wenn er an die Begleitumstände dachte. Ein enger Mitarbeiter berichtet, Abramowitsch seien Tränen in die Augen getreten. Dafür konnte er nur einen Mann verantwortlich machen: Claudio Ranieri. Der Bastler hatte einmal zu oft gewerkelt und dadurch sein Schicksal besiegelt.

Der Tag hatte bereits unter schlechten Vorzeichen begonnen. Beim Frühstück war Abramowitsch auf ein Interview aufmerksam geworden, das Ranieri der spanischen Sportzeitung *Marca* gegeben hatte. Mit fast jedem Satz wurde dem Chelsea-Besitzer ein Stich versetzt. Der Trainer hatte sich mit unbesonnener Freimütigkeit über den Milliardär geäußert. »Wissen Sie, was los ist?«, hatte er den Journalisten Juan Castro gefragt. »Abramowitsch versteht nichts vom Fußball. Das ist die eigentliche Schande. Wenn seine Leute und er nur begreifen könnten, was mein Team in dieser Saison geschafft hat, würden sie mich höher einschätzen... Es war schwierig, so viele Spieler zu verpflichten und zusammenzuschmieden. Das begreift Abramowitsch nicht. Seine Leute und er denken: Ich kaufe den und den ein, und dann gewinnen wir.« Auf die Frage, ob Magnaten wie Abramowitsch gut für den Fußball seien, gab er eine gefährlich unbeherrschte Antwort: »Nein, aber was kann ich dagegen tun? Im Fußball hat eben das Geld das Sagen.«

Ranieris Agent kommentierte später, der *Marca*-Artikel sei »eine völlige Verfälschung eines Interviews, das er vor drei Wochen geführt hat, und sollte nicht ernst genommen werden«. Aber der Schaden war bereits angerichtet. Es lässt sich nicht feststellen, welche Wirkung die schwelende Auseinandersetzung zwischen dem Trainer und dem Vereinsbesitzer auf die Moral der Chelsea-Spieler hatte, als sie auf den Rasen liefen, oder wie sehr sie Ranieris Nerven in Mitleidenschaft zog. Jedenfalls war das Ergebnis eine vernichtende 3:1-Niederlage.

Da Abramowitsch nicht schlafen konnte, ging er von Bord und spazierte zum Hotel Port Palace, wo das Team untergebracht war. Dort hielt er eine Besprechung mit Peter Kenyon, Bruce Buck und Jewgeni Schwidler ab. In einem Punkt waren sie sich einig: Das einzige positive Resultat des enttäuschenden Abends bestand darin, dass der »Rettet Ranieri«-Kampagne der Wind aus den Segeln genommen worden war. Wie sich gezeigt hatte, stand ihr Held auf tönernen Füßen. Dann schaute Abramowitsch in der Bar vorbei, wo er mit ein paar Mitgliedern der Chelsea-Mannschaft, darunter Jimmy Floyd Hasselbaink, Frank Lampard und Marcel Desailly, über das Debakel diskutierte.

Es hatte 1:1 gestanden, als der Schiedsrichter eine umstrittene Entscheidung zugunsten Chelseas traf: Er wies Andreas Zikos vom Platz, nachdem Makelele, dem der Monaco-Spieler einen harmlosen Klaps an den Kopf versetzt hatte, wie eine gefällte Eiche zu Boden gestürzt war. Daraufhin ersetzte Monaco-Trainer Didier Deschamps den Stürmer Dado Prso, der das Eröffnungstor seines Teams geschossen hatte, durch einen Verteidiger – ein nicht zu verkennendes Anzeichen dafür, dass der Trainer die Hoffnung auf den Sieg aufgegeben hatte. Nach 52 Minuten waren die Gäste in der erfreulichen Situation, ein mehr als befriedigendes Unentschieden halten oder vielleicht sogar einen Sieg ergattern zu können, während ihre geschwächten Gegner unter dem Druck ermüdeten. In diesem Moment ging Ranieri, dessen Basteleien mittlerweile nicht mehr wie chronische Unschlüssigkeit, sondern wie taktisches Genie wirkten, ein unglaubliches Risiko ein. Nachdem er Gronkjaer durch den unter seinem Leistungsniveau spielenden Juan Sebastian Veron ersetzt hatte, fasste er den erstaunlich gewagten Entschluss, einen Stürmer, nämlich Hasselbaink, für den Rechtsverteidiger Mario Melchiot aufs Feld zu schicken.

Es ist schwer zu sagen, was Ranieri durch den Kopf gegangen sein mag. Vielleicht hoffte er, das Spiel durch eine gewagte Maßnahme entscheiden und der Welt beweisen zu können, dass er tatsächlich ein taktisches Genie war. Monate der demütigenden Spekulationen über seine Zukunft konnten durch ein Resultat beiseite gewischt werden, das sich seinem scharfsinnigen Entschluss verdankte, im psychologisch genau richtigen Moment zur Attacke zu schreiten. Wenn das zutrifft, hätte Ranieri keinen schlechteren Zeitpunkt wählen können, um seine angeborene Vorsicht hintanzustellen.

Wie sofort klar wurde, begriff außer Ranieri kaum jemand die Logik von Melchiots Auswechslung. Lampard suchte eine Erklärung bei seinem Mannschaftskameraden Makelele, doch der Franzose konnte nur die Achseln zucken. Die Chelsea-Verteidigung war nun ganz und gar unausgewogen, und Monaco ging zum Angriff über. Während Torhüter Marco Ambrosio unter wachsenden Druck geriet, nahm Ranieri die dritte seltsame Auswechslung des Abends vor. Der rechtsfüßige Mittelfeldspieler Scott Parker wurde durch Robert Huth, einen Innenverteidiger, ersetzt. Bei Monaco konnte man sein Glück kaum fassen, und in der 78. Minute erzielte Fernando Morientes ein Tor für die Heimmannschaft. Der katastrophale Abend für Ranieri und sein Team wurde noch unerträglicher, als Shabani Nonda fünf Minuten später auf 3:1 erhöhte.

In der Umkleidekabine gab ein Spieler der Mehrheitsmeinung Ausdruck, indem er verblüfft den Kopf schüttelte und rief: »Was zum Teufel war das denn?« Abramowitsch war so erschüttert über die Begleitumstände der Niederlage, dass er sich Tränen abwischen musste. Doch als er die Umkleidekabine betrat, hatte er sich wieder gefangen. Dort wurde er von dem untypisch verwirrten Ranieri begrüßt, der sofort die Gründe für seine Auswechslungen erläuterte und sich für seine Bemerkungen in dem *Marca*-Interview entschuldigte. Abramowitsch erwiderte großzügig, Ranieri brauche sich nicht zu entschuldigen, und lud ihn sogar zu einem Drink auf der »Le Grand Bleu« ein. Der Trainer lehnte höflich ab, weil er sich beim Essen mit seinen Spielern über das Ergebnis unterhalten wolle.

Als sich Ranieri der Pressekonferenz nach dem Spiel wie gewohnt stellte, wirkte er zunächst gefasst, doch was einst heroische Zurückhaltung angesichts unerträglicher Provokationen gewesen war, verwandelte sich nun in verzweifelte Selbstrechtfertigung. »Es waren zweifellos meine schlimmsten 45 Minuten, seit ich für Chelsea verantwortlich bin«, sagte er. »Wir schienen das Team zu sein, das nur zehn Mann hatte, und in den letzten 15 Minuten verloren meine Spieler den Kopf. Sie jagten hinter dem Ball her und versuchten, ihn zu halten, weil wir das Spiel unbedingt gewinnen wollten. Nachdem Monaco einen Mann verloren hatte, schickte ich einen weiteren Stürmer aufs Feld, weil ich dachte, wir könnten siegen, und dafür übernehme ich die Verantwortung.« Innerhalb von Stunden wurde Ranieri – bis dahin ein italienisches Nationalheiligtum in England – von allen Seiten verhöhnt. Die *Daily Mail* änderte seinen Spitznamen von »The Tinkerman« in »Stinkerman« und brachte ihren Spielbericht unter der Schlagzeile »Claudio spielt mit ganzem Einsatz und haut alles auf den Kopf«. Das Urteil der *Mail* wurde von allen anderen Zeitungen geteilt.

Nur zwei Wochen zuvor hatte alles noch viel rosiger ausgesehen. Als sich Abramowitsch am Dienstagabend, dem 6. April, zum Stadion Highbury aufmachte, glaubte kaum jemand, dass sein Team Arsenal schlagen und sich einen Platz im Halbfinale der Champions League sichern werde. In den vorhergehenden 17 Begegnungen zwischen den beiden Clubs hatte Chelsea kein einziges Spiel gewonnen. Zum letzten Mal hatte es seine Nord-Londoner Rivalen 1995 besiegt. Eine gewisse Hoffnung leiteten die Anhänger der Blues jedoch aus dem Gedanken her, dass Arsenal, wie es in der Branche hieß, »am Flattern« sein könnte. Nachdem das Team die ganze Saison hindurch kein Ligaspiel verloren hatte, war es nur drei Tage vorher im FA-Cup-Halbfinale 2:1 von Manchester United geschlagen worden. Hatte das die Moral von Arsenal vielleicht gefährlich untergraben? Ranieri dagegen befand sich im Aufwind. Man hatte ihn gerade für März zum Premiership-Trainer des Monats ernannt, und er sprach selbstbewusst davon, Arsenal nicht nur in der Champions League auszuschalten, sondern dem Rivalen auch den Premiership-Titel abzujagen.

Für das entscheidende Match in Highbury stellte der Bastler genau die Mannschaft auf, die am Samstag zuvor bei Tottenham Hotspur gewonnen hatte. Damit bestand der Sturm aus Jimmy Floyd Hasselbaink und Eidur Gudjohnsen und nicht aus den teuren Importen Hernán Crespo und Adrian Mutu, die Abramowitsch am Saisonende gekauft hatte. Die erste Hälfte war recht ausgeglichen, und es hatte den Anschein, dass vor dem Halbzeitpfiff kein Tor fallen werde. Aber in der 45. Minute leitete Thierry Henry eine Flanke von Laurent mit dem Kopf weiter, und Antonio Reyes jagte den Ball aus geringer Entfernung ins Chelsea-Netz. Es gibt keinen psychologisch schädlicheren Moment für ein Gegentor als die Sekunden vor der Halbzeit. Da die Spieler keine Möglichkeit haben, vor der Pause zurückzuschlagen, sind sie gezwungen, 15 Minuten lang über ihr Pech nachzusinnen. Das sind die Minuten, in denen der Trainer am intensivsten auf die Probe gestellt wird.

Ranieri war klar, dass er die Moral heben und seine Taktik ändern musste. Da Arsenal seiner Ansicht nach auf der linken Seite anfällig war, beschloss er, den defensiven Mittelfeldspieler Scott Parker durch den Flügelstürmer Jesper Gronkjaer zu ersetzen. Der Wechsel machte sich fast sofort bezahlt. Sechs Minuten nach Beginn der zweiten Halbzeit konnte Arsenal-Torhüter Jens Lehmann einen Schuss von Claude Makelele nur abprallen lassen, und Lampard setzte nach und glich aus.

Chelsea blieb in der zweiten Hälfte meist überlegen, doch Arsenal war bei Kontern stets gefährlich. Erst als Henry, der ungewöhnlich drucklos agiert hatte, nach 81 Minuten gegen Bergkamp ausgewechselt wurde, schien Chelsea die Oberhand zu gewinnen. Sechs Minuten später spielte Wayne Bridge von Chelsea einen Doppelpass mit Gudjohnsen am Rand des Arsenal-Strafraums und erzielte Chelseas zweiten Treffer mit einem perfekt berechneten Innenristschuss. Nach der Auswärtstorregel musste die Heimmannschaft nun in den verbleibenden drei Minuten (und der möglichen Nachspielzeit) zweimal treffen, um das Halbfinale zu erreichen. Aber Arsenal gelang kein einziges Tor mehr.

Ranieris Freudentanz nach dem Schlusspfiff ist als eine der exaltiertesten und leidenschaftlichsten Darbietungen eines Fußballtrainers in die Geschichte eingegangen. Seine Arme flogen wie Kolben durch die Luft, als er sich von seiner rasenden Freude übermannen ließ. Er umarmte jeden in seiner Nähe, trat auf die Werbebanden ein und brach, was am denkwürdigsten war, in Tränen aus. Ranieri bezeichnet sich gern als temperamentvollen Italiener, aber die Monate seit Abramowitschs Vereinsübernahme hatte er damit verbracht, eine stoische britische Haltung zur Schau zu tragen. Während sein Posten hinter seinem Rücken feilgeboten wurde, hatte er nie Ärger gezeigt oder sich gegen seinen Arbeitgeber gewandt. Doch nach dem Sieg über Arsenal und dem Durchbruch ins Halbfinale der Champions League konnte er seine Emotionen nicht mehr im Zaum halten. »Am Ende war ich wahnsinnig«, sagte er später. »Ich war wahnsinnig vor Freude.«

An jenem Abend wurde er, ohnehin bereits ein Liebling der Fans, zu einer Art Gottheit, und sein Erfolg blieb auch bei den Eignern der Superclubs von Europa nicht unbeachtet. Innerhalb von Tagen wurde der Mann, den Chelsea nicht haben wollte, mit dem Trainerposten bei Vereinen wie Real Madrid, AS Rom oder AC Mailand in Verbindung gebracht.

Zu Ranieris Unglück sollte die Zeit der Verzückung nicht lange andauern. Das Match gegen Monaco stand bevor, und Abramowitsch hatte seine Bemühungen, einen neuen Trainer zu finden, nicht aufgegeben. Am Tag vor dem Spiel gegen Monaco waren Kenyon und er nach Vigo an der spanisch-portugiesischen Grenze geflogen, um sich mit ihrem neuesten Kandidaten zu treffen: mit José Mourinho, dem Trainer des FC Porto. Mourinho war sehr gefragt, nachdem sein Team Manchester United in der Champions League ausgeschaltet hatte. Der gut aussehende 41-Jährige hatte seine Fußballkarriere als Durchschnittsspieler für ein unbedeutendes Team in Portugal begonnen. Er akzeptierte, dass er sich als Profi nicht durchsetzen konnte, und arbeitete als Fitness- und Jugendtrainer, bis er seine erste große Chance durch Bobby Robson erhielt, nachdem der Engländer 1993 zu Sporting Lissabon kam. Er schloss sich dem Verein in erster Linie als Robsons Dolmetscher an, und die Männer wurden bald gute Freunde. Als Robson im folgenden Jahr zu Porto ging, begleitete Mourinho ihn, und bevor die beiden zu Barcelona weiterzogen, war der Portugiese bereits Assistenztrainer. 1998 nahm Robson ein Angebot des PSV Eindhoven an. Mourinho hingegen blieb bei Barcelona und wurde im Jahre 2000 zum Cheftrainer von Benfica ernannt.

Es war ein schwieriger Einstieg in die Trainerlaufbahn, denn kurz nach seiner Ankunft trat der Vereinspräsident ab, der ihn berufen hatte, und Mourinho kam nicht mit dessen Nachfolger aus. Fünf Monate später kündigte er und wechselte zu dem wenig bekannten Club Uniao Leiria. Nachdem der Verein den fünften Rang in der portugiesischen Liga – die beste Platzierung seiner Geschichte – erreicht hatte, wurde Porto erneut auf Mourinho aufmerksam, und er kehrte in der folgenden Saison als Cheftrainer zurück. Damals dümpelte Porto in der Mitte der Tabelle. In der Saison nach Mourinhos Ankunft gewann der Verein nicht nur die portugiesische Meisterschaft, sondern setzte sich im UEFA-Pokalfinale auch mit 3:1 gegen Celtic Glasgow durch. Im April 2004 stand Porto im Halbfinale der Champions League. Kein Wunder also, dass Abramowitsch und Kenyon großen Wert darauf legten, sich möglichst bald mit Mourinho zu unterhalten.

Mourinho jedoch schien zunächst nicht sonderlich interessiert zu sein, sich mit ihnen zu treffen. Er kam nicht zu der Verabredung in Galizien, was man darauf zurückführen könnte, dass er sein Team auf das wichtige Halbfinale gegen den spanischen Verein Deportivo La Coruña vorbereiten musste. Zynischere Beobachter glauben jedoch an eine Verzögerungstaktik, die dazu dienen sollte, seine Verhandlungsposition zu verbessern. Denn je weiter Porto in der Champions League vordrang, desto höher würde sein Marktwert werden.

Unterdessen hatte Ranieri noch nicht die Hoffnung verloren, seine Stellung zu retten oder wenigstens unter positiven Umständen abzutreten. Ein 2:0-Sieg an der Stamford Bridge im Heimspiel gegen Monaco würde für die Teilnahme am Finale der Champions League ausreichen, und während die Erinnerung an die kümmerliche Leistung in Monte Carlo verblasste, wurde bittere Enttäuschung von einem vorsichtigen Optimismus verdrängt. Am Spieltag war die Atmosphäre um Abramowitsch äußerst gespannt. Alle wussten, wie wichtig die Begegnung war: Die Teilnahme am Champions-League-Finale gegen Mourinhos Porto oder gegen Deportivo würde bereits ein Triumph sein, aber die verlockende Aussicht, die bedeutendste Trophäe sowie den damit verbundenen Ruhm zu erringen – von den Millionenbeträgen ganz zu schweigen –, lastete auf den Akteuren.

Nach 22 Minuten erzielte Jesper Gronkjaer den Führungstreffer für Chelsea, und als Frank Lampard kurz vor der Halbzeit ein zweites Tor gelang, begannen sogar die Skeptiker im Publikum das Undenkbare für möglich zu halten. Wenn Chelsea die Führung behaupten oder sie sogar noch ausbauen konnte, war der Platz im Finale gesichert. Aber in der 44. Minute schlug das Unheil zu: Morientes köpfte eine Flanke zum langen Pfosten des Chelsea-Tores, und als der Ball von der Latte abprallte, drückte Ibarra ihn über die Linie. Die Zeitlupenaufnahmen zeigten, dass er den Arm benutzt hatte, doch der Schiedsrichter bemerkte die Regelverletzung nicht und ließ den Treffer zu, der natürlich als das Tor »mit dem Arm Gottes« – eine Anspielung auf Diego Maradonas berüchtigtes Tor »mit der Hand Gottes« im Spiel Argentinien gegen England bei der Weltmeisterschaft 1986 – bekannt wurde. Chelsea musste nun erneut treffen, um wenigstens eine Verlängerung zu erzwingen, doch das nächste Tor gelang Morientes. Damit hätte Chelsea in der verbleibenden halben Stunde dreimal erfolgreich sein müssen, um sich für das Finale zu qualifizieren. Der Traum war aus.

Chelsea schaffte ein 2:2-Unentschieden, und Ranieri hatte einen Teil seiner Glaubwürdigkeit wiederhergestellt. Aber der Trophäenschrank blieb leer, und auch der zweite Platz der Blues in der Premiership, den man für gesichert gehalten hatte, war nun in Frage gestellt worden. Die Hoffnung, dass Arsenal nach zwei aufeinander folgenden Niederlagen gegen Manchester United und Chelsea zusammenbrechen würde, hatte sich bald zerschlagen. Im nächsten Match im Stadion Highbury erholte sich Arsenal gegen Liverpool von einem Rückstand und gewann 2:1. Bald ging es nicht mehr darum, ob Chelsea Arsenal in der Premiership abfing, sondern nur noch darum, ob es den zweiten Platz behaupten und dadurch die Qualifikationsrunde für die Champions League der folgenden Saison vermeiden konnte. Schließlich errang Chelsea die Vizemeisterschaft Anfang Mai durch ein 1:1-Unentschieden gegen Manchester United in Old Trafford.

Der zweite Platz in der Premiership und die Teilnahme am Halbfinale in der Champions League genügten jedoch nicht, um Abramowitsch von seinem Vorhaben abzubringen. Mourinho war nach London gereist, um sich das Spiel Chelsea gegen Monaco anzuschauen. Dafür hatte er den einleuchtenden Grund, dass Porto, falls es ins Finale gelangte, dem Sieger gegenübertreten würde. Somit war es sinnvoll, die Leistung des künftigen Gegners im Halbfinale abzuschätzen. Bald wurde jedoch deutlich, dass er die Gelegenheit auch zu Gesprächen über den Trainerposten genutzt hatte. Am Tag nach dem Ende des Champions-League-Traumes von Chelsea wurde Mourinho fotografiert, wie er zusammen mit Abramowitschs Freund Pini Zahavi ein Hotel in Zentral-London verließ.

Inzwischen schien Ranieri kapituliert zu haben. Nach dem letzten Ligaspiel in Stamford Bridge gegen Leeds verabschiedete er sich mit einem Chelsea-Schal um den Hals von den Fans und wurde durch den aufrichtigen Tribut, den ihm seine auf dem Rasen angetretenen Spieler zollten, erneut zu Tränen gerührt. Aber er wurde nicht von allen unterstützt. Veron und Mutu, die unter seiner Leitung an den Rand gedrängt worden waren, glänzten bei der Veranstaltung durch Abwesenheit. Später wurde behauptet, sie seien durch Verletzungen am Erscheinen gehindert worden, doch Damien Duffs Präsenz – er musste den Arm wegen einer ausgerenkten Schulter in einer Schlinge tragen – schien dieser Erklärung zu widersprechen. Während es in Ranieris Kader gemischte Gefühle gegeben haben mag, fiel das Urteil der Fans über seine Herrschaft einstimmig aus. Das Spiel war durch Gesänge von »Ranieris blau-weißer Armee« untermalt worden, und als eine Gruppe: »Steht auf, wenn ihr Kenyon hasst« sang, kamen die meisten Zuschauer der Aufforderung nach.

Mourinhos Ernennung zu Ranieris Nachfolger schien nur noch eine Formsache zu sein, aber plötzlich wurden Zweifel laut. Gerüchten zufolge hatte Abramowitsch ein Gespräch mit ihm geführt und den Eindruck gehabt, dass die »Chemie« zwischen ihnen nicht stimme. Tatsächlich ist es nicht ganz leicht, sich an Mourinho zu gewöhnen. Der Sohn eines ehemaligen portugiesischen Nationaltorhüters ist nicht nur ungeheuer selbstbewusst, sondern geradezu unerträglich arrogant. Außerdem beunruhigte es Abramowitsch offenbar, dass Jorge Mendes, Mourinhos Agent, einige der Spieler, darunter Paulo Ferreira, vertrat, die der Porto-Trainer zu Chelsea holen wollte. Abramowitsch war bereits so verärgert über die Höhe der Gebühren, die Chelsea Mittelsmännern zahlte, dass er sich in mindestens einem Fall direkt an den Hauptgeschäftsführer eines Clubs – nämlich an Adriano Galliani vom AC Mailand – gewandt hatte, um einen Spieler zu verpflichten. Der Kauf von Spielern über Agenten desillusionierte ihn offenbar so sehr, dass er Kenyon anwies, bei

Didier Deschamps, dem 35-jährigen Trainer von Monaco, vorzufühlen. Der ehemalige Chelsea-Spieler hatte vielen dadurch imponiert, dass es ihm gelungen war, mit dem von Problemen geplagten französischen Verein ins Finale der Champions League vorzustoßen.

Währenddessen machte Mourinho seine eigenen Schachzüge. Man hörte, er habe sich durchaus noch nicht für Chelsea entschieden, sondern sei weiterhin an der Möglichkeit interessiert, für andere englische Vereine zu arbeiten, darunter Liverpool und – so unwahrscheinlich es klingen mag – Manchester United. Offensichtlich wollte er Chelsea erst eine Zusage geben, wenn seine Verhandlungsposition so stark wie möglich war, und abwarten, bis sein Team das Finale der Champions League gegen Monaco am Mittwoch, dem 26. Mai, in Gelsenkirchen bestritten hatte. Ihm war bewusst, dass er als Trainer des Europameisters mit seinem Kapital würde wuchern können. Einen Tag vor dem Finale gab er auf einer Pressekonferenz eine eindrucksvolle Figur ab. Mühelos zwischen Portugiesisch, Spanisch, Englisch und Französisch wechselnd, ließ er sich keine bindenden Aussagen über seine Zukunft entlocken. Die Situation änderte sich, nachdem Porto am folgenden Abend einen klaren 3:0-Sieg über Monaco errungen hatte. Minuten nach dem Empfang seiner Siegermedaille ließ Mourinho die Feiern auf dem Rasen hinter sich, schloss sich seiner Frau und seinen Kindern im Tunnel an und erklärte der Presse kurz darauf, dass seine Zukunft außerhalb Portugals liege:

Es haben mich Vereine aus anderen Ländern kontaktiert. Am liebsten würde ich nach England gehen. Ich habe Angebote von Clubs in Italien, doch England ist meine erste Wahl. Mein Agent hat ernsthafte Gespräche geführt, und ich habe kürzere Unterredungen gehabt, aber nur einem Verein mein Wort gegeben. Das ist derjenige, für den ich am liebsten arbeiten würde. Ich werde meine Meinung nicht ändern, selbst wenn nach diesem Sieg nun andere Personen an mich herantreten. In den nächsten Tagen wird sich alles entscheiden.

Am folgenden Samstag ging er an Bord der »Pelorus«, die unweit von St. Tropez an der französischen Riviera ankerte, und verhandelte mit Abramowitsch persönlich. Dabei legte er dem Russen eine vier Seiten lange Skizze seiner Zukunftspläne vor. Er wollte die Mannschaft auf nur

24 Spieler verringern – damals hatte Chelsea 34 Mann im Stammkader – und versprach eine disziplinierte, fast sektenartige Organisation.

Zur selben Zeit lebte Ranieri noch in einer Scheinwelt. In der Vorwoche hatte er sich zuerst mit Kenyon an der Stamford Bridge und dann mit Abramowitsch in Mailand getroffen. Statt ihm mitzuteilen, er sei entlassen, und eine Abfindung auszuhandeln, hatten ihn beide Männer nach seinen Transferzielen für den Sommer befragt. Nach der Begegnung mit Abramowitsch äußerte sich Ranieri diplomatisch wie meist: »Es war eine sehr gute Begegnung, und nun kann ich nur abwarten. Wir haben über Spieler und über die Zukunft gesprochen.« Mourinhos Name sei nicht erwähnt worden, und zum Abschluss habe Abramowitsch ihm versichert: »In Ordnung, Claudio, nächste Woche teile ich Ihnen meine Entscheidung mit.«

Ranieri erfuhr die Entscheidung am folgenden Montag, als Eugene Tenenbaum ihn in Rom anrief und ihn über seine Entlassung unterrichtete. Dann folgte ein würdeloser Streit über die Abfindung. Ranieris Vertreter meinten, ihm stehe das Gesamthonorar für die laut Vertrag noch verbleibenden drei Jahre zu (also 6 Millionen Pfund), doch Chelsea war nur bereit, ihn so lange zu bezahlen, bis er eine andere Aufgabe fand. Mit 52 Jahren hatte Ranieri nicht die Absicht, drei Jahre mit Gartenarbeit zu verbringen, und nach harten Verhandlungen akzeptierte er 1,75 Millionen Pfund als Abfindung. Kurz darauf berief man ihn zum neuen Trainer des spanischen Meisters Valencia, den er schon einmal betreut hatte.

Zwei Tage nach Ranieris Entlassung – am selben Tag, an dem er durch den Variety Club of Great Britain als Mann des Jahres ausgezeichnet wurde – gab Chelsea die Ernennung Mourinhos bekannt. Er erhielt einen Dreijahresvertrag, der sich, Prämien eingeschlossen, auf bis zu 5 Millionen Pfund pro Jahr summierte. Es wurde sofort deutlich, dass der neue Trainer weder in seinem Ehrgeiz noch in seinem Benehmen irgendeine Bescheidenheit kannte. »Ich möchte 2010 nicht genauso viele Titel errungen haben wie heute«, sagte er. »Ich will mehr. Wir haben einige Spitzenspieler und – auch wenn das ein wenig überheblich klingt – einen Spitzentrainer. Wir wollen das Beste erreichen. Ich bin ein neuer Trainer, aber bitte nennen Sie mich nicht arrogant. Ich bin Europameister, also kein normaler, sondern ein besonderer Trainer.«

Die Umstände von Ranieris Abgang und die Egos der Beteiligten bedacht, gab es vorhersehbare Spannungen zwischen ihm und seinem Nachfolger. Als Ranieri erklärte, Mourinho werde in der Premiership vielleicht auf mehr Schwierigkeiten stoßen als in der gesetzteren Atmosphäre der portugiesischen Liga, spottete Mourinho, er könne auf die Ratschläge eines Mannes verzichten, der in 20 Trainerjahren nur eine einzige Trophäe gewonnen habe: den spanischen Pokal mit Valencia.

Es dauerte nicht lange, bis Mourinho mit dem unvermeidlichen Zusammenstreichen des Spielerpersonals bei Chelsea begann. »Ich brauche kleine Gruppen«, sagte er. »Ich möchte, dass alle motiviert sind.« Dann benutzte er eine Wendung, die von Ranieri hätte stammen können: »Wenn man eine große Kiste Orangen hat, und eine davon ist faul, dann muss man einen Monat später zehn Orangen auf den Müll werfen.« Da er jedoch nicht nur vorhatte, den Kader auf 21 Feldspieler und drei Torhüter zu beschränken, sondern auch einige neue Akteure seiner eigenen Wahl verpflichten wollte, mussten mehr als ein Dutzend Fußballer den Verein wechseln. Der erste war Veron. Nachdem Manchester United 15 Millionen Pfund für diesen Spieler bezahlt hatte, dem dann in Old Trafford kein Durchbruch gelungen war, stellte Chelsea ihn in nur fünf Premiership-Spielen von Anfang an auf. Da man kurzfristig keinen Käufer für ihn finden konnte, lieh der Verein ihn an Inter Mailand aus und sparte dadurch die Hälfte seines Gehalts in Höhe von 85 000 Pfund pro Woche. Andere bereits ausgeliehene Spieler waren Carlton Cole, Mikael Forssell und Boudewijn Zenden. Der Vertrag von Mario Melchiot, Emmanuel Petit und dem berüchtigten Winston Bogarde lief aus, weshalb Mourinho nur noch zwei Mann verkaufen musste, um sein Ziel von 24 Spielern zu erreichen. Allerdings verhandelte man schon mit neuen Stars, sodass sich diese Zahl sehr rasch erhöhte. Arjen Robben und Petr Čech waren bereits verpflichtet worden, und bald folgten ihnen Didier Drogba für 24 Millionen Pfund, Paulo Ferreira für 13 Millionen Pfund sowie Tiago, Mateja Kezman und Ricardo Carvalho. Dadurch stiegen Abramowitschs Ausgaben in den zwölf Monaten seit dem Erwerb von Chelsea auf über 200 Millionen Pfund.

Ein Spieler, der nie ernsthaft für die neue Chelsea-Formation in Frage kam, war David Beckham. Es ist stets Abramowitschs Strategie gewesen, aufstrebende Spieler statt großer Namen, die ihre besten Zeiten hinter sich haben, zu kaufen. John Mann erläutert: »Es war nie geplant, Leute zu holen, die bereits ihren Höhepunkt erreicht haben. Er will Leute, die sich noch verbessern, nicht solche, die brillant gewesen sind, aber sich nun langsam verschlechtern. Beckham passt nicht in diese Strategie.«

Das mag insbesondere Victoria Beckham enttäuscht haben, denn statt nach einem Haus in Madrid zu suchen, wie man es hätte erwarten sollen, schaute sie sich Berichten zufolge ein Luxusapartment in einem Gebäudekomplex am Themseufer an, von dem sich die Stamford Bridge mühelos erreichen lässt.

Ausblick

Anfang Dezember 2003 nahm der Medienmogul Rupert Murdoch an einem Gedenkgottesdienst für einen seiner engsten früheren Mitarbeiter, Sir Edward Pickering, teil. Beim Verlassen der St. Bride's Church in der Londoner Fleet Street teilte er einem seiner Chefredakteure mit: »Abramowitsch arbeitet hinter den Kulissen darauf hin, ein Angebot für den *Daily Telegraph* abzugeben.« Auf den ersten Blick sollte man meinen, dass Abramowitsch so vorging, um Nicholas Berry zu unterstützen, der in ein von Sibneft mitfinanziertes Joint Venture investiert hatte. Dieser bestreitet jedoch, je an Abramowitsch herangetreten zu sein, und einer der engsten Partner des Oligarchen erklärte, dass er nichts mit einem Angebot zu tun hatte.

Vielleicht irrte Murdoch, oder vielleicht war Abramowitsch zu dem Schluss gelangt, dass dies so kurz nach seiner Ankunft in Großbritannien ein zu ehrgeiziger Schritt sei. Einen Fußballverein zu übernehmen war eine Sache, der Erwerb eines einflussreichen Presseorgans jedoch eine andere, denn eine solche Maßnahme hätte sofort zur Folge gehabt, dass Regulierer und Politiker auf ihn aufmerksam geworden wären. Gleichwohl stellt sich eine wichtige Frage: Wie werden die Mittel investiert, die Abramowitsch durch den Verkauf seiner russischen Investitionen anhäuft? Sein Vermögen und die damit verbundene Kreditwürdigkeit ermöglichen ihm, sich Mehrheitsanteile an bekannten Unternehmen zuzulegen, seien es British Airways, Marks & Spencer oder sogar die Drogeriekette Boots. Ein in Moskau ansässiger Fondsmanager schließt dies jedoch aus. »Er hat ein mehrere Milliarden Dollar schweres Portfolio von Hedgefonds, aber er investiert nicht in Aktien«, sagt William Browder. »Wie jeder andere reiche Mann investiert er überall auf der Welt in Anlagen mit einem besonders günstigen Risiko-Gewinn-Verhältnis.«

Ein Gewährsmann schätzt, dass Abramowitsch im Westen 3 Milliarden Dollar in Hedgefonds gesteckt hat. Sollte er ein weiteres Unternehmen im Vereinigten Königreich erwerben, dann wahrscheinlich aus Prestigegründen. Zum Beispiel könnte Mohamed Al Fayed hoffen, dass Abramowitsch ihm eines Tages Harrods abkauft. Und es fehlt nie an Leuten, die den Russen um finanzielle Unterstützung angehen. Als Alexej Wenediktow sich zum ersten Mal mit Abramowitsch zum Tee traf, fiel ihm der gehetzte Blick seines Gastgebers auf, als er das Gespräch mit den Worten begann: »Roman, ich habe eine Bitte.« Wenediktow fährt fort: »Ich sah, wie sich seine Augen verschleierten, und ich konnte seine Gedanken lesen: Er erwartete, dass ich ihn anbetteln würde. Wahrscheinlich tut das jeder. ›Welche denn?‹, wollte er wissen. Ich sagte: ›Wie wär's mit der versprochenen Tasse Tee?‹ Er war verblüfft.«

Während die Experten bezweifeln, dass Abramowitsch in ein britisches Unternehmen investieren wird, sind die Meinungen über sein langfristiges Engagement für Chelsea geteilt. Skeptiker behaupten, so, wie es ihm zuwider geworden sei, den freigebigen Gouverneur von Tschukotka zu spielen, werde er auch die Lust an der Rolle eines verschwenderischen Vereinsbesitzers verlieren. Sollte er sich zurückziehen, wären die Folgen für Chelsea katastrophal. Zurzeit jedenfalls ist das Missverhältnis zwischen Ausgaben und Einnahmen so groß, dass man weniger von einer kommerziellen Unternehmung als vom Vergnügen eines reichen Mannes sprechen kann. Sollte er den Club in der momentanen Situation aufgeben, wäre es unwahrscheinlich, dass man einen Käufer finden würde, der die kolossale Gehaltsliste des Vereins abzudecken vermöchte.

Unter welchen Umständen würde Abramowitsch Chelsea aufgeben? Manche meinen, er sei tief betroffen über die Verfolgung durch die Medien gewesen, die seine zynische Behandlung von Claudio Ranieri zur Folge gehabt hatte, und wenn José Mourinho keine Trophäen liefern kann, wird man Abramowitsch vielleicht als Verlierer brandmarken. Für jemanden, der nichts als Erfolg gewöhnt ist, wäre dies eine besonders schmerzliche Erfahrung. Andere befürchten, dass es einen Abwechslung liebenden Mann recht schnell langweilen könnte, zu einer endlosen Reihe von Heim- und Auswärtsspielen zu erscheinen. Dem lässt sich das bereits erwähnte Argument eines anderen Oligarchen entgegenstellen, dass Chelsea für Abramowitsch »die billigste Versicherungspolice aller Zeiten« sei. Und im Gegensatz zu den Tschuktschen, die ihn durch ihren Mangel an Anerkennung seiner Großzügigkeit enttäuschten, haben sich die Chelsea-Fans als dankbar erwiesen. Abramowitschs aufrichtige Leidenschaft für das Spiel und seine Entschlossenheit, Chelsea zu einem globalen Markenartikel wie Manchester United aufzubauen, lassen ebenfalls vermuten, dass er dem Verein noch etliche Jahre treu bleiben wird. Dazu Wenediktow: »Er sieht sich als Schöpfer. Wie er ein neues Tschukotka aufgebaut hat, so baut er nun ein neues Chelsea auf. Das macht ihn glücklich. ›Ich kann es schaffen‹, lautet seine Devise.«

Auch Abramowitschs mögliche Beziehung zu Prinz Charles ist der Beachtung wert. Der künftige König hat seit langem eine Schwäche für spendierfreudige Milliardäre. Sein erster plutokratischer Gönner war der verstorbene amerikanische Ölmagnat Armand Hammer. Dann machte er alljährlich Urlaub an Bord der »Alexander«, einer Jacht, die dem griechischen Reeder John Latsis gehörte. Einiges deutet darauf hin, dass der Prinz eine ähnliche Bekanntschaft mit Abramowitsch anknüpfen wird. Der Russe ist ein sehr nützlicher Freund, denn neben seiner Megajachtflotte baut er ein Flugzeuggeschwader auf. Im Mai 2004 erfuhr man, dass er 56 Millionen Pfund für eine Boeing 767 als Ergänzung zu seiner Boeing 737 und seinen beiden Hubschraubern in Fyning Hill ausgegeben hat. Wie seine Jachten hat die Boeing – die 360 Personen befördern kann – ein luxuriöses Interieur. Nachdem die Maschine von der Firma Air Livery in Filton für 280 000 Pfund weiß und grau gestrichen worden war, flog man die Maschine nach Basel, um das Innere in einen Luftpalast zu verwandeln. Zum geräumigen Wohnbereich mit »viel Mahagoni, Walnuss und Gold« gehören auch Badezimmer, Duschen und Plasma-Fernsehschirme. Eine russische Zeitung meldete sogar, der Jet verfüge über eine Raketenabwehranlage nach Art der Air Force One, des amerikanischen Präsidentenflugzeugs. Wie bereits erwähnt, hat Abramowitsch Prinz Charles einmal einen Hubschrauber zur Verfügung gestellt, um ihn zu einem Polomatch bringen zu lassen, und kaum jemand glaubt, dass die Verbindung damit beendet ist.

Ob Abramowitsch seine Stellung in der englischen Gesellschaft erheblich ausbaut, hängt davon ab, ob Putin in der Heimat gegen ihn vorgeht. Während ihm Sergej Stepaschins isolierter Vorstoß, ihn wegen der Verwendung der Finanzmittel von Tschukotka und angeblich unvollständiger Steuerzahlungen zu belangen, wenig Kopfzerbrechen bereitete, macht sich Abramowitsch wegen seines alten Freundes, des Präsidenten, ernsthafte Sorgen. Denn der könnte es eines Tages für nützlich halten, auf die im Volk verbreitete Wut über jene Männer zu reagieren, die sich auf Kosten der russischen Wirtschaft so viel Geld verschafft haben, um es im Ausland so prahlerisch auszugeben. Putin kann seit Jahren einen Haushaltsüberschuss verzeichnen – hauptsächlich wegen des hohen Ölpreises, der infolge der Ereignisse im Irak und in Saudi-Arabien Mitte 2004 mehr als das Doppelte über der Gewinnschwelle von 20 Dollar pro Barrel liegt. Aber während Putin auf einer Kabinettssitzung im Februar optimistisch verkündete, dass sich die Zahl der unterhalb der Armutsgrenze lebenden Russen innerhalb von drei bis vier Jahren halbieren werde, sieht die Realität so aus, dass eine große Minderheit der Bevölkerung ein kümmerliches Dasein fristet. Das schürt den Zorn auf die wenigen Glücklichen, die in Nerz und Zobel gehüllt aus ihren Limousinen steigen. Was Westlern bei ihrem ersten Besuch in Moskau auffällt, ist die Verdrossenheit vieler Passanten, die vom täglichen Kampf ums Überleben niedergedrückt werden. Auch Putin selbst ist möglicherweise über Abramowitschs Lebenswandel verärgert. Während allein Sibneft seit dem Jahre 2000 3,3 Milliarden Dollar an Dividenden ausgeschüttet und Abramowitsch weitere Milliarden durch Veräußerungen eingenommen hat, bezieht Putin ein offizielles Jahresgehalt von etwas mehr als 50 000 Euro. Vor seiner Wiederwahl im März 2004 musste er im Einklang mit der russischen Gesetzgebung sein Vermögen offenlegen: Es belief sich auf 8 Millionen Rubel (rund 250 000 Euro) in bar, zwei Wohnungen, ein paar Aktien und ein Grundstück bei Moskau. Auf längeren Reisen muss er sich mit zwei veralteten russischen Präsidentenflugzeugen zufrieden geben, die er von Jelzin erbte: einer Iljuschin 62 und einer Iljuschin 96.

Boris Beresowski lässt keinen Zweifel daran, dass sein früherer Geschäftspartner gefährdet ist:

Ich glaube, Putin spielt mit Abramowitsch. Er möchte ihm zeigen, wer der Chef ist und dass Abramowitsch auf einer Stufe mit den anderen Oligarchen steht. Sie fragen zu Recht: Wird Abramowitsch als Nächster verhaftet werden? Ich bin mir ganz sicher, dass er eines von Putins Opfern sein wird, wenn auch vielleicht nicht das nächste oder übernächste.

Für Westler ist es riskant, in die Schlachtlinien zwischen dem russischen Kapitalismus und dem Kreml zu geraten. Tage nachdem der vermögende britische Anwalt Stephen Curtis Freunden im April 2004 anvertraut hatte, er habe Angst, von kremlnahen Geschäftsrivalen ermordet zu werden, explodierte die Maschine, mit der er sich gerade auf dem Heimflug zu seinem Schloss in Dorset befand. Der Anwalt, der sowohl Abramowitsch als auch Beresowski vertreten hatte, sagte kurz vor seinem gewaltsamen Ende außerdem, dass er glaube, der russische FSB wolle ihn im Rahmen der von Präsident Putin angeordneten Untersuchungen über seine Arbeit für Jukos verhören. Vier Monate zuvor hatte er, nachdem Chodorkowski wegen Betrugsverdachts in Untersuchungshaft genommen worden war, die Geschäftsführung der MENATEP Bank angetreten, die über 44 Prozent der Jukos-Aktien verfügt. Drei Monate nach seinem Tod, als die Ermittler noch zu klären versuchten, ob ein Sabotageanschlag auf den Hubschrauber begangen worden war, beschuldigte man Curtis in Amerika, er habe für Jukos »Unterschlagungen, Steuerbetrug und Geldwäsche« vorgenommen, und der Schaden belaufe sich auf insgesamt 5,4 Milliarden Pfund. Insbesondere habe er eine Vielzahl von Offshore-Unternehmen gegründet, die es Chodorkowski ermöglicht hätten, russische Steuern zu umgehen und Geld aus dem Land zu schleusen.

Am 9. Juli 2004 wurde dann der amerikanische Journalist Paul Klebnikov in Moskau allem Anschein nach durch Auftragsmörder erschossen. Boris Beresowski erklärte der *Sunday Times* – sie brachte den Artikel unter der Schlagzeile »Hat erschossener Chefredakteur den Preis für Nachforschung über Geheimnisse der russischen Reichen bezahlt?« –, dass Klebnikov »jemanden außerordentlich aufgebracht haben« müsse. Er hatte als neuer Chefredakteur des *Forbes Magazine* in Moskau die Veröffentlichung einer Liste abgesegnet, welche nicht nur die 100 reichsten Personen Russlands, sondern auch detaillierte Beschreibungen ihrer Vermögenswerte und ihrer Geschäftsmethoden enthielt. Dadurch sahen sich einige der Genannten empfindlich in ihrer Privatsphäre verletzt.

■ ■ ■

Inzwischen hat Präsident Putin die Oligarchen offenbar an der Kandare. Laut *Financial Times* haben die russischen Partner von TNK-BP, einem Joint Venture zwischen Michail Friedmans Ölgesellschaft und British Petroleum, ihre Forderungen erneuert, unverzüglich in bar ausgezahlt zu werden, statt jahrelang darauf warten zu müssen, dass der Wert ihrer Anteile durch die von dem Joint-Venture-Unternehmen mit Ölexporten verdienten Gewinne steigt. Das würde aber bedeuten, dass sie diese Beträge in Russland versteuern müssten. Einer von Friedmans Partnern, Viktor Wexelberg, der zugleich die Mehrheit bei SuAl, dem zweitgrößten Aluminiumproduzenten Russlands, besitzt, bewies seinen Patriotismus sogar dadurch, dass er die Sammlung von neun Fabergé-Eiern des verstorbenen Milliardärs Malcolm Forbes für 82 Millionen Euro erwarb und sie dem Kreml für eine zweimonatige Ausstellung lieh. Wladimir Potanin, ein anderer Oligarch, übertrumpfte ihn, indem er Malewitschs »Schwarzes Quadrat« kaufte und der Nation schenkte. Sogar Oleg Deripaska von RusAl lässt Anzeichen von Panik erkennen. Er gab den Verkauf seiner beiden Aluminiumraffinerien an den amerikanischen Konzern Alcoa zu einem, wie das *Russia Journal* schrieb,»Niedrigpreis« bekannt und erhöhte seine Kreditaufnahmen auf andere Vermögenswerte.

Der klarste Hinweis darauf, dass Abramowitsch den Druck spürt, ist die Tatsache, dass er einiges von seinem russischen Besitz abstößt. Obwohl seine beiden schulpflichtigen Kinder noch in Moskau erzogen werden, hat er sich anerkennend über das britische Bildungssystem geäußert und »die Möglichkeit« erwähnt, sie britische Schulen besuchen zu lassen. Auf die Frage, ob Abramowitsch beabsichtige, seine Familie nach England umziehen zu lassen, zitierte John Mann eine Äußerung des Oligarchen von 2003: »In Moskau fühle ich mich am wohlsten. Dort habe ich den größten Teil meines Lebens verbracht. Mir gefallen die unterschiedlichen Jahreszeiten. Ich kann mich nicht mein Leben lang in Südfrankreich aufhalten.« John Mann fügte hinzu: »Ungeachtet dessen, was die britische Presse häufig annimmt, befindet sich der Hauptwohnsitz von Herrn Abramowitsch in Moskau, auch wenn er an mehreren Orten Immobilien besitzt, darunter ein schönes Haus in der Anadyr-Bucht in Tschukotka.«

Kaum jemand wünscht sich ein Leben im Exil, und vielleicht wäre es eine für Abramowitsch und Putin akzeptable Kompromisslösung, wenn der Oligarch freiwillig eine hohe Summe an »Steuerrückständen« zahlte, um seine Gegner zu besänftigen. Auf dem Russischen Wirtschaftsforum in London deutete Finanzminister Alexej Kudrin im April 2004 an, dass diese Lösung in Erwägung gezogen wird: Diejenigen Oligarchen, die sich an die Vorschriften hielten und ihre Steuern zahlten – vermutlich nach Definition der russischen Regierung –, könnten in den Genuss einer inoffiziellen Amnestie kommen. Sibneft hatte einen Monat zuvor eine Steuerforderung in Höhe von einer Milliarde Dollar erfolgreich angefochten, doch es wird vielleicht in Zukunft einen »philanthropischeren« Standpunkt vertreten. Schließlich ist es nicht undenkbar, dass Abramowitsch selbst den Präsidentenposten in seiner Heimat anstrebt. Wenediktow gibt sich jedoch skeptisch: »Er ist nicht daran interessiert, in der Politik an vorderster Front zu stehen. Vielleicht in zehn Jahren, aber jetzt noch nicht. Vorläufig bleibt er lieber hinter den Kulissen.«

Abramowitsch wird seine Absichten kaum kundtun, aber möglicherweise hat er auch noch hochfliegendere Pläne. »Was ist der nächste Schritt?«, lautet Wenediktows rhetorische Frage, die er dann gleich selbst beantwortet: »Wer kann das voraussagen? Vielleicht ist es ein Raumflug. Ich schlug ihm vor, ein eigenes Weltraumprojekt zu finanzieren. Wir scherzten darüber, aber ich glaube, ich habe ihn da auf einen Gedanken gebracht.«

Nachwort

Wieder einmal steckte der Chauffeur Mikkel Martini nach einem Chelsea-Heimspiel in einem Stau auf der Wandsworth Bridge fest, und sein junger Passagier auf dem Beifahrersitz wurde unruhig. »In Moskau fahren wir mit bewaffnetem Begleitschutz über die Mittelspur«, sagte der Zwölfjährige. Zu Arkadi Abramowitschs Pech herrschen in London andere Verhältnisse. Während die beiden darauf warteten, dass sich die Schlange vorwärtsbewegte, fragte Martini: »Möchtest du Fußballer werden, wenn du erwachsen bist?«

»Nein, ich glaube nicht, dass ich gut genug wäre«, erwiderte Arkadi bescheiden, »aber mein Vater sagt, dass er mir vielleicht Manchester United zum 18. Geburtstag schenkt.«

Die erste englische Auflage dieses Buches war erst seit einem Monat auf dem Markt, doch schon erhielten wir neue Informationen über den reichsten Mann des Landes und seine Familie. Neben dem Gewährsmann, der mit Abramowitschs Chauffeuren vertraut ist, meldeten sich eine Frau, die den Oligarchen als liebeskranken, mittellosen Studenten in Uchta gekannt hatte, sowie ein Unternehmer mit faszinierenden Einzelheiten über die Beziehung zwischen Abramowitsch und seinem früheren Mentor Boris Beresowski.

Da Abramowitsch zu so vielen Fußballspielen gebracht werden muss, bereitet er seinem Sicherheitspersonal allerlei Kopfschmerzen. Als Chelsea im September 2003 im Stadion Molineux auf die Wolverhampton Wanderers traf, fragte der neue Clubbesitzer seine Bodyguards, ob es möglich sei, sich durch eine Motorradeskorte der Polizei auf der Fahrt vom Flughafen Birmingham zum Wolves-Stadion freie Bahn schaffen zu lassen. Nachdem die Ortspolizei abgewunken hatte, musste er mit einem

Sikorsky-Hubschrauber zur Rennbahn von Wolverhampton fliegen, wo ein Krankenwagen und ein Feuerwehrauto bereitstanden und ein BMW der 7er-Serie wartete, um ihn in aller Schnelle nach Molineux zu bringen.

Dort angekommen, sah sich Abramowitsch einem Problem ganz anderer Art gegenüber. Sir Jack Hayward, der Wolves-Vorsitzende, ist überaus traditionsbewusst und verlangt, dass sämtliche Vorstandsmitglieder bei offiziellen Anlässen eine Krawatte tragen. Abramowitsch, der sich höchstens zu Treffen mit dem Präsidenten eine Krawatte umbindet, war mit offenem Hemd angereist, und Sir Jacks Portiers wollten ihn das Allerheiligste nicht betreten lassen. Irina versuchte, die Paragraphenreiter umzustimmen, als Sir Jack persönlich erschien, seine eigene Krawatte abband und die Gäste hineinführte.

Drei Wochen später bestritt Chelsea ein Auswärtsspiel gegen Birmingham City. Abramowitschs Ehrengast bei dieser Gelegenheit war Polina Deripaska, die in Millfield erzogene Frau seines einstigen RusAl-Partners Oleg Deripaska. Die Deripaskas und die Abramowitschs sind seit langem miteinander befreundet, und die Ersteren werden in Zukunft wahrscheinlich mehr Zeit im Vereinigten Königreich verbringen, da sie Ende 2004 für 25 Millionen Pfund ein Regency-Haus am Belgrave Square erworben haben. Vorher besaßen sie bereits ein Heim in St. George's Hill Estate, das dem Städtchen Weybridge in der Millionärsgegend von Surrey angegliedert ist. Polina gehört zwei Dynastien an, denn sie ist nicht nur die Ehefrau eines Mannes mit einem auf 3 Milliarden Euro geschätzten Vermögen, sondern zugleich die Stieftochter von Abramowitschs alter Freundin Tatjana Djatschenko, deren Vater – der frühere Präsident Boris Jelzin – das Privatisierungsprogramm einleitete und dem jungen Roman die Gelegenheit verschaffte, Milliarden einzunehmen. Die Deripaskas leben wie die Abramowitschs in großem Stil, und der Familienkoch legt ihnen jeden Tag ein gedrucktes Menü mit ausgeklügelten Speisen vor. Oleg pendelt mit seinem eigenen Dassault Falcon 900 zwischen Großbritannien und Moskau hin und her.

Zum Match in Birmingham waren Abramowitsch und Polina sowie ein halbes Dutzend Berater mit dem Boeing Business Jet des Oligarchen aus Cornwall gekommen, nachdem die Maschine vom Royal-Air-Force-Stützpunkt St. Morgans bei Newquay eine Sondererlaubnis zur Landung und zum Start erhalten hatte. Ihr Ziel im West Country war Rick Steins berühmtes Seafood Restaurant bei Padstow gewesen. Nach einer kräftigen Mahlzeit fuhren sie zurück zum Luftwaffenstützpunkt und flogen in die Midlands, wo eine Reihe Limousinen wartete, mit denen sie die acht Kilometer zum Stadion zurücklegten. Bei einer anderen Gelegenheit begleitete Abramowitsch Polina zum Lunch in Raymond Blancs Restaurant Le Manoir aux Quatre Saisons in Oxfordshire, wo ein »Florette Sea and Earth Salad« 600 Pfund kostet. Dafür erhält der glückliche Gast goldenen Kaviar, Trüffeln, Langusten, Jabugo-Schinken, cornische Krabben und Hummer sowie einen in ein Goldblatt gewickelten Weißfisch.

Für die Routenplanung und das Personal von Abramowitschs Flugzeugen ist Mike Savary zuständig, der vorzugsweise Brioni-Anzüge tragende Chef von Global Jet Concept in Genf. Savary, einstiger Verkaufsdirektor bei TAG Aviation, ist ein charismatischer blonder Schweizer Ende vierzig, der eitel genug ist, sich zweimal im Monat Gesichtspackungen verabreichen zu lassen. Nach einer Begegnung mit Boris Beresowski in den neunziger Jahren gründete er seine eigene Firma und verfügt nun über 14 Jets unterschiedlicher Größe. Er beschäftigt mehr als 60 Piloten und ein Team von Stewards und Stewardessen. Geschätzte 90 Prozent seiner Kunden sind Russen. Savary soll nur einen Minderheitsanteil an dem Unternehmen besitzen, und es heißt, die anderen Hauptaktionäre seien Beresowski und – interessanterweise – dessen ihm angeblich entfremdeter früherer Geschäftspartner Abramowitsch. Dies wird von Savarys Stellvertreter Laurent Autier vehement bestritten, und ein Sibneft-Sprecher sagt, es sei »absolut unwahr«. Savary kann sein Vermögen zwar nicht mit dem eines Oligarchen vergleichen, doch Global Jet hat ihn zu einem sehr reichen Mann gemacht. Seine Einnahmen haben es ihm ermöglicht, sich ein Anwesen am Genfer See, ein Restaurant in Lausanne sowie einen schwarzen Austin Martin Vanquish und einen Ferrari zuzulegen.

Savary festigte seine Beziehung zu Abramowitsch im September 2002, als der Russe den Erwerb seines Boeing Business Jet mit einer einwöchigen Vergnügungsreise nach Kuba feierte. Neben Savary und Abramowitsch nahmen an dem reinen Männer-Ausflug Jewgeni Schwidler, Eugene Tenenbaum sowie Platon Lebedew und Alex Kirschnew, zwei weitere Geschäftsleute, teil. Für die Betreuung an Bord war Inga Leutsche zuständig; Savarys Leiterin der Flugbegleitung ist eine attraktive, zwischen 30 und 40 Jahre alte Blondine aus Norwegen mit Wohnsitz in Genf. Als die Maschine am Londoner Flughafen Luton landete, um Schwidler abzuholen, musste Leutsche zurückbleiben. Sie hatte sich beim Öffnen einer Kaviardose den Arm aufgeschnitten – ein Berufsrisiko in der Welt der Oligarchen – und sollte im Krankenhaus behandelt werden. Damit mussten sich ihre schwedische Kollegin Pia Knuttson und die polnische Schönheit Jade, die in Paris wohnt, allein um die Passagiere kümmern.

Das weitere Schicksal von zweien der Männer, die den Ausflug nach Havanna machten, illustriert, wie verletzlich die Oligarchen sind. Lebedew, früher Michail Chodorkowskis rechte Hand bei Jukos, wurde im Sommer 2003 verhaftet und wegen Betrugs angeklagt. Er befindet sich nach wie vor hinter Gittern. Kirschnew wurde im Dezember 2004 eingesperrt, weil er einen Regierungsvertreter mit einem 90 000 Euro teuren Mercedes bestochen haben soll. Während er im Gefängnis saß, unternahmen Angestellte der Rolls-Royce-Verkaufsstelle am Londoner Berkeley Square zunehmend verzweifelte Versuche, ihn zu erreichen. Kirschnew hatte den schwarzen Rolls-Royce Phantom mit den burgunderfarbenen Ledersitzen, der im Schaufenster stand, bestellt und auf den Kaufpreis von 210 000 Pfund eine Anzahlung von 70 000 Pfund geleistet. Allein für die Sonderausstattung, zum Beispiel übergroße Räder und Sessel im Fond, waren 85 000 Pfund fällig.

Abramowitsch ist zwar Eigner von zwei großen Düsenmaschinen, doch Global Jet Concept stellt die Besatzung und sorgt dafür, dass die Flugzeuge aufgetankt und die Landegebühren bezahlt werden. Die Extravaganz des Milliardärs macht ihn zu einem sehr lohnenden Kunden. Bei einer denkwürdigen Gelegenheit ließ er Sushi im Wert von 1200 Pfund beim Ubon in der Canary Wharf, dem Schwesterrestaurant des Nobu, bestellen. Von dort wurde es mit einer Limousine zum Flughafen Luton gebracht, wo ein Jet wartete und es fast 5000 Kilometer weit nach Baku in Aserbaidschan beförderte. Diese Laune kostete 40 000 bis 50 000 Pfund zusätzlich.

In einem anderen Fall hielt sich Abramowitsch vor Alaska an Bord einer seiner Jachten auf und musste zu einem Match im Stadion Stamford Bridge reisen. Er startete vom Helipad seines Schiffes und steuerte den Flughafen Anchorage an. Dort stieg er in einen seiner Jets und flog nach London. Nach dem Spiel machte er die gleiche Reise in umgekehrter Richtung. Das Vergnügen, 90 Minuten lang zuzusehen, wie 22 Männer einen Ball kickten, hätte ihn 200 000 Pfund gekostet, wenn ihm die Flugzeuge nicht gehört hätten, aber er muss trotzdem Zehntausende für Treibstoff, die Mannschaft und die Landegebühren aufgewandt haben.

Man sollte erwähnen, dass Abramowitsch nicht der Einzige ist, der eine sehr laxe Haltung zu seinen persönlichen Kosten hat. Ein anderer Oligarch, dessen Privatjet ein oder zwei Jahre unweit der Rollbahn von Luton stand, nutzte das Flugzeug lediglich, um sich mit Freundinnen aus dem Ausland zum Lunch zu treffen. Das Bodenpersonal, das die Maschine versorgte, reimte bald: »Klopf bloß nicht an, wenn die Kiste wippt, Mann.«

Savarys Piloten beziehen je nach Dienstalter ein Gehalt zwischen 60 000 und 90 000 Pfund, aber sie profitieren auch von Abramowitschs Großzügigkeit. Es kommt nicht selten vor, dass Piloten von Jets und Hubschraubern Umschläge mit Trinkgeldern in Höhe von 1000 Pfund zugesteckt werden, während die Fahrer der Limousinen 200 bis 300 Pfund erwarten können. »Er behandelt seine Leute sehr gut«, bemerkt ein Insider.

Von allen Mitgliedern aus Abramowitschs innerem Kreis, die häufig Reisen unternehmen, scheint Schwidler die größten Schwierigkeiten zu haben. Aus irgendeinem Grund hat ihn die Geheimpolizei Special Branch aufs Korn genommen. Passagiere, die mit Privatjets eintreffen, werden selten aufgehalten. Ein Branchenexperte gibt an, dass nur eine von 40 Personen gründlicher kontrolliert wird. Aber immer wenn der CEO von Sibneft im Vereinigten Königreich landet, durchsucht man routinemäßig nicht nur ihn, sondern auch sein Gepäck und sein Auto. Wahrscheinlich hat dies mit der Tatsache zu tun, dass er selten mit weniger als 60 000 Dollar in bar unterwegs ist. »Er fühlt sich unbekleidet, wenn er nicht so viel Geld bei sich trägt«, meint ein Gewährsmann. »Einen so großen Geldgürtel haben Sie noch nicht gesehen.«

Abramowitschs Beziehung zu Beresowski scheint verwickelter zu sein, als die beiden zugeben wollen. In einem Interview mit uns sagte Beresowski, Abramowitsch und er hätten seit den Verhandlungen über seinen Rückzug aus Sibneft im Jahre 2000 nicht mehr miteinander gesprochen. Aber er betonte auch: »Ich bin nicht sein Feind.« Im Juli 2003 bestätigte Abramowitsch der *Sunday Times* gegenüber, dass sie keinen Kontakt mehr miteinander hätten.

Es gibt gute Gründe für die beiden, ihre gegenseitige Entfremdung zu betonen. Schließlich würde Putin der Gedanke nicht gefallen, dass sein Lieblingsoligarch mit dem Mann umgeht, um dessen Auslieferung aus Großbritannien er sich jahrelang bemühte und dessen Asylgewährung durch das Innenministerium ihn so sehr erbost hatte. Beresowski ist weiterhin davon überzeugt, dass Putin seinen Tod wünscht, und an Tagen, an denen er sich besonders bedroht fühlt, mietet er manchmal sechs identische Limousinen, die im Konvoi durch das Tor seines Hauses in Egham fahren, sich dann jedoch in drei Paare spalten und unterschiedliche Richtungen einschlagen, um mögliche Verfolger zu verwirren.

Im Jahre 2003 schickte Abramowitsch zwei riesige Blumenlieferungen an Beresowski. Die erste Sendung von 200 Rosen, bestellt bei dem Blumenhändler Paul Thomas in Mayfair, füllte den Kofferraum und den Rücksitz eines Mercedes der S-Klasse. Zusätzlich ließ Abramowitsch der Frau seines ehemaligen Partners Glückwünsche zum Geburtstag und »eine große Torte« von der Patisserie Valerie in Knightsbridge zukommen. Der zweite »Geburtstagsstrauß« war für Beresowski selbst bestimmt. Ein weiteres Anzeichen dafür, dass sich die beiden Männer vielleicht doch näherstehen, als man allgemein vermutet.

Außerdem borgte sich Schwidler Beresowskis Bombardier Global Express Jet, um 2003 zu einem Chelsea-Spiel von Farnborough nach Liverpool zu fliegen. Beresowski wiederum benutzt Schwidlers Eurocopter, den dieser Anfang 2003 für 4,7 Millionen Euro erstand. Der in Nizza stationierte Hubschrauber wird hauptsächlich für den Transport von Passagieren in nahe gelegene Villen eingesetzt.

■ ■ ■

Nähere Auskünfte über die seelischen Schmerzen, unter denen Abramowitsch als Teenager litt, als er mit Liebeskummer fertig werden musste, liefert eine Frau aus seiner damaligen Umgebung. Sie kannte den mittlerweile kaltäugigen Oligarchen als sentimentalen Verehrer, dem eine untreue Freundin das Herz brach. Diese verließ ihn, weil sie meinte, er habe keine guten Zukunftsaussichten. Das Mädchen, das, wie sich zeigte, das schlechteste Urteilsvermögen in ganz Russland besaß, hieß Viktoria Saborowskaja, wurde jedoch von allen Wika genannt. Sie studierte am Industrie-Institut Uchta. Abramowitsch verliebte sich als Teenager in sie, doch die Romanze wurde unterbrochen, als die Armee ihn 1984 zum Wehrdienst einberief. Die beiden blieben telefonisch in Verbindung, und Wikas Freundin Swetlana Sujetina erinnert sich: »Er war verrückt nach ihr. Sie arbeitete hier in Uchta als Model. Wika war sehr attraktiv, was sie auch wusste, und deshalb wollte sie einen wirklich vielversprechenden Ehemann finden, der ihr ein besseres Leben ermöglichen würde. Sie galt als guter Fang, und ich war sehr überrascht, als ich merkte, dass sie eine engere Beziehung mit Roman einging. Damals konnte man ihn bestimmt nicht als Mann ihrer Träume bezeichnen. Zum Beispiel war er nicht reich, sondern vielmehr arm. Er war nicht berühmt und stammte aus keiner einflussreichen Familie, aber er hatte sich in sie verliebt. Es litt sehr, weil er sie unbedingt heiraten wollte.«

Ihr Zaudern war nicht das einzige Hindernis. Abramowitschs Tante und Onkel lehnten Wika ab, weil sie zu flatterhaft für ihren soliden Neffen sei. Und die beiden hatten Recht. Obwohl das Paar zur Zeit von Abramowitschs Wehrdienst viele romantische Telefonate führte, hatte Wika gleichzeitig eine andere Affäre.

»Es war lustig, sie am Telefon zu beobachten, wie sie mit Roman turtelte – eine Minute nachdem sie aus der Wohnung ihres Liebhabers zurückgekehrt war. Roman ließ sich irreführen. Er glaubte wirklich, dass sie sich seine baldige Rückkehr wünschte.«

Erst nachdem Abramowitsch als 20-jähriger Zivilist nach Uchta zurückgekehrt war, kam er Wika auf die Schliche und war monatelang untröstlich. Sujetina und seine frühere Freundin gehörten einer Gruppe von Studenten und Studentinnen an, deren Eltern bedeutende Apparatschiks waren.

»Ich war in einer recht stark abgeschotteten Clique, und gewöhnlich nahmen wir keine Unbekannten auf. So war das in jenen Tagen. Ich weiß nicht, wie Roman zu uns stieß, aber 1983 tauchte er eines Abends plötzlich auf. Es war Winter, und wir feierten eine Party im Studentenverband, als ich ihn bemerkte. Ich fragte: ›Wer ist der Junge?‹, und all meine Freunde antworteten, er heiße ›Roma‹. Er schien bereits jeden zu kennen, aber wir hatten keine Ahnung, woher er kam. Er sah aus wie ein Student aus einer armen Familie. Bald schlossen wir engere Freundschaft – nicht auf romantische Art, aber er teilte immer seine Liebesgeheimnisse mit mir.« Weniger offen äußerte sich Roman über seine Herkunft, und es dauerte einige Zeit, bis Sujetina erfuhr, dass er Waise war. »Roman wirkte immer unabhängig und hatte seine eigenen Ansichten«, erinnert sie sich. »Es lag wahrscheinlich an seiner Kindheit, als er stark sein musste, um zu überleben ... Sein Onkel verwöhnte ihn als Kind nie, aber er wusste, dass Roman etwas Besonderes war, und wollte, dass er Militärattaché wurde.«

Abramowitschs Niedergeschlagenheit endete, als er das Mädchen kennen lernte, das seine erste Frau werden sollte. Olga Lyssowa bezauberte ihn wie vorher Wika, aber auch diesmal billigten nicht alle seine Wahl.

»Meiner Meinung nach war sie ein äußerst seltsames Mädchen und sehr arrogant«, meint Sujetina. »Sie stammte aus einer sehr guten Familie. Ihr Vater bekleidete in kommunistischen Zeiten irgendein hohes Amt, und fast die ganze Stadt wusste, dass sie durch einen durchreisenden Schauspieler schwanger geworden war. Als sie ihre Tochter Anastasia zur Welt brachte, war sie erst 18 Jahre alt. Ihre Eltern grämten sich so sehr, dass sie Olga zu ihrer Großmutter schickten, um den Gerüchten und der Schande zu entgehen.«

Das alles konnte Abramowitsch jedoch nicht abschrecken. Er war entschlossen, die anfangs zögernde Olga für sich zu gewinnen. Es gelang ihm, und das Paar heiratete 1987. Aber die beiden befanden sich in einer schwierigen Situation. Abramowitsch mangelte es fast immer an Geld, und häufig bat er seine Freundin Sujetina, Mahlzeiten zu bezahlen oder ihm Grundnahrungsmittel wie Fleisch zu kaufen. Später wechselte er aus Uchta zum Moskauer Straßenverkehrsinstitut über, das er mit einem Diplom verließ. Nach zwei Jahren in Moskau war er wohlhabend genug, »Sweta« zu einem teuren Essen in ein Café einzuladen, »das nur von Prostituierten und Leuten mit nicht selbst erarbeitetem Einkommen besucht wird«.

Sujetina begegnete ihm zum letzten Mal 1992, als er sich von Olga getrennt und Irina geheiratet hatte. »Er holte mich am Flughafen ab und sagte: ›Du kannst mir gratulieren, meine neue Frau Irina hat eine wunderbare Tochter geboren.‹ Ich fragte ihn nach Olga, aber er winkte nur ab. ›Oh, ich habe ihr unsere Wohnung überlassen. Sie meinte, es würde Anastasia schwerfallen umzuziehen, weil ihre Schule in der Nähe ist. Also habe ich ihr die Wohnung gegeben.‹«

Wika zu vergessen fiel Abramowitsch weniger leicht. Vierzehn Jahre nachdem sie ihm den Laufpass gegeben hatte, beauftragte er seine Mitarbeiter, sie aufzuspüren. Inzwischen war Wika ebenfalls verheiratet, doch als ein Mann, der sich als Freund von Abramowitsch bezeichnete, an ihre Tür klopfte, hörte sie ihm zu. Er erklärte, dass ihr Jugendfreund sie wiedersehen wolle. Wika nahm an, Abramowitsch werde sie persönlich abholen, aber der Besucher nannte eine Zeit und einen Ort für die Begegnung. »Ich wartete vor dem Haus, das mir als Treffpunkt genannt worden war«, berichtete sie später ihrer Freundin Sujetina. »Plötzlich hielten drei gepanzerte Fahrzeuge neben mir. Ein paar Männer mit Maschinenpistolen stiegen aus. Mein Gott, ich hatte alles Mögliche erwartet, aber nicht das. Ich war ziemlich verängstigt. Sie fragten mich: ›Sind Sie Viktoria?‹

Ich nickte.

›Kommen Sie rein‹, riefen die Männer. ›Roman Arkadjewitsch erwartet Sie.‹ Dann begleiteten sie mich in ein riesiges Gebäude mit einer enormen Eingangshalle. Plötzlich erschien Roman. Es erinnerte mich an eine Szene aus alten Filmen über die großen russischen Zaren. Ich war so überwältigt von der Schönheit und Herrlichkeit meiner Umgebung.«

Beim Anblick des Mannes, den Viktoria als mittellosen Studenten in Erinnerung hatte, stammelte sie: »O nein, Roma, gehört dir das wirklich alles?«

Zusammenfassend meinte Wika: »Wir verbrachten einen sehr schönen Abend miteinander. Ich hatte einige alte Fotos von uns und unseren Freunden bei mir. Wir schauten sie uns an und sprachen über die Vergangenheit. Er sagte: ›Oh, Wika, ich vermisse die alten Zeiten so sehr. Am liebsten möchte ich zurückkehren und wieder einmal mit euch zusammen sein.‹«

Abramowitsch fuhr fort, nach der Trennung von ihr, Wika, habe er Olga geheiratet, sei von ihr geschieden worden und habe dann Irina geehelicht. Wika erzählte ihm ihrerseits, sie habe einen »einigermaßen wohlhabenden« Gatten. An dieser Stelle machte Abramowitsch, vermutlich von Nostalgie übermannt, ein typisch großzügiges Angebot. Er wolle »etwas Nettes« für sie tun und fragte, ob er ihr ein Auto kaufen dürfe. Oder einen Pelzmantel? Oder könne er ihr ein Wochenende in Paris spendieren?

Wika lehnte ab. Gegenüber Sujetina meinte sie: »Wie hätte ich das meinem Mann erklären sollen?«

■ ■ ■

Die englische Ausgabe dieses Buches erregte bei ihrem Erscheinen internationale Aufmerksamkeit, doch nichts konnte die Publicity übertreffen, als verlautete, dass ein prominenter Showbusiness-Produzent Abramowitschs Lebensgeschichte zum Gegenstand eines West-End-Musicals machen wolle. Die *Sun* meldete unter der Schlagzeile »Red Rom, the Musical?«, dass Rod Stewarts ehemaliger Manager Billy Gaff am Kauf der Rechte interessiert sei. Die Zeitung schrieb, man werde Sir Elton John beauftragen, die Songs zu komponieren, und druckte ein erfundenes Werbeposter mit dem Titel »The Show Moscow On«. Die Nachricht der Boulevardzeitung wurde rasch von den internationalen Medien der Welt aufgegriffen. »Elton John wird Musical für russischen Milliardär Abramowitsch komponieren«, posaunte die *Moscow Times* auf ihrer Titelseite. »Die britische Raserei um den Besitzer des Fußballvereins Chelsea, Roman Abramowitsch, scheint neue Höhepunkte zu erreichen, nachdem am letzten Mittwoch enthüllt wurde, dass ein Showbusiness-Produzent überlegt, die Lebensgeschichte des Ölmagnaten in ein Musical zu fassen«, war in der *St. Petersburg Times* zu lesen. Die Neuigkeit kursierte bald auch in fernen Ländern wie den Vereinigten Staaten, Australien und Japan. Sie erschien sogar auf der indischen Website onlypunjab.com.

Abramowitschs Sprecher John Mann, der aus Anlass dieser Berichte mit Anrufen überschüttet wurde, wahrte seinen Humor. Als die Geschichte sich derart auswuchs, dass sogar von der Möglichkeit eines

Hollywoodfilms gesprochen wurde, rief er uns aus Moskau an und schlug uns scherzhaft vor, seine Rolle durch Will Smith spielen zu lassen.

Am 23. Dezember 2004 machte Präsident Putin auf einer dreistündigen Pressekonferenz im Kreml eine Äußerung, die allen Oligarchen, Abramowitsch eingeschlossen, einen Schauder über den Rücken laufen ließ: »Wir alle wissen sehr gut, wie die Privatisierung hier in den neunziger Jahren abgewickelt wurde. Mit verschiedenen Tricks und manchmal unter Verletzung der Gesetze gelangten Marktteilnehmer in den Besitz von Staatseigentum, das viele Milliarden [Dollar] wert ist. Heute sichert der Staat seine Interessen mittels eines völlig legalen Marktmechanismus.« Die Pressekonferenz, auf der er dies verkündete, war einberufen worden, um die staatliche Übernahme von Juganskneftegas – dem Förderbetrieb von Jukos, der 11 Prozent des russischen Öls liefert – zu rechtfertigen.

Inzwischen saß Michail Chodorkowski, der Hauptaktionär von Jukos, seit 14 Monaten im Gefängnis und hatte keine Möglichkeit zu verhindern, dass die zentrale Förderanlage seines Unternehmens zu einem Schleuderpreis an einen mysteriösen Bieter namens Baikal-Finanzgruppe versteigert wurde. Deren offizielle Adresse wurde angeblich bis in ein Mobiltelefongeschäft und in einen ganztägig geöffneten Lebensmittelladen in der Provinzstadt Twer nordwestlich von Moskau zurückverfolgt. Baikal finanzierte den Kaufpreis in Höhe von 9,35 Milliarden Dollar – nach Schätzungen die Hälfte des tatsächlichen Wertes von Juganskneftegas – mit kurzfristigen Krediten der beiden staatseigenen Banken Sberbank und Wneschtorgbank. Innerhalb von Tagen wurde Baikal dann von der staatlichen Ölgesellschaft Rosneft übernommen. Ein führendes liberales Regierungsmitglied sagte, der Kauf habe »den diesjährigen Preis für das zweifelhafteste Geschäft des Jahres verdient«. Es dürfte keine Überraschung sein, dass man den Mann später entließ.

Dem Anschein nach war der unlautere staatliche Erwerb von Juganskneftegas ein schlechtes Omen für Abramowitsch, der kurz vor Chodorkowskis Verhaftung im Oktober 2003 einen Fusionsvertrag mit Jukos geschlossen hatte. Nachdem Putin, wie erwähnt, die Fusion für nichtig erklärte, bestätigten die Gerichte diesen Entscheid und gaben Sibneft durch zwei Urteile den Großteil der Jukos übertragenen Aktien zurück.

Zurzeit arbeitet Abramowitsch darauf hin, auch die letzten 20 Prozent, für die er von Jukos 3 Milliarden Dollar erhalten hat, wieder in seinen Besitz zu bekommen.

Was allerdings Jugansknefregas betraf, so konnte sich Putin nicht in jeder Hinsicht durchsetzen. Ein Gericht in Houston entschied, infolge der Fragwürdigkeit des Geschäfts müsse jeder, der ein Gebot für Jugansknefregas abgab, damit rechnen, dass seine entsprechenden Vermögenswerte, sobald er den russischen Rechtsraum verließ, beschlagnahmt werden würden. Zunächst nahmen die meisten Interessenten der Auktion die Androhung eines texanischen Gerichts nicht ernst, doch nachdem Anwälte die Konsequenzen des Urteils genauer überprüft hatten, änderten potenzielle Investoren ihren Standpunkt. Die Chinese National Petroleum Corporation (CNPC) und die Oil and National Gas Corporation of India (ONGC), die beide die Rosneft-Akquisition von Baikal durch den Kauf von zwei 15- bis 20-prozentigen Anteilen an Jugansknefregas mitzufinanzieren bereit waren, sahen sich angesichts der möglichen Folgen des Geschäfts zum Rückzug gezwungen.

Die geplante Zusammenlegung von Rosneft und dem russischen Gasmonopolisten Gasprom wurde ebenfalls ausgesetzt, da sich die Führungsmannschaften nicht darauf einigen konnten, wer für welchen Teil des fusionierten Unternehmens zuständig sein würde. Außerdem fürchtete das Management von Gasprom die möglichen Folgen einer Fusion mit Jugansknefregas für die geplanten Exporte von flüssigem Erdgas in die USA.

Die schärfste Wirkung hatten jedoch die Worte des Mannes, dem Putin alles genommen hatte. In einem offenen Brief mit der Überschrift »Eigentum und Freiheit« erklärte Chodorkowski: »Viele mögen es für seltsam halten, aber mich von meinem Eigentum zu trennen bereitet mir keine unerträglichen Schmerzen ... Im vergangenen Jahr wurden die 15 Milliarden Dollar [sein persönliches Vermögen], über die das *Forbes Magazine* schrieb, in einen unbedeutenden Betrag verwandelt, und auch der wird bald ganz verschwunden sein. Wie viele Häftlinge vor mir, bekannte wie unbekannte, sollte ich mich beim Gefängnis bedanken. Es hat mir Monate der intensiven Kontemplation ermöglicht ... Ich möchte die jungen Menschen der heutigen Zeit – diejenigen, die bald Machtpositionen einnehmen werden – warnen. Seid nicht eifersüchtig auf vermögende Personen… Reichtum eröffnet neue Möglichkeiten, aber er versklavt die schöpferischen Fähigkeiten und ergreift Besitz von der Persönlichkeit. Natürlich würde ich unserem Land gern helfen, sich zu entfalten und frei zu werden. Aber wenn mich die Behörden im Gefängnis behalten wollen, bin ich bereit zu warten. Sie wollen mich fünf Jahre oder länger verschwinden lassen, weil sie fürchten, ich könnte Rache nehmen. Diese engstirnigen Menschen glauben, dass jeder nach ihren Maßstäben lebt.« Das klang eher nach einem Wahlprogramm als nach einem Schuldbekenntnis: Dieser seines finanziellen Einflusses beraubte Mann schien politische Macht anzustreben. Und allein aus diesem Grund wird Putin ihn vermutlich noch jahrelang hinter Gittern schmachten lassen.

■ ■ ■

Unterdessen war Abramowitsch ebenfalls in ein Gerichtsverfahren verwickelt. Im Januar 2005 enthüllte eine BBC2-Dokumentation mit dem Titel »Sweeny untersucht«, er sei auf Rückgabe von mehreren Millionen Euro an öffentlichen Geldern verklagt worden, die man für gefährdete Unternehmen in Osteuropa vorgesehen hatte. Am rufschädigendsten war die Behauptung, ein Teil der in Frage stehenden 13,5 Millionen Euro sei für maßlosen Luxus – beispielsweise rund 18 000 Dollar für kosmetische Behandlungen seiner Frau – ausgegeben worden. Kläger ist die in London ansässige European Bank of Reconstruction and Development (EBRD), die teilweise durch den britischen Steuerzahler unterhalten wird. 1997 stellte sie einer russischen Bank namens SBS Agro einen stattlichen Kredit zur Verfügung. Als Sicherheit forderte die EBRD das Erstrecht auf einen Kredit in Höhe von 13,5 Millionen Euro, den die Bank einem Unternehmen namens Runikom SA, Abramowitschs in der Schweiz ansässiger Ölhandelsfirma, gewährt hatte. Nachdem SBS Agro einen der spektakulärsten Untergänge des russischen Börsenkrachs der späten neunziger Jahre erlitt, verschwanden gewaltige Beträge und ungezählte Unterlagen. Während die EBRD versuchte, ihr Geld zurückzuerhalten, behauptete Runikom, der Kredit sei vor dem Bankrott der SBS Agro beglichen worden, und legte entsprechende Dokumente vor. Bei der Prüfung der Papiere stieß die EBRD auf »zahlreiche Widersprüche« und gelangte zu dem Schluss, dass die Dokumente gefälscht seien.

Die Angelegenheit wurde in Russland vor Gericht verhandelt, und im Januar 2002 entschied ein Berufungsgericht im Sinne der EBRD. Vier Monate später musste die Runikom SA allerdings Bankrott anmelden, und damit hätte der Fall enden können. Die Vertreter der Bank behaupten jedoch, dass vor der Schließung des Unternehmens hohe Summen an eine Firma namens Runikom Ltd. in Gibraltar überwiesen worden seien. Bei einer genaueren Untersuchung der Konten des stillgelegten Unternehmens will die EBRD zudem entdeckt haben, dass Runikom Hunderttausende für persönliche Ausgaben abgezweigt hat. Neben den kosmetischen Behandlungen von Frau Abramowitsch hatte das Unternehmen den Kauf von zwei Jachten bei einer Werft in Cannes finanziert. Ebenso wurde eine Hotelrechnung in Höhe von 7000 Euro für Abramowitsch und seinen Freund Alexander Mamut beglichen.

Da man bei der EBRD wusste, dass der britische Steuerzahler die Gesichtsmassagen einer Milliardärsfrau nicht gern bezahlen wollen würde, gab die Bank bekannt, sie werde Abramowitsch, wie lange es auch dauern mochte, vor internationalen Gerichten zur Rechenschaft ziehen.

■ ■ ■

Abramowitsch sah sich für seine Entlassung von Claudio Ranieri heftigen Anwürfen ausgesetzt, doch bald hatte man den Eindruck, dass die Berufung José Mourinhos anstelle des Italieners ein Geniestreich war. Die Zeichen standen seit dem ersten Premiership-Match der Saison überaus günstig. Eine Begegnung mit Manchester United ist in jedem Fall eine schwierige Aufgabe, doch für einen neuen Trainer, der ein Team für das erste Ligaspiel aufstellte, ließ sich die Herausforderung kaum übertreffen. Fünf Spieler gaben an dem Tag ihr Debüt für Chelsea, aber es war einer der alten Kämpen, Eidur Gudjohnsen, der in der 15. Minute den Siegtreffer im Stadion Stamford Bridge erzielte. Damit waren die Weichen für eine Saison gestellt, die als eine der erfolgreichsten in die Geschichte des Clubs eingehen dürfte.

Bald wurde deutlich, dass Mourinho eine vorsichtige Taktik einschlug.

Das Transparent eines Liverpooler Fans sagt vor Spielbeginn das Ergebnis voraus: Trotz Abramowitschs Millionen scheitert Chelsea am 3. Mai 2005 im Halbinal-Rückspiel der Champions League.

Sein Nachdruck auf einer soliden Verteidigung hatte zur Folge, dass Chelsea erst im vierten Ligaspiel das erste Gegentor in der Premiership hinnahm, und Torhüter Petr Čech sorgte auch in den folgenden vier Spielen für Zu-null-Spiele. Aber während sich Chelsea in den ersten neun Premiership-Matches 20 von 27 möglichen Punkten erkämpfte, schoss es nur neun Tore. Nach der gleichen Anzahl von Spielen hatte Arsenal bereits 29 Treffer erzielt. Die Kost war so trocken, dass gegnerische Fans zu singen begannen: »Ödes, ödes Chelsea.« Und als die Blues ein Auswärtsspiel gegen Manchester City mit 1:0 verloren, fragten die Zweifler, ob Mourinhos Taktik sinnvoll sei. Aber das Spiel gegen Blackburn Rovers im Stadion Stamford Bridge im Spätoktober brachte die Wende. Nachdem

Gudjohnsen einen Hattrick erzielt und Damien Duff ein viertes Tor hinzugefügt hatte, stimmten die eigenen Fans ironisch den Gesang »Ödes, ödes Chelsea« an.

Es war das erste Mal, dass Mourinhos Männer mehr als zwei Tore in einem Ligaspiel verzeichnen konnten, und danach wurde ihr Torrekord auf die Probe gestellt. In der zweiten Serie von neun Spielen der Saison 2004/05 schoss Chelsea nicht weniger als sechsmal vier Tore und schaffte insgesamt 29 Treffer. Weihnachten hatte es einen beruhigenden Vorsprung an der Tabellenspitze vor Arsenal, Everton und Manchester United, und man hörte die ersten vorsichtigen Spekulationen darüber, dass Mourinho vier Trophäen erringen könne. Alex Fergusons Manchester United hatte 1999 den Europapokal, die Premiership und den FA-Pokal gewonnen. Konnte Chelsea diese Leistung übertreffen, indem es sich in den genannten Wettbewerben und dazu im Carling Cup durchsetzte? Anfang 2005 war Chelsea in allen vier Konkurrenzen gut platziert. Es hatte bereits seine Gruppe in der Champions League dominiert und dabei zwei Siege über ZSKA Moskau errungen, das russische Team, das von Abramowitschs Ölkonzern gesponsert wird. Im Carling Cup schlug Chelsea Manchester United in Old Trafford und bezwang im Finale den FC Liverpool. Und auch im FA-Pokal machte es in den ersten Runden gute Fortschritte, unterlag dann jedoch Newcastle United. Immerhin kann man damit noch auf drei Trophäen hoffen.

Die Erfolge haben Mourinho für Chelsea-Fans zum Volkshelden gemacht. Von ihm verpflichtete Spieler wie Arjen Robben oder Didier Drogba mögen rasch zu Favoriten der Zuschauer an der Stamford Bridge geworden sein, aber es ist Mourinho, der das neue Chelsea verkörpert. Das Heimpublikum jubelt ihm bei jeder Gelegenheit zu, und die Stammgäste im Chelsea-Pub The Sporting Page rufen »José Mourinho, José Mourinho«, wenn sich die Fernsehkameras im Spielverlauf auf ihn richten. Es ist ihm sogar gelungen, seine Trainerkollegen für sich zu gewinnen, vornehmlich den reizbaren Alex Ferguson, den er freundschaftlich als »Boss« tituliert. Ein Fußballreporter bezeichnete die wachsende Herzlichkeit zwischen den beiden als »Liebesfeier«. Auf jeden Fall hat Ferguson eine hohe Meinung von seinem portugiesischen Kollegen. »Ich mag José«, sagte er, nachdem Chelsea im Carling-Cup-Halbfinale einen Auswärtssieg über sein Team errungen hatte. »Er hat einen prächtigen Humor und einen teuflischen Verstand.«

Die ersten Zeichen des Erfolgs hatten für Abramowitsch jedoch einen hohen Preis. Ende Januar 2005 gab Chelsea für das Steuerjahr 2003/04 einen Verlust von 88 Millionen Pfund bekannt. Es war ein beispielloses Defizit für einen Premiership-Verein, denn bis dahin hatte Leeds United im Jahre 2002 den Rekord mit 33,8 Millionen Pfund gehalten. Allerdings sah es nicht so aus, als würde Abramowitsch deshalb zu sparen anfangen. Am selben Tag, an dem die Bilanz veröffentlicht wurde, kursierten in der Presse Gerüchte, dass Chelsea für Steven Gerrard von Liverpool 30 Millionen Pfund bieten wolle. Es wird weder das letzte Gerücht noch das letzte Gebot bleiben.

Trainer José Mourinho richtet seinen enttäuschten Spieler Claude Makelele wieder auf, nachdem der FC Chelsea das Champions-League-Halbfinalrückspiel gegen den FC Liverpool verloren hat.

Bibliographie

Folgende Bücher waren uns für unsere Arbeit besonders nützlich:

Bower, Tom, *Broken Dreams: Vanity, Greed and the Souring of British Football*. London: Simon and Schuster, 2003.
Freeland, Chrystia, *Sale of the Century: Russia's Wild Ride from Communism to Capitalism*. Toronto: Doubleday Canada, 2000.
Geworkjan, Natalija, Andrei Kolesnikow, Natalja Timakowa [Hrsg.], *Aus erster Hand: Gespräche mit Wladimir Putin*. München: Heyne, 2002.
Gray, John, *False Dawn: The Delusions of Global Capitalism*. London: Granta Books, 1998.
Hoffman, David, *The Oligarchs: Wealth and Power in the New Russia*. New York: Perseus Public Affairs, 2002.
Jelzin, Boris, *Auf des Messers Schneide. Tagebuch des Präsidenten*. Berlin: Siedler, 1994.
Meehan, Mark, *Blue Tomorrow? The Football, Finance and Future of Chelsea Football Club*. Manchester: Empire Publications, 2000.
Tregubowa, Jelena, *Bajki kremljowskogo diggera*. Moskau: Ad Marginem, 2003 (»Kleine Geschichtchen einer Kreml-Reporterin«, bisher nur auf Russisch erschienen).
Truscott, Peter, *Putin's Progress*. London: Simon and Schuster, 2004.
Yergin, Daniel, *The Prize. The Epic Quest for Oil, Money and Power*. New York, London: Free Press, 2003.

Danksagung

Das Verfassen einer unautorisierten Biografie über Roman Abramowitsch glich in gewisser Weise einem Auswärtssieg über Arsenal: schwierig, aber – wie Chelsea im April 2004 zeigte – nicht unmöglich. Wenige, die bei einem Milliardär gut angeschrieben sind, möchten ihre Position unnötig aufs Spiel setzen. Deshalb erkundigten sich seine Freunde und Mitarbeiter auf unsere Anfragen hin regelmäßig vorher bei ihm, ob sie mit uns sprechen dürften. Seine Antwort lautete stets: »Njet.« Es gab allerdings etliche unabhängige Geister, die dennoch das Wort ergriffen, ebenso wie eine Reihe von Personen, die sich in der Vergangenheit ohnehin bei ihm unbeliebt gemacht hatten. Ihre Hilfe sowie die Auskünfte derjenigen, die ihn als Nachbarn, Freunde oder Lehrer gekannt hatten, bevor er seine Milliarden machte, ermöglichten uns bald, ein abgerundetes Porträt des reichsten Mannes in Großbritannien zu erstellen. Da beschloss Abramowitsch, uns ein gewisses Maß an Kooperation zu gewähren, und wir konnten viele unserer Ergebnisse mit seinen Vertretern besprechen.

Unser besonderer Dank gilt Boris Beresowski und seinem PR-Berater Lord Bell; Eugene Tenenbaum, dem Vorsitzenden von Millhouse Capital und Leiter Finanzen bei Sibneft; John Mann, dem Leiter Investor Relations bei Sibneft; Bruce Buck, dem Vorsitzenden von Chelsea Village; Stuart Higgins, dem früheren Chefredakteur der *Sun* und PR-Berater des FC Chelsea; dem Parlamentsabgeordneten Gregory Barker, früher Leiter Investor Relations bei Sibneft sowie Abramowitschs PR-Berater; Chrystia Freeland, der stellvertretenden Chefredakteurin und ehemaligen Moskauer Bürochefin der *Financial Times*; Richard Addis, dem stellvertretenden Chefredakteur der *Financial Times*; Mark Lawrenson, dem früheren Stopper des FC Liverpool und Kommentator bei »Football Focus« von BBC 1; Mark Meehan, dem Verfasser von *Blue Tomorrow*; James Steen, dem früheren Chefredakteur der Zeitschrift *Punch* und heutigen Klatschkolumnisten; Harold Elletson, dem Russlandexperten und ehemaligen Parlamentsabgeordneten; Jarvis Astaire, dem Sport- und Showbusiness-Promoter; dem Rechtswissenschaftler Professor Bernie Black von der Stanford University Law School; Professor Orlando Figes, dem Verfasser von *Nataschas Tanz*, einer Kulturgeschichte Russlands; David Satter, dem Autor von *Darkness at Dawn: The Rise of the Russian Criminal State*; Roy Collins, dem Fußballreporter des *Sunday Telegraph*; Benedict Allen, dem Autor und Fernsehjournalisten; Hal Bernton von der *Seattle Times*; Elizabeth Manning von den *Anchorage Daily News*; Bruce Marks, dem Partner der in Philadelphia und Moskau ansässigen Anwaltskanzlei Marks & Sokolow; Sergej Koluschew und Iwan Ulanow vom Russischen Wirtschaftsforum; Bryan Morrison, dem Eigentümer des Royal Berkshire Polo Club; Roddie Fleming von Fleming Family and Partners; dem Investor Nicholas Berry sowie Juri Feklistow, Abramowitschs Lieblingsfotografen, und seiner Mitarbeiterin Natalja Beljajewa.

In Moskau: Alexej Wenediktow, dem Chefredakteur von Radio Echo; James Fenkner, dem Leiter der Researchabteilung beim Brokerhaus Troika Dialog; William Browder, dem CEO von Hermitage Capital Management; Eric Kraus, Stratege der Investmentbank Sowlink; Gideon Lichfield, dem Moskauer Korrespondenten des *Economist*; Jelena Dikum, der früheren Pressemitarbeiterin von Präsident Putin; German Tkatschenko, dem Vereinsvorsitzenden von Krylja Sowetow Samara; A. Pawlow, dem Pressesprecher von Präsident Putin; Nadeschda Rostowa, Abramowitschs Klassenlehrerin an der Schule Nr. 232 in Moskau; Ludmilla Prossenkowa, der Leiterin der Schule Nr. 232; Jewgeni Satanowski, dem Vorsitzenden des Russischen Jüdischen Kongresses; Nikolai Propirny, dem Chefredakteur der *Jewreiskaja gaseta* (Jüdische Zeitung); Wladimir Judin, dem früheren Duma-Abgeordneten; Kevin O'Flynn von der *Moscow Times*; Fjodor Bondartschuk, dem bekannten Restaurantbesitzer, sowie Alla Selenina.

In Uchta: Iwan und Ludmilla Lagoda, Abramowitschs ehemaligen Nachbarn; Dmitri Sakowitsch, einem Kindheitsfreund; Jewgeni Dewaltowski und Natalja Litwinenko vom Industrie-Institut in Uchta; Irina Aljoschina, der stellvertretenden Leiterin der Schule Nr. 2; Irina Koschewina, der stellvertretenden Direktorin der Schule Nr. 2, sowie Alexandra Tschumanowa, der Chefredakteurin von *Nep + S*.

Außerdem möchten wir unseren Organisatoren in Moskau, Jelena Smolina und Guy Pugh, danken; ferner unserer Russischübersetzerin Elly Watson sowie Bruce Johnston, dem Rom-Korrespondenten des *Daily Telegraph*, der einige Artikel aus der italienischen Presse für uns übersetzte. Äußerst dankbar sind wir auch Fletch Dhew, Mark Hollingsworth, Margaret Holder, Kate Sissons, Lawrence Joffe, Nick Kochan, Mischa Malzew, Reverend Edward Doyle, Stephen Hargrave, Tony Trowbridge, Wendell Steavenson, April Tod, Grace Bradbury, David Masters, Adrian Hargreaves, Maurice Skehan, Colin Cunliffe und Neill Kelly.

Und schließlich bedanken wir uns aus tiefstem Herzen bei unserem Agenten Jonathan Lloyd, der dies alles ermöglichte, sowie bei Trevor Dolby, Michael Doggart, Tom Whiting, David Daley, Jane Beaton, Zoe Mayne und Holley Miles vom Verlag HarperCollins.

Dominic Midgley und Chris Hutchins
August 2004

Namenregister

Abramowitsch, Abram (Onkel)   28, 34f., 39, 143
Abramowitsch, Anna (Tochter)   49, 250
Abramowitsch, Arkadi (Sohn)   18, 232, 250, 279
Abramowitsch, Arkadi (Vater)   27–29
Abramowitsch, Ida (Cousine)   28, 130
Abramowitsch, Ilja (Sohn)   232
Abramowitsch, Irina (Ehefrau)   17f., 47–49, 169f., 209, 214, 222, 229–231, 250f., 254, 257, 280, 287f.
– Aeroflot-Stewardess   17f., 47f.
– kosmetische Behandlungen   291f.
– Studium der Kunstgeschichte   18, 229f.
Abramowitsch, Irina (Mutter)   27, 29
Abramowitsch, Leib (Onkel)   28–34, 39, 143
Abramowitsch, Ludmilla (Tante)   28–30
Abramowitsch, Natascha (Cousine)   27
Abramowitsch, Olga (erste Ehefrau; geb. Lyssowa)   44–47, 286–288
Abramowitsch, Roman Arkadjewitsch
– Adoption   28
– Aeroflot-Beteiligung   105, 154
– Amtseinführung als Gouverneur   129f.
– Angriffe durch Judin   151f.
– Anklage wegen Veruntreuung   291f.
– Äußeres   17, 81f., 175, 280
– Beziehung zu Djatschenko   73f.
– Beziehung zu Putin   104, 112, 116, 218f., 240, 242, 247, 275
– Beziehung zu Savary   281f.
– Beziehungen zur britischen High Society   20f., 224f., 227–229
– Beziehungen zur Regierung von Alaska   132
– Büroeinrichtung   82f.
– Chelsea FC-Kauf   157, 163–166, 168, 177, 253
– Dankbarkeit der Chelsea-Fans   167, 175f., 274
– Distanzierung von Beresowski   118
– dubiose Goldminenverkäufe   227f.
– Einführung in »die Familie«   62f.
– Einstieg in den Ölhandel   51
– Englischkenntnisse, mangelnde   201
– Entfremdung von Bates   192f.
– Entfremdung von Beresowski   217f., 232, 283f.
– Entlassung von Birch   172f.
– Entlassung von Ranieri   269
– Erwerb von Aluminiumhüttenwerken   95, 99
– Erwerb von Omsker Avantgarde (Eishockeymannschaft)   75f., 178
– Etikette bei Fußballspielen   174f., 226
– Familie   18, 169, 202, 208

- Feiern zum 9. Mai 2001   122–124, 137
- Fernsehinterview   16
- Finanzierung von Chabad   145 f.
- Flugzeuggeschwader-Aufbau   274
- Fotografien   15 f., 101, 168
- Freizeit   19
- Freunde   19, 42, 280
- Fußballbegeisterung   168
- Fyning Hill, Erwerb und Umbau   197–199, 202, 258
- Geburt und Herkunft   27
- Gerüchte bezüglich Chelsea FC   256
- Gerüchte über *Daily Telegraph*-Kauf   272
- Gerüchte über Formel 1-Beteiligung   254 f.
- Gerüchte über Hauskäufe   253–255
- Gerüchte über Musical   288
- Geschäfte mit Highland Gold   227–229
- gesellschaftliche Stellung in Großbritannien   228 f.
- Glaubwürdigkeit   90
- Global Jet Concept-Beteiligung   281
- Gouverneur in Tschukotka   128–137, 157, 228, 273
- Großzügigkeit   283
- Grund für Chelsea-Kauf   168
- Gründung von ABK (Konsumgüter)   49
- Gründung von Ujut (Puppen)   46, 49
- Handel mit Luxuswaren   46
- Hedgefonds   204, 272 f.
- Heirat mit Irina   49
- Heirat mit Olga   46
- Immobilienerwerb   257
- Immunität   127
- Jachten   17, 18, 209–213, 252, 259, 274, 282, 292

- Jedinstwo-Unterstützung   103 f.
- jüdische Identität   138, 143
- Kandidatur als Duma-Kandidat   127
- Kandidatur als Gouverneur von Tschukotka 2000   23
- Kauf von Omski Bekon (Omsker Speck)   75
- Kauf von Sibneft   58 f.
- Kinder   17 f., 202, 232, 277
- Kindheit in Moskau   34
- Kindheit in Uchta   29–33, 286
- Kritik von Beresowski   219
- Kritik von Ranieri   259 f.
- lässiger Stil   81
- Leibwächter   248–251
- Mäzen seiner Schule   35 f.
- Medienauftritte   16
- Militärzeit   39–44, 46, 285
- öffentliche Auftritte   17
- Omski Bekon-Hauptaktionär   138
- persönliche Verhandlungen mit Mourinho   268
- philanthropische Ausgaben in Tschukotka   127 f., 130–133, 135–137
- politische Absicherung durch Chelsea-Kauf   168, 274
- politische Einflussnahme   23, 219
- Polosport   201 f.
- PR-Fotos   15
- Privatarmee   252
- Privatflugzeuge   169, 204, 274, 282 f.
- Prüfung der Kandidaten für Putin-Regierung   100–103, 218 f.
- Recht zur Lenkung von Sibneft   59
- Rückzug von Juksi-Fusion   239
- Scheidung von Olga   47
- Schulbesuch in Moskau   34–37
- Schulbesuch in Uchta   29, 36
- Selbstdarstellung   39, 49
- Sicherheitsmaßnahmen   248–253
- Skisport   214

- Slawneft-Akquisition   135, 155
- Spielereinkauf für Chelsea FC   167f., 259, 267, 270f.
- Sponsoring von ZSKA Moskau   178
- Steuerfreistellung von Sibneft   134f.
- Steuerprüfungen   242
- Steuervergünstigungen für Sibneft   135f., 157f.
- Studienzeit   38f., 46
- Teenager   284f.
- Tennisanlage   202
- Tod der Mutter   27f.
- Tod des Vaters   28
- Unmut der russischen Bevölkerung   253, 256
- Vergnügungsreise nach Kuba   281f.
- Verkauf russischer Vermögenswerte   154, 277
- Villa am Cap d'Antibes   204–206
- Villa in Nizza   169, 204
- Villa in St. Tropez   206
- Vorwurf des Diebstahls von Dieselöl   51
- Vorwürfe von Ermittlungsbehörden   153f., 157
- Vorwürfe wegen Chelsea-Kauf   177
- Wahl zum Gouverneur von Tschukotka 2000   16f., 23, 127f.
- Wahlkampf in Tschukotka   118, 124, 127f.
- Wirkung auf Chelsea-Spieler   185
- Wohnung am Lowndes Square (London)   187, 189, 202f., 211, 253
- Wohnungseinrichtung   202f.
- Zurückgezogenheit in Fyning Hall   199

Abramowitsch, Tatjana (Großmutter)   28, 34
Adams, Bryan   226
Aitnasarow, Edil   41f.
Al Fayed, Dodi   209, 230
Al Fayed, Mohamed   169, 206, 209, 230f., 257f., 273
Allen, Benedict   123, 126, 130, 137
Allen, Paul   210f., 213
Allott, Nick   226
Ambrosio, Marco   261
Andropow, Juri   38, 44
Anissimow, Wassili   98
Attenborough, Richard   223
Autier, Laurent   281
Awen, Pjotr   52, 221
Azur, Eli   161

Banks, Tony   166, 175, 223
Bardot, Brigitte   207
Barker, Gregory   15, 81, 88, 91, 168, 225
Barnett, Jonathan   162
Barsukow, Michail   64, 70
Bates, Ken   159–164, 168, 173–175, 186, 192–194, 223
- Entfremdung von Abramowitsch   192f.
Beckham, David   174, 270
Beckham, Victoria   271
Beilin, Juri   246
Beresowski, Boris   22, 24, 52, 56–63, 65f., 70–73, 75f., 80, 84–88, 90, 93, 105–111, 113, 115–121, 138, 145, 206, 208, 210, 216–221, 232, 235, 249, 253, 257, 275f., 279, 281, 283f.
- Aeroflot-Beteiligung   105, 118
- Arbeit für Putin   105, 118
- Asyl in Großbritannien   119f., 216, 284
- Attackierung Putins   115
- Attentat   108, 249
- Attentatsversuche, angebliche   119
- Autohandel   56f.
- Betrugsanklage   118f., 235
- Beziehung zu Djatschenko   63, 71f.
- Emigration   118
- Entfremdung von Abramowitsch   217f., 232, 283f.

Namenregister

- Erwerb von Kanal 1   84 f.
- Exekutivsekretär der GUS   87 f.
- Fehleinschätzung Putins   110
- *Forbes*-Anschuldigungen   85 f.
- Global Jet Concept-Beteiligung   281
- Haftbefehl wegen Wirtschaftsvergehen   105 f.
- Immobilienerwerb   257
- Kauf von Sibneft   57 f.
- Konflikt mit Putin   115 f., 232, 235
- Kritik an Abramowitsch   219
- Kritik an Putin   220
- Kunstgeschmack   217
- Lanesborough-Hotel-Kreis   232
- Namensänderung in Platon Jelenin   120
- Stellvertretender Sekretär des Sicherheitsrates   85 f., 105
- Unterstützung von Tschubais   66
- Verkauf von ORT-Anteilen   217
- Verkauf von Sibneft-Aktien   217 f.
- Villa am Cap d'Antibes   117, 206
- Zusammenarbeit mit Sergej Dorenko   108 f.

Berliner, Jeff   132
Bernton, Hal   130
Berry, Nicholas   244, 272
Birch, Trevor   161–164, 172 f., 186 f., 194
Black, Bernard   77–79
Blanc, Raymond   281
Blears, Hazel   120
Blunkett, David   119
Bogarde, Winston   160, 270
Boiko, Oleg   222
Bondartschuk, Fjodor   223
Bridge, Wayne   182
Browder, William   61, 242, 272
Brudno, Michail   241
Buck, Bruce   192 f., 260

Campbell, Naomi   232
Carter, John   248

Carvalho, Ricardo   270
Čech, Petr   270, 293
Cecil-Wright, Christopher   211
Charles, Prinz von Wales   20, 201, 214, 224, 227, 274
Chirac, Claude   71
Chirac, Jacques   71
Cholodow, Dmitri   149
Chodorkowski, Michail   22, 55, 61, 65 f., 79, 83, 118, 120, 138, 152, 219 f., 224, 233–241, 245 f., 276, 282, 289–291
- Beschlagnahmung seines Jukos-Anteils   240
- Gründung der MENATEP Bank   237
- offener Brief   290 f.
- Prozess   240, 245
- Rücktritt   236
- Sonderberater Putins   237
- Verhaftung   22, 219 f., 233–236, 238 f., 276

Choscharowski, Juli   141 f.
Clinton, Bill   69, 89, 113
Coignard, Christine   228
Cole, Carlton   270
Cole, Joe   167, 181, 184
Creitzman, Richard   91, 164
Crespo, Hernán   181 f., 186, 263
Curtis, Stephen   276

Dallaglio, Lawrence   181
Daresbury, Lord Peter   227, 229
Dart, Kenneth   79, 156
Davies, David   190
Deripaska, Oleg   95, 98 f., 180, 221, 232, 277
Deripaska, Polina   232, 280 f.
Desailly, Marcel   260
Deschamps, Didier   260, 268
Desmond, Dermot   163
Diana, Prinzessin   209, 230, 254
Dikum, Jelena   131
Disdale, Terence   212

Djatschenko, Tatjana (Tanja) 19, 62–65, 67, 69–74, 85, 86 f., 105, 232, 280
— Beziehung zu Abramowitsch 73 f.
— Beziehung zu Beresowski 63, 71 f.
— Image-Beraterin für Jelzin 71
Dorenko, Sergej 107–110
Dovkants, Keith 129
Drogba, Didier 270, 294
Dschabrailow, Umar 232
Dubrow, Wladimir 241
Duff, Damien 167, 182, 184, 267, 294

Ecclestone, Bernie 253 f.
Edminston, Nicholas 210 f.
Edward, Herzog von Windsor (Edward VIII.) 204–206
Edwards, Mark 226
Elletson, Harold 216
Eriksson, Sven-Goran 186–191, 195 f., 203, 254
Evans, Chris 257

Faruk, König von Ägypten 206
Feklistow, Juri 15 f.
Fenkner, James 133, 135
Ferguson, Alex 195, 294
Ferreira, Paulo 267, 270
Figes, Orlando 136, 170 f.
Fjodorow, Dmitri 222
Fleming, Roddie 24, 227, 229
Forbes, Malcolm 277
Forssell, Mikael 270
Fradko, Michail 241
Freeland, Chrystia 50, 53, 55, 63, 69, 136 f.
Friedman, Michail 52, 66, 112, 138, 155, 221, 277

Gaff, Billy 288
Gaidamak, Arkadi 145
Gaidar, Jegor 69
Galliani, Adriano 267
Gassajew, Valeri 180
Geremi 182

Gerrard, Steven 295
Gersonski, Sergej 76
Gist, Ruth 165
Goldberg, Mel 163
Goldsmith, Ben 226
Gontscharowa, Marina 18, 83
Gorbatschow, Michail 44, 50, 56
Grimsson, Olafur Ragnar 170, 225
Gromyko, Andrej 140
Gronkjaer, Jesper 263, 265
Gudjohnsen, Eidur 185, 263, 292, 294
Gussinski, Wladimir 22, 65 f., 68, 86, 110 f., 115–118, 138, 143–145, 220 f., 235
— Auseinandersetzung mit Putin 116, 235
— Emigration 118
— Entzweiung mit Jelzin 144
— Gründung des RJK 143
Guzerijew, Michail 155

Halliwell, Nick 91 f.
Hammer, Armand 274
Harding, Matthew 165, 174
Harris, Keith 164
Harry, Prinz 201
Hasselbaink, Jimmy Floyd 183, 191, 260 f., 263
Hayward, Jack 280
Henry, Thierry 256, 263
Hickel, Wally 132
Higgins, Stuart 189 f., 196, 256
Hoffman, David 55, 57 f.
Howard, Tim 181, 183
Huth, Robert 261

Iljuchin, Viktor 147, 150, 153
Iwanow, Sergej 112
Iwilidi, Iwan 149

Jakuschin, Dmitri 73
Jarosík, Ji_í 179
Jastrschembski, Sergej 106 f.
Jelzin, Boris 15 f., 19, 50, 54 f., 57–59,

Namenregister **307**

61–72, 84f., 87, 89f., 95, 98, 100–106, 109f., 120, 143–145, 147–151, 153, 155, 219, 234, 238, 280
- Abdankung 104
- Immunität 120
- Memoiren 62f., 67, 102, 147
- Unterstützung durch Oligarchen 65
- Wahlkampf 54, 66, 69

John, Elton 288
Johnson, Glen 167
Jones, Graham 254
Jordan, Eddie 255
Juan Carlos, König von Spanien 214
Judin, Wladimir 149, 151f.
Jumaschew, Valentin (Walja) 16, 62, 64f., 73, 84, 86f., 107, 232

Kadannikow, Wladimir 57
Kasjanow, Michail 80, 155, 241
Keane, Roy 181, 225
Keegan, Kevin 187
Kent, Alan 201
Kenyon, Peter 21, 172f., 189–196, 260, 264f., 267, 269
- Verhandlungen mit Eriksson 189f., 195f.
Kezman, Mateja 270
Khalili, David 253
Kirchner, Robert 244
Kirijenko, Sergej 89
Kirschnew, Alex 281f.
Kisseljow, Jewgeni 15
Klebanow, Ilja 114
Kleberson Pereira, José 183
Klebnikov, Paul 247, 276
Kogan, Jitsak 146
Konstantin von Griechenland 225
Korschakow, Alexander 57, 63f., 67–70, 74, 84, 98
Kraus, Eric 90–102, 94, 135
Kudrin, Alexej 278
Kukes, Simon 239, 246f.
Kulakow, Iwan 227

Kulikow, Anatoli 69
Kurbatowa, Larissa 18, 48f.
Kurodejew, Wladimir 114
Kustodijew, Boris 229f.
Kutschma, Leonid 87

Lagoda, Ludmilla 29f., 32–34
Lampard, Frank 181, 260f., 263, 265
Lasar, Berel 143–146
Latsis, John 274
Lawrenson, Mark 183, 185
Lebedew, Platon 235f., 281f.
Lehmann, Jens 263
Leopold III., König von Belgien 206
Leutsche, Inga 282
Lewjew, Lew 145
Lifjagow, Wladimir (Ljapa) 96
Listjew, Wladislaw 85f., 149
Lobanow-Rostowski, Nikita 230
Locke, Gary 132
Lucas, Edward 92
Luschkow, Juri 68, 85, 103–107, 109f., 151, 177, 221
- Beresowskis Verleundungskampagne 109f.
- Konkurrent von Putin 103–105
- Unterstützung von Skuratow 151
Lutschanski, Grigori 98
Lwow, Felix 97
Lynch, Cormac 90
Lyssowa, Olga (erste Ehefrau)
  s. Abramowitsch, Olga

Major, John 223
Makaschow, Albert 147
Makelele, Claude 182, 260f., 263, 295
Malandina, Irina (Ehefrau)
  s. Abramowitsch, Irina
Mamut, Alexander 131, 292
Mandelson, Peter 225
Mann, John A. 16f., 24, 116, 135, 154, 165, 167, 171, 193, 228, 254, 256f., 271, 277, 288
Martini, Mikkel 279

McCaw, John   210f., 257
Meehan, Mark   176
Meisler, Frank   217
Melchiot, Mario   261, 270
Mellor, David   152, 154, 223
Melnitschenko, Andrej   95
Men, Alexander   149
Mendes, Jorge   267
Michael, Prinz von Kent   214
Misamore, Bruce   246
Montgrandi, René   214
Moratti, Massimo   168
Morgan, Piers   231
Morientes, Fernando   261, 266
Mourinho, José   21, 264–270, 273, 292–295
– Ernennung zum Chelsea-Trainer   269
– persönliche Verhandlungen mit Abramowitsch   268
Murdoch, Rupert   272
Mutu, Adrian   170, 182, 263, 267

Nasarow, Alexander   23, 126–128
Nemzow, Boris   86f.
Newslin, Leonard   237, 239–241, 246
– Flucht nach Israel   240
Nonda, Shabani   261

O'Brien, Lorraine   164
Onassis, Aristoteles   206

Packer, Kerry   197, 199, 201
Palios, Mark   191
Palmer-Tomkinson, Christopher   227
Parker, Scott   261, 263
Parks, Winston   179
Patarkatsischwili, Badri   72f., 120, 217f.
Peretz, Evgenia   207
Petit, Emmanuel   270
Pickering, Edward   272
Pitschugin, Alexej   235
Potanin, Wladimir   54f., 61, 66, 86, 114, 221, 277

Primakow, Jewgeni   85, 102, 105, 107, 109, 115, 150, 221
Propirny, Nikolai   145f.
Prso, Dado   260
Putin, Wladimir   22–24, 80, 100, 102–105, 107, 110–118, 120f., 126f., 133, 143, 145, 148, 152, 165, 168, 177, 213, 217–220, 223, 232–243, 245, 275–278, 284, 289–291
– Angriffe durch Medien   115
– Entlassung Kasjanows   241
– FSB-Chef   103, 219
– Information über Chelsea-Kauf   165, 177
– Kontrolle der Oligarchen   220f., 277
– Kursk-Katastrophe   113–115, 117f.
– Ministerpräsident   100, 219, 241
– Unabhängigkeit von Oligarchen   110
– Unterstützung durch Wähler   236
– Vorgehen gegen Jukos   233–236
– Vorgehen gegen Oligarchen   110f., 115–118, 148, 213, 219f., 234f., 275f., 289
– Vorwurf der Wahlmanipulation   220
– Wahlkampf   105, 107

Rachimow, Murtasa   129
Ranieri, Claudio   21, 160, 183–191, 194, 259–270, 273, 292
– Entlassung   269, 292
– Entlassungsgerüchte   186–188
– Kritik an Abramowitsch   259f., 292
– Unterstützung durch Fans   188, 191, 260, 267
– Wechsel zu Valencia   269
Reading, Simon   20, 208
Reuben, David   96, 98
Reyes, Antonio   263
Rjabukin, Sergej   158
Robben, Arjen   270, 294

Robson, Bobby 264
Romanzew, Oleg 180
Rosenberg, Steve 16
Rothschild, Jacob 20, 224f.
Rothschild, Nat 225
Rowland, Tiny 213
Rybkin, Iwan 85

Saborowskaja, Viktoria (Wika) 44, 285–288
Safin, Alsu 129
Safin, Ralif 128f., 232
Safra, Edward 225
Safra, Lily 203, 225
Saha, Louis 231
Sakowitsch, Dmitri 30, 39f., 42f.
Satanowski, Jewgeni 138, 145f.
Satter, David 96f.
Savary, Mike 258, 281–283
– Beziehung zu Abramowitsch 281f.
Schachnowski, Wassili 180
Schajewitsch, Adolf 144
Schechter, Stephen 162
Schirinowski, Wladimir 147
Schiwilo, Juri 99
Schiwilo, Michail 99
Schneerson, Menachem Mendel 144, 146
Schojgu, Sergej 103
Schulgin, Wjatscheslaw 27f.
Schwidler, Jewgeni 80f., 83, 88, 92, 155, 169f., 175, 178, 211, 239, 260, 281–284
– CEO von Sibneft 80, 239
– Vorstandsvorsitzender von Chelsea 169
Sergejew, Igor 113
Simpson, Wally 204–206
Sjuganow, Gennadi 58, 64–66, 71, 147
Skuratow, Juri 149–151, 153
– Unterstützung durch Luschkow 151
Smith, Godric 256
Smith, Paul 173

Smolenski, Alexander 55
Sobtschak, Anatoli 152
Soros, George 58, 61, 86
Soskowez, Oleg 64, 67, 69f., 98
Souness, Graeme 161
Sousa, José de 180
Stalin, Josef 31, 36, 38, 140, 229
Stein, Rick 281
Stepaschin, Sergej 102, 148, 153, 157, 177, 275
– Leitung des Wirtschaftsprüfungsamtes 148
Suchanow, Juri 155
Sujetina, Swetlana 285–288
Swerew, Sergej 73

Tarpischtschew, Schamil 98
Tatum, Paul 109
Taylor, Paul 162f.
Tenenbaum, Eugene 80f., 156, 163f., 199, 248, 269, 281
– Leitung von Rosle Estates Ltd. 199
Terry, John 185
Tiago 270
Tichotsky, John 127
Tkatschenko, German 161, 163, 180, 225
Tolmatschow, Juri (Tolmatsch) 96f.
Tregubowa, Jelena 73, 86, 106
Tschernenko, Konstantin 44
Tschernoi, Lew 98
Tschernoi, Michail 98, 232
Tschernomyrdin, Viktor 55, 64, 69
Tschernow, Oleg 112
Tschigirinski, Schalwa 243f.
Tschirakadse, Dmitri 97f.
Tschubais, Anatoli 65–67, 69–71, 86f., 89

Umberto, Ex-König von Italien 206

Veron, Juan Sebastian 167, 260, 267, 270
Vershbow, Sandy 236

Vialli, Gianluca   160
Vieri, Christian   169

Wanin, Michail   51
Wenediktow, Alexej   20, 24, 52f., 100–102, 116–118, 153, 166, 169, 178, 208, 233f., 242, 253, 255, 273f., 278
Wenger, Arsène   182, 189
Wexelberg, Viktor   277
White, Cavendish   210

William, Prinz   201
Woloschin, Alexander   72f., 100, 115, 148, 165, 177, 238, 241
Woodward, Clive   181

Zahavi, Pina   161–163, 173, 180, 187, 267
Zenden, Boudewijn   270
Zikos, Andreas   260
Zola, Gianfranco   175
Zwetkow, Nikolai   92

Sachregister

ABK 49
Aeroflot 105, 118, 154
Air Harrods 258
Alcoa 277
Alfa Group 52
Alkin Securities 60
Amnestie von Oligarchen 278
Analytikergruppe 67, 69f.
Antisemitismus 31, 38, 139f., 145–147
Apatit 235
Arsenal London 182, 188f., 256, 262–264, 266, 293f.
Art Newspaper 230
Awtowas 56f.

Baikal-Finanzgruppe 289f.
Battersea Heliport 257f.
Blackburn Rovers 161, 167, 182, 293
BrAS 99
British Petroleum (BP) 81, 135, 277
Brunswick 81
Burston Marsteller 17

CalPers 162
Cartier International 201
Catstone 166
Cervantes Investments 166
Chabad-Organisation 143–146
– Fehde mit RJK 143, 145f.
Champions League 21, 160, 174f., 179, 184, 188–190, 192, 212, 259, 262, 264–268, 293–295
Charlton 161

Château de la Croe, Cap d'Antibes 204–206
Chelsea Football Club 16, 19, 21, 24, 157, 159f., 162–177, 179, 181–196, 200, 203, 212, 223, 225, 227, 231, 250, 253, 256, 259–270, 273, 279f., 292–295
– Champions League 160, 174f., 184, 188–191, 192, 212, 259, 262, 264–267, 293–295
– Champions League-Niederlage gegen AS Monaco 259–262
– Champions League-Unentschieden gegen AS Monaco 265f.
– Defizit 2003/04 295
– Fans 167, 170–172, 175f., 182, 188, 191, 226, 274, 293f.
– Finanzkrise 2003 159f.
– FSA-Ermittlungen 165f.
– Insiderhandel-Verdacht bei Kauf 165
– Kauf durch Roman Abramowitsch 157, 163–166, 167, 177, 253
– Kauf durch Ken Bates 159
– Premiership-Sieg über Arsenal London 263f.
– prominente Fans 223, 225f.
– Reaktion der Öffentlichkeit auf Verkauf 166
– Rotationssystem 184
– soziale Unterschiede zwischen den Fans 226
– Spielereinkauf 167f., 182, 194, 231, 259, 270f., 295

- Spielerverkauf   270
- Verkaufsgespräche   162 f.
Chelsea Village   159, 163, 155 f., 192 f., 249
Chinese National Petroleum Corporation (CNPC)   290
Christie's   229
Copyright Promotions Licensing Group   173
Courchevel   214 f., 248
- russische Kolonie   214
Cowdray Park   201

Daily Mail   262
Daily Mirror   231
Daily Telegraph   244, 256, 272
Davos, Wirtschaftsgipfel 1996   65–67
Deerfield Universal   228
Deloitte Touche   80
Dynamo Moskau   179 f.

The Economist   92, 239, 245
Ecspress   166
Ernst & Young   172
Estate Gazette   256
European Bank of Reconstruction and Development (EBRD)   291 f.
Evening Standard   129, 188
Exxon Mobil   81, 243

»Die Familie«   62, 73 f., 84, 238, 241
Farnborough, Flughafen   169, 258, 284
Fernsehrechte im Fußball   174
Financial Petroleum Company   59 f.
Financial Services Authority (FSA)   165 f.
- Ermittlungen bei Chelsea-Kauf   165 f.
Financial Times   50, 246, 277
Firma Lazis   60
Fleming Family and Partners   227
FNK   60 f.

Föderale Wertpapierkommission   93
Föderaler Sicherheitsdienst (FSB)   64, 68, 97, 103, 119, 149, 218, 233, 235, 276
Football Association (FA)   188, 190 f., 196
Forbes Magazine   85 f., 247, 276, 290
Fulham FC   174, 230 f.
Fyning Hill   197–199, 202, 253, 258, 274
- Tennisanlage   202

Gasprom   112, 116, 290
»Gläserne Decke«   138
Glasnost   44, 126
Global Jet Concept   204, 258, 281 f.
Goldman Sachs   79
Gubkin-Institut   39, 80

Harmony Gold   228
Harrods   169, 202, 206, 230 f., 257, 273
Hermitage Capital Management   61
Highland Gold   227 f.

ICN Pharmaceuticals   154
Inflation   54, 57
Inter Mailand   168 f., 182, 270
Internationaler Währungsfonds (IWF)   89, 153 f.
- Veruntreuung von IWF-Geldern   153 f.
Israel   118, 140–143, 161
- als Emigrationsziel   118, 141–143, 240
Iswestija   247
Itogi   15, 116

Jabloko   235
Jedinstwo (Einheit)   103 f., 126 f., 152, 236
Jewreiskaja gaseta (Jüdische Zeitung)   145 f.
JNR (Jacob and Nathan Rothschild)   225

Sachregister   **313**

Juden in Russland 38, 138–147
- Diskriminierung 138–141
- Identitätsgefühl 142
- innerjüdische Konflikte 143–146
Juganskneftegas 79, 289f.
- staatliche Übernahme 289
Jugorski-Bank 97
Jukos 55, 61, 79, 81, 83, 134, 155, 179f., 233, 235–240, 245–247, 276, 282, 289f.
- Hierarchie 83
- Sponsoring von Dynamo Moskau 179f.
- Steuerforderung 245–247
- Unternehmenssteuerquote 134
- Vereinigung mit Sibneft (Juksi-Fusion) 81, 83, 233, 238–240, 289
Juksi-Fusion 81, 83, 238f., 243, 245f., 289
- Rückzug von Abramowitsch 239, 243, 246
- von Putin für nichtig erklärt 246, 289
Junge Reformer 52, 55

Kalbarri Investments 166
Kanal 1 84
Knight Frank 197f., 202, 257
Kommersant 117
Kommunistische Partei 58, 61, 64–67, 85, 103, 146f.
Kompromat-Unterlagen 111f., 148
Komsomolskaja prawda 16, 114, 211
KrAS 98f.
- Fusion mit NkAS und SibAl 99
Kredite der russischen Regierung 54f., 89, 153
Kredite-gegen-Aktien-Geschäft 54f., 58, 61, 65, 238
- Auktionen 58, 60, 72, 155
- ursprünglicher Präsidentenerlass 59
Kroll Associates 248
Krylja Sowetow 161, 180

Kuban 180
Kunstmarkt, russischer 229f.
Kursk-Katastrophe 113–115, 117f.

Lanesborough-Hotel-Kreis 232
Legalisierung des privaten Unternehmertums 44, 46
FC Liverpool 164, 169, 186, 266, 268, 284, 293–295
Logowas-Clubhaus 72, 108
Lukoil 128, 134, 179f., 232
- Sponsoring von Spartak Moskau 179

Maiskoje-Goldbergwerk 227f.
Manchester City 293
Manchester United 128, 161f., 167, 173f., 178, 181–184, 191, 193, 195, 225, 231, 233, 256, 262, 264, 266, 268, 270, 274, 279, 292, 294
- Abramowitschs Kaufpläne 161
Mayflower Securities 166
MDM-Bank 95
MediaMost 112, 116
Megionneftegas 156
MENATEP Bank 58, 237, 239, 241, 276
Metallkriege 95
Metallurgie-Komitee 98
Metro Business Aviation 169, 257
Millhouse 135
Mnogowerschinnoje-Bergwerk 227
AS Monaco 259–262, 264–266, 268
Moskauer Öl- und Gasgesellschaft (MNGK) 244
Musical über Abramowitschs Leben 288

Newcastle United 294
Nikoil 90, 92
NkAS 99
- Fusion mit KrAS und SibAl 99
Nojabrskneftegas 57f., 75–80
- Kontrolle durch Sibneft 78
- Neuemission 77f.

Nojabrskneftegasgeofisika 58
Norilsker Nickel 55
Nowaja gaseta 101
NTV 115f., 220

Ogonjok 15, 42
Oil and National Gas Corporation of India (ONGC) 290
Oil Finance 227
Ölgeschäft/-handel 50f., 54, 57, 61, 243–245
– Ausfuhrlizenzen 50f.
– vertikale Integration 57
Omsker Avantgarde (Eishockeymannschaft) 75f., 178
Omsker Raffinerie 54, 57f.
Omski Bekon (Omsker Speck) 75, 138, 154
Omskneftproduct 58
Organisation für Sicherheit und Zusammenarbeit in Europa (OSZE) 220

Perestroika 44, 62, 236
Petroltrans 59
Pillar Property 256
Pol der Hoffnung 128, 130
Polosport 197f., 201f.
FC Porto 21, 264–268
Präsidentschaftswahl 1996 63f., 109
Präsidentschaftswahl 2000 23, 108, 113
Präsidentschaftswahl 2004 220, 241–243, 275
Privatisierungen 22, 44, 54–56, 61, 66, 72, 76, 153, 155, 235, 280, 289
– Einnahmen 55
– Illegalität 153
Putschversuch 1991 50, 101, 152

Queensland-Effekt 241

Radio Echo 20, 100, 115f., 242, 253
Real Madrid 161, 167, 174, 182, 264

Rodina (Heimat) 103
Rogate Football Club 200
Rosle Estates Ltd. 199
Rosneft 289f.
Rubelabwertung 1998 79, 88f.
Runikom Ltd. 292
Runikom SA 80, 154, 291f.
Ruspromawto 154
Russia Journal 228, 277
Russischer Fußball 178–180
Russischer Jüdischer Kongress (RJK) 138, 143–146
– Fehde mit Chabad-Organisation 143, 145f.
Russisches Aluminium (RusAl) 99, 154, 180, 256, 277, 280
– Sponsoring von Fußballclubs 180
Russisches Öffentliches Fernsehen (ORT) 85f., 108, 115f., 118, 217, 220
– Verkauf von Beresowskis Anteilen 217
Russisches Wirtschaftsforum in London 2004 278

Sachs-Bloomberg 92
Sajansk-Aluminium 98
Salomon Brothers 80
Samaraneftegas 79
SBS Agro 291
Schechter & Co. 162
Schwarzer Mittwoch 88
Sewodnja 116
Seymour Pierce 164
Shell 81, 243
Sibir Energy 243f.
Sibirisches Aluminium (SibAl) 98f.
– Fusion mit KrAS und NkAS 99
Sibneft (Sibirisches Öl) 16, 24, 47, 57–61, 75–78, 80f., 83–85, 88, 90–95, 99, 105, 107, 131, 133–136, 150, 153–158, 168, 178, 199, 217f., 225, 227, 233, 238–240, 243–247, 272, 275, 278, 281, 283, 289

- Aufschwung nach Gouverneurswahl in Tschukotka 133
- Auktion um Kapitalmehrheit 60
- Dividenden 91, 93, 133, 275
- Drohungen Putins 24, 217
- Durchsuchung durch Staatsanwaltschaft 105, 150
- Durchsuchung durch Steuerfahndung 153
- Eigendarstellung des Kaufs 60 f.
- Eigendarstellung zur Juksi-Fusion 84
- Ergebnis des Wirtschaftsprüfungsamtes über Verkauf 59, 153
- erste nach IAS erstellte Bilanzen 91
- Eurobonds 80 f., 90
- Gerüchte über Verkauf 243
- Glaubwürdigkeit 90
- Gründung 57 f.
- Hierarchie 83
- Joint Venture mit Sibir Energy 243 f., 272
- Kauf durch Abramowitsch 58 f.
- Kontrolle über Nojabrskneftegas 78
- Niederlassung in Tschukotka 133 f.
- Oil Finance-Verbindung 227
- Rohölförderquote 94
- Sponsoring der Biathlon-Meisterschaften in Chanty-Mansisk 178
- Sponsoring von ZSKA Moskau 178
- Steuerfreistellung 134 f.
- Steuervergünstigungen 135 f., 157 f.
- Unternehmenssteuerquote 134
- Vereinigung mit Jukos (Juksi-Fusion) 81, 83, 233, 238–240, 289
- Verkauf von Beresowskis Aktien 217 f.

Sibneft-Gebäude 82
Sibneft-Jugra 243 f.
Sidanko 61

Sky Television 160, 163
Slawneft 94, 135, 155 f.
- Verrechnungspreis-Skandal 156
Sotheby's 229
Sowjetunion, Zusammenbruch 50, 125, 132
- Korruption 132
Spartak Moskau 179
Special Branch 283
St. Tropez 206–208, 215, 223, 268
- russische Kolonie 206
Staatliches Eigentumskomitee 55
Stamford Bridge, Chelsea-Stadion 159 f., 163 f., 168, 189, 191–193, 224, 226, 249, 265, 268, 271, 282, 292–294
- geplanter Hubschrauberlandeplatz 258
Standard & Poor's 245
Steuerfahndung 149, 153, 241
SuAl 277
Sun 189 f., 195 f., 288
Sunday Mirror 255
Sunday Times 247, 276, 284
Surgutneftegas 155
Swjasinvest 86
Swan Management 165

TAG Aviation 258, 281
Texaco 243
Tjumen-Ölgesellschaft (TNK) 155 f., 277
- TNK-BP 277
Tolling 96
Total 243, 246
Transworld Group 98
Transworld Metals 96
Troika Dialog 133–135, 158
Tschetschenienkonflikt 85, 110
Tschetschenienkriege 44
Tschukotka
- Abramowitsch als Gouverneur 16 f., 23, 128–137, 157, 228, 273
- Amtseinführung Abramowitschs 129 f.

- Auslandsinvestitionen 228
- dubiose Goldminenverkäufe 227f.
- Feiern zum 9. Mai 2001 122–124, 137
- Investitionen 135f.
- Kandidatur Abramowitschs als Duma-Kandidat 127
- philanthropische Ausgaben von Abramowitsch 127f., 130–133, 135–137
- Sibneft-Niederlassung 134–136
- Steuervergünstigungen für Sibneft 135f., 157f.
- Überprüfung der Finanzpolitik 157f., 275
- Verehrung Abramowitschs 123f.
- Wahlkampf für das Gouverneursamt 118, 124, 128
- wirtschaftliche Lage 125f.

TVS 116
TV6 220

Ujut 46, 49
Unternehmenssteuerquote 134

Vanity Fair 207
Vektor-A 59
Vereinigte Bank 59f.
Vereintes Russland 103
Vertikale Integration 57

West Ham 167
Wirtschaftsgipfel in Davos 1996 65–67
Wirtschaftskrise 1995 54
Wirtschaftsprüfungsamt 59, 148f., 153f., 158
- Ermittlungsergebnisse über Sibneft 59, 153
Wirtschaftsreformen 50, 56
Wostok Nafta 156

Yellowpark 166

ZAO Firma Foster 59
ZAO Firma Sins 59
ZAO Firma Stens 60
ZAO Refine Oil 59
Zollbehörde 51, 149
ZSKA Moskau 178f., 294

Bildnachweis

Seite 35   © Dominic Midgley / Chris Hutchins
Seite 41   © Dominic Midgley / Chris Hutchins
Seite 43   © Dominic Midgley / Chris Hutchins
Seite 82   © picture alliance
Seite 93   © Corbis
Seite 106 © picture alliance
Seite 164 © picture alliance
Seite 179 © picture alliance
Seite 212 © picture alliance
Seite 224 © picture alliance
Seite 237 © picture alliance
Seite 250 © picture alliance
Seite 293 © picture alliance
Seite 295 © picture alliance

Über die Autoren

Dominic Midgley, Jahrgang 1962, arbeitet als freier Journalist für diverse Zeitungen und Zeitschriften, unter anderem für den *Daily Mirror* und die *Daily Mail*. Gemeinsam mit Chris Hutchins hat er ein psychologisches Porträt über Prinzessin Diana und eine Biografie über den exzentrischen Spekulanten Sir James Goldsmith verfasst.

Chris Hutchins, Jahrgang 1941, schreibt seit drei Jahrzehnten als Journalist über die Reichen und Schönen. Er ist Co-Autor von Büchern über die Herzogin von York, Lady Diana, Elvis Presley und die Beatles, welche er kennen lernte, als sie noch im Star Club in Hamburg auftraten. Im Moment schreibt er eine Biografie über Europas erfolgreichsten Einzelhändler, den Billionär Philip Green.

Dmitri Trenin
Russland – Die gestrandete Weltmacht
Neue Strategien und die Wende zum Westen

352 Seiten, ISBN 3-938017-16-3

»Das Ende Eurasiens, obwohl eine Katastrophe, ist keine Tragödie, sondern nur der Schlusspunkt einer langen Ära. Und es ist nicht das Ende Russlands, das nun in eine neue und potenziell glücklichere Phase eintreten kann.«

Dmitri Trenin

Längst ist der Riese Russland nicht mehr in der Lage, ein eigenständiges weltpolitisches Gewicht zu bilden. Zu stark sind die bedrängenden Kräfte an seinen Grenzen: der Westen mit der EU und der einzig verbliebenen Weltmacht USA, der zunehmend radikaler werdende islamisch orientierte Süden, der wirtschaftlich immer stärker werdende Osten mit China und Japan. Für Russland gilt es jetzt, seine zukünftige politische Position zu bestimmen. Für den ehemaligen Armeeberater Dmitri Trenin ist vollkommen klar: Russland wird sich offensiv auf den Weg nach Westen machen.

»Wer nach einer unabhängigen und klarsichtigen Analyse aus Russland über die Frage nach dem adäquaten Platz dieses Landes in einer rapide sich verändernden Welt sucht, sollte dieses Buch zur Hand nehmen. Die Lektüre lohn sich.«

Deutschlandradio

MURMANN